Government Accounting Theory and Practice

政府会计理论与实务

李霞◎主编

中国经济出版社
CHINA ECONOMIC PUBLISHING HOUSE
北京

图书在版编目（CIP）数据

政府会计理论与实务 / 李霞主编. -- 北京：中国经济出版社，2025. 1

ISBN 978 -7 -5136 -7504 -8

Ⅰ. ①政… Ⅱ. ①李… Ⅲ. ①预算会计 - 研究 - 中国 Ⅳ. ①F812. 3

中国国家版本馆 CIP 数据核字（2023）第 186049 号

责任编辑　张利影
责任印制　马小宾
封面设计　久品轩

出版发行　中国经济出版社
印 刷 者　天津嘉恒印务有限公司
经 销 者　各地新华书店
开　　本　710mm × 1000mm　1/16
印　　张　37. 5
字　　数　500 千字
版　　次　2025 年 1 月第 1 版
印　　次　2025 年 1 月第 1 次
定　　价　89. 00 元
广告经营许可证　京西工商广字第 8179 号

中国经济出版社　**网址** http://epc. sinopec. com/epc/　**社址** 北京市东城区安定门外大街 58 号　**邮编** 100011
本版图书如存在印装质量问题，请与本社销售中心联系调换（联系电话：010 -57512564）

前言
PREFACE

经济越发展，会计越重要。会计是以货币为主要计量单位，以凭证为依据，用一系列专门的技术方法，对一定主体的经济活动进行全面、连续、系统、综合的反映和监督，并向有关方面提供会计信息的一种经济管理活动。会计按适用范围和核算对象进行分类，可以分为企业会计和非企业会计。前者反映和监督的是以营利和经济利益为目的的生产流通领域，后者反映和监督的是以社会效益为目的的非生产领域。在我国的非企业会计中，反映和监督各级政府、各部门、各单位经济活动的会计，即为“政府会计”。这里所说的“各部门、各单位”是指与本级政府财政部门直接或者间接发生预算拨款关系的国家机关、政党组织、社会团体、事业单位和其他单位，即政府会计的主体。可以说，政府会计占据了会计的半壁江山。

随着我国经济社会的不断发展，政府职能转变、公共财政体制改革等对政府提出了更高的要求，对政府资产、负债等财务状况和运行情况以及收支情况等的关注度也越来越高，对摸清家底、如实反映政府财务信息的需求越来越大。为适应新发展阶段的需要，财政部适时而动，立足国情，放眼未来，结合国际通行做法，对我国政府会计制度进行了较为全面、系统、深刻的改革。2019 年正式实施的政府会计准则制度，构建了“双基础、双功能、双报告”的政府会计核算体系，创新性地提出了我国政府“财务会计和预算会计适度分离并相互衔接”的思路及方法，这是具有中国特色的政府会计体系，推进了我国政府会计学科体系、学术体系、话语体系的建设和创新，具有划时代的历史性意义。

本书立足我国政府会计的理论基础，按照政府会计准则制度要求，融合近年来政府会计领域最新研究成果和改革要求，注重理论联系实际，以实务工作中的经济活动交易和业务作为案例，由浅入深、深入浅出地进行讲解，将笼统抽象的文字表述转换为清晰具体的实务案例，逐步展示会计处理的全过程，提高可读性和可理解性。

全书分为三篇，共十一章，第一章至第三章为第一篇总论，第四章至第九章为第二篇政府财务会计和预算会计，第十章和第十一章为第三篇财务报告和决算报告。

第一章主要对政府、财政、预算和政府会计之间的联系进行了分析，对我国官厅会计的发展进行了介绍，对与政府会计联系密切的我国政府收支分类进行了详述，细述了我国政府会计的构成和目标任务。

第二章和第三章主要对政府会计的基本准则、会计对象、会计要素、会计科目、会计账户、会计核算基础、会计核算方法和会计等式进行了介绍，为后续介绍夯实基础。

第四章至第九章分别对政府单位的资产、负债、净资产、收入、费用和支出、结转结余等会计要素进行了细致的介绍，并结合一线实务工作中的实例进行举例，详细地对各会计要素和会计科目进行了深入浅出的讲解，为读者提供政府财务会计和预算会计理论与实务相结合的实践范例。

第十章主要对政府单位的财务报表和财务报告进行了介绍，结合实务工作中对政府部门年度财务报表和财务报告的编制要求，分别对资产负债表、收入费用表、净资产变动表和现金流量表的结构、内容与编制逐一做了讲解，并借鉴企业会计中财务分析方法对政府部门财务状况、运行情况等进行分析，为部门管理、财政管理等提供参考。

第十一章主要对政府单位的决算报表和决算报告进行了介绍，结合年度部门决算的编报要求，分别对财政拨款预算收入支出表、预算收入支出表、预算结转结余变动表做了翔实的讲解，并介绍了实务工作中的部门决算报表，对年度决算的分析方法进行了简要说明，为政府单位的决算分析提供参考。

其中，第一章至第三章、第五章由云南大学李霞编写，第四章由云南大学周瑞刚编写，第六章、第七章由云南大学董葆敏编写，第八章、第十章由云南大学王妍编写，第九章和第十一章由昆明医科大学附属第一医院杨文涓编写，案例由董葆敏编写。全书由李霞构思、统纲、总纂和校稿。

本书在设计上遵循“理论—方法—案例”的思路，既注重对政府会计的整体性介绍，也注重对读者系统观念和思维的培养。本书从政府会计的基础理论出发，结合当前政府会计领域的现实需求和最新发展，融合了国库集中支付、政府采购、资产管理、全面预算绩效管理和财政预算管理一体化等内容，较为全面地介绍了我国政府会计理论的相关内容。本书可以作为高等院校本科生、财经类研究生的专业课教材，也可以作为行政事业单位政府会计工作者、高校教师、会计师事务所等学习、培训和辅导用书。

编　者

2024 年 7 月

目录
CONTENTS

第一篇　总论

第二篇　政府财务会计和预算会计

第四章

政府单位的资产

第五章

政府单位的负债

第六章

政府单位的净资产

第三篇　财务报告和决算报告

第十章
政府单位财务报表和财务报告

第十一章
政府单位决算报告和决算报表

第一篇

总论

第一章　政府和政府会计

第一节　政府和政府会计概述

一、政府及其相关组成

（一）政府的概念

“国家”的概念最早在中国古籍中出现，汉字的“國”字来自古汉字“𢧢”，从结构上看，包含着“一”（土地）、“口”（人口）、“戈”（武力）、“王”（王者），由此可以看出，古代的“国”字包含了国家的若干要素。在西方，古希腊国家多为城邦，因而“国家”即为城邦。在古罗马，共和国盛行，“国家”是指这种共和国，即一城市中的公众。

国家是一个历史范畴，是在社会生产力发展到一定阶段，人类社会分裂为奴隶主阶级和奴隶阶级时才产生的。马克思主义对国家本质的揭示，是从考察社会阶级利益的对立和国家的产生开始的。原始社会末期，随着社会分工的产生和发展，社会生产力得到了很大发展。一方面形成了剩余产品，人们占有剩余产品成为可能；另一方面对劳动力的需求增加。因此，原始社会的氏族、部落酋长和军事首领利用自己的地位，把社会生产资料和剩余财富占为己有，也把战俘、贫穷和负债的人变为自己的劳动力，从而使社会中产生了生产资料私有制和对别人劳动的无偿占有，社会分裂为奴隶主阶级和奴隶阶级。奴隶主阶级为了维护和实现自己的经济利益，需要一种新的、不同以往的“特殊的公共权力”（《马克思恩格斯选集》第4卷，第167页）。因而，他们利用自己的经济统治地位，创设新的官职为这种利益服务，创立了新的机关以保护自己的利益（《马克思恩格斯选集》第4卷，第110页），国家由此产生。不同的政治学家根据不同的特征，对国家进行分类。马克思主义根据国家的经济基础和占据统治地位的阶级利益划分国家类型，包括奴隶制国家、封建制国家、资本主义国家和社会主义国家。

国家产生后，统治阶级为了实现与维护自己的意志和利益，完成政治权力的职能，按照一定原则组建的各种机关的总和，即为国家机构。一般而言，国家机构具有阶级性、实体性、严密组织性和特定职能性等特性，其设置通常考虑国体、政体和社会因素。国家机构是复杂多样的，不同时期不同的国家有不同的国家机构。一般来说，国家机构主要包括国家元首、立法机关、行政机关、司法机关等。

政府是被授权制定公共政策与处理国家事务的个人和机构组成的政治组织。政府一般由“公共当局及其通过政治程序设立的机构组成”①。

在政治学的相关理论中，政府有狭义和广义之分：狭义的政府是指国家行政机关，是国家权力机关的执行机关，即一个国家政权体系中依法享有行政权力的组织；广义的政府是国家权力机关的总称，包括立法机关、行政机关和司法机关等，代表着国家的公共权力。

（二）政府的特点

1. 政治性

对国家行政组织而言，其政治性体现在两个方面：一是反映国家行政组织本质特征的阶级性，二是由国家行政组织在国家公共管理治理结构中居于强大决策地位决定的决策性。

2. 社会性

国家政府部门承担着社会一般公共事务管理的职能。服务性和管理

① 国际货币基金组织．政府财政统计手册[M]．北京：中国金融出版社，1988：3.

性是其内涵中相互联系的两个层次。

3. 权威性

政府部门以宪法、法律和国家武装力量为后盾，使其行政行为具有约束性和强制性的特点。

4. 法制性

法制性的实质是“依法行政”，具体表现在两个方面：一是行政组织自身的组织宗旨、人员编制、机关设置、财政预算等必须严格按照法律办事，二是行政组织的行政行为或行政管理的内容和方式必须遵从宪法与法律的要求。

（三）我国中央政府和地方政府

1. 中央政府

在我国，政府有中央和地方之分。中央政府是最高国家权力机关的执行机关，是最高国家行政机关。中央政府的表现形式是政务院和国务院。国务院统一领导全国地方各级国家行政机关的工作，规定中央和省、自治区、直辖市的国家行政机关的职权的具体划分，以及其他能够影响全国所有地方政府、居民的政策和措施。国务院在国家行政体系中具有最高地位，是由国务院的宪法地位决定的。国务院的最高行政地位表现在任何地方、任何层级、任何领域，在国家范围内，任何地方政府在任何问题上均须服从中央政府——国务院的领导。按照国家宪法的规定，国务院拥有广泛、全面、统一领导国家行政活动的直接权力，以及为了保障这种领导得以实现的间接权力。直接权力包括行政立法和制令权、对国务院机构和地方政府的行政领导权、行政管理权、国民经济和社会发展计划以及国家预算的编制与执行权、外交权，间接权力包括立法提案权、否决权、戒严权和其他权力等。

新中国成立以来，政府机构在划分和管理上发生了较大变化，并在与时俱进做着不同的改变。1949 年，中央人民政府下设政务院，新中国的政府机构框架初步建立。9 月 27 日，中国人民政治协商会议第一届全体会议通过了《中华人民共和国中央人民政府组织法》（以下简称《中央人民政府组织法》）。10 月 1 日，中央人民政府下设人民革命军事委员会、最高人民法院、最高人民检察署和政务院，其中政务院下设 35 个委、部、署、院。随着 1954 年第一届全国人民代表大会召开和 1954 年宪法通过，国务院正式成立，标志着我国政府机构设置进入正轨。根据《中央人民政府组织法》第 18 条的规定，政务院设政治法律委员会、财政经济委员会、文化教育委员会、人民监察委员会和各部、会、院、署、行，主持各该部门的国家行政事宜，如内务部、外交部、公安部、财政部、人民银行、海关总署、重工业部、燃料工业部、纺织工业部、铁道部、邮电部、交通部、农业部、教育部、科学院、卫生部、民族事务委员会、华侨事务委员会等。

1954 年后，随着各级机关的相继建立，政府机构开始增设；1956 年，机构总数达 81 个。为此，1956—1959 年，中央对国务院所属工作部门进行了较大规模的体制改革和机构改革。1958 年，撤销合并了国家建设委员会等 10 多个单位。1959 年，国务院工作部门又做了进一步调整和撤并。1960—1964 年，为了贯彻国民经济调整的方针，政府进行了较大规模的机构改革，主要以事业单位为重点，对行政部门和事业单位同时进行精简。

1981 年，国务院部委达 52 个、国务院工作部门达 100 个，数量达到新中国成立以来的高峰。1982 年，改革开放后的第一次机构改革启动。这次改革对政府部门和机构进行了撤并，国务院各部委、直属机构和办事机构由 100 个减少为 61 个，国务院所属部委由 52 个裁并为 42 个。

1987 年，党的十三大提出“社会主义有计划的商品经济体制”，反映经济体制改革逐渐走向深入。由于原有的政府机构体系主要是在计划经济体制下建立的，难以适应转轨发展需要，1988 年，国务院机构改革，明确提出转变政府职能是机构改革的关键，对政府经济管理部门进行了改革。国务院部委由原来的 45 个减为 41 个，包括外交部、国防部、国家计划委员会、国家经济体制改革委员会、国家教育委员会、国家科学技术委员会、国防科学技术工业委员会、国家民族事务委员会、公安部等；直属机构从22个减为19个，非常设机构从75个减为44个，部委内司局机构减少20%。

1992年，党的十四大提出建立社会主义市场经济体制的改革目标。为了建立有中国特色、适应社会主义市场经济体制的行政管理体制，1993年，国务院设置组成部门41个，加上直属机构、办事机构18个，共59个，比原有的86个减少27个，人员减少20%。[①] 1998年改革历史性的进步是，政府职能转变有了重大进展，其突出体现是撤销了几乎所有的工业专业经济部门。

2003年，政府机构改革主要涉及深化国有资产管理体制改革，设立国务院国有资产监督管理委员会（以下简称“国家发展改革委”）；完善宏观调控体系，将国家发展计划委员会改组为国家发展和改革委员会；健全金融监管体制，设立中国银行业监督管理委员会；继续推进流通管理体制改革，组建商务部。改革后，除国务院办公厅外，国务院组成部门主要有外交部、国防部、国家发展改革委、教育部、科学技术部、国防科学技术工业委员会、国家民族事务委员会、公安部、国家安全部、监察部、民政部、司法部、财政部、人事部、劳动和社会保障部等28个。

2007年，党的十七大报告指出，要探索实行职能有机统一的大部门体制。因此，2008年的国务院机构改革加强与整合了社会管理和公共服务部门（将劳动和社会保障部、人事部合并，组建人力资源和社会保障部），整合完善了工业和信息化、交通运输行业管理体制。2008年政府机构改革中，加强能源管理机构、组建交通运输部、组建人力资源社会保障部等，改革力度较大。除国务院办公厅外，国务院设置组成部门27个。这次国务院改革涉及调整变动的机构共15个，正部级机构

---

① 1993年国务院机构改革[EB/OL]. http://www.gov.cn/test/2009-01/16/content_1206993.htm.

减少 4 个。这次机构改革突出了三个重点：一是加强和改善宏观调控，促进科学发展；二是着眼于保障和改善民生，加强社会管理和公共服务；三是按照探索职能有机统一的大部门体制要求，对一些职能相近的部门进行整合，实行综合设置，理顺部门职责关系。

2012 年，党的十八大报告提出稳步推进大部制改革。2013 年，国务院机构改革对卫生和计划生育、食品药品、新闻出版和广播电影电视、海洋、能源管理等机构进行了整合，构建了一些具有大部制特点的政府部门和机构，国务院正部级机构减少 4 个，其中，组成部门减少 2 个，副部级机构增减相抵数量不变。除国务院办公厅外，国务院设置组成部门 25 个。这次机构改革重点围绕转变职能和理顺职责关系，稳步推进大部制改革，实行铁路政企分开，整合加强卫生和计划生育、食品药品、新闻出版和广播电影电视、海洋、能源管理机构。

2018 年 2 月，党的十九届三中全会专题研究机构改革问题，审议通过了《中共中央关于深化党和国家机构改革的决定》和《深化党和国家机构改革方案》。这次机构改革不再是单纯的行政机构改革、政府机构改革，而是以治理现代化为指向的党和国家机构改革，被纳入国家治理体系现代化中整体考虑和统筹推进。2018 年，深化党和国家机构改革涉及党的领导体系、政府治理体系、武装力量体系、群团工作体系等多个方面，把政府机构改革推向了新的历史发展阶段。改革后，国务院正部级机构减少 8 个，副部级机构减少 7 个，如组建自然资源部、生态环境部、农业农村部、文化和旅游部、国家卫生健康委员会、退役军人事务部、应急管理部等，机构改革体现出前所未有的广度、强度和深度，对政府机构体系进行了系统性重构。

2023 年 3 月 16 日，中共中央、国务院印发了《党和国家机构改革方案》。改革目标是构建系统完备、科学规范、运行高效的党和国家机构职能体系。这次改革包括深化党中央机构改革、深化全国人大机构改革、深化国务院机构改革、深化全国政协机构改革、优化机构编制资源配置五个方面。国务院机构改革作为其中的一项重要任务，重点是加强科学技术、金融监管、数据管理、乡村振兴、知识产权、老龄工作等重点领域的机构职责优化和调整，转变政府职能，加快建设法治政府。主要包括重新组建科学技术部、组建国家金融监督管理总局、深化地方金融监管体制改革、中国证券监督管理委员会调整为国务院直属机构、统筹推进中国人民银行分支机构改革、完善国有金融资本管理体制、加强金融管理部门工作人员统一规范管理、组建国家数据局、优化农业农村部职责、完善老龄工作体制、完善知识产权管理体制。

2. 地方政府

我国的地方政府是指除中央人民政府以外的、按照国家行政区域建立起来的地方各级行政机关，负责在本地区组织实施国家的法律法规，以及中央政府和上级政府的政策。自新中国成立以来，我国地方政府的组织形式经历了几次大的变化。在解放初期实行军事管制，由上级人民政府或军事委员会自上而下委任人员组成军事管制委员会和地方人民政府。1954 年 9 月，我国第一部宪法颁布实施后，我国地方政府的名称改为“人民委员会”。从 1967 年开始，革命委员会被确定为地方各级人民代表大会的常设机构，同时又是地方各级人民政府。1979 年 7 月 1 日，第五届全国人民代表大会第二次会议通过《中华人民共和国地方各级人民代表大会和地方各级人民政府组织法》，宣布将地方各级革命委员会改为地方各级人民政府。

地方政府由不同层级的政府组成，分别设立不同的机构开展工作，是重要的地方国家机关。我国地方政府有四级，包括省（自治区、直辖市、特别行政区）、市（自治州、市辖区）、县（自治县）、乡。

地方各级政府是我国地方各级权力机关——人民代表大会的执行机关，对本级人民代表大会和上一级国家行政机关负责并报告工作。全国地方各级人民政府都是中央人民政府统一领导下的国家行政机关，都服从中央人民政府的领导。地方各级政府根据中央政府的机构设置进行地方政府机构设置，并按照规定履行职责。

（四）行政单位

1. 行政单位的概念

行政单位是代表政府行使政府权力的机构，是指进行国家行政管理、组织经济和文化建设、维护社会公共秩序的单位。行政单位包括国家权力机关，即全国人民代表大会和地方各级人民代表大会及其常务委员会；国家行政机关，即国务院和地方各级人民政府及其工作机构；各级审判机关和检察机关；军队等。其人员管理实行公务员体制管理，经费、工资福利等全部由政府拨付。而行政各部门是指执行行政命令的机构，它不等同于行政单位，比行政单位范围要广一些。

中央行政机关由国务院、国务院组成部门（包括各部、委员会、审计署等）、国务院直属机构（如海关、税务、工商、环保总局等）等组成。地方行政机关包括地方各级人民政府、人民政府组成部门、人民政府的直属机构和特设机构以及各级人民政府的派出机构（如街道办事处）。

2. 行政单位的构成

目前，我国国务院机构的设置是按照 2018 年大部制改革的要求进行的，包括组建自然资源部、生态环境部、农业农村部、文化和旅游部、国家卫生健康委员会、退役军人事务部、应急管理部，重新组建科学技术部、司法部，优化审计署职责，将监察部并入新组建的国家监察委员会；组建国家市场监督管理总局、国家广播电视总局、中国银行保险监督管理委员会、国家国际发展合作署、国家医疗保障局、国家粮食和物资储备局、国家移民管理局、国家林业和草原局，重新组建国家知识产权局，调整全国社会保障基金理事会隶属关系，改革国税地税征管体制。

除国务院办公厅外，国务院组成部门具体包括外交部、国防部、教育部、科学技术部、工业和信息化部、公安部、国家安全部、民政部、司法部、财政部、人力资源社会保障部、自然资源部、生态环境部、住房和城乡建设部、交通运输部、水利部、农业农村部、商务部、文化和旅游部、退役军人事务部、应急管理部等 21 个部门及国家发展改革委、国家民族事务委员会、国家卫生健康委员会等3个委员会以及中国人民银行、审计署，共26个部门。

国务院直属特设机构。国务院直属特设机构只有1个，就是国务院国有资产监督管理委员会。国务院国有资产监督管理委员会是正部级单位，代表国家履行对国有企业的出资职责。

国务院直属机构。国务院直属机构主管国务院的某项专门业务，具有独立的行政管理职能。国务院直属机构包括海关总署、国家税务总局、国家市场监督管理总局、国家广播电视总局、国家体育总局、国家统计局、国家国际发展合作署、国家医疗保障局、国务院参事室、国家机关事务管理局。

国务院办事机构。国务院办事机构包括国务院港澳事务办公室和国务院研究室等。国务院办事机构协助总理办理专门事项，不具有独立的行政管理职能。

国务院直属事业单位。国务院直属事业单位包括新华通讯社、中国科学院、中国社会科学院、中国工程院、国务院发展研究中心、中央广播电视总台、中国气象局、中国银行保险监督管理委员会、中国证券监督管理委员会。国务院直属事业单位是立法授权的行政主体。

国务院部委管理的国家局。国务院部委管理的国家局主管特定业务，行使行政管理职能。国家信访局，由国务院办公厅管理；国家粮食和物资储备局、国家能源局，由国家发展改革委管理；国家国防科技工业局、国家烟草专卖局，由工业和信息化部管理；国家移民管理局，由公安部管理；国家林业和草原局，由自然资源部管理；国家铁路局、中国民用航空局、国家邮政局，由交通运输部管理；国家文物局，由文化和旅游部管理；国家中医药管理局，由卫生健康委管理；国家矿山安全监察局，由应急管理部管理；国家外汇管理局，由中国人民银行管理；国家药品监督管理局、国家知识产权局，由国家市场监督管理总局管理。需要说明的是，国务院部委管理的国家局不是部委的内设机构，而是国务院的组织机构。

国务院议事协调机构。国务院议事协调机构承担跨国务院行政机构的重要业务工作的组织协调任务。国务院议事协调机构的设立、撤销或者合并，由国务院机构编制管理机关提出方案，报国务院决定。

（五）事业单位

1. 事业单位的概念

我国的事业单位及事业单位管理体制，是在新中国成立后，公众和国家对科教文卫体等公共服务需求的空前提高，但满足这一需求的物质条件极为有限的情况下，与计划经济管理体制相适应的、承担特定公共服务的机构，以及国家在社会管理方面统一投资和管理的体制，是特定历史条件下解决特定公共问题，以满足相应的公共需求的必然选择。

随着计划经济体制的确立，作为计划经济管理体制的一个重要组成部分，我国把科教文卫体等社会事务和活动视为政府必须负责的事业，成立了由政府投资主办的事业单位，逐步形成了政府通过高度计划对特定社会事务进行直接管理的体制。

关于事业的定义。1955 年，第一届全国人民代表大会第二次会议《关于 1954 年国家结算和 1955 年国家预算的报告》中首次使用了“事业单位”这一名词，此后逐步形成了一个关于事业内涵的基本界定，即事业是指人们所从事的具有一定目标、规模和系统的对社会发展有影响的经常活动，是“没有生产收入，由国家经费开支，不进行经济核算的社会活动”①，如教育、文化、科学等。

根据 2004 年《事业单位登记管理暂行条例》的规定，事业单位是指国家为了社会公益目的，由国家机关举办或者其他组织利用国有资产举办的，从事教育、科技、文化、卫生等活动的社会服务组织。事业单位包括教育、科研、文化、卫生、体育、新闻出版、广播电视、社会福利、救助减灾、统计调查、技术推广与实验、公用设施管理、物资仓

---

① 中国社会科学院语言研究所．现代汉语词典：2002 年增补本［M］．北京：商务印书馆，2002：1153.

储、监测、勘探与勘察、测绘、检验检测与鉴定、法律服务、资源管理事务、质量技术监督事务、经济监督事务、知识产权事务、公证与认证、信息与咨询、人才交流、就业服务、机关后勤服务及其他等单位。

2. 事业单位与行政单位的区别

事业单位与行政单位的区别主要表现在三个方面。

（1）内涵不同。行政单位是国家机关，而事业单位是实施政府某项公共服务的部门，是社会服务组织。

（2）承担的职责不同。行政单位负责对国家各项行政事务进行组织、管理和指挥，而事业单位是为了社会的公益目的从事教育、文化、卫生、科技等活动。

（3）编制和工资待遇的来源不同。行政单位使用行政编制，由国家行政经费负担。事业单位使用事业编制，由国家事业经费负担。事业单位有全额拨款的，有部分拨款的，有的事业单位实行企业化管理。

3. 事业单位的特点

（1）单位性质的国有性。事业单位通常要接受国家行政机关的领导，大多数事业单位是由国家出资建立的，其日常运行经费主要来自财政预算拨款，并且通常是行政单位的下属机构。

（2）提供服务的公益性。事业单位的专业业务不以营利为目的，而是以社会效益为目的。事业单位在其专业业务之外开展的经营活动，在不影响其专业业务活动的情况下可以按照规定实行有偿服务。

（3）提供服务的专业性。事业单位以生产精神产品和提供劳务为主，一般不生产物质产品。随着经济管理体制改革和事业单位业务活动日益多元化，也有少量单位生产某些物质产品，但主要是高科技产品，通常是作为知识、信息和技术的载体来提供的。

（4）事业活动的公共性。随着社会主义市场经济体制的建立和改革的深入，对事业活动最根本的要求就是公共性，无论是事业活动的目标、承担主体，还是手段和方式，都要以公共性为目的，不断维护和增进公共利益，巩固和加强“以人民为中心”的目标。

（5）资金来源的多样性。事业单位除了有财政拨款外，还可以从上级部门、下属单位及有关出资方处取得资金。但是，对出资方有明确的要求，即出资方不具有明确的经济权益，不要求投入资产的回报，也不准备收回投入资产。

二、社会主义国家财政和政府预算

（一）财政的概念

为执行各种社会职能，国家需要参与社会产品的分配活动。财政与国家有着本质的联系，它是在阶级矛盾不可调和的历史条件下随着国家的产生而产生，并随国家的发展而发展的。它经历了以生产资料私有制为基础的国家财政和以生产资料公有制为基础的社会主义财政两个阶段。前者是在经济上占统治地位的剥削阶级凭借政治权力对劳动人民进行的剥削，具有深刻的阶级对抗性质；后者不再是某一特权阶级的工具，而主要是为发展社会主义生产力，满足社会成员日益增长的物质和文化生活需要的手段，是国家作用于经济基础的一种重要手段。

（二）社会主义国家财政

马克思关于财政是“在国家形式上的概括”的论断，概述了关于国家与财政相互关系的辩证思想，主要包括：财政是国家存在和发展的物质基础，财政是国家作用于经济基础的杠杆，国家是财政分配关系的主体，国家性质对财政性质具有反作用。

以毛泽东为代表的中国无产阶级革命家在领导新民主主义革命、社会主义革命和社会主义建设过程中，根据马克思主义的基本原理和我国的具体情况，提出并阐述了关于财政问题的一系列主张，创立了毛泽东财政思想。毛泽东财政思想是马克思主义普遍真理与中国具体的理财实践相结合的产物。早在新民主主义革命时期，毛泽东就提出，革命根据地财政以保证革命战争的供给为目的，把财政政策建立在阶级的与革命的原则上，发展经济，保障供给，以发展国民经济增加财政收入，努力增产、厉行节约、反对浪费等财政思想。在社会主义建设时期，毛泽东提出要调动一切积极因素，在分配上要兼顾国家利益、集体利益和个人利益；要统筹兼顾，从全局出发，避免顾此失彼和片面性，注意农轻重比例关系、沿海工业和内地工业的关系、经济建设与国防建设的关系、中央与地方的关系等。实践表明，这些思想并不因时代的更迭而失去其科学和真理的内核，其对新时期财政工作仍具有指导意义。

社会主义财政是人民民主专政的社会主义国家为实现其职能，并以其为主体的，主要利用价值形式强制地、无偿地分配社会产品而形成的，取之于民的分配关系，简称“以社会主义国家为主体的分配关系”。

社会主义财政本质具体体现在：①以建立在生产资料社会主义公有制基础上的人民民主专政国家为主体的社会产品分配；②具有以建立在社会主义公有制基础上的人民民主专政国家为主体的，取之于民、用之于民的社会主义分配的本质特征；③具有以人民民主专政国家为主体的强制性和无偿性的本质特征。

财政分配是为满足社会共同事务需要，以社会中心作为占据支配地位的主体，进行的社会集中化分配。在阶级社会中，财政分配表现为国家凭借政治权力对社会产品的分配活动。在不同的社会制度下，财政分配有着不同的性质。资本主义社会财政分配的性质，是资产阶级国家为本阶级的整体利益，在社会产品分配中对广大劳动者的剥削和掠夺；社会主义社会财政分配的性质，则是国家为全体人民谋利益进行的分配，体现的是人民大众之间的互助合作关系。国家作为全民所有制的点，具有组织社会经济的职能。财政能集中社会纯收入的大部分，而纯收入具有极大的能动性，既可以用于社会积累，也可以用于社会消费。因此，财政在社会产品分配中居于主导地位，对财政资金的管理尤为重要。

（三）政府预算

1. 政府预算的概念

《礼记·中庸》中有“凡事豫则立，不豫则废”。这里的“豫”，亦作“预”。预算从字面来看，为预计和测算。政府预算，简单地说，就是政府的年度收支计划，就如一个家庭的财务状况，其收入和支出是核心与重点。一个家庭会估计这一年的收入，并将其安排在衣、食、住、行、教育等方面。如果没有足够的收入满足这些需求，他们就有可能减少开支，或者通过谋求额外的工作、向银行贷款等方式增加家庭的收入；如果有多余的收入，他们就有可能提高自己的生活水平，如旅游、外出用餐等。家庭的预算与政府的开支计划是一样的。政府在预计和测算收入与支出时，首先要确定各类收入规模和各类开支项目，如预计取得的税收收入，用于国防、教育、卫生、社会保障等方面的支出。当预算支出大于预算收入时，可能会采取削减预算、借债等措施；当预算收入超过预算支出时，既可以用于新的财政活动领域、偿还以往的债务，也可以通过转移支付的形式将剩余资源还给纳税人。由此，形成了政府的预算。

用学术语言来说，政府预算是政府对其在既定时间内（通常称为“财政年度”或“预算年度”）为完成既定目标而计划耗用的资源进行正式预测，以及为获得这些资源建议使用的方法。政府通过预算向预算使用者传达了政府计划进行什么样的活动，预算在一定程度上成为衡量政府运行效率的标准，同时起到了陈述政府公共政策的作用。此外，对于政府而言，预算的作用还在于它是一种法律文件，是政府拨款的依据。

我国的国家预算是社会主义国家为实现其职能需要，有计划地筹集和分配由国家集中掌握的财政资金的工具，是国家的基本财政计划。从程序上看，国家预算的编制是政府对财政收支的计划安排，预算的执行是财政资金的筹措和使用过程，国家决算则是国家预算执行的总结。

2. 政府预算的分类

按照预算形式的不同，可以将预算分为单式预算和复式预算。单式预算属于传统的预算编制形式，是将政府的各种财政收入与支出分别汇集，共同编入单一的总额形式的预算报表；复式预算是将政府全部财政收支按经济性质汇集，分别编入两个或两个以上有联系的收支对照表。

按照预算内容的不同，可以将预算分为总预算和分预算。总预算就是政府财政收支的综合计划，它包括一般经费收支和各类特别收支两大项目；而分类预算则是这两大项目的细目。从预算的部门划分来看，教育预算、国防预算等部门预算就是分预算，而各部门预算的汇总就是总预算。

按照收支范围的不同，可以分为普通预算和特别预算。普通预算（又称为“经费预算”）是指政府编制的一般财政收支项目的预算。特别预算（又称为“专项预算”）是指政府对某些具有特别意义的项目另行安排的预算。实践表明，特别预算往往不利于政府在预算收支项目之间进行资金调剂使用，也在一定程度上影响了政府全部财政收支使用、变化的综合情况。因而，近年来，部分国家不再编制普通预算与特别预算，而是编制总预算和分预算。

按照政府级别分类，可以将预算分为中央预算和地方预算。在单一制国家里，如我国，政府预算分为中央政府预算和各级地方政府预算；在联邦制国家里，如美国，政府预算分为联邦政府预算、州（邦）政府预算和各级地方政府预算。

《中华人民共和国预算法》明确规定：国家实行一级政府一级预算。设立中央，省、自治区、直辖市，设区的市、自治州，县、自治县、不设区的市、市辖区，乡、民族乡、镇五级预算。即从中央到地方共有五级政府，相应的政府预算也就有五级预算。

3. 政府预算的特点

（1）政府预算的目标是通过资金筹划实现政府职能。

（2）政府预算是实现治理的手段。

（3）政府预算管理涉及宏观和微观两个层面的理论基础，其编制、执行以及结果的分析和评价都不是孤立的，必须和其他经济政策相协调，须有相关的法律法规和管理制度作为保障，强调宏观的平衡。

（4）政府预算是动态管理过程，组织模式的设计、岗位责任的划分和人力资源的配置更要适应收支流程的需要。

(5) 政府预算遵循《中华人民共和国预算法》，预算的分配原则、计算标准、编制程序、预算结果的分析和评价均有法律予以规范，执行预算的过程就是严格按规定处理政府的财务活动。

4. 我国的政府预算及管理

(1) 政府预算的编制审批程序。

我国的国家预算体系是按照一级政权设立一级预算的原则建立的。我国宪法规定，国家机构由全国人民代表大会、国务院、地方各级人民代表大会和各级人民政府组成。同时，结合我国行政区域的划分，国家预算由中央预算和地方预算组成，地方预算由省（自治区、直辖市、计划单列市）、市县（市、自治县）和乡镇组成。按收支管理范围，又分为总预算和单位预算两类。中央总预算由中央各部门的单位预算组成；省总预算由本级各部门单位预算以及县总预算构成；县总预算由本级各部门单位预算组成；而乡一级政府预算，对于2008年开始实行“乡财县管”的，乡镇不再组织收入，但是预算和决算还是由乡镇自己编制，并且作为县级的一个一级预算单位进行管理。

在我国，预算工作是从预算编制开始的。国务院下达关于编制下一年度预算草案的指示，具体事务由财政部部署。各地方政府应按规定时间，将本级总预算草案报国务院汇总审核。各级政府财政部门应在每年本级人民代表大会会议举行的一个月前，将本级预算草案提交本级人民代表大会的专门委员会进行初审，在全国人民代表大会举行时向大会做关于中央和地方预算草案的报告。人民代表大会作为立法机构，预算草案要经其审查后方能成立和生效。中央预算要由全国人民代表大会批准，地方各级政府预算由本级人民代表大会审查和批准。

预算执行是整个预算工作程序的重要环节。收入的入库、资金使用的拨付以及预算调整都必须按照法律和相关规定的程序进行。各级预算由本级政府组织执行，具体工作由本级财政部门负责。预算收入的法定征收部门，必须依法及时、足额征收应征的预算收入。有预算收入上缴任务的部门和单位，必须按法律和规定及时、足额地拨付上缴资金，并加强管理和监督，保障预算收入的安全和及时入库。

预算调整是预算执行的又一项重要程序，是指经过批准的各级预算，在执行中因特殊情况需要增加支出或者减少收入等，必须经各级人民代表大会常务委员会审查和批准，未经批准不得自行调整预算。各部门、各单位的预算支出，不同科目间需要调整使用的，必须按国务院财政部门的规定报经批准，任何人、任何单位不得擅自调整。

整个预算工作程序的总结和终结是决算。决算草案由各级政府、各单位，在每一预算年度终了后按国务院规定的时间编制并逐级上报汇总。依法经批准后，财政部门要向本级各部门批复决算，地方各级政府还应将经批准的决算报上一级政府备案。

（2）部门预算的编制审批程序。

在我国，除了政府预算（由同级财政部门执行）外，还有各政府部门单位的部门预算，或者叫作“单位预算”。部门预算是指政府各部门单位依据国家有关政策法规及其履行职能需要，由基层预算单位开始编制，逐级上报、审核、汇总，经财政部门审核后提交立法机关依法批准的本部门各项收入和支出的年度财政收支计划。实施部门预算，并不是我国的独创，世界上的大多数市场经济国家都实行部门预算制度。部门预算实质是将政府的各种支出用严密、详细、精确的预算规范起来，并将其法律化，使其成为政府支出的依据。凡是违反部门预算的任何支出行为都被视为违法行为。这一制度规定实施后，可杜绝政府支出中不规范、不透明等现象，为实现政府收支的清正廉洁保驾护航。

我国部门预算的编制实行的是“二上二下”流程。“二上二下”是典型的部门预算编制流程。所谓的“上”与“下”，是指财政部门和支出部门之间正式的沟通过程。在部门预算编制中，这一反复沟通的过程，主要是为了使部门预算编制得更科学，更有针对性。“上”是指部门上报预算给财政部门和有预算分配权的部门，是预算信息向上流动。“下”是指预算信息的向下流动，即财政部门下达到单位的预算控制数、预算的修改意见，以及将人民代表大会最终批准的预算批复传达给部门。

主要流程是：首先，预算单位向同级财政部门编报预算建议数，简称“一上”。预算单位根据要求编制本单位部门预算计划，上报同级财政部门。其次，同级财政部门对上报的预算建议数审核、平衡后，汇总为预算初步方案报本级政府，经批准后向各部门下达部门预算控制数，简称“一下”。再次，预算单位根据财政下达的预算控制数，对本部门预算中的相关数据进行修改完善，主要是对项目数量、金额进行调整，确定后报送同级财政部门，简称“二上”。最后，财政部门对“二上”的部门预算审核、汇总为预算草案后，报本级政府、人大审议批准，并在全国人民代表大会批准后一个月内向各部门批复，称为“二下”，同时各部门应在财政部门批复本部门预算之日起 15 日内，批复所属各单位的预算，并负责具体执行。

（3）预算科目。

预算科目是国家预算收支项目的科学分类。收入科目分为类、款、项、目四级科目，支出科目分为类、款、项、目、节五级科目。各级科目之间的关系是：前者是后者的概括，后者是前者的具体化。具体内容在后面的政府收支分类中进行介绍。

三、政府会计及其内容

（一）政府会计概述

政府预算是经法定程序审核批准、具有法律效力、综合反映国民经济和社会发展情况在一定时期的政府财政收支计划，是政府筹集、分配和管理财政资金的重要工具，也是调节、控制和管理社会政治经济活动的重要手段。在社会再生产过程的分配领域，政府预算资金有收入和支出活动，如何对预算资金收支活动进行记录、反映和监督？这历来是政府关注的重点。

从表面上看，政府预算是政府关于未来某个时期的收支问题，是一个技术问题，实际上预算是政府的治理问题，也是一个会计问题。政府要实现公共财政的四大价值目标，如公共性目标，必须有相应的会计体系对政府履行职能过程中耗费的资源、取得的成效进行真实反映，对政府的资产、负债、净资产、收入、费用、现金流量等“家底”情况进行确认、计量和报告，全面准确核算和反映政府的运营状况。政府会计则可以扮演这一“角色”，政府会计反映和监督的是政府资金的运转情况，是为政府预算服务的，能够为公共财政建设提供最基础、最具体的保障。可以说，政府会计是用于确认、计量、记录、报告政府财务收支活动及其受托责任履行情况的会计体系。

政府会计在新中国成立后很长一段时间叫作“预算会计”，研究的是国家预算资金收支活动及其规律，这个叫法也较为直观。但是，预算会计在反映和监督预算资金收支的同时，还需要对政府形成的资产、负债等进行反映，随着我国经济社会的发展，这种反映的需要越来越强烈。2015 年，财政部在最新一轮的预算会计改革中，统一将“预算会计”改称为“政府会计”，从而更加直观地体现这类会计的对象和特征。

（二）政府会计组织体系

我国政府会计组织系统与我国的国情密切相关。我国的国家预算组成体系是一级政府设立一级预算，即中央、省（自治区、直辖市）、市、县和乡，构成了财政五级总预算。政府单位/部门预算是组成政府的各部门、各单位的预算，隶属于不同级次的财政总预算，如中央机关由中央财政拨付经费，其属于中央单位，而地方财政拨付经费的则属于地方政府单位。

我国政府单位预算管理按照管理权限分为一级预算单位、二级预算单位和基层预算单位。一级预算单位是向同级财政部门上报预算的政府单位；二级预算单位是向上一级预算单位申报预算，同时还有下级预算单位的政府单位；基层预算单位是向上一级预算单位申报预算，且没有下级预算单位的政府单位。各级预算单位按照预算管理的级次申报预算，并定期向上一级预算单位或同级财政部门报告。

根据政府单位（包括行政单位和事业单位，下同）的建制管理和经费的领拨关系，政府会计的会计组织系统分为三级，包括主管会计单位、二级会计单位和基层会计单位。

主管会计单位是指向同级财政部门直接领报经费，并发生预算管理关系的政府单位，其直接向财政部门领报经费，有所属会计单位并向其转拨财政经费。二级会计单位是指向主管会计单位或上一级会计单位领报经费，并发生预算管理关系，有下一级会计单位的政府单位。二级会计单位不直接向财政部门领报经费，而是向主管会计单位或上一级会计单位领报经费，同时还有所属会计单位并向其转拨财政经费。基层会计单位是指向上一级会计单位领报经费，并发生预算管理关系，没有下级会计单位的政府单位。无论是向财政部门领报经费，还是向上一级会计部门领报经费，只要没有下级会计单位就是基层会计单位或视同基层会计单位。

上述三级会计单位实行独立会计核算，负责组织管理本部门、本单位的所有会计工作。各政府会计主体的会计核算应当以其自身发生的经济业务为对象，反映与监督各政府单位自身的各项经济业务和活动。例如，某省教育厅是省级主管会计单位，其下属省属高校为二级会计单位，高校下属的、没有下级会计单位的某附属中学为基层会计单位。

（三）政府会计特征

我国政府会计是各级政府、各部门、各单位反映和监督政府财政资金活动情况及其结果的会计。它是以货币为主要计量单位，对各级政府财政资金活动的过程和结果，进行系统、完整、连续的反映和监督，以此全面、准确地反映政府资产、负债情况，加强预算管理和财务管理，促进资金使用效益的提高，全面反映政府组织的各种受托财务责任。政府会计信息既是社会公众评价政府及公共组织绩效的主要依据和指标，也是国家相关政策制定的重要依据。

政府部门作为非物质生产的部门，使用的资金基本上都属于社会再生产中分配领域的政府财政性资金。它们虽然不直接创造社会所需的物质财富，但是对整个社会再生产起着先行的、基础的作用，是一个国家经济不可缺少的部分。没有这些管理活动，整个社会的生产和生活将不能顺利进行，建设现代化的社会主义强国也只是空谈而已。而政府部门的业务活动不同于企业的生产经营活动，其资金活动的过程与企业也大不相同，其有自身的特点和特征。政府会计是对政府部门的经济活动进行反映和监督，是以政府财政资金为对象的会计。

企业会计是应用于物质资料生产和商品流通领域的，它必须正确地核算、反映与监督企业资金运转的过程和结果，核算企业的盈利或亏损。政府活动处于非物质生产领域，以社会效益为基本目的，它们的资金来源于税收等非交换性交易，它们使用的资金需要按照要求编制预算，并经过人民代表大会等权力机关的批准后，严格按照预算执行，如实反映预算的执行情况，满足相关信息使用者的需求。可见，对政府资金活动进行反映和监督的会计有其独特之处。政府会计反映的是预算收支的结果，不计算盈亏，无论是基本建设拨款、行政经费，还是事业经费的预算支出，都是财政性的支出，预算资金收支活动的结果表现为结余或超支。政府会计虽然不计算盈亏，但是对资金的使用要讲求经济效果和效益。目前，正在进行的全面预算绩效评价和改革也体现了“效果”和“效益”的这种要求。

政府会计的特征是由政府部门本身的特征决定的。政府在提供服务时通常是免费的，或者是象征性收费的，因而没有相关利益的驱动，其经济活动和职能履行需要由纳税人等财务资源的供给者予以推动和保障。主要方法是要求他们编制预算，并按照经过批准的预算开展相应的经济活动。政府部门的会计信息成为财务受托责任的重要依据。

与企业会计相比，政府会计有其自身的特征，主要表现在四个方面。

第一，使用的资金不具有营利性，但是使用具有限制性。政府会计主体的活动是履行管理国家和提供服务的职能，满足社会的公共需要，具有显著的非市场性。因此，政府会计核算与反映的是资金的筹集、分配、领拨和使用，以及资金使用是否做到专款专用、有无挪用等情况。

第二，政府会计的核算要与预算管理的要求相适应。政府会计核算体系只有与国家预算收支科目一致，才能如实反映国家预算的执行情况。要在全国范围汇总反映国家预算收支执行情况，从财政总会计到各政府部门、单位的会计，其会计科目设置、会计核算程序方法以及报表格式都必须按照统一的要求执行，以全面、准确地反映政府预算执行情况，满足政府财政管理的需要。

第三，会计核算的基础不尽相同。政府会计采取“双基础”进行会计核算，其中，政府财务会计的核算基础是权责发生制，反映的是政府的财务状况和运行情况等信息；政府预算会计的核算基础是收付实现制，反映的是政府预算执行情况的有关信息。

第四，成本核算具有独有的特点。政府会计核算的资金来源于预算资金，而其使用是无偿的，不需要进行盈亏核算，其侧重于资金的收支和结余的核算，大多数单位不需要进行成本核算。但对财政资金的使用要讲求经济效果，按照规定的用途和开支标准，力求节约、合理地使用，注重使用的绩效，充分发挥资金的使用效益，提高资金使用效率。但是事业单位不同，事业单位除财政预算拨款外，还有其他的资金来源，很多涉及公共服务或产品定价，因此成本核算成为趋势和必然。2019 年，财政部出台《事业单位成本核算基本指引》，要求事业单位进行成本核算。与此同时，公立医院已经率先开展成本核算。2022 年 10 月，财政部制定印发了《事业单位成本核算具体指引——高等院校》和《事业单位成本核算具体指引——科学事业单位》。

（四）政府类会计分类

1. 政府财政总预算会计和政府会计

政府会计是为政府组织服务的。政府的层级结构、政府组织的横向构成决定了政府会计的体系组成。此外，政府职能的实现依赖于政府预算资金的组织与供给，故政府会计在纵向上的分级应该与政府预算相一致。我国政府会计从纵向上分为中央、省、市、县、乡五级财政总预算会计，各级财政总会计下再建立所属部门机构的单位会计。

我国政府财政预算管理体系决定了政府会计体系的群体构成。国家财政预算按照收支管理范围，分为总预算和单位预算。为了适应财政预算管理的需要，政府会计也相应地分为财政总会计和单位会计。在组织各级总预算和单位预算的执行中，除前述两类外，还需要其他部门的参与。财政资金的收入、拨出和留解，是由中国人民银行代理的国库经办的，由此形成国库会计；税务机关、海关、国有资产监管机构负责征收财政收入，因此形成收入征解会计。为了更有效地实行分类管理，我国政府会计体系由财政总会计、政府部门单位会计以及参与财政预算执行的国库会计、收入征解会计等共同组成。从横向上来看，政府会计由财政总会计、政府部门单位会计和参与财政预算执行的国库会计、收入征解会计等几个子系统组成。在该体系中，财政总会计居于主导地位，政府部门单位会计以及参与预算执行的国库会计、收入征解会计等在财政总会计的业务指导下展开核算工作，并向财政总会计报送会计信息和报表。它们共同组成了我国政府会计的有机整体，形成了国家预算执行的会计核算网络。

政府会计与财政总会计之间相互联系，主要表现在五个方面。

（1）政府会计与财政总会计相互配合，确保政府收支预算的实现，共同为加强政府的政权建设服务。政府单位的收入和支出是同级政府预算的重要组成部分，政府财政总会计按照批准的预算核拨同级政府各单位的经费，是同级政府单位收入的重要来源。

（2）政府会计与同级财政总会计在缴款和拨款上有直接联系。政府单位应上缴财政的收入，要按相关规定缴入国家金库；对于应上缴财政专户管理的资金，按时缴入同级财政专户。而各级财政应拨付给各政府单位的经费，要按计划和预算及时下达用款额度到主管部门和单位；对于从财政专户拨付的资金，也要按照计划和要求及时划拨。这些缴款和拨款的手续办理，都要通过各级总会计和政府会计进行。

（3）政府单位作为会计主体，具有一定的自主权，但必须接受同级财政总会计的管理和监督，平时要向主管部门和同级财政部门编制月报或季报，年终要编制年度决算报表和财务报告。各级财政总会计也要加强对政府各单位会计工作的指导，提高其财务管理水平，不断促使其充分发挥财政资金的使用效益。

（4）政府单位年度决算报告是政府决算报告的主要组成部分。政府单位年度决算报告反映政府预算执行情况的有关信息，综合反映政府会计主体预算收支的年度执行结果。该报告是预算会计年度执行结果的反映，由各级财政总会计进行汇总，是政府决算报告的主要组成部分。

（5）政府单位年度财务报告是政府财务报告的重要组成部分。为反映政府的财务状况、运行情况和现金流量等有关信息，政府会计主体以财务会计为核心编报本单位财务报告，由财政总会计进行汇总，最终形成本级政府的财务报告，为政府相关决策提供会计信息。

2. 适用范围

政府会计的适用范围，是确定哪些部门、哪些单位适用政府会计的问题，也就是政府会计涵盖的部门和机构。从广义上说，各项财政总会计、政府部门单位会计同参与财政预算执行的国库会计和收入征解会计都是我国政府会计的组成部分，它们一起构成了具有中国特色的政府会计体系。从狭义上说，《政府会计准则——基本准则》中规范的是政府部门单位会计，包括本级政府财政部门直接或者间接发生预算拨款关系的国家机关、军队、政党组织、社会团体、事业单位和其他单位。本书的对象是狭义的政府会计。

四、我国政府会计的演变

（一）中国古代官厅会计

政府要保持国家机器的正常运转，就要进行组织收入、安排支出的活动，因此需要对其进行收支的计量、记录和报告，政府会计便应运而生。在我国历史上，政府会计被称为“官厅会计”。

夏朝作为我国具有400多年历史的第一个国家政权，是我国政府会计的起点，只是由于相关史料湮没不传，使得我们对夏朝的会计没有更多的认识。

西周作为高度发达的奴隶制国家，已建立了完善的国家行政管理机构，并设立了职司国家财计的独立官职，即司会及其所属的司书、职内、职岁与职币等财计职能部门，负责对西周奴隶制国家一切经济活动的收支进行系统的核算和考核，并初步明确了政府会计的任务。

春秋战国时期，在政权机构的职能部门中，一般均设置负责核算事宜的会计职官。随着政治经济斗争的发展，封建经济关系逐步形成，财计制度问题就成为强国中改革的重要内容，从而对“政府会计”的发展产生了深远影响。

秦朝作为我国第一个封建集权制国家，九卿之中掌管财计者，治粟内史治理国家财政，为国家财政最高长官，具体管理租税各项收入、国用各项开支。

西汉时期，强化了中央集权制度，统一的国家得到巩固，设置大司农为国家财政最高执行官，以国家规定的收支项目为核算依据，设置会计簿书和备查性质的各种杂簿管理财物。

隋朝统一中国后，较为注重财计组织建设，在中央政府的最高行政机关设立“度支”为国家财计主管机关，“度支尚书”（隋朝是六部尚书理政格局，包括吏部、礼部、兵部、刑部、度支和工部）掌理国家财政与会计。

唐朝时期，“官厅会计”有了进一步发展，政府的财计制度主要表现在其计账、户籍制度（是用来计算税赋收入的）、预算制度、上计制度以及审计制度等方面。到开元二十四年（736年），户部尚书李林甫奏请颁发《长行旨条》五卷。《长行旨条》是财政会计史上最早出现的全国性财政预算原则，它的出现标志着我国预算制度早期形态的确立，同时“量入为出”也成为传统的财政思想。唐代官厅的会计账簿设置，较之汉代的进步在于，从上到下都有了比较明确的、按照财物自然属性划类的汇总核算与明细分类核算。在唐朝的官厅会计核算中，进行月结、季结及年终决算，其主流仍然采用“入－出＝余”的三柱结算法。但是，唐朝中期已经有了“四柱结算法”的名目，出现了由三柱结算法向四柱结算法过渡的迹象。三柱结算法与四柱结算法的根本区别在于：从结算时间上划清本期收入数额与上期结余数额之间的界限，明确哪些是本期新收数额，哪些是上期剩余数额。划清这一界限对于国家财政收支的管理具有十分重要的意义，可以在一定程度上防止因新旧账目混淆发生的贪污盗窃，保障国家各项预算收入的实现，以及对这些预算收入的正确核算；同时，便于加强对库藏财物的管理。四柱结算法是中式会计利用旧管、新收、开除、实在四要素及其相互关系反映一定时期的财产增减变化并结算账目的方法。“四柱清册”是宋代会计的重大发明，后人又把它称为“四柱移交清册”或“奏销册”，即封建官厅办理银钱移交或报销时编制的报告移交清册或奏销册，它继承并逐步完善了唐末和五代时期的四柱结算法，据此规定了会计报表和账簿的基本结构，从而确定了报账、算账、记账的科学方法，创造出中式记账的基本原理。

明朝中央政权在中书省下分置六部。六部之中，户部为全国财计主管部门，设户部尚书总负其资，辅以侍郎，在财政会计机构方面府、县两级的设置，与省一级民、度、金、仓四科设置是一致的；国家在进行核算时，规定了对社会经济收、支活动按其性质划分类别的标准，实行官厅会计核算项目制度。为加强对财政经济的控制，除一般会计簿籍外，明朝官厅会计部门还设置有印信文簿、印信稽考文簿、印信号簿和循环簿等特别簿籍。这几种特别簿籍的设置，是明朝财计部门加强管与算的重要措施。其中，印信文簿是由明代户部统一颁发的用于核算、稽考钱粮收支的一种特别簿籍，这种簿籍不仅有规定的格式，而且要求以钱粮主管官员的印鉴作为合法的标志；印信稽考文簿是明朝官厅专门用于某项钱粮收支的簿籍，这种簿籍在钱粮收支中起到控制作用；印信号簿以特定的编号控制钱粮收支，以对号方式检验账目，在经济主管部门间发挥着牵制作用；循环簿是明朝官厅用于交替查算钱粮的一种会计文簿，其轮回在部门之间传递，既方便核算，又方便审核。

明朝末年，“龙门账”出现。“龙门账”是明末清初由山西帮商人设计的一种适用于民间商业的会计核算方法，是我国最早的复式记账法。“龙门账”的诞生标志着中式簿记由单式记账向复式记账的转变（郭道扬，2017）。

“龙门账”账簿的上方为“收方”（也称“来方”），下方为“付方”（也叫“去方”），每笔账务处理都有两重性质的记账符号，上方为“收——来”，下方为“付——去”，对全部账目的处理，均遵循了“有来必有去，来去必相等”的记账规则，对每笔经济事项的处理，要求在反映来账的同时，也反映去账（郭道扬，1993），遵循并体现连环、平衡的原则（李锦彰，2021）。“龙门账”将全部账目划分为四大类，即“进”“缴”“存”“该”。“进”，是指全部收入；“缴”，是指全部支出（包括销售商品进价及费用等支出）；“存”，是指资产并包括债权；“该”，又称“欠”，指负债并包括业主投资。在这四大类账户下，又设置了明细账户，相当于现在的会计科目。“龙门账”的具体记账程序，首先，根据单据登记流水账（序时账）；其次，根据流水过入誊清（分类账），有的还分设总清（总分类账）和分清（明细分类账）；最后，年结根据誊清编制进缴表（相当于西方的损益表）和存该表（相当于西方的资产负债表）。“龙门账”记账程序见图 1-1。

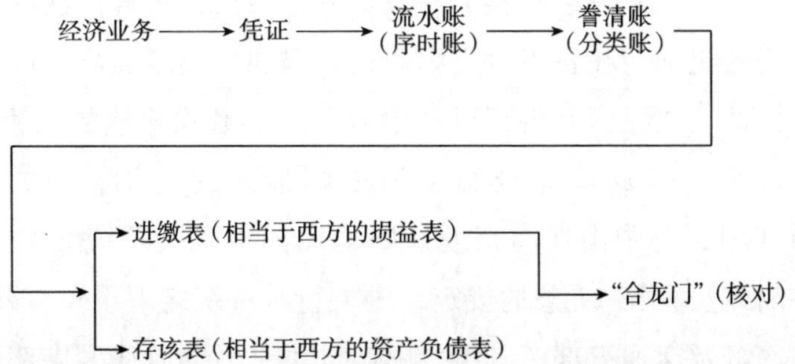

图 1-1 “龙门账”记账程序

在“龙门账”中，年终决算时，可运用“进－缴＝存－该”会计方程验算两方差额是否相等，并借此确定当年盈亏。这种双轨计算盈亏并检查账目平衡关系的会计方法为“合龙门”，“龙门账”因此得名（成圣树，1980；刘殿庆，1997；郭年琴，2006）。

（二）中国近代政府会计

清朝掌管国家财计的中央机构为户部，以尚书和左、右侍郎为主管官吏，户部内也如明朝按地区设置十四清吏司，对口考核和管理布政司的钱粮征收与会计，各司设郎中和员外郎主其事。这种由皇帝通过户部、户部通过清吏司控制各布政司，从而达到控制全国财政收支目的的体制，体现了封建国家财计官制关系的巩固和完善，在地方四级建制中（省、道、府和县）的各级政权，均有较健全的财计机构，设立诸如督粮道、粮盐道、盐法道、粮储道、盐荣道等分管各项实物和税款的征收、存储、转运、上缴事宜，并设相应人员负责征物收税的会计核算工作。而以白银为主要计量单位并对各种量度的位数做出明确的规定，是清朝官厅会计的一个突出进步，加快了会计核算的速度，便于开展会计分析，为正确编制国家预算创造了必要条件。

鸦片战争后，清政权的财计组织依从旧制，唯光绪朝始有变更。光绪三十二年九月二十一日（1906 年 11 月 7 日），改户部为度支部，废户部尚书和左、右侍郎官制，改由度支大臣和副大臣总理。在度支内，按分管事项的内容不同分设田赋、税课、潜仓、库藏等计十司，其中，专设会计一司，掌理会计核算事宜，并进行内部审计。次年，将地方财计组织进行更动，在各省设立财政处，隶属中央度支部，由其分管各省财计。由此，在我国开创了以“财政”命名政府机构的先河。

1911 年，辛亥革命推翻了清王朝的封建统治，成立中华民国；1912 年 1 月，孙中山在南京就任中华民国临时大总统。按当时《中华民国临时约法》第 17 条的规定，中央行政系统之下设置有外交、内务、财政、军务及交通五部。其中，财政部虽是沿袭以往度支部设置的，却是首次以“财政”作为这一主管部门的命名。其后，孙中山又将中央政府改设陆军、海军、司法、财政、外文、内务、教育、实业和交通九部。北洋政府大体沿袭了南京临时政府中央行政系统的官制规模，并扩大了财政的管事范围，将全国的会计权、出纳权与赋税征收、货币发行及官办企业集中于财政部，并通过管事范围的分工，初步建立了一种牵制关系。后来，袁世凯窃取革命果实，成立北洋政府，其财计组织，尤其是1914年以后，开始有了会计立法、执行与司法的区别，并初步发挥了统计在国家预算中的作用。国民政府对预算编制的重视及一系列改革，使其财政预算体系逐步完备。从某种意义上讲，该时期编制的国家预算开创了中国现代预决算编制的先河。1932年，国民政府颁布了财政的根本大法——《预算法》；1937年颁布的《审定二十六年度普通预算办法》规定了预算编制的筹划、拟编、核定、预算编制等四个程序；1941年，开始施行《决算法》，同时进一步修正《预算法》，使预算法律法规在实践中日臻定型。

1927年8月1日，中国共产党领导的南昌起义打响了武装反抗国民党反动派的第一枪，紧接着又举行了影响深远的秋收起义。土地革命风起云涌，中国共产党先后建立了井冈山、赣西南、闽西、琼崖、川陕、陕北等革命根据地，建立了中华苏维埃共和国。在中国共产党领导下，红色财税制度逐步建立和发展，为党的发展壮大、革命根据地的巩固和人民战争的胜利提供了财力保障。1931年12月，中国共产党领导的工农武装割据地区政府颁行财政管理法规《中华苏维埃共和国暂行财政条例》，条例共分14条，其主要内容是统一苏区财政收支管理。1935—1936年，中央财政部分别颁布了《暂行会计出纳规则》《暂行会计条例》，这是我国政府会计的雏形。

（三）新中国政府会计

新中国成立后，1950年12月，财政部发布了适用于各级财政机关的《各级人民政府暂行总预算会计制度》和适用于各级各类行政事业单位的《各级人民政府暂行单位预算会计制度》，初步确立了“统一领导、分级管理”的预算会计管理体制。1951年7月，政务院发布《预算决算暂行条例》，以国家行政法规的形式确立了我国的财政管理体制和预算会计管理体制，基本是模仿苏联的模式制定的。

1955 年 12 月 9 日，财政部颁布《地方财政机关总预算会计制度》《各级国家机关单位预算会计制度》，记账方法从现金收付改为借贷记账法。1965 年，创立了“总预算会计”，设立资产、负债、岁入、岁出四个会计要素，实行收付实现制，进行资产负债表、收支决算表的编报工作。

改革开放后，财政部于 1983 年 10 月制定发布新的《财政机关总预算会计制度》，完善了总预算会计的任务和职能作用，进一步加强了总预算会计的组织管理职能。1992 年，党的十四大召开，标志着我国进入社会主义市场经济发展的新时期。市场经济体制的确立，需要建立与之相应的会计模式。财政部于 1997 年 5 月印发了《事业单位会计准则（试行）》，6 月印发了《财政机关总预算会计制度》，7 月印发了《事业单位会计制度》。1998 年 2 月，财政部印发《行政单位会计制度》。至此，我国初步建立了适应市场经济需要、新的预算会计制度体系。

随着我国经济的飞速发展，政府改革不断推进，要实现建立社会主义市场经济体制的宏伟目标，就离不开公共财政建设的加强。公共财政是以满足公共需要为目的、以提供公共产品为手段、以弥补市场失灵为活动范围的一种以政府为主体的资源配置方式，具有体现公共性、保障公平性、实践公益性和实现法制性四大价值目标（王军，2006）。要实现公共财政的这四大价值目标，必须有相应的会计体系对政府履行职能中耗费的资源、取得的成效进行确认、计量、记录和报告，政府会计能够为公共财政的建设提供基础、具体和具有操作性的支撑。随着政府行政透明度的提高，在依法治国的要求下，政府应该如何合理分配公共资源、更加充分地向社会提供公共资源及其使用情况的信息，成为政府会计的当务之急。

随着我国公共财政建设的不断推进，包括政府收支分类改革、编制部门预算、国库集中支付制度和政府采购制度等在内的制度的建立与完善，都是为政府信息公开、透明，提高财政资金的配置效率服务的。然而，在公共财政体制下，如何保证财政资金使用的有效性，财政信息的公开、公正、透明；如何考核部门预算编制及执行，考察国库集中支付中的管理效率，考核政府采购成本，并对财政资金运动进行全过程的监督，对政府会计提出了新的更高要求。财政部于2012年发布并实施了《事业单位财务规则》，又于2012年12月发布了《行政单位财务规则》《事业单位会计准则》，并于2013年先后发布实施了《行政事业单位内部控制规范（试行）》《事业单位会计制度》等一系列相关政策法规，无论是行政事业单位的会计核算基础，还是财务管理中的预算、收入、支出、结余资金等，都进行了相关规范。

2012年改革是在15年前的改革基础上进行的一次更为深入的变革，对相关经济活动信息的计量、确认和记录引入了“双分录”的会计核算，在一定程度上有着承前启后的作用。新的行政事业单位财务规则突出预算管理、国有资产管理、内部控制和国库集中支付管理等，最直观的体现就是会计科目的变化，增加了“累计摊销”等新科目，删除了“拨出经费”等会计科目，并将“材料”调整为“存货”，会计科目的删减和调整弥补了旧制度涵盖范围小、信息少的弱点（张健，2014）。此外，还将近年来财政改革的内容制度融合到会计制度中，例如，国库集中收付制度改革、公务卡改革、财政资金收支结转结余核算等（孙茂民，2015），新制度的适用范围也从的国有事业单位扩大为各级各类事业单位，同时引入了权责发生制以弥补原有的收付实现制核算的不足（杨雪琴，2017），强化了对事业单位资产、基建项目的管理核算内容，明确了针对资产的计价和入账管理，规定了基建数据定期并入大账的具体要求（关振宇，2013）。“双分录”核算范围的扩大达到既能反映行政事业单位财务状况，又能反映预算执行情况的目的，将收付实现制和权责发生制巧妙结合（刘繁荣，2014），提升了财务管理水平，加强了科学化、精细化管理，使行政事业单位的财务状况、事业成果、预算执行情况得到更全面、更真实、更合理的反映，有利于促进可持续、健康的发展（黄勤珠，2013）。

党的十八届三中全会提出了“建立权责发生制的政府综合财务报告制度”的重大改革举措。2014 年修订的《中华人民共和国预算法》对各级政府提出按年度编制以权责发生制为基础的政府综合财务报告的新要求。2014 年 12 月 12 日，国务院批转财政部《权责发生制政府综合财务报告制度改革方案》，并要求在中央政府和省级政府执行，省级政府负责进一步指导下级政府执行。具体而言，财政部提出自 2014 年起 7 年内，建立权责发生制的政府综合财务报告体系，主要包括建立健全政府会计核算体系、政府财务报告体系、政府财务报告审计公开机制和政府财务报告分析应用体系四个系统。

为顺应改革需要，财政部于 2015 年发布《政府会计准则——基本准则》，该基本准则对预算会计和财务会计工作内容进行了明确规范，并且将两者职能进行了合理划分，同时发布了《政府财务报告编制办法（试行）》，对政府财务报告编制进行进一步规范，从编制的内容、范围、流程等角度加以完善。2016 年，财政部针对“存货”“投资”“固定资产”“无形资产”四项内容相应地颁布了四项政府会计具体准则，为政府会计在以上四项内容的核算上提供了指引。2017 年，关于“公共基础设施”“政府储备物资”也颁布了两项具体准则。同年，印发了《政府会计制度——行政事业单位会计科目和报表》，其中，对行政事业单位财务会计报表编制中会计科目及报表内容进行了统一规范，并且根据当前政府会计改革的需要，停止使用 1997—1998 年颁布的“一则三制”等 13 项制度，使行政事业单位的会计核算标准得到了统一。此后，2018 年，财政部针对政府会计准则中各项要素分别颁布了具体准则，就其内容进行了大幅调整（梁毕明，2021）。2019 年 1 月 1 日，新的政府会计准则制度正式实施。自此，我国政府会计改革正式落地，标志着我国建立起具有中国特色的政府会计体系。

在“准则 + 制度”的政府会计规范体系中，准则具有指导性的原则和作用，特别是基本准则部分，在政府会计基本理论和原则上统领全局，对政府会计制度建设起到指导和协调作用（肖鹏，2015）。新政府会计准则从会计要素和业务的角度出发，侧重于各项会计要素和各项会计业务的确认、计量与报告，而会计制度则从会计主体和报告主体的角度出发，侧重于单位全部业务的会计记录和报告编制的具体说明。新颁布的政府会计准则制度在全国各级各类行政事业单位全面实行，废止了多头零散的、按行政事业单位不同类别分类的十余项会计制度，统一了行政单位和事业单位会计制度，基本形成了在《中华人民共和国会计法》和《中华人民共和国预算法》指导下的准则与制度并行的政府会计法规体系。改革后的政府会计准则制度在理论与制度设计层面统一了行政事业单位会计制度，建立了“基本准则＋具体准则及应用指南＋会计制度”的会计体系和概念框架，大大提高了政府各部门、各单位会计信息的可比性，为合并单位、部门财务报表和逐级汇总编制部门决算奠定了制度基础（张言，2022）。财务会计层面引入权责发生制，预算会计实行收付实现制，构建了统一、科学、规范的政府会计核算体系，采用“双功能、双基础、双报告”模式。成本会计层面完善了核算制度，权责发生制在依据权利、义务分期确认收入、费用的基础上，全面反映政府资产的购置成本、折旧摊销等使用成本和耗费等；同时，为进行绩效预算、绩效管理和绩效评价提供基础（赵西卜，2020）。预算会计层面提升部门预算和决算的全面性、规范性与透明度，夯实政府资产负债管理的基础，提升财政资源的配置效率。

通过政府会计相关制度变迁可以看出，我国政府会计体系经历了由零散制定到完整呈现、由分布在各项准则规范到逐渐形成独立制度体系这一自我完善与发展的过程（张丽丽，2016）。此次会计制度改革在规范政府会计核算、夯实财政管理基础、反映政府运行成本、评价政府绩效、提升政府工作透明度等方面都具有划时代和里程碑式的意义，对于提升政府组织的会计信息质量，增加政府财政透明度，促进政府组织加强预算管理、财务管理、资产管理和绩效评价等方面都具有重要作用，为我国公共财政改革夯实了基础。

本书要介绍的“政府会计”仅仅限于《政府会计准则——基本准则》中第2条“适用于各级政府、各部门、各单位”，即与本级政府财政部门直接或者间接发生预算拨款关系的国家机关、政党组织、社会团体、事业单位和其他单位。军队、已纳入企业财务管理体系的单位和执行《民间非营利组织会计制度》的社会团体，不在本书介绍范围内。县级及以上总工会和基层工会组织应当执行《工会会计制度》（财会〔2021〕7号），工会所属事业单位应当执行政府会计准则制度，工会所属企业应当执行企业类会计准则制度，挂靠工会管理的社会团体应当按规定执行《民间非营利组织会计制度》。此外，企业集团中纳入部门预算编报范围的事业单位（不含执行《军工科研事业单位会计制度》的事业单位，下同），按政府会计准则制度进行会计核算；企业集团中未纳入部门预算编报范围的事业单位，可以不执行《政府会计制度——行政事业单位会计科目和报表》中的预算会计内容，只执行财务会计内容。

第二节　政府收支分类和政府会计

一、政府收支分类

（一）政府收支分类的概念

政府收支分类就是对政府的收入与支出进行类别和层次的划分，以全面、准确、清晰地反映政府收支活动，由此产生的政府收支分类科目则是编制政府预决算、组织预算执行的依据，也是预算单位进行会计核算的重要依据。

（二）政府收支分类沿革

随着我国政府预算管理体制的调整和变化，收入和支出的分类在不同时期有较大的变化。新中国成立初期，我国的预算收支主要体现的是统收统支的预算管理特点，如各项税收、企业收入类、其他收入类等。

20 世纪 70 年代末，税制简化后收入科目的划分更趋于简单，类级科目主要有企业收入、各项税收、预算调拨收入。

20 世纪 80 年代中期，随着国营企业利改税的实施，税收成为我国预算的主要收入，包括工商税收类、关税类、农业税类、国营企业所得税类等，还有国家能源交通建设基金收入类、专款收入类、债务收入类等，较之前更明细。

1994 年的分税制改革后，将政府性基金逐步纳入预算管理，收入分为一般预算收支和基金预算收支，一般预算收入科目分为增值税、消费税、营业税、企业所得税、国有资产经营收益、行政性收费、罚没收入、专项收入等，基金预算收入科目分为工业交通部门基金收入、商贸部门基金收入等。

随着我国公共财政体制的建立以及财政改革的不断深入，财政收支结构已经发生了很大变化，如基本建设支出、科技三项费用、企业挖潜改造支出等是计划经济时期按照政府代替市场资源配置的思路设计；财政预算需要建立全面的预算体系，反映政府的各项收支活动，而原有的预算收支科目，不包括预算外收支、社保基金收支等。此外，政府职能主要弥补市场的缺陷并满足公共需求，接受公共监督，而原有的预算支出分为行政费、事业费等，很多政府的重点工作支出如教育、科技、外交等都分散在各类科目中，已经不能满足公共需求。为了适应我国的公共财政改革，为了与国际上通行的做法相适应，秉着公开透明、中西结合和便于操作的原则，我国建立了一套包括收入分类、支出功能分类和支出经济分类在内的完整的政府收支科目分类体系。

二、政府收支分类体系

财政部于 2007 年 1 月 1 日正式实施《政府收支分类改革方案》和《2007 年政府收支分类科目》，改革后的政府收支分类体系由政府收入分类体系、政府支出功能分类体系和政府支出经济分类体系三部分构成。同时，日常所说的“财政四本账”也就体现在其中，包括一般公共预算、政府性基金预算、国有资本经营预算、社会保险基金预算。

（一）政府收入分类体系

政府收入是预算年度内通过一定的形式和程序，有计划地筹措到的、归国家支配的资金，是实现国家职能的财力保障。对其进行归类和层次的划分，以全面、准确地反映政府收入的来源和性质，包括一般公共预算收入、政府性基金预算收入、国有资本经营预算收入和社会保险基金预算收入。各类收入分设类、款、项、目四级，逐级细化，以满足不同层次的管理需求。对政府收入进行规范、细致的分类，为进一步加强收入的管理和数据的统计分析创造了条件。地方一般不得自行增设科目，确有必要增设的，不得影响全国按统一科目汇总。

（二）政府支出功能分类体系

政府支出功能分类是反映政府履行各项职能活动发生的支出，该分类是按照政府的职能活动和部门预算的要求进行的，并设置类、款、项三级科目，包括 26 类 200 多款 800 多项。其中，类级科目综合反映政府职能活动，如外交、国防、教育、科学技术、医疗卫生与计划生育、节能环保、交通运输、资源勘探信息、金融支出等；款级科目反映政府为完成某项职能进行的某一方面的支出，如“医疗卫生与计划生育”类下的“公立医院”“公共卫生”，“交通运输”类下的“邮政业支出”；项级科目反映为完成某一方面的工作发生的具体支出事项，如“公立医院”款下的“综合医院”“中医（民族）医院”，“公共卫生”款下的“卫生监督机构”“妇幼保健机构”等。这种分类可以清晰地反映政府支出的内容和方向，解决了原来“外行看不懂、内行说不清”的问题，为公共监督和国际接轨比较奠定了基础。

（三）政府支出经济分类体系

政府支出经济分类反映的是政府各项支出的具体用途，主要反映政府的钱究竟是怎样花出去的，并设置类、项两级科目，包括9类80多款。类级科目包括工资福利支出、商品和服务支出、对个人和家庭补助、对企事业单位补贴、转移性支出、债务利息支出、基本建设支出、其他资本性支出和其他支出。款级科目体现的是预算单位财务管理和预算编制等方面的要求，是对类级科目的细化，如商品服务支出细分为办公费、印刷费、差旅费、会议费、培训费、公务接待费等款级科目。政府支出的经济分类作为政府预算管理和统计分析的重要手段、预算单位财务管理的重要内容，可以全面、清晰地反映政府支出的具体内容，发挥着越来越重要的作用。

三、我国政府收支分类科目

（一）一般公共预算收支科目

1. 一般公共预算

我国的一般公共预算是对以税收为主体的财政收入，安排用于保障和改善民生、推动经济社会发展、维护国家安全、维持国家机构正常运转等方面的收支预算，涉及包括政府组成部门、行政单位、事业单位和企业在内的诸多部门单位。

2. 一般公共预算收入科目

我国一般公共预算收入科目包括税收收入、非税收入、债务收入和转移性收入。

税收收入是指国家依据其政治权力，依据法定标准，向经济组织和居民无偿地征收实物或货币所取得的一种财政收入，是国家预算资金的重要来源。税收收入是最古老，也是最主要的一种财政收入形式。税收具有强制性、无偿性和固定性三大特征。我国的税收收入包括增值税、消费税、企业所得税、企业所得税退税、个人所得税、资源税、城市维护建设税、房产税、印花税、城镇土地使用税、土地增值税、车船税、船舶吨税、车辆购置税、关税、耕地占用税、契税、烟叶税、环境保护税和其他税收收入。

非税收入反映各级政府及其所属部门和单位依法利用行政权力、政府荣誉、国家资源、国有资产或提供特定公共服务征收、收取、提取、募集的除税收和政府债务收入以外的财政收入，包括专项收入、行政事业性收费收入、罚没收入、国有资本经营收入、国有资源（资产）有偿使用收入、捐赠收入、政府住房基金收入和其他收入。专项收入是反映纳入一般公共预算管理的有专项用途的非税收入，如教育费附加收入、文化建设事业费收入等。行政事业性收费收入反映依据法律、行政法规、国务院有关规定、国务院财政部门会同价格主管部门共同发布的规章或者规定，以及省、自治区、直辖市的地方性法规、政府规章或者规定，省、自治区、直辖市人民政府财政部门会同价格主管部门共同发布的规定所收取的各项收费收入，如公安行政事业性收费收入、自然资源行政事业性收费收入、教育行政事业性收费收入等。罚没收入反映执法机关依法收缴的罚款（罚金）、没收款、赃款、没收物资、赃物的变价款收入，如法院罚没收入、卫生罚没收入、交通罚没收入等。国有资本经营收入反映各级人民政府及其部门、机构履行出资人职责的企业（一级企业）上缴的国有资本收益。如利润收入、股利股息收入、非经营性国有资产收入等。

债务收入反映政府的各类债务收入，包括中央政府债务收入和地方政府债务收入。中央政府债务收入反映中央政府取得的债务收入，地方政府债务收入反映地方政府取得的债务收入，这两类都包括从国内、国外或者境外取得的收入。

转移性收入反映政府间的转移支付以及不同性质资金之间的调拨收入，包括返还性收入、一般性转移支付收入、专项转移支付收入、上解收入、上年结余收入、调入资金、债务转贷收入、动用预算稳定调节基金和区域间转移性收入。返还性收入反映下级政府收到上级政府的返还性收入，如增值税税收返还收入、消费税税收返还收入等。一般性转移支付收入反映政府间一般性转移支付的收入，如体制补助收入、均衡性转移支付收入、革命老区转移支付收入等。专项转移支付收入反映政府间专项转移支付收入，如外交、国防、教育等转移收入。上解收入反映上级政府收到下级政府的上解收入，如体制上解收入、专项上解收入、上年结余收入等。调入资金反映不同预算资金之间的调入收入，如从政府性基金预算调入一般预算等。债务转贷收入反映下级政府收到的上级政府转贷的债务收入，如转贷的一般债券收入、转贷的向外国政府借款收入等。动用预算稳定调节基金反映用于弥补收支缺口的预算稳定调节基金。区域间转移性支付反映省及省以下政府间转移性收入，如生态保护补充转移性收入、接受其他地区援助收入等。

3. 一般公共预算的支出功能分类科目

一般公共预算支出按照功能分类，包括一般公共服务支出、外交支出、国防支出、公共安全支出、教育支出、科学技术支出、文化旅游体育与传媒支出、社会保障和就业支出、卫生健康支出、节能环保支出、城乡社区支出、农林水支出、交通运输支出、资源勘探工业信息等支出、商业服务业等支出、金融支出、援助其他地区支出、自然资源海洋气象等支出、住房保障支出、粮油物资储备支出、灾害防治及应急管理支出、预备费、其他支出、转移性支出、债务还本支出、债务利息支出、债务发行费用支出。

（二）政府性基金预算收支科目

1. 政府性基金预算

我国的政府性基金预算是国家通过向社会征收以及出让土地、发行彩票等方式取得收入，并专项用于支持特定基础设施建设和社会事业发展的财政收支预算，是政府预算体系的重要组成部分。政府性基金预算应当根据基金项目收入情况和实际支出需要，按基金项目编制，做到以收定支。编制政府性基金预算，有利于提高政府预算的统一性和完整性，有利于增强预算的约束力和透明度，以便更好地接受各方面的监督。政府性基金预算的管理原则是“先收后支、专款专用、自求平衡”。基金支出根据基金收入情况安排，自求平衡，不编制赤字预算。当年基金预算收入不足的，可使用以前年度结余资金安排支出；当年基金预算收入超出预算支出的，结余资金结转下年继续安排使用。各项基金按规定用途安排，不得调剂使用。

2. 政府性基金预算收入科目

政府性基金预算收入科目包括非税收入、债务收入和转移性收入。这三类科目是在政府性基金预算中的，注意与一般公共预算进行区分。

非税收入反映各级政府及其所属部门和单位依法利用行政权力、政府荣誉、国家资源、国有资产或提供特定公共服务征收、收取、提取、募集的除税收和政府债务收入以外的财政收入，包括政府性基金收入和专项债务对应项目专项收入。政府性基金收入反映各级政府及其所属部门根据法律、行政法规规定并经国务院或财政部批准，向公民、法人和其他组织征收的政府性基金，以及参照政府性基金管理或纳入基金预算、具有特定用途的财政资金，如铁路建设基金收入、民航发展基金收入、旅游发展基金收入、国有土地收益基金收入等。专项债务对应项目专项收入，反映地方政府专项债务对应项目形成、可用于偿付专项债务本息的经营收入，如国有土地使用权出让金专项债务对应项目专项收入等。

债务收入反映政府各类债务收入，目前反映地方政府专项债务收入。这类债务收入都有地方政府相应的专项资金作为偿债来源，如国家电影事业发展专项资金债务收入、城市基础设施配套费债务收入、小型水库移民扶助基金债务收入等。

转移性收入反映政府间的转移支付以及不同性质资金之间的调拨收入，包括政府性基金转移支付收入、上解收入、上年结余收入、调入资金、债务转贷收入。政府性基金转移支付收入反映政府性基金转移支付的收入，如科学技术、节能环保等。上解收入反映上级政府收到下级政府的上解收入。调入资金反映不同性质资金之间的调入收入，如调入政府性基金预算资金等。债务转贷收入反映下级政府收到的上级政府转贷的债务收入，如地方政府专项债务转贷收入、政府收费公路转债权转贷收入等。

3. 政府性基金预算支出功能分类科目

政府性基金预算支出功能分类科目包括科学技术支出、文化旅游体育与传媒支出、社会保障和就业支出、节能环保支出、城乡社区支出、农林水支出、交通运输支出、资源勘探工业信息等支出、金融支出、其他支出、转移性支出、债务还本支出、债务付息支出、债务发行费用支出和抗疫特别国债安排的支出。

（三）国有资本经营预算收支科目

国有资本经营预算是国家以所有者身份依法取得国有资本收益，并对所得收益进行分配而发生的各项收支预算，是政府预算的重要组成部分。

国有资本经营预算收入科目包括国有资本经营收入、国有资本经营预算转移支付收入、上解收入和上年结余收入。国有资本经营收入反映各级人民政府及其部门、机构履行出资人职责的企业（一级企业）上缴的国有资本收益，如利润收入、股利股息收入等。国有资本经营预算转移支付收入反映国有资本经营预算转移支付的收入，主要是下级政府收到上级政府的这类转移支付收入。上解收入反映实际支付收到下级政府的上解收入，这里主要是国有资本经营预算上解收入。上年结余收入反映各类资金的上年结余，这里主要是国有资本经营预算的上年结余。

国有资本经营预算支出功能分类科目包括社会保障和就业支出、国有资本经营预算支出和转移性支出，分别反映用于社会保障与就业方面的支出、国有资本经营预算收入安排的支出和国有资本经营预算转移支付的支出。社会保障和就业支出目前是用于补充全国社会保障基金的支出，设有“国有资本经营预算补充社保基金支出”项级科目，反映国有股减持收入等国有资本经营预算补充全国社会保障基金的支出。国有资本经营预算支出反映国有资本经营预算收入安排的支出，包括解决历史遗留问题及改革成本支出、国有企业资本金注入、国有企业政策性补贴和其他支出。转移性支出反映政府间的转移支付以及不同性质资金之间的调拨支出，包括国有资本经营预算转移支付、上解支出、调出资金、年终结余。

（四）社会保险基金预算收支科目

社会保险基金预算是反映我国基本养老保险、失业保险、基本医疗保险基金等社会保险基金的收入和支出的预算。

社会保险基金预算收入科目包括社会保险基金收入和转移性收入。社会保险基金收入反映政府社会保险基金的各项收入，包括企业职工基本养老保险基金收入、失业保险基金收入、职工基本医疗保险基金收入、工伤保险基金收入、城乡居民基本养老保险基金收入、机关事业单位基本养老保险基金收入、城乡居民基本医疗保险基金收入、国库待划转社会保险费利息收入和其他社会保险基金收入。转移性收入反映政府间的转移支付以及不同性质资金之间的调拨收入，包括社会保险基金上年结余收入、社会保险基金转移收入、社会保险基金上级补助收入、社会保险基金下级上解收入。

社会保险基金预算支出功能分类科目包括社会保险基金支出和转移性支出。社会保险基金支出反映政府社会保险基金的各项支出，包括企业职工基本养老保险基金支出、失业保险基金支出、职工基本医疗保险基金支出、工伤保险基金支出、城乡居民基本养老保险基金支出、机关事业单位基本养老保险基金支出、城乡居民基本医疗保险基金支出和其他社会保障基金支出。转移性支出反映政府间的转移支付以及不同性质资金之间的调拨支出，包括年终结余、社会保险基金转移支出、社会保险基金补助下级支出、社会保险基金上解上级支出。

四、政府支出经济分类科目

（一）工资福利支出

工资福利支出反映单位开支的在职职工和编制外长期聘用人员的各

类劳动报酬，以及缴纳的各项社会保险费用，包括基本工资、津贴补贴、奖金、其他社会保障缴费、绩效工资等。

（二）商品和服务支出

商品和服务支出反映单位购买商品和服务的支出，包括办公费、印刷费、咨询费、水费、电费、差旅费、因公出国（境）费用、工会经费、福利费等。

（三）对个人和家庭补助

对个人和家庭补助反映政府用于对个人和家庭的补助支出，包括离休费、退休费、抚恤金、生活补助、医疗费补助、助学金、奖励金、代缴社会保险费等。

（四）债务利息及费用支出

债务利息及费用支出反映单位的债务利息及费用支出，包括国内债务付息、国外债务付息、国内债务发行费用、国外债务发行费用。

（五）资本性支出（基本建设）

资本性支出（基本建设）反映由发展改革部门安排的基本建设支出，包括房屋建筑物构建、办公设备购置、专用设备购置、基础设施建设、大型修缮、信息网络及软件购置更新、物资储备、办公用车购置、其他交通工具购置、文物和陈列品购置、无形资产购置和其他基本建设支出。

（六）资本性支出

资本性支出反映各单位安排的资本性支出，包括房屋建筑物购建、办公设备购置、专用设备购置、基础设施建设、大型修缮、信息网络及软件购置更新、物资储备、土地补偿、安置补助、地上附着物和青苗补偿、拆迁补偿、公务用车购置、其他交通工具购置、文物和陈列品购置、无形资产购置和其他资本性支出。

（七）对企业补助（基本建设）

对企业补助（基本建设）反映由发展改革部门安排的基本建设支

出中对企业补助支出，包括资本金注入、其他对企业补助。

（八）对企业补助

对企业补助反映政府对各类企业的补助，包括资本金注入、政府投资基金股权投资、费用补贴、利息补贴和其他对企业补助。

（九）对社会保障基金补助

对社会保障基金补助反映政府对社会保险基金的补助以及补充全国社会保障基金的支出，包括对社会保险基金补助、补充全国社会保障基金、对机关事业单位职业年金的补充。

（十）其他支出

其他支出反映财政部门或有预算分配权的部门专用的、不能划分为上述经济科目的其他支出，包括赠予、国家赔偿费用支出、对民间非营利组织和群众性自治组织补贴以及其他支出。

（十一）对企事业单位的补贴

对企事业单位的补贴反映政府对各类企业、事业单位及民间非营利组织的补贴，包括企业政策性补贴、事业单位补贴、财政贴息等。

（十二）转移性支出

转移性支出反映不同级政府间的转移性支出。

（十三）债务利息支出

债务利息支出反映政府和单位的债务利息支出。

（十四）基本建设支出

基本建设支出反映各级发展改革部门集中安排的一般公共预算用于购置固定资产、应急性出版、土地和无形资产，以及构建基础设施、大型修缮的支出，包括房屋建筑物构建、办公设备购置、专用设备购置、物资储备、公务用车购置、大型修缮等。

（十五）其他资本性支出

其他资本性支出反映非各级发展改革部门集中安排的用于购置固定

资产、战略性和应急性储备、土地和无形资产，以及构建基础设施、大型修缮的支出，包括房屋建筑物构建、办公设备购置、物资储备、土地补偿、安置补助、拆迁补偿等。

五、政府收支分类的意义和作用

通过对政府的收入和支出进行分类，有利于政府财政的管理，在政府的财政管理中发挥着重要作用，主要体现在以下三个方面。

（一）有利于政府按照统一的标准进行财务管理

在我国，政府预算分为五级预算进行管理，各级政府预算收入的收缴和预算支出的拨款，都需要按照政府收支分类科目办理缴款和拨款，以便进行后续的对账、结算和核对等工作；同时，各地区、各部门、各单位的预决算收支也需要按照政府收支分类的统一规定进行填报汇总。这就使政府财务管理在统一化的标准下进行，必然有利于各级政府管理其预算收入和支出。

（二）有利于政府进行财政收支统计和财务考核分析

各级政府年度完成的财政预算收入和预算支出数据的归集与整理，需要通过统一的政府收支分类科目进行，才能与历史数据比较、与国际间的数据比较，从而全面分析政府预算的收支执行情况。同时，各行政事业单位作为预算的执行单位，只有通过综合运用支出的功能分类和经济分类，才能对既定的计划、任务和单位的预算收支执行情况进行比较分析，也有利于对其进行绩效考核。

（三）有利于预算单位进行会计核算和报告预算执行

政府收支分类科目为各级财政总预算会计、各单位预算会计的收入、支出明细账的核算提供了依据。各政府单位的收入、支出会计核算科目的设置是以政府收支分类科目为依据进行的，如支出的经济分类科目，各单位以此为依据，结合单位的实际情况进行会计科目的使用。按照政府收支分类科目汇总编制的总预算和单位预算收支执行，也有利于各级人大、政府和社会公众及时了解预算收支的执行情况，满足不同信息使用者的需要。

六、政府会计与政府收支分类的关系

我国政府收支分类改革，提高了预算透明度，强化了财政监督，为完善公共财政框架夯实了基础。政府收支分类改革有助于建立我国财政信息管理系统，但相关的基础数据主要来自政府会计系统，因此，政府收支分类改革将对政府会计的核算内容、科目设置等产生深刻影响。一方面，政府收支分类是适应当下新形势发展需要对国家预算收入和支出进行分类别、分层次区分，与政府各单位的业务活动相匹配；另一方面，政府单位反映财政预算收支的信息仍然是其核心工作，应当按照政府收支分类的要求进行会计科目设置和会计反映监督，以便会计信息的汇总、比较和统计分析，为做到政府收支分类的准确管理奠定基石。

第三节　政府会计的构成和目标、任务

一、政府会计的构成

我国《政府会计准则——基本准则》第 3 条规定，“政府会计由预算会计和财务会计构成”。这是我国政府会计的一个创举，彰显了我国政府会计理论的道路自信，在我国会计发展史上具有里程碑式的意义。相较于原有的“预算会计”仅仅反映财政资金的执行情况，现有政府会计进一步全面反映各单位、各级政府包括资产、负债、净资产在内的相关财务情况，成为政府会计主体反映公共责任履行情况的必然要求，从而产生了对“财务会计”的需求。“预算”和“财务”的双功能，通过在一套账务核算体系中实现，全面反映会计主体的预算执行情况和财务状况，从而更加夯实了政府会计的“功能”，这是政府会计与企业会

计核算相区别的地方，更是我国政府会计改革道路自信的表现。

（一）预算会计

《政府会计准则——基本准则》第58条规定：“本准则所称预算会计，是指以收付实现制为基础对政府会计主体预算执行过程中发生的全部收入和全部支出进行会计核算，主要反映和监督预算收支执行情况的会计。”可见，预算会计反映的是政府单位的预算执行情况，是从单位预算收入和支出这个角度来进行会计核算的。它与以往的预算会计不同，它采取收付实现制记账，以收付实现制为会计核算基础，全面、客观、准确地反映政府单位的年度预算收入和支出情况。

（二）财务会计

《政府会计准则——基本准则》第59条规定：“本准则所称财务会计，是指以权责发生制为基础对政府会计主体发生的各项经济业务或者事项进行会计核算，主要反映和监督政府会计主体财务状况、运行情况和现金流量等的会计。”可见，财务会计反映的是政府单位的财务情况，即资产、负债、净资产等状况。财务会计采用权责发生制记账，以权责发生制为会计核算基础，与预算会计有着本质的区别，能全面、真实地反映政府单位的财务状况。

（三）政府会计的平行记账法

在会计行业中，平行记账法指登记总分类账与日记账、明细分类账、明细账采用平行登记的方法，平行记账法能够较好地体现会计核算和监督的两大职能。

我国2015年的政府会计改革创新性地使用了“平行记账法”，即在一套账务体系中，既反映财务会计，又反映预算会计，也就是说财务会计和预算会计同时在一套账务中完成。这是我国政府会计改革的亮点，也是构建具有中国特色的政府会计话语体系、学术体系的创造性体现。

事实上，在政府会计中，无论是财务会计还是预算会计，其会计主体都是同一个，即政府单位，虽然财务会计与预算会计反映和监督的对象有所不同，但是若分别设置两套账务对财务会计和预算会计进行单独核算，则显得多余。因此，为简化会计核算，满足管理需要，平行记账法应运而生，即政府单位在进行会计核算时，对预算会计和财务会计进行“平行记账”。平行记账的基本要求和规则是：单位对于纳入部门预算管理的现金收支业务，在采用财务会计核算的同时，应当进行预算会计核算；对于其他业务，只需要进行财务会计核算。这体现了财务会计和预算会计不同的“功能”，同时“双功能”的实现仅仅在一套账簿中就可以完成，极大地降低了会计核算的难度，也提升了会计核算的便利度，提高了工作效率，不失为一种创新。

二、政府会计的目标和任务

（一）政府会计的目标

目标即预期要求达到的目的或结果。会计目标是会计要达到的目的或结果，通过会计的核算和监督，提供有用的财务信息，以满足不同信息使用者的需求。

政府会计的目标是政府会计要达到的目的或者结果。它决定了政府会计确认、计量等技术手段的选择，指引政府会计信息系统的供给和需求输入、运作和输出的方向，也是制定会计准则和会计制度的重要依据。因此，明确我国政府会计的目标，对于理解我国政府会计体系具有非常重要的意义。我国政府会计由预算会计和财务会计构成，其目标是不同的。

1. 政府预算会计的目标

就预算会计而言，会计目标主要是指决算报告的目标。我国《政府会计准则——基本准则》将决算报告的目标定义为向决算报告使用者提供与政府预算执行情况有关的信息，综合反映政府会计主体预算收支的年度执行结果，有助于决算报告使用者进行监督和管理，并为编制后续年度预算提供参考和依据。预算会计反映和监督的是政府会计主体预算执行情况，其目标是综合反映会计主体的预算收支年度执行情况，向预算会计信息使用者提供与政府会计主体预算执行有关的信息。

2. 政府财务会计的目标

就财务会计而言，会计目标主要是指决算报告的目标。财务报告的目标是财务报告概念框架的逻辑起点，也是会计理论研究中越来越受到关注的一个重要内容。我国《政府会计准则——基本准则》将财务报告的目标定义为向财务报告使用者提供与政府财务状况、运行情况（含运行成本，下同）、现金流量等有关的信息，反映政府会计主体公共受托责任履行情况，有助于财务报告使用者做出决策或者进行监督和管理。财务会计反映和监督的是政府会计主体的财务状况、运行情况（含运行成本）和现金流量等情况，其目标是如实反映政府会计主体的财务情况、公共受托责任履行情况。

这要求政府会计核算反映预算执行情况和单位的财务情况，具有“兼顾性”，为后续的会计确认、计量、记录和报告方法奠定了基础。

3. 受托责任观和决策有用观

可以看出，预算会计和财务会计的目标隐含着两层意思，一是反映政府单位的受托责任，二是满足报告信息使用者的决策需要。企业会计中将会计目标概括为受托责任观和决策有用观。

受托责任观是以企业的所有权和经营权相互分离为前提的，财务报告应向所有者反映企业管理层履行受托责任的情况。由于两权分离，所有者和管理者形成了委托－代理关系，同时极容易出现信息不对称等情况，因此向所有者提供财务报告，真实反映公司的业绩，反映受托人可以控制的经济活动，发挥会计在公司治理中的作用。

我国实行的是社会主义经济制度，其基础是生产资料的社会主义公有制，政府代表人民行使国家权力，进行各种管理活动。政府部门和单位的各项经济活动，需要真实、全面地反映出来，需要接受人民的监督，从而需要发挥政府会计在治理中的作用。以受托责任作为政府会计的目标，政府单位就要客观地向委托人即人民，反映政府履行职责和责任后的财务状况、经济情况，同时反映公共受托责任的履行情况。

决策有用观是美国会计学会（American Accounting Association，AAA）和美国注册会计师协会（American Institute of Certified Public Accountants，AICP）在20世纪六七十年代提出的，明确会计目标是为证券投资者和贷款人的投资决策与信贷决策提供有用的信息，包括有助于预测未来的现金流量等。这种观点的提出有一定的历史背景，且越来越为人们所接受。

政府单位一方面要反映向预算信息使用者提供预算执行情况，另一方面要反映单位的运行情况，这些会计信息如果与决策无关，那么无异于南辕北辙。因此，以决策有用作为政府会计的目标，决策有用观是会计目标，政府单位应该提供与预算执行相关、能够真实反映政府单位资产和负债水平的决策有用信息。

（二）政府会计的任务

会计任务是会计目标的具体化，政府会计的任务就是政府会计目标的具体化，分为政府预算会计的任务和政府财务会计的任务。

1. 政府预算会计的任务

（1）核算政府预算财务收支情况，确保预算计划和任务的顺利实现。政府会计通过专门的核算方法，对政府财政资金的活动进行系统、连续、全面的核算反映，并利用会计信息，参与预算及其执行的管理，协助国库按时收纳、划分和报解各项预算收支，各级财政机关和行政单位逐级汇编上报的会计报表，形成财政决算，确保国家预算收支任务的实现和完成。

（2）监督政府预算的执行情况，合理调度资金，提高资金的使用效益。借助政府会计提供的财务信息，可以及时了解预算执行情况以及资金的使用情况，研究分析财政库存和经费情况，妥善地调度资金，调剂余缺，最大限度地提高财政资金的使用效益，从而保证年度总预算和单位预算的顺利执行。

（3）监督政府收支执行活动，确保国家财经政策的执行，维护国家财经纪律。政府会计反映的预算收支活动过程，也是执行国家财经纪律和政策的过程。通过对收支情况进行反映和检查督促，可以促使其提供的会计信息资料，如实反映单位执行国家财经方针、政策、制度情况，揭露铺张浪费、贪污挪用公共资财等违法乱纪行为，以抵制不正之风。尤其是党的十八大以来，政府提出建立节约型政府，严控包括出国（境）费、车辆购置运行费、公务接待费在内的“三公”经费支出，这些信息都依赖于政府会计进行准确、如实的提供。

2. 政府财务会计的任务

（1）如实反映政府单位的整体财务情况，为摸清“家底”夯实基础。政府财务会计向会计信息使用者全面、准确、完整地反映政府资产、负债、净资产、收入和费用等财务信息，综合披露政府及政府单位的资产、负债和净资产的真实信息，能够全面、系统、准确地反映政府资产负债状况和政府的经济活动情况。这种科学有效的政府会计信息能够如实反映政府会计主体公共受托责任履行情况，有助于财务报告使用者做出决策或者满足监管部门的监管职能要求。

（2）反映政府职能的转换。我国政府的功能将逐步向服务型、管理型、绩效型转换，实现上述政府职能的转换，建立一个完善的政府信息系统是十分必要的。这套信息系统一方面有助于全面反映政府的各项活动（包括经济活动），评价业绩情况；另一方面可以对政府形成一种有效的制约和监督，从而强化政府的公共受托责任。在这个过程中，会计信息起着非常重要的桥梁作用。政府财务报告关注政府的资产负债状况和运营绩效情况，可以完整地反映政府的财务状况、运行情况和现金流量，满足人民群众等利益相关者的信息需要。而这些信息是通过政府财务会计进行反映的，因此政府会计反映的是政府职能的转换。

（3）为政府预算绩效管理夯实基础。随着我国公共财政体制要求全面实施、预算绩效管理，对财政资金的使用进行追踪问效，我国财政部门以及其他有关部门都在逐步建立起政府的绩效评价体系，从而对政府部门和政府单位进行有效的制约与监督。在政府预算绩效管理的建设过程中，为政府绩效评价提供数据的政府会计信息是非常重要的。从这个角度来看，要建立起科学、合理的政府绩效评价体系，离不开政府会计决算报告和财务报告提供的各种信息。比如，评价某一政府或者部门的工作业绩和可持续发展能力，依赖于政府财务报告中包括资产负债表在内的各种报表提供有关收入、费用、资产、负债信息等。因此，政府财务会计可以为政府预算绩效管理奠定基础。

第二章　政府会计的会计核算

第一节　会计核算的基本准则

一、政府会计核算的基本前提

会计核算的基本前提又称“基本假设”或“基本假定”，是指组织会计核算工作必须具备的前提条件，是对长期的会计核算进行的抽象与总结。会计的实践证明，会计基本假设对会计系统的运行是不可或缺的，在目前的实践与认识水平条件下，人们还无法证明它们的非真性。因此，会计理论家模仿几何学设立公理的做法，将其作为基本假设。我国企业会计核算的基本前提同样适用于政府会计，包括会计主体、持续运行、会计分期和货币计量等。

（一）会计主体

会计主体，是指会计为之服务的特定单位（盖地，2002），是会计工作服务的特定个体或会计工作的空间范围。其解决的是为谁记账、为谁报告的问题。会计主体是开展会计工作的基本前提之一，明确会计主体就是明确会计核算为谁服务的问题。只有确立会计主体，才能明确相应的会计责任和会计信息的提供。

《政府会计准则——基本准则》明确了该准则的适用范围是各级政府、各部门、各单位，这些统称为“政府会计主体”。同时，进一步明确了“各部门、各单位是指本级政府财政部门直接或者间接发生预算拨款关系的国家机关、军队、政党组织、社会团体、事业单位和其他单位”。可见，这些政府会计核算的会计主体是以“预算拨款”为核心的国家“供养”单位，强调的是“预算”关系，进一步与企业会计进行明确的区分。

按照我国的预算管理体制，政府各单位按其经费领报关系，分为三级预算，包括主管会计单位、二级会计单位和基层会计单位。主管会计单位是直接向同级财政部门领报经费，并发生预算管理关系的会计单位。二级会计单位是向主管会计单位领报经费，并发生预算管理关系，下面有所属会计单位。基层会计单位是向上级会计单位领报经费，并发生预算管理关系，下面没有所属会计单位。这三级会计单位实行独立会计核算，会计报表信息逐级上报汇总，最后形成部门会计信息。各部门会计信息汇总到同级财政部门，形成本级政府会计信息；各级政府会计信息逐级汇总到财政部，形成国家的政府会计信息。

（二）持续运行

持续运行假设是一种时间上的假设，是指会计主体的业务活动在可预见的将来能够无限期地、持续地进行下去。当然，未来总会有不确定性，假定一个会计主体的业务活动能够无限期地延续似乎有些极端。但在理论研究和实际业务中，只要这个会计主体在可预见的未来没有明确的终止信号，我们就可以将其视为持续运行。另外，与企业会计的持续经营不同，政府组织的持续运行主要是指持续地履行政府职能。我国《政府会计准则——基本准则》规定政府会计核算应当以政府会计主体持续运行为前提。

（三）会计分期

会计分期假设是建立在持续运行基础上的，是将各会计主体无限延续的、紧密不断的业务活动人为地分割成一个个等距的时间段，以便分阶段核算会计主体的业务活动、编制会计报表。这是一种人为的划分，是在持续运行的前提下，假设政府会计的会计年度以公历日期为准，进行会计期间的划分，分期结算账目、编制报表。我国会计法规定会计期间采用历年制，即每年 1 月 1 日至 12 月 31 日为一个会计年度，中间还可以分为月度和季度。

政府会计核算应当划分会计期间，分期结算账目，按规定编制决算报告和财务报告。会计期间至少分为年度和月度。会计年度、月度等会计期间的起讫日期采用公历日期。

（四）货币计量

货币计量，是指会计核算应当以货币为主要计量单位，综合反映业务活动的情况，这是现代会计的一个重要特征。如果没有或者放弃这个前提，会计就会失去其基本特征——价值的核算。货币作为交换的媒介，是会计的记账单位，会计要实现综合反映单位的资产、负债、净资产和收入、支出等信息，货币就成为最理想的计量单位。同时，货币计量隐含着一个内容，即币值稳定。由于货币的币值是波动的，会计在采用某一货币为记账本位币时，需要假设该货币的币值稳定，或者变动幅度不大，可以忽略不计。

政府会计应以人民币为记账本位币，以元为金额单位，以下记至角、分。有外币收支的，应当根据国家银行公布的人民币外汇汇率折算成人民币记账，同时登记外币金额。

二、政府会计核算的一般原则

政府会计信息的质量要求与政府会计目标息息相关。为了全面反映政府的财务状况和预算执行情况，以及政府的受托责任履行情况，满足信息使用者的需要，政府会计工作应该对政府单位、部门从事的经济活动进行确认、计量、记录和报告，并将其提供给相关信息使用者。对政府会计信息质量的要求主要包括七个方面。

（1）真实性原则。真实性原则，即客观性原则，是指政府会计核算应当以政府、单位实际发生的公务活动为依据，如实反映各项会计要素的情况和结果，客观真实地反映收支情况和财务状况。按照客观性的要求，政府会计核算应该是政府及其单位从事公务活动实际已经发生的经济业务，是真实可靠的，并有合法的凭证作为依据，进行会计核算和编制财务报告，从而确保会计信息真实、可靠、客观。

（2）全面性原则。全面性原则要求政府会计主体将发生的各项经济业务或者事项统一纳入会计核算，确保会计信息能够全面反映政府会计主体预算执行情况和财务状况。全面性原则强调了政府会计主体应当确保会计信息的完整性和全面性，无论是预算会计还是财务会计，都不能随意减少会计信息，应当充分披露会计信息。

（3）相关性原则。相关性原则也叫“有用性原则”，是指会计信息应当符合国家宏观经济的管理要求，满足会计信息使用者的需要，有助于受托责任履行情况的反映。会计信息的有用性，是随着环境的变化改变的。在我国高度集中的财政管理模式下，政府会计信息是为满足国家对各政府单位管理服务的，是对资金的收、付、余进行核算管理。随着我国公共财政的不断改革，政府会计的信息也应随之变化，其提供的会计信息要满足国家预算管理和宏观管理的要求，满足报告使用者决策、监督、管理的需要，有助于对政府会计主体过去、现在、未来的情况做出评价或者预测。

（4）及时性原则。及时性原则是指政府会计主体对从事公务活动中发生的各项经济业务活动应当及时进行确认、计量和报告，不能提前也不能延迟，应当在当期内及时进行会计处理。同时，决算报告和财务报告应当及时报出，按管理级次及时上报给上级主管部门或同级财政部门，不能影响年度财务工作。及时性原则为保证会计信息使用者利用信息提供了必要条件，但是会计核算和报表编制必须在满足真实性的前提下进行，不能提前结账，也不能提前编制财务报告。

（5）可比性原则。可比性原则是指政府会计主体提供的会计信息具有可比性，对经济活动的处理要做到会计政策一致、核算方法统一、计量属性统一，不得随意变更。可比性包括同一政府会计主体不同时期的可比和不同政府会计主体对相同或者相似业务的可比。前者是纵向可比，指政府会计对其会计业务的处理应当保持前后期的会计政策一致，不得随意更改。当然，这并不意味着会计核算方法绝对不能变动，如果原有的方法不能满足、适应变化的经济活动需要，就可以对其进行变更。但应将改变的情况、原因以及对会计报表的影响在报告附注中表述清楚，便于政府会计信息使用者理解和使用。后者是横向可比，指不同单位在同一业务的处理上，采取一致的核算口径和会计政策，确保横向的可比性。但这不意味着核算方法没有选择性，不排斥对具体核算进行更有效的处理。

（6）明晰性原则。明晰性原则也称为“可理解性、清晰性原则”，是指政府会计记录和财务报告应当清晰明了，便于信息相关方、信息使用者的理解与运用。政府会计信息应简明、易懂，数字记录与文字说明要能清楚地反映政府和单位的经济活动，便于信息使用者理解、利用，也便于审计和监督机关的检查监督工作的顺利开展。

（7）实质重于形式原则。实质重于形式原则，是指政府会计主体应当按照经济业务或事项的经济实质进行会计核算，不限于以经济业务或者事项的法律形式作为核算的依据。在实际工作中，交易或事项的外在形式或人为形式并不能完全真实地反映其实质内容。因此，会计核算必须根据交易或事项的实质和经济现实，而非根据它们的法律形式进行核算。例如，以融资租赁的形式租入的固定资产，虽然从法律形式来讲单位并不拥有其所有权，但是由于租赁合同中规定的租赁期非常长，接近该资产的使用寿命；租赁期结束时，承租单位有优先购买的选择权，在租赁期内承租单位有权支配资产并从中受益。从实质上看，承租方控制了该项资产的使用权及受益权。因此，在会计核算上，将融资租赁的固定资产视为单位的资产。只有这样，才能如实反映经济实质和现实，最终有利于信息使用者进行决策。

在企业会计中，会计信息的质量要求还包括谨慎性原则、重要性原则等，只是这些原则在政府会计中不像企业会计一样用得多，故在政府会计准则制度中没有进一步规定，但是这些原则对政府会计仍然适用。

例如，配比原则在进行单位成本核算时仍然适用。

第二节　会计对象和会计要素

一、政府会计的会计对象

会计对象即会计客体，是会计主体反映和监督的内容，也是会计管理的受控体，是能用价值量表示的经济活动。由于经济活动的本质是一种资金的流动，可将会计对象抽象为资金运动。

在企业会计中，其客体是企业的资金运动，是对企业资金的经营活动、投资活动与筹资活动进行的反映和监督。在政府会计中，其客体是政府会计的对象，是对政府预算资金在政府单位的运动情况进行的反映和监督。对于政府会计而言，虽然其同时进行财务会计和预算会计的“双核算”各有侧重，但实质上就是预算资金的运动。

（一）政府预算会计的核算对象

我国各级政府单位为履行政府赋予的职责、执行各项任务、提供公共产品或者服务需要的资金，由同级财政部门从本级政府预算中进行分配和拨付。政府单位按照核定的预算，向同级财政部门或上级单位领取经费，形成收入；取得资金收入后，用于本单位工作所需的工资、津贴等人员经费，用于水电费、设备购置等公用经费，用于专项任务活动等，形成单位的支出；尚未使用的部分，就形成了结余资金。因此，预算会计的核算对象就是在预算执行过程中的收入、支出和结余情况，即预算资金的收支运动。

（二）政府财务会计的核算对象

政府单位在履行职责、执行任务、提供公共产品或者服务之际，会发生各类经济活动，经济活动的完成必然会形成单位的房屋、设备等资产，形成应付薪酬、应交税金等负债，也就必然形成单位的净资产，这是经济活动的结果。政府财务会计核算和监督的是政府单位的财务状况、运行情况与现金流量等，其会计核算是围绕资产、负债、净资产等进行的，着重反映政府单位的财务相关情况。

尽管预算会计和财务会计的核算对象不同，但二者是相辅相成的。政府单位在履行职责中发生的各类经济活动，一方面需要对收入、支出、结余进行会计核算和反映，另一方面需要对其形成的资产、负债、净资产等结果进行反映，从而构成了政府会计的两个“功能”，即“预算”和“财务”的双功能。也正因如此，才使“预算”和“财务”两大功能的反映和实现应该在一套账务体系中进行，从而真实、客观和全面地反映了政府会计的运行情况及结果，这是我国政府会计的创新之处，也是我国政府会计道路自信的表现。

二、政府会计的会计要素

如前所述，会计是对资金运动进行反映，会计对象就是资金运动。政府会计也不例外，与企业的营利性资金运动相比较，政府会计的资金运动是非营利性的，其目的是按照规定履行职责、提供公共产品或者服务等，与企业有本质的区别。但是，就资金运动而言，其内容是多种多样的，也是抽象的，所以需要将资金运动具体化，需要按规律对各种各样的会计对象进行相应的分类，分解为若干基本的构成要素，从而形成会计要素，以便更加清晰地反映和记录各项经济活动。会计对象的具体化就是会计要素，会计要素是对经济活动引起的结果进行的一种概括性描述和界定，是会计对象的分类，是根据会计对象即资金运动的经济活动特征所做的划分。

会计要素设置得科学与否，意义非常重大。它不仅是继续分类设置各要素所属总账账户的基础，更是会计报表的结构框架，进而会直接影响会计信息质量。科学地确定会计要素，有利于会计科目的设置，有利于确定会计确认的标准和计量基础，有利于设计会计报表的种类、格式和列报方式，对构建政府会计准则理论框架有着极其重要的意义。

我国政府会计由预算会计和财务会计构成，两者反映的资金运动有自身的特点，在会计要素上也各有不同。预算会计要素和财务会计要素是按照各自反映、监督的对象进行设置的，更好地反映了各自的特点，能够较为全面、完整地反映“双核算”的会计对象，也是会计核算和会计报表的基础。

（一）政府预算会计的会计要素

政府预算会计的会计要素是预算会计对象的分类，是政府会计主体反映和监督预算收支执行情况的载体。预算会计的会计要素包括预算收入、预算支出与预算结余。

预算收入，是指政府会计主体在预算年度内依法取得并纳入预算管理的资金流入。预算收入一般在实际收到时予以确认，以实际收到的金额进行会计确认、计量和报告，这也体现了预算会计的核算基础是收付实现制。

预算支出，是指政府会计主体在预算年度内依法发生并纳入预算管理的资金流出。预算支出一般在实际支付时予以确认，以实际支付的金额进行会计确认、计量和报告，这也是收付实现制的体现。

预算结余，是指政府会计主体在预算年度内的预算收入扣除预算支出后的资金余额，以及历年滚存的资金余额。预算结余包括结余资金和结转资金。前者是指年度预算执行终了，预算收入实际完成数扣除预算支出和结转资金后剩余的资金。后者是指预算安排的支出年终尚未执行完毕或者因故未执行，且下年需要按原用途继续使用的资金。按照我国预算管理的特点，政府单位资金来源有财政拨款、非财政拨款和其他收入等，预算结余也相应地细分为财政拨款结余、非财政拨款结余和其他结余等。预算结转的分类与预算结余的分类类似。

（二）政府财务会计的会计要素

政府财务会计的会计要素是财务会计对象的分类，是政府会计主体反映和监督政府单位财务状况、运行情况与现金流量等的载体。财务会计的会计要素包括资产、负债、净资产、收入和费用。

1. 资产

（1）资产的定义。

在企业会计中，资产是指过去的交易或事项形成的，并由企业拥有或控制的，预期会给企业带来经济利益的资源。其本质特征是：拥有资源的目的是能给企业带来未来经济利益。而经济利益的主要衡量方法就是现金流量。

政府资产与企业资产尽管在某些方面存在共性，如会计主体“控制”等，但是拥有资产的目的不尽相同。对政府而言，其拥有经济资源的主要目的不是获利，而是为履行政府管理国家的职能服务的。

《政府会计准则——基本准则》中规定，“资产是指政府会计主体过去的经济业务或者事项形成的，由政府会计主体控制的，预期能够产生服务潜力或者带来经济利益流入的经济资源”。这些经济资源是政府各单位正常运行、完成工作任务、履行职能必需的，其能为会计主体带来提供公共产品、完成自身职能的潜力和能力。这与企业对于资产的界定有着明显的区别。

（2）资产的确认条件。

政府会计主体将一项资源确认为资产，需要符合资产的定义，并同时满足以下两个条件：一是与该经济资源相关的服务潜力很可能实现或者经济利益很可能流入政府会计主体，二是该经济资源的成本或者价值能够可靠地计量。

以上两个条件必须同时满足，否则不能确认为政府会计主体的资产。

（3）资产的分类。

政府会计主体的资产按照流动性分为流动资产和非流动资产。流动资产是指预计在1年内（含1年）耗用或者可以变现的资产，包括货币资金、短期投资、应收及预付款项、存货等。非流动资产是指预计在1年以上耗用或者变现的资产，包括固定资产、在建工程、无形资产、长期投资、公共基础设施、政府储备资产、文物文化资产、保障性住房和自然资源资产等。

其中，公共基础设施、政府储备资产、文物文化资产、保障性住房和自然资源资产是政府会计中比较特殊的资产，它们不同于其他资产，也不同于企业资产，是我国新发展阶段出现的、能够全面反映政府资产构成情况的资产。这类资产或者在历史上从未入账或者计入其他会计科目，管理基础不牢，情况较为复杂，将其纳入政府会计资产核算和管理体系，既能真实反映我国国有资产情况，也能较好地满足我国国有资产管理的需要。

（4）资产的计量属性。

政府会计资产的计量属性主要包括历史成本、重置成本、现值、公允价值和名义金额。

历史成本，是指企业在经营过程中实际发生的一切成本，就是取得或制造某项财产物资时实际支付的现金及其他等价物。在历史成本计量下，政府会计资产按照取得时支付的现金金额或者支付对价的公允价值进行计量。

重置成本，是指企业重新取得与其拥有的某项资产相同或与其功能相当的资产需要支付的现金或现金等价物。在重置成本计量下，资产按照现在购买相同或者相似资产所需支付的现金金额计量。例如，我国《政府会计准则第 3 号——固定资产》中规定，“政府会计主体盘盈的固定资产，按规定经过资产评估的，其成本按照评估价值确定；未经资产评估的，其成本按照重置成本确定”。

现值，是指资产形成的未来现金流量的折现价值。在现值计量下，资产按照预计从其持续使用和最终处置中产生的未来净现金流入量的折现金额计量。

公允价值，是指在公平交易的条件和自愿的情况下熟悉市场情况的买卖双方确定的交易价格，或无关联的双方在公平交易的条件下一项资产可以被买卖的成交价格。在公允价值计量下，资产按照市场参与者在计量日发生的有序交易中，出售资产所能收到的价格进行计量。

名义金额，是指公允价值无法确定，但经济事项又确实存在，为避免疏漏，给它一个金额，使其在账面上有所体现，从而防止资产流失，记账金额为“1 元”。政府会计资产无法采用上述计量属性的，采用名义金额（人民币 1 元）计量。例如，我国《政府会计准则第 3 号——固定资产》中规定：对于政府会计主体接受捐赠的固定资产，没有相关凭据且未经资产评估、同类或类似资产的市场价格也无法可靠取得的，按照名义金额入账。

2. 负债

（1）负债的定义。

《政府会计准则——基本准则》第 33 条规定：“负债是指政府会计主体过去的经济业务或者事项形成的，预期会导致经济资源流出政府会计主体的现时义务。”

企业会计中对负债的定义是“指过去的交易或事项形成的、预期会导致经济利益流出企业的现时义务”。

政府单位承担的负债与企业承担的负债最大的相同点是，都是自身需要承担的现时义务，但二者负债产生的形式不尽相同。政府单位的负债产生的原因很多，如应该按照法定预算分配资源到期尚未拨付，应该依法发放各种保障金、救济等到期没有支付，这些负债产生于政府会计主体承担的法定责任。

（2）负债的确认条件。

政府会计主体的负债确认需要符合负债的定义，并同时满足以下两个条件：一是履行该义务很可能导致含有服务潜力或者经济利益的经济资源流出政府会计主体，二是该义务的金额能够可靠地计量。

以上两个条件必须同时满足，否则不能确认为政府会计负债。

（3）负债的分类。

政府会计主体的负债按照流动性分为流动负债和非流动负债。流动负债是指预计在 1 年内（含 1 年）偿还的负债，包括应付及预收款项、应付职工薪酬、应缴款项等。非流动负债是指流动负债以外、预计在 1 年以上偿还的负债，包括长期应付款、应付政府债券和政府依法担保形成的债务等。

（4）负债的计量属性。

政府会计负债的计量属性主要包括历史成本、现值和公允价值。

在历史成本计量下，负债按照因承担现时义务而实际收到的款项或者资产的金额，或者承担现时义务的合同金额，或者按照为偿还负债预期需要支付的现金进行计量。

在现值计量下，负债按照预计期限内需要偿还的未来净现金流出量的折现金额进行计量。

在公允价值计量下，负债按照市场参与者在计量日发生的有序交易中，转移负债所需支付的价格进行计量。

政府会计的负债一般按照历史成本进行计量，如有特殊情况或者要求，也可以按照现值和公允价值进行计量。

3. 净资产

（1）净资产的概念。

在企业会计中，企业资产和负债的差额即为“所有者权益”。在政府会计中，其资产和负债的差额称为“净资产”。对于政府会计主体的资产净额，出资者无权据此得到经济利益，所以对政府掌握和控制的资产净额，不存在所谓的“权益”问题。因而，企业会计和政府会计采用的是不同的称谓。

政府会计的净资产是政府会计主体用以履行政府职能、执行公共事务、提供公共产品或者服务的基本资金来源。政府会计的净资产作为政府会计主体拥有的资源净额，代表了政府可持续提供公共服务的能力，一般情况下不会出现负数。

（2）净资产分类。

按来源划分，净资产主要有累计盈余、专用基金、权益法调整、本期盈余、本年盈余分配、无偿调拨净资产和以前年度盈余调整等。

①累计盈余。累计盈余，是指单位历年实现的盈余扣除盈余分配后的滚存金额，以及因无偿调入、调出资产产生的净资产变动额。

②专用基金。专用基金，是指事业单位按照规定提取或设置的具有专门用途的净资产，主要包括职工福利基金、科技成果转化基金等。

③权益法调整。权益法调整，是指事业单位持有的长期股权投资采用权益法核算时，按照被投资单位除净损益和利润分配以外的所有者权益变动份额调整长期股权投资账面余额而计入净资产的金额。

④本期盈余。本期盈余，是指单位本期各项收入、费用相抵后的余额。

⑤本年盈余分配。本年盈余分配，是指单位本年度盈余分配的情况和结果。

⑥无偿调拨净资产。无偿调拨净资产，是指单位无偿调入或调出非现金资产引起的净资产变动金额。

⑦以前年度盈余调整。以前年度盈余调整，是指单位本年度发生的、调整以前年度盈余的事项，包括本年度发生的重要前期差错更正、涉及调整以前年度盈余的事项。

4. 收入

（1）收入的定义。

政府单位履行职能，首先必须有经费，通过获得的经费进行履职，否则履行职能、提供公共产品或服务就是空谈。这与企业会计有显著的区别，企业中先有各种耗费，包括费用和支出，然后进行产品生产销售或者提供劳务、服务，才会取得收入，与政府单位中的收入取得是相反的。

政府会计的收入是“报告期内导致政府会计主体净资产增加的、含有服务潜力或者经济利益的经济资源的流入”。政府单位取得经济利益流入，主要是非偿还性资金的流入，政府单位可以将这些经费用于履行职能、执行公共事务、提供公共产品或者服务。

（2）收入的确认条件。

政府会计收入的确认应当同时满足以下三个条件。

一是与收入相关、含有服务潜力或者经济利益的经济资源很可能流入政府会计主体，二是含有服务潜力或者经济利益的经济资源流入会导致政府会计主体资产增加或者负债减少，三是流入金额能可靠地计量。

收入的确认事关政府会计核算的准确性，是政府会计反映和监督的重点。需要注意的是，财务会计中收入的核算需要按照权责发生制进行确认和计量，预算会计中收入的核算则是按照收付实现制进行确认和计量。

5. 费用

（1）费用的定义。

政府会计中的费用是指报告期内导致政府会计主体净资产减少、含有服务潜力或者经济利益的经济资源的流出。政府单位各项费用是在履行职能、提供公共产品或服务过程中发生的，各项经济活动发生的费用需要依法依规进行核算。

（2）费用的确认。

费用的确认应当同时满足以下条件。

一是与费用相关、含有服务潜力或者经济利益的经济资源很可能流出政府会计主体，二是含有服务潜力或者经济利益的经济资源流出会导致政府会计主体资产减少或者负债增加，三是流出金额能可靠地计量。

政府单位在取得收入之后，为了实现其职能，会发生各种各样的耗费，如发放职工工资、购置设备、购买办公耗材等，这些耗费的发生，是其执行公共事务、提供产品或者服务、履行管理职能的保障，满足上述确认条件的耗费，要确认为单位的费用。需要注意的是，财务会计中费用的核算需要按照权责发生制进行确认和计量，预算会计中支出的核算则按照收付实现制进行确认和计量。

第三节 会计科目和会计账户

一、政府会计的会计科目

（一）设置政府会计科目的意义

会计科目是对会计核算对象按照各项经济业务的具体内容、特征和经济管理要求进行归集、分类的类别名称，是会计要素的具体化。政府会计科目是设置账户、进行账务处理的依据，也是汇总检查政府会计主体资金活动情况和结果的分类依据。同时，政府会计科目的设置在一定程度上决定着会计报表的结构和内容，因为政府会计报表中的数据信息主要来源是会计账簿。

政府单位在履行职能、提供公共产品或者服务过程中发生的经济业务活动，反映为财政资金的收支活动，这必定会引起资金来源、资金运用和结存的变化。一方面，会计科目设置可以满足分类管理的需要。从管理学的角度来看，分类是一种管理的工具，特别是对会计而言，科学有效的分类是会计核算的基础，是将经济信息转化为会计信息的基础。要对各种资金的收支活动按照不同的经济业务内容进行概括和分类，便于顺利地进行确认、计量、记录和报告，就必须科学设置政府会计科目。另一方面，会计科目设置可以适应不断变化的管理需要。会计核算工作是在一定的规章制度约束下进行的，设置的每个会计科目之间既有严格的界限，又有科学的联系，不能互相混淆。政府会计不仅要核算政府单位的预算收入、支出和结余情况，还要核算政府资产、负债和净资产等情况，其管理是复杂且全面的，如果没有科学的会计科目设置，就无法对政府的经济活动进行客观、准确和全面地反映与监督。因此，科学地设置会计科目并明确各科目之间的界限和联系，是做好政府会计核算工作的前提条件，是政府单位会计报表编制的基础。

（二）政府会计科目的分类和设置

政府会计科目按核算层次分为总分类科目和明细分类科目。总分类科目是对会计对象不同的经济内容的总括分类，是反映核算指标总括情况的科目，又称为“一级科目”。明细分类科目是对总分类科目包含内容的进一步分类，是反映核算指标具体情况的科目。

为了确保政府会计信息的可比性，保证会计核算提供的指标口径一致，便于有关部门和单位对会计指标的逐级汇总与管理需要，财政部明确规定了预算会计和财务会计的会计科目。国务院各有关主管部门和各省、自治区、直辖市财政部门可以根据本部门、本地区的实际情况做必要补充。基层单位应按照相关规定执行，不得改变会计科目的名称、编号、核算内容和对应关系。政府会计科目的具体使用，将在后面相关章节予以介绍，这里只对会计科目的名称和编号进行简单介绍。

1. 预算会计的会计科目

政府预算会计的会计科目是预算会计中会计要素的具体化。预算会计有三要素，分别是预算收入、预算支出和预算结余。按照《政府会计制度——行政事业单位会计科目和报表》的规定，预算会计的会计科目和编号见表 2－1。

表 2－1　预算会计的会计科目和编号

序号	科目编号	科目名称
（一）预算收入类		
1	6001	财政拨款预算收入
2	6101	事业预算收入
3	6201	上级补助预算收入
4	6301	附属单位上缴预算收入
5	6401	经营预算收入
6	6501	债务预算收入
7	6601	非同级财政拨款预算收入
8	6602	投资预算收益
9	6609	其他预算收入

续表

序号	科目编号	科目名称
（二）预算支出类		
10	7101	行政支出
11	7201	事业支出
12	7301	经营支出
13	7401	上缴上级支出
14	7501	对附属单位补助支出
15	7601	投资支出
16	7701	债务还本支出
17	7901	其他支出
（三）预算结余类		
18	8001	资金结存
19	8101	财政拨款结转
20	8102	财政拨款结余
21	8201	非财政拨款结转
22	8202	非财政拨款结余
23	8301	专用结余
24	8401	经营结余
25	8501	其他结余
26	8701	非财政拨款结余分配

2. 财务会计的会计科目

政府财务会计的会计科目是财务会计中会计要素的具体化。财务会计有五要素，分别是资产、负债、净资产、收入和费用。按照《政府会计制度——行政事业单位会计科目和报表》的规定，财务会计的会计科目和编号见表2－2。

表2－2　财务会计的会计科目和编号

序号	科目编号	会计科目名称
（一）资产类		
1	1001	库存现金
2	1002	银行存款

续表

序号	科目编号	会计科目名称
3	1011	零余额账户用款额度
4	1021	其他货币资金
5	1101	短期投资
6	1201	财政应返还额度
7	1211	应收票据
8	1212	应收账款
9	1214	预付账款
10	1215	应收股利
11	1216	应收利息
12	1218	其他应收款
13	1219	坏账准备
14	1301	在途物品
15	1302	库存物品
16	1303	加工物品
17	1401	待摊费用
18	1501	长期股权投资
19	1502	长期债券投资
20	1601	固定资产
21	1602	固定资产累计折旧
22	1611	工程物资
23	1613	在建工程
24	1701	无形资产
25	1702	无形资产累计摊销
26	1703	研发支出
27	1801	公共基础设施
28	1802	公共基础设施累计折旧（摊销）
29	1811	政府储备物资
30	1821	文物文化资产
31	1831	保障性住房
32	1832	保障性住房累计折旧
33	1891	受托代理资产
34	1901	长期待摊费用

续表

序号	科目编号	会计科目名称
35	1902	待处理财产损溢
（二）负债类		
36	2001	短期借款
37	2101	应交增值税
38	2102	其他应交税费
39	2103	应缴财政款
40	2201	应付职工薪酬
41	2301	应付票据
42	2302	应付账款
43	2303	应付政府补贴款
44	2304	应付利息
45	2305	预收账款
46	2307	其他应付款
47	2401	预提费用
48	2501	长期借款
49	2502	长期应付款
50	2601	预计负债
51	2901	受托代理负债
（三）净资产类		
52	3001	累计盈余
53	3101	专用基金
54	3201	权益法调整
55	3301	本期盈余
56	3302	本年盈余分配
57	3401	无偿调拨净资产
58	3501	以前年度盈余调整
（四）收入类		
59	4001	财政拨款收入
60	4101	事业收入
61	4201	上级补助收入
62	4301	附属单位上缴收入
63	4401	经营收入

续表

序号	科目编号	会计科目名称
64	4601	非同级财政拨款收入
65	4602	投资收益
66	4603	捐赠收入
67	4604	利息收入
68	4605	租金收入
69	4609	其他收入
（五）费用类		
70	5001	业务活动费用
71	5101	单位管理费用
72	5201	经营费用
73	5301	资产处置费用
74	5401	上缴上级费用
75	5501	对附属单位补助费用
76	5801	所得税费用
77	5901	其他费用

上述会计科目按照《政府会计准则制度解释第 4 号》的规定，对行政单位和事业单位专用会计科目进行了区分。同时，对参照公务员法管理的事业单位（以下简称“参公单位”）执行科目做了进一步明确，即若参公单位执行的是《行政单位财务规则》，则使用《政府会计制度》中适用于行政单位的会计科目；若参公单位执行《事业单位财务规则》，则使用《政府会计制度》中适用于事业单位的会计科目。参公单位应当根据其开展的经济业务事项，结合执行的财务制度确定应当使用的会计科目。

二、政府会计的会计账户

（一）会计账户的作用

会计账户是具有一定格式和结构、用于分类反映会计要素增减变动情况及其结果的载体，是对会计对象具体内容进行分类反映和监督的一种工具。

尽管账户和会计科目都是对经济活动的具体分类，说明的都是同一项经济业务，但会计科目仅仅是账户的名称，是作为账户设置的依据；而账户则是会计科目的具体运用，具有一定的结构和格式，并通过其结构反映相关经济业务的增减变动及余额情况。设置账户的意义就在于方便记录经济业务的增减变化情况，无论是对政府会计还是对企业会计都是如此。账户能够更加直观、清晰地对资产、负债等会计要素的增减变动情况及其结果进行分类管理，不断适应和满足政府会计的需要。

（二）会计账户的格式

在会计中，账户反映的是会计对象的具体内容。政府单位的经济活动对会计要素的影响有两种情况，一种是增加，另一种是减少。因此，将账户划分为两部分，分别确认、记录增加数和减少数。通常用“丁字账”表示，也可以称为“T 形账”（见图 2-1），即在一条水平横线的中间画一条垂直线，将其一分为二，分别是左方和右方，水平横线上方写出会计科目或者编码，这个形状像中文“丁”字，也像英文字母“T”，所以会计中把这种账户称为“丁字账”或者“T 形账”，是非常形象和直观的。

为了与通用的借贷记账法相对应，将丁字账左方改为借方，右方改为贷方，即左借右贷（见图 2-2）。在会计实务中使用的是借贷余三栏式账户。政府会计中的账户格式也应该和企业相一致，这属于基础会计中的内容，政府会计和企业会计是相通的。

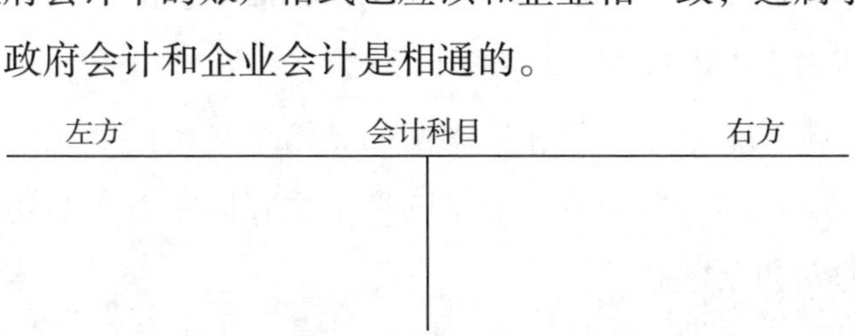

图 2-1 丁字账（T 形账）

借方 资产、费用、预算支出类账户 贷方	
增加额	减少额
余额	

(a)

借方 负债、净资产、收入、预算收入类账户 贷方	
减少额	增加额
	余额

(b)

图2-2 账户结构

（三）会计账户的记账规则

会计账户的记账规则反映了账户借方和贷方记录的增减变动情况。这是需要约定的，约定之后大家按规定进行会计信息的记录，从而确保记录的一致性和确定性，避免随意性。通常来说，资产、费用、预算支出类账户的左边记录增加额，右边记录减少额；负债、净资产、收入、预算收入类账户的左边记录减少额，右边记录增加额；账户的余额一般记录在增加额一方（见图2-2）。如此一来，账户的借方、贷方和余额就会非常清晰，将会计要素分成两大类后也能适应账户的结构要求，从而更加科学地对所有业务进行会计记录、反映和监督。

对于同一账户来说，在会计期间发生增加和减少的金额，分别称为“本期增加发生额”和“本期减少发生额”，会计期末时，增减变动的结果即为账户的余额。其基本关系为

期末余额 = 期初余额 + 本期增加发生额 - 本期减少发生额

例如，某行政单位6月30日的财政拨款收入余额为贷方5 000万元，7月财政拨款增加600万元。那么，6月的期末余额是7月的期初余额，7月增加的600万元，称为“本期增加发生额”，7月的期末余额在贷方，即为5 000 + 600 = 5 600（万元）。

可见，账户金额之间是保持平衡的，这个平衡同上述账户基本关系是一致的，账户的余额一般与记录的增加额在同一方，本期的期末余额即为下期的期初余额。

（四）账户和复式记账

复式记账即一种记账方法，是相对于单式记账而言的。在复式记账

法中，要对发生的每项经济业务，用相等的金额在两个或者两个以上、相互联系的账户中进行登记和记录，从而反映经济业务增减变化。只有这样，才能全面、系统地反映经济活动的过程和结果，同时便于试算平衡，监督和检查记录是否正确。

复式记账法包括增减记账法、收付记账法和借贷记账法。为了与国际会计保持一致，我国企业会计在 1993 年 7 月 1 日、行政单位和事业单位在 1998 年 1 月 1 日，对会计记账采用借贷记账法。例如，某事业单位收到财政专项资金拨款，一方面应该记录货币资金增加，另一方面应该记录单位的财政拨款收入增加，从而全面反映单位的经济业务活动。

借贷记账法是以“借”和“贷”作为记账符号，以“有借必有贷，借贷必相等”为记账规则，依据会计恒等式中各会计要素之间的依存关系进行会计记录。如前所述的某事业单位收到财政专项资金拨款，需要做如下会计记录。

借：零余额账户用款额度　　　　6 000 000

　　贷：财政拨款收入　　　　6 000 000

这是最简单的会计记账分录，由一个借方账户和一个贷方账户组成，即一借一贷。当然还有复合会计分录，如一借多贷、一贷多借等，无论哪种分录都离不开账户和复式记账原理，它们既是企业会计的基石，也是政府会计的基石。

第三章　政府会计的复式记账

第一节　政府会计核算基础和方法

一、政府会计核算基础

（一）会计核算基础

会计核算基础，又叫“会计确认基础”，是指为了实现政府会计的目标，决定何时确认交易或者事项的影响（贝洪俊，2004）。

会计核算基础一般分为两种，一种叫收付实现制，也叫“实收实付制、现金收付制”；另一种叫权责发生制，也叫“应收应付制、应计制”。收付实现制是以本期款项的实际收付作为确定本期收入、费用的基础。无论款项是否属于本期，只要在本期实际发生，就作为本期的收入和费用，所以又叫“收付实现制、实收实付制”。权责发生制是以应收、应付作为计算收入、费用的依据，凡属本期的收入和费用，无论其是否发生，均要计入本期；凡不属本期的收入、费用，尽管发生了，也不计入本期，故又叫“权责发生制、应收应付制”。

无论是收付实现制还是权责发生制，都是会计核算中确定本期收入和费用的会计处理方法，现金收付基础注重款项的收付，其收支与现金流量同步，易于操作；应计基础强调应计的收入和为取得收入而发生的费用相配合，注重权责配比，会计处理较为专业、复杂。

（二）政府会计核算基础

《政府会计准则——基本准则》第 3 条规定，“预算会计实行收付实现制，财务会计实行权责发生制”。预算会计和财务会计的核算基础是不同的，是由“双功能”反映和监督的对象决定的。

1. 预算会计的核算基础

预算会计反映和监督的是预算收支执行情况，是从预算收入、支出、结余等方面进行反映和监督的。为了更好地反映政府会计主体年度预算收入和支出的执行情况，预算会计采取的是收付实现制的会计核算基础。

在预算会计中，政府单位的会计核算是以本期款项的实际收到与付出为依据确定当期收入和费用的，无论款项是否属于本期，只要是在本期实际发生的货币资金流入和流出，就必须作为本期的收入、费用进行核算。预算会计的收付实现制基础，符合预算管理的特点和要求，能够较好地服务于政府单位的管理需求。

2. 财务会计的核算基础

财务会计反映和监督的是单位财务状况、运行情况与现金流量等，是从财务情况的角度进行核算的。为了更加真实、全面地反映政府会计主体的财务状况、运行状况（含成本）等，采取权责发生制是较为合适的。

在财务会计中，政府单位的会计核算以应收和应付作为计算收入与费用的依据，只要是归属于本期的收入和费用，无论是否发生货币资金的流入和流出，都要作为本期的收入和费用进行会计核算；但是，对于不能归属于本期的收入和费用，即使发生了货币资金的流入和流出，也不能作为本期的收入和费用进行核算。权责发生制更加强调归属期的问题，这符合对政府单位财务状况、运行情况与现金流量的反映和监督，因此，财务会计是以权责发生制为基础进行核算的。

二、政府会计核算方法

（一）借贷记账法

《政府会计准则——基本准则》第10条规定，“政府会计核算应当采用借贷记账法记账”。

借贷记账法是国际通用的会计记账方法，其起源于13世纪的意大利，在清朝末期的光绪年间传入我国，是当今世界各国应用最广泛、最科学的记账方法。借贷记账法是以“借”“贷”作为记账符号，在两个或两个以上相互联系的账户中，对每项经济业务以相等的金额、全面地进行记录的一种复式记账方法。我国政府会计的记账方法采取借贷记账法，一方面较好地实现了与企业会计记账方法的统一，另一方面较好地实现了与国际会计的接轨。

（二）平行式记账

为反映我国政府会计的“双功能”，政府会计采取“双核算”模式，这种模式体现在会计核算中，即为平行式记账。即对纳入政府单位预算管理的收支业务，在采用收付实现制进行预算会计核算时，还采用权责发生制进行财务会计核算，从而通过一套财务账务中的“双核算”，较好地实现预算会计和财务会计的“双功能”。同时，会计期末分别对预算会计和财务会计“双核算”，编制政府决算报告和政府财务报告，从而更好地实现“双报告”模式。可见，本次政府会计改革的最大亮点之一，即“双核算”“双功能”“双报告”模式，能够一气呵成，一贯而至，既彰显了中国政府会计的特色，也体现了我国政府会计发展的道路自信，为我国政府会计学术体系、话语体系、学科体系夯实了基础。

第二节　政府会计的会计等式

会计等式，是指各个会计要素之间客观存在的基本关系，是进行会计核算、设置账户、复式记账和编制会计报表的理论依据。一项经济活动的发生，必然涉及两个或者两个以上会计要素变动，或者是两个会计要素同增同减，或者是会计要素内部一增一减，这也是复式记账的要求。

一、政府财务会计的会计等式

（一）基本会计等式

政府单位要进行业务活动、履行职能，首先要取得一定数量的经济资源，无论是现金还是实物，这种会计主体拥有或控制的、能以货币计量的经济资源都称为“资产”，有了资产，政府会计主体便有了提供公共服务支配的来源。一方面，资产由出资人提供，与企业不同的是，资产提供者不要求收回资金，也不要求有回报，仅仅要求按照规定的用途使用。另一方面，当出资人投入的资金不足以使用时，债权人会向政府单位提供资金，要求按期还本付息或在承诺的期限内偿还；或者在业务活动往来中，允许暂缓支付款项，这是债权人享有的权利。由此可见，出资人提供的资金形成了单位的净资产，债权人提供的资金形成了负债，这两者的投入就形成了政府单位的资产，并且它们之间具有恒等关系。即政府以全部资产履行义务，出资人与债权人以其出资和提供资金享有限定用途及按期收取本息的权利，权利和义务是对等的，有多少资产，资金供给者就享有多少权利。因此，资产与净资产、负债的恒等关系如下：

$$资产 = 负债 + 净资产$$

式中，左边资产反映的是单位资金的运用，右边负债和净资产反映的是资金的来源，有多少来源就有多少运用。在任何一个时点，政府单位的资产总额与负债、净资产总额之间，在数额上都是相等的。作为反映政府单位财务状况的三个基本会计要素，它们的恒等关系是政府财务会计设置账户、复式记账和编制财务报告的基本依据与核心。

（二）变化的会计等式

在政府单位的日常活动中，会依法取得各项收入，同时，也会发生各项必要的花费，只有这样才能为政府单位履行职责、提供公共产品或者服务等提供保障。收入和费用相抵后的余额即为结余。用公式表示为

$$收入-费用=结余$$

那么，在有了收入和费用后，会不会影响政府单位的会计等式平衡呢？一般而言，收入会增加政府单位资产，费用会减少政府单位资产。收入和费用之间的有利差额会增加单位的净资产，而不利差额会减少单位的净资产。无论是有利差额还是不利差额，最后都由政府会计主体承担，所以会计等式加入收入、费用要素后，仍然保持平衡关系。基本会计等式在年度期间，由于收入、费用的发生而有如下的扩展会计等式：

$$资产=负债+净资产+结余$$

或者

$$资产=负债+净资产+（收入-费用）$$

政府财务会计的五个会计要素是密切联系的，会计平衡公式这种平衡相等的关系，是复式记账的基础，也是组织会计核算、编制财务报表和报告的理论依据。

二、政府预算会计的会计等式

政府单位要正常运转，必须先有资金的投入即预算收入，才能履行职能、提供公共产品或者服务，发生各项必要的支出，即预算支出，预算收入和预算支出相抵后的余额为预算结余。但在政府单位中结余并不是重点，因为政府单位侧重的是工作任务的完成和管理服务职能的履行，而不是结余的多寡。但这并不意味着不需要节俭，节约在政府活动中是必需的，勤俭办事业是一贯的要求。政府预算会计反映和监督的是政府单位的预算执行情况，即收支执行情况。收、支、余的关系用公式表示为

$$预算收入-预算支出=预算结余$$

在正常情况下，结余为正数，而在特殊情况下，可能会出现负数，即“赤字”，说明当期的支出不能用当期的收入弥补，而是动用了以前年度的结存部分。结余的出现，将会导致用于业务活动的净资产增加或者减少。

小 结

会计作为一种“国际通用的商业语言”，发挥着越来越重要的作用。随着经济国际化和全球市场化的发展，会计标准的国际化已成为一种趋势。这种趋势不仅反映在企业会计标准方面，也反映在政府、公共部门和组织的会计方面。中国政府会计的改革正在进行，逐步与国际通行的做法相衔接，以更好地满足信息使用者和管理的需要。

进入21世纪以来，随着政府职能的转换和公共财政体制改革的不断推进，特别是国库集中收付制度、部门预算制度、政府采购制度、全面预算绩效评价制度等深化改革措施相继实施后，我国政府会计在会计目标、核算内容、会计要素、记账基础、报表报告制度等方面发生了深刻变革。以2015年《政府会计准则——基本准则》颁布实施为标志的这场改革，是我国政府会计发展的里程碑。从此，我国建立起具有中国特色的政府会计体系，体现的是我国政府会计的道路自信、理论自信、制度自信和文化自信。

思考题

1. 如何理解和看待我国政府会计的演变？这个演变过程给你的启发有哪些？

2. 新政府会计准则制度的核心是什么？如何更好地理解与运用这些规定为单位的财务管理和决策服务？

3. 政府会计与国库集中收付、政府采购、预算管理、资产管理之间有何联系？

4. 如何理解政府会计的会计恒等式？

5. 你认为政府会计未来发展的方向和重点有哪些？

第二篇

政府财务会计和预算会计

第四章　政府单位的资产

第一节　政府单位资产概述

一、政府单位资产的概念和特点

（一）政府单位资产的概念

《政府会计准则——基本准则》规定，“资产是指政府会计主体过去的经济业务或者事项形成的，由政府会计主体控制的，预期能够产生服务潜力或者带来经济利益流入的经济资源”。新准则对资产的定义，与原制度中“单位占有或者使用的，能以货币计量的经济资源”相比有较大不同，现定义一方面向企业资产定义靠近，另一方面向国际公共部门会计准则趋同，成为本次政府会计改革的风向标。同时，政府单位资产仅就财务会计而言，预算会计没有资产这个会计要素，资产只在财务会计中进行反映和监督。

（二）政府单位资产的特点

资产是由特定的政府单位控制的。一项经济资源能否作为政府单位的资产主要是看其所有权是否属于该单位，或者是否具有控制权。控制权，是指政府单位对该项经济资源具有管理权，能够运用它进行经济活动，并承担由此产生的各种风险。如公共基础设施、保障性住房等资产，本次政府会计改革首次将其纳入政府资产进行核算和管理。

资产必须是一种经济资源。政府单位进行经济活动的目的不是获得经济利益，而是向受益人或其他委托人提供某种服务。提供服务必然需要有一定数量的“经济资源”，为其正常运行和完成日常工作任务、特定工作任务提供条件。凡预期能为政府单位带来服务潜力或经济利益流入的资产就是经济资源，但经济资源不一定都是资产。

资产能够以货币进行可靠的计量。货币计量是会计核算的一个基本前提，只有能用货币计量的经济资源，才能确认为资产。政府单位资产若是支付代价取得的，则能用所付代价的等价物——货币来计量。有的资产是不支付代价取得的，但如果能可靠地估计其价值，也应作为资产加以确认。

（三）资产的确认条件

政府会计主体将一项资源确认为资产，需要符合资产的定义，并同时满足以下两个条件：

第一，与该经济资源相关的服务潜力很可能实现或者经济利益很可能流入政府会计主体。

第二，该经济资源的成本或者价值能够可靠地计量。

只有同时具备上述条件，政府单位才能将其作为资产进行确认和计量，否则不能确认为政府会计主体的资产。

二、政府单位资产的管理

政府单位开展公务活动、提供公共产品或者服务等必须有物质基础，资产是最好的保障。行政单位、事业单位通过使用财政资金形成的资产、接受调拨或者划转置换形成的资产、接受捐赠并确认为国有资产和其他国有资产，属于行政事业性国有资产。行政事业性国有资产属于国家所有，实行政府分级监管、各部门及其所属单位直接支配的管理体制。行政事业性国有资产管理须注意以下五个方面。

（一）建立健全资产的管理制度

作为政府组成部门的政府单位，不同单位的特点不尽相同。各政府单位应该根据自身的特点，建立完善的资产管理制度。包括资产购置、验收、保管、使用、处置审批等在内的资产管理制度是政府单位资产管理工作的基础，政府单位对于本单位管理的资产应当优化管理手段，提高管理效率，建立和完善内部控制制度，确保资产的安全和完整，防止国有资产流失。

（二）加强对资产的配置和使用管理

资产的配置包括调剂、购置、建设、租用、接受捐赠等方式。政府单位应当根据依法履行职能和事业发展需要，结合资产存量、资产配置标准、绩效目标和财政承受能力配置资产；并按照勤俭节约、讲求绩效和绿色环保的要求，根据国家有关政策、经济社会发展水平、市场价格变化、科技进步等因素实时调整。县级以上人民政府及其有关部门应当建立健全国有资产共享共用机制，采取措施引导和鼓励国有资产的共享共用，统筹规划相关工作。对于各部门及其所属单位资产，在确保安全使用的前提下，推进共享共用工作的，可以对提供方给予合理补偿。

（三）加强资产的处置管理

政府单位资产产权的转移及核销，包括无偿调出、出售、捐赠、置换、盘亏、毁损、报废等，都是资产处置。政府单位应当经过集体决策和审批程序，依据处置事项批复等文件，及时处置行政事业性国有资产。国家设立的研发机构、高校等，对其持有的科技成果的使用和处置，依照《中华人民共和国促进科技成果转化法》、《中华人民共和国专利法》和国家有关规定执行。

（四）加强预算和决算管理

政府单位对资产应当遵循安全规范、节约高效、公开透明、权责一致的原则，将实物管理与价值管理相统一，资产管理与预算管理、财务管理相结合。对于配置的资产，要编制相关支出预算，并严格按照预算管理规定和财政部门批复的预算进行资产配置。尤其在预算管理一体化后，资产的管理连接着资产预算管理和支出预算管理，对单位的资产管理提出了更高的要求，政府单位应当给予高度重视，切实肩负起管理责任。此外，对于国有资产的出租和处置等收入，应当按照政府非税收入和国库集中收缴制度的有关规定管理。在年末决算中，全面、真实、准确地反映国有资产收入、支出以及资产存量情况，准确编制国有资产管理报告。政府单位应当建立国有资产绩效管理制度，开展绩效管理评价，为促进国有资产的高效使用夯实管理基础。

（五）夯实基础管理工作

政府单位应当按照规定设置国有资产台账，依照统一的会计制度进行会计核算，不得形成账外资产。同时，定期或不定期进行盘点、对账，做到账实相符和账账相符。此外，还需要按照国家统一要求对单位国有资产管理情况实施报告制度，包括资产负债总量，相关管理制度建立和实施，资产配置、使用、处置和效益，推进管理体制机制改革等情况，并按规定向社会公开。

三、政府单位资产的内容

政府单位的资产包括流动资产、非流动资产和受托代理资产。

（一）流动资产

政府单位的流动资产是指可以在1年内（含1年）变现或者耗用的资产，包括货币资金、短期投资、财政应返还额度、应收及预付款项、存货、待摊费用等。应收及预付款项，是指政府单位在进行各项业务活动中形成的债权，包括应收票据、应收账款净额、预付账款、其他应收款等。

（二）非流动资产

政府单位的非流动资产是指超过1年变现或耗用的资产，包括长期股权投资、固定资产、在建工程、无形资产、研发支出、公共基础设施、政府储备资产、文物文化资产、保障性住房、长期待摊费用和待处理财产损溢等。

（三）受托代理资产

政府单位的受托代理资产是指政府单位直接负责管理的、为社会提供公共服务的资产和接受受托方委托代为管理的资产，为了与政府单位自身拥有的资产进行区分，需要单独核算和反映受托代理资产的情况。政府单位设置的资产类会计科目及分类见表4－1和表4－2。

表4－1　行政事业单位资产类会计科目

序号	科目编号	科目名称	序号	科目编号	科目名称
一、流动资产			二、非流动资产		
1	1001	库存现金	18	1501	长期股权投资
2	1002	银行存款	19	1502	长期债券投资
3	1011	零余额账户用款额度	20	1601	固定资产
4	1021	其他货币资金	21	1602	固定资产累计折旧
5	1101	短期投资	22	1611	工程物资
6	1201	财政应返还额度	23	1613	在建工程
7	1211	应收票据	24	1701	无形资产
8	1212	应收账款	25	1702	无形资产累计摊销
9	1214	预付账款	26	1703	研发支出
10	1215	应收股利	27	1801	公共基础设施
11	1216	应收利息	28	1802	公共基础设施累计折旧（摊销）
12	1218	其他应收款	29	1811	政府储备物资
13	1219	坏账准备	30	1821	文物文化资产
14	1301	在途物品	31	1831	保障性住房
15	1302	库存物品	32	1832	保障性住房累计折旧
16	1303	加工物品	33	1891	受托代理资产
17	1401	待摊费用	34	1901	长期待摊费用
			35	1902	待处理财产损溢

表 4-2 事业单位资产类专用会计科目

序号	科目编号	科目名称	序号	科目编号	科目名称
1	1101	短期投资	5	1219	坏账准备
2	1211	应收票据	6	1501	长期股权投资
3	1215	应收股利	7	1502	长期债券投资
4	1216	应收利息			

四、政府单位资产的计量

政府单位将符合资产定义的经济资源，在取得对其相关权利且能可靠地进行货币计量时，需要对其进行确认和计量。政府单位确认并计量资产，必须预期能为其产生服务潜力或者带来经济利益流入，能用货币对其进行计量，并且是政府单位控制的经济资源，否则不能确认为资产。

在新制度中，政府单位资产的计量是以历史成本为主的，同时引入了历史成本以外的计量属性，强调资产计量的可靠性，兼顾了预算管理和财务管理的要求。政府单位资产的计量属性主要包括历史成本、重置成本、现值、公允价值和名义金额。

(一) 资产的初始计量

初始计量是资产取得时的入账计量方式。新制度规定，资产应当按照取得时的实际成本进行计量。除国家另有规定外，政府单位不得自行调整其账面价值。对于资产取得的实际成本，应当区分支付对价和不支付对价两种方式。

支付对价方式取得资产是指政府单位在取得一项资产时，支付了相应的现金或者现金等价物，如用货币资金支付，或者付出了存货、固定资产等非货币性资产。以支付对价方式取得的资产的价值，应当以所支付对价的金额作为资产价值入账。如果取得资产时支付的是现金或者现金等价物，则应按支付的现金或现金等价物的金额计量；如果取得资产时付出的是非货币资产，则应按其评估价值等金额进行计量。

不支付对价方式取得资产是指政府单位在取得一项资产时，没有支付现金或现金等价物，也没有付出非货币性资产。比如，政府单位接受捐赠的资产、行政划拨的资产等，包括以下四种情况：

第一，取得了资产价值的相关凭据，其计量金额按照有关凭据注明的金额加上相关税费、运输费等作为入账价值。

第二，没有取得相关凭据，但是依法经过资产评估的，其计量金额应当按照评估价值加上相关税费、运输费等作为入账价值。

第三，既没有相关凭据，又没有进行资产评估的，比照同类或类似资产的市场价格加上相关税费等作为入账价值。

第四，如果前面三种情况都不满足，则按照名义金额入账，名义金额一般为人民币 1 元，同时在会计报表附注中披露以名义金额计量的资产情况。

（二）资产的后续计量

在会计期末，需要对资产价值重新计量，反映资产价值的后续变化情况即为资产的后续计量。政府单位资产的后续计量包括固定资产、公共基础设施和保障性住房的折旧，无形资产摊销，应收及预付款项的核销等。

固定资产、公共基础设施和保障性住房的折旧。政府单位如果按照规定对固定资产、公共基础设施和保障性住房计提折旧的，折旧金额应当根据原价和折旧年限确定。

无形资产摊销是在无形资产的使用寿命内，按照确定的方法对应当摊销金额进行系统分摊。政府单位应当按规定对无形资产进行摊销，摊销的金额根据无形资产原价和摊销年限进行确定。

应收及预付款项的核销。政府单位对于账龄超过规定年限、确认无法收回的应收账款、其他应收款和预付账款，按规定报经批准后予以核销。核销的款项应在备查簿中保留登记。

第二节　政府单位货币资金的核算

一、政府单位流动资产的概念

流动资产，是指政府单位占有或者使用的、可以在 1 年内变现或者耗用的资产，包括库存现金、银行存款、零余额用款额度、应收及预付款项和存货等。政府单位的流动资产作为政府单位履行相关职能的重要资产，其管理也显得日益重要。下面按照《政府会计制度——行政事业单位会计科目和报表》中的会计科目顺序逐一进行介绍。

二、政府单位的库存现金

（一）库存现金的概念与管理

1. 库存现金的概念

政府单位的库存现金是政府单位为保障日常开支需要而存放于单位财务部门的货币资金。现金是流动性最强的一种货币性资产，具有普遍的可接受性，可以按需用来购买货品、支付费用等，也可以随时存入银行。政府单位应该严格按照国家关于现金管理的规定，加强管理，接受监督。

2. 库存现金的管理

随着政府单位公务卡结算的普遍推进和强化使用，政府单位库存现金的业务会随之减少，但其管理仍然是政府单位资产管理的重点。政府单位现金管理的要求包括以下几点。

严格遵守银行核定的库存现金限额。库存现金限额，是银行根据规定对政府单位核定的可以保留库存现金的最高限额。银行在核定单位库存现金限额时，一般以不超过单位 3 天零星开支所需的现金为准。政府单位现金的数额，超过限额的部分，必须及时存入银行。

收到现金要及时送存银行，不得坐支。坐支，是指以本单位收入的现金直接支付本单位的支出。单位每天收入的现金，必须当天送存银行，不能直接支用。因特殊原因需要坐支现金的，应事先报经开户银行进行审查批准，由开户银行核定坐支范围和限额。

明确规定现金的使用范围。按照国家有关规定，现金可以在以下范围内使用：职工的工资、奖金、津贴；个人的劳务报酬；根据国家规定颁发给个人的科学技术、文化艺术、体育等各种奖金；各种劳保、福利费用以及国家规定的对个人的其他支出；向个人收购农副产品和其他物资的价款；出差人员必须随身携带的差旅费；银行结算起点以下的零星开支；银行确定需要支付现金的其他支出。政府单位与其他单位的经济往来除按规定范围可使用现金外，均应通过银行办理转账结算。随着国家要求政府单位使用“工资卡”发放工资、奖金和津贴，推行政府单位实施“公务卡”结算，现金的使用范围在不断缩小。前者要求单位发放给职工的所有“钱”均通过银行卡进行发放，不再以现金形式发放；后者要求符合公务支出范围的公务活动开支，均通过“公务卡”结算，从而减少现金开支，缩小现金使用范围。这些都将有利于国家和单位对现金的管理与监控，有效解决用款不便和资金的安全问题，降低现金使用的风险。

严格现金的收付手续和管理。政府单位收入现金必须及时存入银行，必须给予交款人正式的票据；支付现金应在付款的原始凭证上加盖“现金付讫”戳记；钱账分管，相互牵制，是钱物和账务分别管理的一种内部控制制度。政府单位的会计人员和出纳人员要有明确的分工，出纳人员管钱不管账（除现金日记账和银行存款明细账外），会计人员管账不管钱，会计和出纳岗位实现不相容职务相互分离的内部控制要求，从而使两者相互监督、相互牵制。

（二）库存现金的会计核算

库存现金不仅在财务会计中需要进行会计核算，在预算会计中也需要核算。不同的是，库存现金在前者中属于资产要素，在后者中属于预算结余要素。

在政府单位的财务会计核算体系中，为核算政府单位的现金业务，应设置“库存现金”会计科目，反映库存现金的收付及结存情况。借方登记库存现金的增加数，贷方登记库存现金的减少数，余额在借方，表示库存现金的结存数量。“库存现金”科目应当设置“受托代理资产”明细科目，核算单位受托代理、代管的现金。

在政府单位的预算会计核算体系中，为核算政府单位的现金业务，设置了“资金结存”会计科目，同时各单位可以根据需要进一步设置二级明细科目和三级明细科目进行会计核算。如设置“资金结存——货币资金——库存现金”三级会计科目进行核算。

政府单位应当设置“现金日记账”，根据收付款凭证，按日逐笔登记。每日终了，应当计算当日的现金收入合计数、现金支出合计数和结余数，并与库存数核对，做到账款相符。

在财务会计中，需要按照权责发生制原则进行会计核算。对于现金盘点后，属于现金短缺的，按照实际短缺的金额，借记“待处理财产损溢”科目，贷记“库存现金”科目；属于应由责任人赔偿或向有关人员追回的部分，借记“其他应收款”科目，贷记“待处理财产损溢”科目；属于无法查明原因的，报经批准核销的，借记“资产处置费用”科目，贷记“待处理财产损溢”科目。属于现金溢余的，按照实际溢余金额，借记“库存现金”科目，贷记“待处理财产损溢”科目；属于应支付给有关人员或单位的，借记“待处理财产损溢”科目，贷记“其他应付款”科目；属于无法查明原因的，报经批准后，借记“待处理财产损溢”科目，贷记“其他收入”科目。

在预算会计中，需要按照收付实现制的原则进行会计核算，在此不再赘述。

有外币业务的政府单位，还应当按照人民币、外币的种类分别设置“现金日记账”进行明细核算。

【例4－1】某政府单位从银行账户中提取现金15 000元，以备日常零星开支之用。

财务会计账务处理：

借：库存现金　　15 000

　　贷：银行存款/零余额账户用款额度　　15 000

预算会计账务处理：

借：资金结存　　15 000

　　贷：资金结存　　15 000

【例4－2】某政府单位职工姜某公务出差，预借差旅费4 000元，用现金支付。

财务会计账务处理：

借：其他应收款——姜某　　4 000

　　贷：库存现金　　4 000

预算会计账务处理：

借：行政支出/事业支出——姜某　　4 000

　　贷：资金结存　　4 000

【例4－3】某政府单位对当日的现金进行盘查，发现库存现金账面余额22 500元，现金盘点22 800元，本日现金溢余300元，原因待查。

财务会计账务处理：

借：库存现金　　300

　　贷：待处理财产损溢——现金溢余　　300

预算会计不做财务处理。

【例4－4】接【例4－3】，经过查询和核对，多余的现金属于本单位职工王某已报账但是尚未领取的部分。

财务会计账务处理：

借：待处理财产损溢——现金溢余　　300

　　贷：其他应付款　　300

预算会计不做账务处理。

【例4-5】某民政局收到A公司捐赠某灾区的现金67 000元，已收妥。

财务会计账务处理：

借：库存现金—受托代理资产　　67 000

　　贷：受托代理负债——A公司　　67 000

预算会计财务处理：

借：资金结存　　67 000

　　贷：其他预算收入　　67 000

提示：受托代理现金业务和现金的溢余或短缺，都是本次制度中新增加的内容，其会计处理方法也需要特别注意。

三、政府单位的银行存款

（一）银行存款账户的开立与管理要求

银行存款是政府单位存放在金融机构的货币资金。政府单位的银行存款主要来源于财政拨款，是履行职能的物质保证。为此，政府单位的银行存款必须安全可靠，便于管理和监督。根据有关规定，政府单位必须严格银行存款的开户管理，不得多头开户。

政府单位在办理银行存款开户时，应当遵循银行规定的申请开户程序。政府单位填写银行规定的“开户申请表”，经上级主管部门和同级财政部门审核同意后，连同盖有单位公章和主管人员印章的印鉴卡，送开户银行办理开户手续。开户银行审查同意后，政府单位即在该银行开立账户。随着国库集中支付制度的实行，政府单位的同级财政拨款均通过财政国库单一账户体系进行办理，相应地，银行存款业务会有所减少。

政府单位在银行开立的账户，必须严格执行银行的相关管理要求，如遵守银行的各项结算制度和现金管理制度，接受银行的监督和管理；银行存款账户必须有足额的资金以供使用；各种收付款凭证必须如实填写款项的来源或者用途，不得巧立名目、弄虚作假，严禁利用银行存款账户搞非法活动；银行存款账户只能供本单位使用，不准出租、出借或转让银行存款账户；不准签发空头支票；等等。

（二）银行结算方式

根据银行结算制度的有关规定，银行结算方式主要包括银行汇票、银行本票、商业汇票、汇兑、支票、委托收款、异地托收承付等。由于政府单位涉及银行结算的业务主要是在其公务活动中使用政府资金引起的，在实际工作中，政府单位使用的银行结算方式主要是支票和汇兑，除此之外，还有办理预算拨款的预算拨款凭证等，只不过在当前的国库集中支付制度下，预算拨款凭证的使用不如以前频繁。

支票结算方式。支票结算是银行的存款人签发支票给收款人，用来委托开户银行将款项支付给收款人的一种结算方式。支票可以分为现金支票和转账支票两种，现金支票可以提取现金，也可以办理转账；转账支票只能办理转账，不能提取现金。政府单位在开出支票付款时，根据开出支票的存根和相关原始凭证，作为支出入账；在收到支票时，应及时填写进账单，并连同支票一起送达开户银行，根据开户银行盖章退回的进账单和原始凭证，作为收入入账。

汇兑结算方式。汇兑结算是银行的存款人委托银行将款项汇给收款人的一种结算方式。汇兑有信汇和电汇两种。信汇是由银行通过邮递划转款项的结算方式，电汇是银行通过电报划转款项的结算方式。政府单位对于汇入的款项，在收到银行收款通知时，据以作为银行存款增加的入账凭单；对于汇出的款项，在向银行办理完汇款手续时，根据汇款回单，作为银行存款减少的入账凭单。

预算拨款凭证。预算拨款凭证主要是财政部门与主管部门或基层单位之间办理预算拨款时使用的一种结算凭证。主管部门或基层单位收到银行转来的“预算拨款凭证”收款通知，作为银行存款增加的入账凭单。

（三）银行存款的会计核算

银行存款在财务会计和预算会计中都需要进行会计核算。不同的是，银行存款在前者中属于资产要素，在后者中属于预算结余要素。这与库存现金类似。

政府单位应按开户银行、存款种类等分别设置“银行存款日记账”，并由出纳人员根据收付款凭证，按照业务发生顺序逐笔登记，在每日终了时结出银行存款余额。有外币业务的政府单位，应在“银行存款”科目下分别按人民币和各种外币设置“银行存款日记账”，进行银行存款明细分类核算。

在政府单位的财务会计核算体系中，为核算银行存款业务，应设置“银行存款”会计科目。政府单位在将款项存入银行或其他金融机构时，借记“银行存款”科目，贷记“现金”等有关科目；在提取和支出银行存款时，借记“现金”等有关科目，贷记“银行存款”科目。该科目余额在借方，表示政府单位银行存款的余额。

在政府单位的预算会计核算体系中，设置“资金结存”会计科目，同时各单位可以根据需要进一步设置二级明细科目和三级明细科目进行会计核算。如设置“资金结存——货币资金——银行存款”三级会计科目进行核算。

【例4-6】 某高校收到本地一企业转账的专项科研资金1 200 000元。

财务会计账务处理：

借：银行存款	1 200 000	
贷：事业收入		1 200 000

预算会计账务处理：

借：资金结存	1 200 000	
贷：事业预算收入		1 200 000

【例4-7】 某政府单位从某企业取得一笔款项430 000元，用于完成专项委托任务，款项已经存入银行存款账户。

财务会计账务处理：

借：银行存款	430 000	
贷：其他收入		430 000

预算会计账务处理：

借：资金结存　　430 000

　　贷：事业预算收入　　430 000

【例 4-8】 某卫生健康委从单位银行账户转账支付购买的办公用品 13 000 元，直接列为当期支出。

财务会计账务处理：

借：业务活动费用　　13 000

　　贷：银行存款　　13 000

预算会计账务处理：

借：行政支出　　13 000

　　贷：资金结存　　13 000

政府单位应按开户银行、存款种类等分别设置“银行存款日记账”，并由出纳人员根据收付款凭证，按照业务发生顺序逐笔登记，在每日终了时结出银行存款余额。有外币业务的政府单位，应在“银行存款”科目下分别按人民币和各种外币设置“银行存款日记账”，进行银行存款明细分类核算。

（四）银行存款余额调节表的编制

为保证政府单位对银行存款的记录与开户银行对政府单位银行存款的记录相一致，政府单位应该定期与开户银行进行对账，至少每月核对一次。月度终了，在政府单位与开户银行对账时，政府单位“银行存款日记账”的余额与“银行对账单”的余额经常会出现不一致的情况。其原因主要有两点：一是政府单位或开户银行发生记账错误，二是政府单位或开户银行存在未达账项。如果属于记账错误，则政府单位应及时更正或通知银行更正错误；如果属于未达账项，即结算双方由于凭证的传递需要时间，出现了一方已登记入账，而另一方尚未登记入账的账项，则需要通过编制银行存款余额调节表进行调节。用银行存款余额调节表进行调节的未达账项可分为四类：一是银行已收款入账，而单位尚未收款入账；二是银行已付款出账，而单位尚未付款出账；三是单位已收款入账，而银行尚未收款入账；四是单位已付款出账，而银行尚未付款出账。

通过调节，政府单位“银行存款日记账”余额与“银行对账单”的余额应当一致。

【例4－9】某政府单位月末收到银行送来的银行对账单，银行存款余额为5 432 700元；“银行存款日记账”上的月末余额为5 315 200元。经过逐笔核对后发现：

(1) 政府单位将收到的转账支票一张6 900元存入银行，并登记入账，而银行未登记入账；

(2) 政府单位签发转账支票一张43 600元，并已根据支票存根及其他有关原始凭证登记入账，而银行未登记入账；

(3) 银行收到属于单位的汇兑款项86 000元，并已登记入账，而政府单位由于尚未收到收款通知，未入账；

(4) 银行代单位支付水电费5 200元，并已登记入账，而政府单位由于尚未收到付款通知和水电费收据，未入账。

根据上述资料，该政府单位编制“银行存款余额调节表”如表4－3所示。

表4－3　银行存款余额调节表

项目	金额	项目	金额
单位银行存款余额	5 315 200	银行对账单余额	5 432 700
加：银行已收，单位未收	86 000	加：单位已收，银行未收	6 900
减：银行已付，单位未付	－5 200	减：单位已付，银行未付	－43 600
单位银行存款调整后余额	5 396 000	银行对账单调整后余额	5 396 000

四、政府单位的零余额账户用款额度

（一）国库集中收付制度和零余额账户

为进一步推动国家财政改革，我国政府自21世纪初期开始实行国库集中收付制度。国库集中收付制度，是指所有预算收支通过国库单一账户体系，采取国库集中支付方式，将资金直接支付到最终收款人的制度办法。国库单一账户主要由三类账户体系构成：一是财政部门在人民银行开设的国库单一账户，用于记录、核算和反映纳入预算管理的财政收入与支出活动；二是财政部门在商业银行设立的财政专户，用于核算法律明确规定或国务院批准的特定专用资金；三是财政部门或预算单位在商业银行开设的零余额账户，用于办理财政部门或预算单位支付业务，并与国库单一账户清算。在该种制度下，预算单位按照有关规定在银行开设零余额账户，财政部门下达预算指标后，预算单位可通过零余额账户将资金直接支付到商品和劳务供应者、领取工资和补贴的个人等最终收款人，在每日终了时人民银行国库单一账户与代理银行进行资金清算。零余额账户作为财政国库单一账户体系中的一类账户，用于政府单位的财政授权支付结算，代理银行于每日终了时与财政国库存款账户进行资金清算后，余额为零，故称为“零余额账户”。

国库集中支付方式的主要内容和流程如下：在财政部门的国库司（处、科、股）下设“支付中心”，在“支付中心”设立财政支付总账、分类账相结合的账册管理体系，统一账户，统一账簿，统一资金支付。

国库单一账户财政资金支付流程为：①预算单位提出预算申请；②财政部门批复预算申请；③财政部门分配预算并通知支付中心；④预算单位向支付中心提出支付申请；⑤如果支付申请不合格则支付中心拒绝支出，如果申请合格则“支付中心”发出支付令到代理银行；⑥支付令通过代理银行进入清算系统；⑦清算系统自动与人民银行国库单一账户进行清算；⑧国库资金从国库单一账户直接支付到收款人。最后，在完成上述流程后，代理银行向预算单位和支付中心反馈信息，支付中心要将每天的支付情况向国库司（处）报告（见图4-1）。

这种支付方式不会改变政府单位的机构建制和经费领报关系，也不会改变部门、单位财会人员的职责、职能，更不会改变部门预算单位资金的所有权和使用权。但是，这种支付方式更快捷、更有效，避免了财政资金的沉淀，提高了财政资金的使用效率。

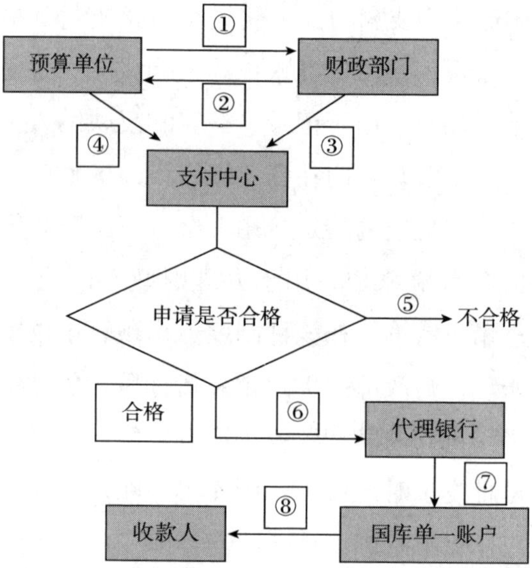

图4-1　国库单一账户财政资金支付流程

（二）科目设置及会计核算

在政府会计中，应当设置“零余额账户用款额度”会计科目，核算国库集中收付下的单位可以使用的财政资金“额度”。不同的是，其在财务会计和预算会计中分别属于资产要素和预算结余要素。这与库存现金和银行存款类似。

在政府单位的财务会计核算体系中，应设置“零余额账户用款额度”会计科目。在收到“财政授权支付额度到账通知书”时，根据该通知书所列数额借记“零余额账户用款额度”科目，贷记“财政拨款收入”科目；在按规定使用额度时，借记“业务活动费/单位管理费用”等科目，贷记“零余额账户用款额度”科目；从零余额账户提取现金时，借记“库存现金”科目，贷记“零余额账户用款额度”科目。

在政府单位的预算会计核算体系中，设置了“资金结存”会计科目，同时各单位可以根据需要进一步设置二级明细科目进行会计核算。如设置“资金结存——零余额账户用款额度”二级会计科目进行核算。

年度终了，财政部门要收回没有使用完的额度，即“零余额账户用款额度”科目无余额，这也印证了余额为零的说法。政府单位根据代理银行提供的对账单做银行注销额度的相关账务处理，若本年度财政授权支付预算指标数大于财政授权支付额度下达数，则两者之间的差额，在财务会计中借记“财政应返还额度——财政授权支付”科目，贷记“财政拨款收入”科目；在预算会计中借记“资金结存——财政应返还额度”科目，贷记“财政拨款预算收入”科目。待下年度初，政府单位根据代理银行提供的额度恢复到账通知书，做恢复额度的相关账务处理。《国务院关于进一步深化预算管理制度改革的意见》（国发〔2021〕5号）规定，市县级财政国库集中支付结余不再按权责发生制列支，各单位在年末不再进行上述账务处理，中央级和省级单位根据同级财政部门规范国库集中支付结余权责发生制列支的规定，相应进行会计处理。

随着国家不断推进财政预算管理一体化改革，“零余额账户用款额度”科目的使用将会有所变化。当前改革的趋势是，当预算单位需要使用资金时，按照流程和程序直接向同级财政部门提出申请，由财政部门直接从国库进行支付，待支付完成后，单位同时做增加收入和增加支出的账务处理。这一改革目前在部分省份进行试点，必将对未来的会计核算和财务管理产生深远影响。

（三）从本单位零余额账户向本单位实有资金账户划转资金的账务处理

政府单位在某些特定情况下，按规定从本单位零余额账户向本单位实有资金账户划转资金用于后续相关支出的，可在“银行存款”或“资金结存——货币资金”科目下设置“财政拨款资金”明细科目，或采用辅助核算等形式，核算反映按规定从本单位零余额账户转入实有资金账户的资金金额，并按以下规定进行账务处理。

从本单位零余额账户向实有资金账户划转资金时，按照划转的资金金额，借记“银行存款”科目，贷记“零余额账户用款额度”科目；同时，在预算会计中借记“资金结存——货币资金”科目，贷记“资金结存——零余额账户用款额度”科目。

将本单位实有资金账户中从零余额账户划转的资金用于相关支出时，按照实际支付的金额，借记“应付职工薪酬”“其他应交税费”等科目，贷记“银行存款”科目；同时，在预算会计中借记“行政支出”“事业支出”等支出科目下的“财政拨款支出”明细科目，贷记“资金结存——货币资金”科目。

政府单位按规定从财政科研项目中计提项目间接费用或管理费的，先计入“预提费用”科目后，可以按规定将计提的项目间接费用或管理费从本单位零余额账户划转到实有资金账户的，处理方式同上。

【例4-10】 某政府单位收到代理银行转来的“授权支付到账通知书”，本月用于项目支出的财政授权支付用款额度500 000元已经到账。

财务会计账务处理：

借：零余额账户用款额度　　500 000

　　贷：财政拨款收入——项目支出拨款　　500 000

预算会计账务处理：

借：资金结存——零余额账户用款额度　　500 000

　　贷：财政拨款预算收入——项目支出拨款　　500 000

【例4-11】 年末，某政府单位经过对账发现，本年度财政授权支付预算指标数大于财政授权支付额度下达数，两者间的差额为42 000元。

财务会计账务处理：

借：财政应返还额度——财政授权支付　　42 000

　　贷：财政拨款收入　　42 000

预算会计账务处理：

借：资金结存——财政应返还额度　　42 000

　　贷：财政拨款预算收入　　42 000

（四）公务卡结算制度及会计核算

自2007年开始，财政部开始推行公务卡制度，并在2012年底前全面推行公务卡。公务卡是财政预算单位职工持有的、主要用于日常公务支出和财务报销业务的信用卡。作为公务业务的一种新型结算方式，公务卡操作可以概括为“银行授信额度，个人持卡支付，单位报销还款，财政实施监控”。政府单位的差旅、会议、公车运行维护费等公务支出要使用公务卡进行结算，即在公务卡信用额度内，先通过公务卡支付结算，并取得相关票据等财务报销凭证和银行卡消费凭证，在公务卡的免息还款期内，到所在单位财务部门报销；财务部门按规定予以报销后，签发财政授权支付指令，通知发卡行从单位的零余额账户向指定的公务卡还款；代理银行于收到支付指令的当天，将资金支付到职工的公务卡账户。

公务卡具有一般银行信用卡具有的授信消费等特征，属于银行卡的范畴，是一种现代支付结算工具；同时，具有财政财务管理的独特属性，可以将财政财务管理的有关要求与银行卡的独特优势相结合，形成一种新型财政财务管理工具和手段。公务卡在额度设定、组织申办、结算报销和支付结算的信息管理等方面，有不同于普通银行卡的专门管理制度规定。从这个意义上讲，公务卡又属于财务管理的范畴。因此，不能简单地将公务卡作为一种替代现金支付的结算工具来理解。

公务卡结算制度的实施有利于提高财政预算资金的使用效率，降低行政成本；有利于深化财政国库集中支付改革，规范财政资金管理，保证每笔财政支出都公开透明，从而提高财政的管理水平；也有利于促进非现金支付工具使用，减少预算单位现金支付和流通，从而建立更便捷、更透明的管理秩序。

【例 4-12】某政府单位按财政部门要求实行公务卡结算。某职工用公务卡方式支付培训费用 6 200 元，已经办理报销手续。单位财务部门通知单位的零余额账户将报销款项划入该职工的公务卡账户。

财务会计账务处理：

借：业务活动费/单位管理费	6 200	
贷：零余额账户用款额度		6 200

预算会计账务处理：

借：行政支出/事业支出	6 200	
贷：资金结存——零余额账户用款额度		6 200

五、政府单位的财政应返还额度

（一）财政应返还额度的概念和内容

1. 财政应返还额度的概念

在国库集中支付制度下，政府单位年末没有使用的财政直接支付额度和财政授权支付额度，按照相关规定要进行年终注销，需要在次年恢复上年末未实现用款额度。这些额度相应的资金仍然留存在财政国库，但是政府单位可以要求财政进行返还。换句话说，这些未使用的额度一般仍然归政府单位所有，只是按照管理要求，年末的余额只能为零，故要求政府单位将额度进行注销。因此，政府单位在年末形成了财政应返还额度。

2. 财政应返还额度的内容

政府单位的财政应返还额度包括财政应返还直接额度和财政应返还授权额度两种。

财政应返还直接额度是财政直接支付预算指标数大于当年财政直接支付实际发生数的差额。本年预算指标数大于财政实际支付数，在确认收入的同时，作为应收款项进行确认，即财政应返还额度。

财政应返还授权额度是财政授权支付预算指标数大于当年零余额账户用款额度下达数的差额，主要包括未下达的授权额度和未使用的授权额度。未下达的授权额度是指当年财政预算已经安排，但财政部门没有下达到政府单位代理银行的授权额度，是授权额度的本年预算指标与当年下达数之间的差额。未使用的授权额度，是指财政部门已将当年的授权额度下达到政府单位的代理银行，但其当年未完成实际支付的数额，是授权额度的本年下达数与当年实际使用数之间的差额。

（二）财政应返还额度的会计核算

1. 会计科目设置

财政应返还额度不仅在财务会计中需要进行会计核算，在预算会计中也需要核算。不同的是，财政应返还额度在前者中属于资产要素，在后者中属于预算结余要素。这与库存现金、银行存款和零余额用款额度类似。

在政府单位的财务会计核算体系中，为核算国库集中支付制度下的政府单位应收财政返还的资金额度，应设置“财政应返还额度”会计科目，反映年末由财政部门收回的拨款额度情况。借方登记应返还额度的增加数，贷方登记减少数，余额在借方，反映政府单位应收财政返还的资金额度。“财政应返还额度”科目应当设置“财政应返还额度——直接支付”和“财政应返还额度——授权支付”二级明细科目，分别对应收回的直接支付和授权支付额度进行核算。

在政府单位的预算会计核算体系中，为核算政府单位应由财政返还的用款额度业务，在“资金结存”科目下设置“财政应返还额度”二级明细科目，同时各单位进一步设置三级明细科目进行会计核算，即设置“资金结存——财政应返还额度——直接支付”“资金结存——财政应返还额度——授权支付”三级会计科目进行核算。

2. 直接支付下的财政应返还额度的会计处理

年度终了，对财政直接支付额度要进行注销，即根据本年度财政直接支付预算指标数与本年度财政直接支付实际支出数的差额，在财务会计中，借记“财政应返还额度——财政直接支付”科目，贷记“财政拨款收入”科目；在预算会计中，借记“资金结存——财政应返还额度——财政直接支付”，贷记“财政拨款预算收入”科目。

下年度，对于恢复财政直接支付额度，在收到恢复预算额度通知时只做记录，待使用以前年度的财政直接支付额度发生支出时，才予以确认。在财务会计中，借记“业务活动费/单位管理费”科目，贷记“财政应返还额度——财政直接支付”科目；在预算会计中，借记“行政支出/事业支出”科目，贷记“资金结存——财政应返还额度——财政直接支付”科目。

【例 4 - 13】 年末，某地震局本年度公共财政预算基本经费拨款的财政直接支付额度预算指标为4 300 000元，当年财政已经完成支付4 160 000元，需要注销未使用的财政直接支付额度。

财务会计账务处理：

借：财政应返还额度——财政直接支付　　140 000

　　贷：财政拨款收入——基本支出拨款　　140 000

预算会计账务处理：

借：资金结存——财政应返还额度——财政直接支付　　140 000

　　贷：财政拨款预算收入——基本支出拨款　　140 000

【例4-14】 某地震局使用恢复的上年度用款额度，采用财政直接支付的方式，支付公务员培训费130 000元，已经收到国库支付执行机构委托代理银行转来的“财政直接支付入账通知书”及相关原始凭证。

财务会计账务处理：

借：业务活动支出　　130 000

　　贷：财政应返还额度——财政直接支付　　130 000

预算会计账务处理：

借：行政支出　　130 000

　　贷：资金结存——财政应返还额度——财政直接支付　　130 000

3. 授权支付下的财政应返还额度的会计处理

年度终了，政府单位对未使用的授权额度，根据代理银行提供的对账单做注销额度的账务处理。在财务会计中，借记“财政应返还额度——财政授权支付”科目，贷记“零余额账户用款额度”科目；在预算会计中，借记“资金结存——财政应返还额度——财政授权支付”科目，贷记“零余额账户用款额度”科目。

下年度，对于恢复财政授权支付额度，在财务会计中，借记“零余额账户用款额度”科目，贷记“财政应返还额度——财政授权支付”科目；在预算会计中，借记“零余额账户用款额度”科目，贷记“资金结存——财政应返还额度——财政授权支付”科目。

【例4-15】 某政府单位本年度公共财政预算专项经费拨款的财政

授权支付额度预算指标数为 5 600 000 元，当年财政已经下达的授权支付额度为 5 000 000 元，实际使用了授权额度为 4 700 000 元，需要注销未实现的财政授权支付额度，包括财政未下达的授权额度 600 000 元和未使用的授权额度 300 000 元。

财务会计账务处理：

借：财政应返还额度——财政授权支付 900 000

贷：财政拨款收入——基本支出拨款 600 000

零余额账户用款额度 300 000

预算会计账务处理：

借：资金结存——财政应返还额度——财政授权支付 900 000

贷：财政拨款预算收入——基本支出拨款 600 000

资金结存——零余额账户用款额度 300 000

【例 4 – 16】 下年初，某政府单位收到银行转来的"财政授权支付额度恢复到账通知书"，上年末注销的授权额度 800 000 元已经全额恢复。

财务会计账务处理：

借：零余额账户用款额度 800 000

贷：财政应返还额度——财政授权支付 800 000

预算会计账务处理：

借：资金结存——零余额账户用款额度 800 000

贷：资金结存——财政应返还额度——财政授权支付 800 000

4. 关于财政国库集中支付结余不再按权责发生制列支的会计处理

如上所述，政府单位在年末需要对财政国库集中支付下的各类结余进行相应的会计处理，即预算指标数大于当年实际数的，在财务会计中确认"财政应返还额度"，在预算会计中确认"资金结存——财政应返还额度"。《国务院关于进一步深化预算管理制度改革的意见》（国发〔2021〕5 号）规定，自 2021 年度开始，对于市县级财政国库集中支付结余不再按权责发生制列支，相关单位年末不再进行上述账务处理。中央级和省级单位根据同级财政部门规范国库集中支付结余权责发生制列支的规定，进行相应的会计处理。

六、其他货币资金

其他货币资金是政府单位除上述所列银行存款、零余额账户用款额度等之外的货币资金，包括外埠存款、银行本票存款、银行汇票存款、信用卡存款等各种其他货币资金。随着我国经济社会的发展，政府单位的业务活动或事项涉及的范围越来越广，原有的银行存款、库存现金等资金模式已经不能适应新形势的需要，因此其他货币资金模式应运而生，与企业有趋同的趋势。

政府单位设置“其他货币资金”会计科目，对单位的外埠存款、银行本票存款、银行汇票存款、信用卡存款和其他货币资金等进行核算；并按照其他货币资金的种类，分别设置“外埠存款”“银行本票存款”“银行汇票存款”“信用卡存款”等明细科目，进行明细核算。“其他货币资金”科目期末借方余额，反映单位实际持有的其他货币资金。

“外埠存款”科目是单位按照有关规定需要在异地开立银行账户，将款项委托本地银行汇往异地开立账户时，借记“其他货币资金”科目，贷记“银行存款”科目，多见于事业单位。外埠存款的会计处理为，企业转回外埠存款账户资金时，借记“库存物品”科目，贷记“其他货币资金”科目。

“银行本票存款”和“银行汇票存款”科目是单位根据业务需要，将款项交存银行取得银行本票和银行汇票，按照取得的银行本票、银行汇票金额，借记“其他货币资金”科目，贷记“银行存款”科目。使用银行本票、银行汇票时，会计处理同外埠存款。

“信用卡存款”科目是单位将款项交存银行取得信用卡，按照交存金额，借记“其他货币资金”科目，贷记“银行存款”科目。用信用卡购买商品或支付有关费用，按照实际支付金额，借记“单位管理费用”“库存物品”等科目，贷记“其他货币资金”科目。

单位应当加强对其他货币资金的管理，及时办理结算，对于逾期尚未办理结算的银行汇票、银行本票等，应当按照规定及时转回，并按照上述规定进行相应账务处理。

【例4-17】某事业单位用银行汇票支付购买一批金额为12 000元的物品。

财务会计账务处理：

借：库存物品　　12 000

　　贷：其他货币资金——银行汇票存款　　12 000

预算会计账务处理：

借：事业支出　　12 000

　　贷：资金结存——货币资金　　12 000

第三节　应收款项类资产的核算

应收款项类资产是政府单位在开展公务活动中形成的各种债权，包括应收票据、应收账款、预付账款、应收股利、应收利息和其他应收款等。财政应返还额度也属于一种债权，由于其对象是同级财政部门，有自身的特点和管理要求，前面已经单独进行了介绍，在本节内容中不再赘述。从行政单位和事业单位的管理要求与经济事项来看，此类资产较多发生在事业单位。

一、应收票据

（一）应收票据的概念和会计科目

1. 应收票据的概念

应收票据是事业单位因开展经营活动销售产品、提供有偿服务等取得的商业汇票，包括银行承兑汇票和商业承兑汇票。这类业务主要在事业单位发生。

2. 应收票据的会计科目

事业单位应设置“应收票据”科目进行会计核算，并按照开出、承兑商业汇票的单位等进行明细核算。借方反映单位收到的商业汇票金额，贷方反映减少的商业汇票金额，期末借方余额反映事业单位持有的商业汇票票面金额。

（二）应收票据的会计核算

1. 收到商业汇票

因销售产品、提供服务等收到商业汇票，按照商业汇票的票面金额，借记“应收票据”科目，按照确认的收入金额，贷记“经营收入”“应交增值税”等科目。

2. 贴现和背书转让

事业单位将持有未到期的商业汇票向银行贴现，按实际收到的金额（扣除贴现息后的净额），借记“银行存款”科目；按贴现息金额，借记“经营费用”等科目；按商业汇票的票面金额，对无追索权的票据贷记“应收票据”科目，对有追索权的票据贷记“短期借款”科目。

事业单位将持有的商业汇票背书转让以取得所需物资时，按取得物资的成本，借记“库存物品”等科目；按商业汇票的票面金额，贷记“应收票据”科目；如有差额，则借记或贷记“银行存款”“应交增值税”等科目。

3. 应收票据到期处理

（1）单位到期收回票款时，按实际收到的商业汇票票面金额，借记“银行存款”科目，贷记“应收票据”科目。

（2）因对方无力支付票款，收到银行退回的商业承兑汇票、委托收款凭证、未付票款通知书或拒付款证明等，按商业汇票的票面金额，转入应收账款进行管理，借记“应收账款”科目，贷记“应收票据”科目。

（三）管理要求

事业单位应当设置“应收票据备查簿”，逐笔登记每一应收票据的种类、号数、出票日期、到期日、票面金额、交易合同号和付款人、承兑人、背书人姓名或单位名称、背书转让日、贴现日期、贴现率和贴现净额、收款日期、收回金额和退票情况等详细情况，如实记录相关信息。待到期结清票款或退票后，在备查簿内逐笔注销。

【例4－18】某政府单位发生如下业务：销售M产品一批给甲公司，货已发出，价款10 000元，增值税款为1 700元。按合同约定两个月后付款，甲公司交给该事业单位一张两个月到期的商业承兑汇票，面值为11 700元。

财务会计账务处理：

借：应收票据	11 700	
贷：经营收入		10 000
应交税费——应交增值税（销项税额）		1 700

预算会计不做账务处理。

【例4－19】2022年3月4日，某政府单位持未到期面值为10 000元的商业汇票向银行贴现，到期日为2022年5月3日，不附追索权，按7.2%的贴现率贴现。

计算：贴现天数为60天，贴现利息＝10 000×60×7.2%÷360＝120（元），实付贴现金额＝10 000－120＝9 880（元）

财务会计账务处理：

借：银行存款	9 880	
经营费用	120	
贷：应收票据		10 000

预算会计账务处理：

借：资金结存——货币资金	9 880	
贷：经营预算收入		9 880

若上述贴现附追索权，则账务处理如下。

财务会计账务处理：

借：银行存款　9 880

　　经营费用　120

　　贷：短期借款　10 000

预算会计账务处理：

借：资金结存——货币资金　9 880

　　贷：经营预算收入　9 880

二、应收账款

（一）应收账款的概念和会计科目

1. 应收账款的概念

应收账款是事业单位提供服务、销售产品等应收取而尚未收到的款项，以及因出租、出售物资等应收取的款项。

2. 应收账款的会计科目

政府单位应该设置“应收账款”科目，对应收账款进行会计核算，并按照购货、接受债务单位（或个人）进行明细核算。借方反映应收账款的增加数，贷方反映应收账款的减少数，期末的借方余额反映政府单位尚未收回的应收账款。

（二）应收账款的会计核算

政府单位对出租、出售资产尚未收到款项的，借记“应收账款”科目，贷记“应缴财政款”科目（需要上缴财政），或者贷记“事业收入”“经营收入”“其他收入”等科目（不需要上缴财政）；若涉及增值税业务，则贷记“应交增值税”科目。待收回账款时，对于需要上缴财政的进行上缴，即实行收支两条线管理。

（三）坏账准备

事业单位在每年末，对收回后不需要上缴财政的应收账款进行全面检查，分析其可收回性，预计各项应收款项可能发生的坏账，对于有不能收回迹象的应收款项，应当计提坏账准备并设置会计科目。事业单位应当设置“坏账准备”会计科目，该科目是备抵账户，贷方记录计提的坏账准备，即坏账准备的增加数；借方记录减少的坏账准备；期末贷方余额为累计的坏账准备。

事业单位计提坏账准备的方法与企业类似，可以采用应收款项余额百分比法、账龄分析法、个别认定法等方法计提，坏账准备计提方法一经确定，不得随意变更。如需变更，应当按规定报经批准后，按照会计政策变更要求进行处理，并在财务报表附注中予以说明。提取坏账准备时，借记“其他费用”科目，贷记“坏账准备”科目；冲减坏账准备时，借记“坏账准备”科目，贷记“其他费用”科目。

对于账龄超过规定年限、确认无法收回的应收账款，按照规定报经批准后予以核销。按照核销金额，对于收回后无须上缴财政的，借记“坏账准备”科目，贷记“应收账款”科目；对于收回后需要上缴财政的，借记“应缴财政款”科目，贷记“应收账款”科目。

已经核销的应收账款在以后期间又收回的，按实际收回金额，借记“应收账款”科目，贷记“坏账准备”科目；同时，借记“银行存款”科目，贷记“应收账款”科目。对于收回后无须上缴财政的，借记“应收账款”科目，贷记“坏账准备”科目；同时，借记“银行存款”科目，贷记“应收账款”科目。对于收回后需要上缴财政的，借记“银行存款”科目，贷记“应缴财政款”科目。核销的应收账款应在备查簿中保留登记。

【例4－20】7月25日，某科研事业单位发现无法完全收回甲公司应收账款，按规定报经批准后予以核销10 000元。9月26日，该事业单位收回70 000元应收账款。

财务会计账务处理：

7月25日：

借：坏账准备	10 000	
贷：应收账款		10 000

9 月 26 日收到款项时：

借：应收账款　　　　10 000

　　贷：坏账准备　　　　10 000

借：银行存款　　　　70 000

　　贷：应收账款　　　　70 000

预算会计账务处理：

7 月 25 日不做账务处理。

9 月 26 日收到款项时：

借：资金结存——货币资金　　　　70 000

　　贷：非财政拨款结余　　　　70 000

三、预付账款

（一）预付账款的概念和科目

预付账款是政府单位按照购货、服务合同或协议规定预先支付给供应单位（或个人）的款项，以及按照合同规定向承包工程的施工企业预付的备料款和工程款。

若预付账款已经形成资金支付，那么一方面预付款项实质上仍然属于政府单位的资产，要确认资产；另一方面要满足预算管理的需要，确认为政府单位的支出，从而产生了财务会计和预算会计的核算差异。

政府单位应当设置“预付账款”科目，核算按照购货、服务合同或协议规定预先支付给供应单位（或个人）的款项，以及按照合同规定向承包工程的施工企业预付的备料款和工程款；并按供应单位（或个人）、具体项目进行明细核算，对基本建设项目发生的预付账款，应设置“预付备料款”“预付工程款”“其他应付款”等明细科目，进行会计核算。期末，借方余额反映了政府单位实际预付但尚未结算的款项。政府单位要根据合同及时跟踪管理，避免长期挂账，造成国有资产不实。

（二）预付账款的会计核算

政府单位根据购货、服务合同或协议规定预付款项时，按照预付金额，借记“预付账款”科目，贷记“财政拨款收入”“零余额账户用款额度”“银行存款”等科目。

收到所购资产或服务，根据工程进度结算工程价款及备料款时，借记“固定资产”“无形资产”“业务活动费用”“在建工程”等相关科目，贷记“预付账款”科目；若有补付的金额，则贷记“财政拨款收入”“零余额账户用款额度”“银行存款”“应交增值税”等科目。

发生预付账款退回的，按照实际退回金额，借记“财政拨款收入”（本年直接支付）、“财政应返还额度”（以前年度直接支付）、“零余额账户用款额度”、“银行存款”等科目，贷记“预付账款”科目。

单位应当于每年末，对预付账款进行全面检查。有确凿证据证明预付账款不再符合预付款项性质，或者因供应单位破产、撤销等原因可能无法收到所购货物、服务的，应当先将其转入其他应收款，再按照规定进行处理。

【例4－21】 某行政单位与甲公司签订购买合同，约定购买一台设备，价款共400 000元，该行政单位先预付30%的款项。

财务会计账务处理：

借：预付账款——甲公司　　120 000

　　贷：银行存款　　120 000

预算会计账务处理：

借：行政支出　　120 000

　　贷：资金结存——货币资金　　120 000

四、应收股利和应收利息

（一）应收股利和应收利息的概念及科目

1. 应收股利和应收利息的概念

应收股利是事业单位持有长期股权投资应当收取的现金股利或应当

分得的利润。事业单位报经批准可以进行对外投资，以股权的形式形成的投资即为股权投资，按照投资期限，1 年内到期的为短期股权投资，1 年及 1 年以上的为长期股权投资。对于投资期间应当收取的现金股利或应当分得的利润，形成单位的应收股利，事业单位需要按规定进行会计确认和管理。

应收利息是事业单位持有长期债券投资应当收取的利息。事业单位经批准以债券形式投资形成的即为债券投资，债券期限超过 1 年的是长期债券投资，对于长期债券投资形成的应收未收利息，要按规定进行会计确认和管理。

2. 应收股利和应收利息的科目设置

事业单位应当设置“应收股利”会计科目，核算单位持有长期股权投资应当收取的现金股利或应当分得的利润，并按被投资单位等进行明细核算。该科目借方反映应收未收的股利；贷方反映收回的股利；期末余额在借方，反映事业单位应当收取但尚未收到的长期股权投资现金股利或利润。

事业单位应当设置“应收利息”会计科目，核算单位持有长期债券投资应当收取的利息，并按被投资单位等进行明细核算。该科目借方反映应收未收的利息；贷方反映收回的利息；期末余额在借方，反映事业单位应当收取但尚未收到的长期债券投资利息。

（二）应收股利的会计核算

应收股利和长期股权投资是紧密联系在一起的，在事业单位经批准取得投资时，支付价款中包含已宣告但尚未发放的现金股利，借记“应收股利”科目，按确定的长期股权投资成本借记“长期股权投资”科目，按实际支付的金额贷记“银行存款”等科目。待实际收到时，借记“银行存款”科目，贷记“应收股利”科目。

事业单位持有长期股权投资期间，若有被投资单位宣告发放现金股利或利润，则需要借记“应收股利”科目，在成本法核算下贷记“投资收益”科目，在权益法核算下贷记“长期股权投资”科目。在实际收到现金股利或利润时，按照收到的金额，借记“银行存款”等科目，贷记“应收股利”科目。

【例4－22】2022年4月20日，某事业单位以12 000 000元购入乙公司10%的股权，其中包含已宣告但未发放的股利200 000元。2022年7月20日该事业单位收到未发放股利200 000元。

2022年4月20日：

财务会计账务处理：

借：长期股权投资　　11 800 000

　　应收股利　　200 000

　　贷：银行存款　　12 000 000

预算会计账务处理：

借：投资支出　　12 000 000

　　贷：资金结存——货币资金　　12 000 000

2022年7月20日：

财务会计账务处理：

借：银行存款　　200 000

　　贷：应收股利　　200 000

预算会计账务处理：

借：资金结存——货币资金　　200 000

　　贷：投资支出　　200 000

（三）应收利息的会计核算

事业单位经批准取得长期债券投资时，若支付的价款中包含已到付息期但尚未领取的利息借记“应收利息”科目，则按确定的投资成本借记“长期债券投资”科目，按实际支付的金额贷记“银行存款”等科目。待实际收到时，财务会计中，借记“银行存款”科目，贷记“应收利息”科目。预算会计中，借记“资金结存——货币资金”科目，贷记“投资支出”等科目。

事业单位持有长期债券投资期间，应当按期计算、确认长期债券投资利息收入，对于分期付息、一次还本的长期债券投资，按照以票面金额和票面利率计算确定的应收未收利息金额，借记“应收利息”科目，贷记“投资收益”科目。在实际收到应收利息时，按照收到的金额，借记“银行存款”等科目，贷记“应收利息”科目。

对于到期一次还本付息的长期债券投资持有期间的利息，应当通过“长期债券投资——应计利息”科目核算，不通过“应收利息”科目核算。

【例4-23】 某事业单位在2021年12月31日，收到被投资单位发放的利息3 000元，款项存入银行账户。

财务会计账务处理：

借：应收利息	3 000	
贷：投资收益		3 000
借：银行存款	3 000	
贷：应收利息		3 000

预算会计账务处理：

借：资金结存——货币资金	3 000	
贷：投资预算收益		3 000

五、其他应收款

（一）其他应收款的概念和科目设置

1. 其他应收款的概念

政府单位除应收票据、应收账款、预付账款、应收股利、应收利息以外，还会发生一些其他各种应收未收和暂时支付的款项，这类款项统统归入“其他应收款”进行核算管理。如备用金、职工预借的差旅费、已经偿还银行尚未报销的本单位公务卡欠款、应该向职工收取的各种垫付款项、支付的可以收回的订金或押金、应收的上级补助和附属单位上缴款项等。

2. 其他应收款的科目设置

政府单位应当设置“其他应收款”会计科目，核算除应收票据、应收账款、预付账款、应收股利、应收利息以外的其他各项应收及暂付款项，并按其他应收款的类别以及债务单位（或个人）进行明细核算。“其他应收款”科目借方反映其他应收款项的增加数；贷方反映减少数；期末，“其他应收款”科目余额一般在借方，反映政府单位尚未收回的其他应收款金额。

（二）其他应收款的会计核算

1. 发生的其他应收款

当政府单位发生应归入其他应收款的款项支付时，借记“其他应收款”科目，贷记“零余额账户用款额度”“银行存款”“上级补助收入”“应交增值税”等科目。在收回预借款项或转销暂付款项时，借记“零余额账户用款额度”、“银行存款”或有关支出等科目，贷记“其他应收款”科目。

2. 预付账款转入

在将预付账款账面余额转入其他应收款时，借记“其他应付款”科目，贷记“预付账款”科目。

政府单位应当于每年末，对其他应收款进行全面检查。

3. 关于归垫资金的账务处理

政府单位按规定报经同级财政部门审核批准，在财政授权支付用款额度或财政直接支付用款计划下达之前，用本单位实有资金账户资金垫付相关支出，再通过财政授权支付方式或财政直接支付方式将资金归还原垫付资金账户的，应当按照以下规定进行账务处理。

在用本单位实有资金账户资金垫付相关支出时，按照垫付的资金金额，借记“其他应收款”科目，贷记“银行存款”科目；预算会计不做处理。

通过财政直接支付方式或授权支付方式将资金归还原垫付资金账

户时，按归垫的资金金额，借记“银行存款”科目，贷记“财政拨款收入”科目，并按相同的金额，借记“业务活动费用”等科目，贷记“其他应收款”科目；同时，在预算会计中，按照相同的金额，借记“行政支出”“事业支出”等科目，贷记“财政拨款预算收入”科目。

此业务是按《政府会计准则制度解释第2号》进行的，与一般的处理有所差别，对于这类特殊业务需要格外注意。

4. 计提坏账准备

事业单位对其他应收款经过检查后发现有不能收回的迹象，达到本单位对计提坏账准备的要求时，应当计提坏账准备，借记“其他费用”科目，贷记“坏账准备”科目。对于账龄超过规定年限、确认无法收回的其他应收款，按照规定报经批准后予以核销，按核销金额，借记“坏账准备”科目，贷记“其他应收款”科目；核销的其他应收款应当在备查簿中保留登记。已核销的其他应收款在以后期间又收回的，按照实际收回金额，借记“其他应收款”科目，贷记“坏账准备”科目；同时，借记“银行存款”等科目，贷记“其他应收款”科目。

行政单位对其他应收款的管理与事业单位不同，行政单位不需要计提坏账准备。但是，对于超过规定年限、确认无法收回的其他应收款，应当按照有关规定报经批准后予以核销，核销的其他应收款应在备查簿中保留登记。按经批准核销的金额，借记“资产处置费用”科目，贷记“其他应收款”科目。已核销的其他应收款在以后期间又收回的，按收回金额借记“银行存款”等科目，贷记“其他收入”科目。新会计准则与原制度不同，原制度下对于行政单位有逾期3年或以上、有确凿证据表明确实无法收回的其他应收款，按规定报经批准后予以核销，借记“待处理财产损溢”科目，贷记“其他应收款”科目，会计处理有明显差异。

5. 纳入本年度部门预算管理的暂付款项

对于纳入本年度部门预算管理的暂付款项，在支付款项时可不做预算会计处理，待结算或报销时，按照结算或报销的金额，借记相关预算支出科目，贷记“资金结存”科目。但是，在年末结账前，对于尚未结算或报销的暂付款项，单位应当按照暂付的金额，借记相关预算支出科目，贷记“资金结存”科目。以后年度，实际结算或报销金额与已计入预算支出的金额不一致的，单位应当通过相关预算结转结余科目“年初余额调整”明细科目进行处理。

6. 纳入下一年度部门预算管理的暂付款项

对于应纳入下一年度部门预算管理的暂付款项，单位在付出款项时，借记“其他应收款”科目，贷记“银行存款”等科目，本年度不做预算会计处理。待下一年度实际结算或报销时，单位应当按照实际结算或报销的金额，借记有关费用科目，按之前暂付的款项金额，贷记“其他应收款”科目；按退回或补付的金额，借记或贷记“银行存款”等科目。同时，在预算会计中，按照实际结算或报销的金额，借记有关支出科目，贷记“资金结存”科目。下一年度内尚未结算或报销的，按照上述5种规定处理。

【例4－24】 某政府单位职工郑某出差到偏远地区，无法使用公务卡结算，借支差旅费5 000元，单位财务已经支付现金。

财务会计账务处理：

借：其他应收款——郑某　　5 000

　　贷：库存现金　　5 000

预算会计不做账务处理。

【例4－25】 某政府单位实行备用金制度，D业务处室到财务报销备用金400元，财务部门以库存现金向其补足备用金。

财务会计账务处理：

借：业务活动费用　　400

贷：库存现金 400

预算会计账务处理：

借：行政支出/事业支出 400

贷：资金结存——货币资金 400

第四节 政府单位存货类资产的核算

一、存货类资产概述、管理要求和会计科目设置

（一）存货类资产概述

政府单位在提供公共产品或服务、履行职能过程中，需要各类物资，这些为耗用而储存的各种物资材料，包括在途物品、库存物品和加工物品等，形成政府单位的资产，需要按照要求进行管理。随买随用的零星办公用品等，在购进时直接列作支出，不作为物资材料核算。

存货的概念是原制度中的，新会计准则中没有再使用这个概念，而是按照物资材料的性质，将其细化为在途物品、库存物品和加工物品，更加符合经济业务活动的特点和性质。

（二）管理要求

各类物资材料是政府单位流动资产的重要组成部分，其管理的好坏直接关系到政府单位的管理水平。政府单位对于购入、调拨材料，要严格实行计划管理，先由用料部门根据工作需要，提出用料计划，材料管理部门根据计划和材料库存情况汇编材料采购计划，经会计主管人员审核，单位领导人或其授权人批准后，方可执行；对采购金额较大的存货，还要按照规定和要求进行集体决策。政府单位可从以下几个方面加强各类物资的管理。

第一，建立健全购买、验收、入库、保管和领用等一系列管理制

度，明确管理责任，保证存货的安全和完整。

第二，加强物资盘点清查工作，至少每年盘点一次，对于盘盈或盘亏的物资，应及时查明原因，分清责任，及时做出相应的处理。

第三，盘点时应及时进行核对，对于盘点数与账面数的金额及时进行调整，确保存货账实相符。

（三）会计科目设置

根据各类物资的特点，新制度设置了“在途物品”“库存物品”“加工物品”三个会计科目进行管理。下面分别进行介绍。

二、在途物品

（一）在途物品的会计科目

无论在企业会计中，还是在政府会计中，在途物品都是已经支付款项但尚未验收入库的物品。由于款项已经支付，事实上与此相关的所有权和风险已经转移给了购买方，从而形成了单位的资产，需要对其进行管理。

政府单位应当设置“在途物品”科目，核算在采购材料等物资时货款已付或已开出商业汇票给供货商但尚未验收入库的在途物品的采购成本，并按供应单位和物品种类进行明细核算。借方核算在途物品的增加数，贷方核算减少数，期末借方余额反映单位在途物品的采购成本。

（二）在途物品的会计核算

单位购入材料等物品，按照确定的物品采购成本的金额，借记“在途物品”科目；按实际支付的金额，贷记“财政拨款收入”“零余额账户用款额度”“银行存款”“应交增值税”等科目。所购材料等物品到达需要进行验收入库，按确定的库存物品成本金额借记“库存物品”科目，按物品采购成本金额贷记“在途物品”科目；如有使入库物品达到目前场所和状态所发生的其他支出，则贷记“银行存款”等科目。

【例4－26】 某事业单位购入一批物资，支付价款30 000元，结算凭证已收到，货物仍在运输途中。

财务会计账务处理：

借：在途物品　　30 000

　　贷：银行存款　　30 000

预算会计账务处理：

借：经营支出　　30 000

　　贷：资金结存——货币资金　　30 000

【例4－27】 接【例4－26】某事业单位所购物资到达验收入库。

财务会计账务处理：

借：库存物品　　30 000

　　贷：在途物品　　30 000

预算会计不做账务处理。

三、库存物品

（一）库存物品的概念和会计科目

库存物品是政府单位在开展业务活动及其他活动中，为耗用或出售而储存的各种材料、产品、包装物、低值易耗品，以及达不到固定资产标准的用具、装具、动植物等的成本。

政府单位应当设置“库存物品”科目，核算其采购成本，并按库存物品的种类、规格、保管地点等进行明细核算。借方核算库存物品的增加数，贷方核算库存物品的减少数，期末借方余额反映单位库存物品的实际成本。此外，单位储存的低值易耗品、包装物较多的，可以在“库存物品”科目（低值易耗品、包装物）下按照“在库”“在用”“摊销”等科目进行明细核算。

单位控制的政府储备物资、受托存储保管的物资和受托转赠的物资、为在建工程购买和使用的材料物资，均不通过“库存物品”科目核算，而是分别通过“政府储备物资”“受托代理资产”“工程物资”

科目进行会计核算。

（二）库存物品的会计核算

政府单位的库存物品种类繁多，按照来源方式分为外购、自制、委托加工、捐赠、置换换入、无偿调入等，不同类别的库存物品的管理和会计核算是不同的。

1. 外购库存物品

政府单位外购的库存物品，在购买验收入库时，按确定的成本，借记“库存物品”科目，贷记“财政拨款收入”“零余额账户用款额度”“银行存款”“应付账款”“在途物品”“应交增值税”等科目。

2. 自制库存物品

对自制加工完成并验收入库的库存物品，按确定的成本，借记“库存物品”科目，贷记“加工物品——自制物品”科目。

3. 委托加工库存物品

对委托外单位加工并收回验收入库的库存物品，按确定的成本，借记“库存物品”科目，贷记“加工物品——委托加工物品”等科目。

4. 接受捐赠库存物品

对接受外单位捐赠并验收入库的库存物品，按确定的成本借记“库存物品”科目，按发生的相关税费、运输费等贷记“银行存款”等科目，差额贷记“捐赠收入”科目。

接受捐赠的库存物品按名义金额入账的，借记“库存物品”科目，贷记“捐赠收入”科目；同时，按发生的相关税费、运输费等，借记“其他费用”科目，贷记“银行存款”等科目。

5. 置换换入库存物品

对经批准与外单位置换换入的库存物品，按确定的成本借记“库存物品”科目，按换出资产的账面余额贷记相关资产科目（换出资产为固定资产、无形资产的，还应当冲销“固定资产累计折旧”“无形资产累计摊销”科目)，按置换过程中发生的其他相关支出贷记“银行存款”等科目，按借贷方差额借记“资产处置费用”科目或贷记“其他收入”科目。若有支付或者收到补价的，则分别贷记或借记“银行存款”科目，相应的借贷方差额进行调整后记入“资产处置费用”科目或“其他收入”科目。

6. 无偿调入并验收入库的库存物品

对无偿调入并验收入库的库存物品，按确定的成本借记“库存物品”科目，按发生的相关税费、运输费等贷记“银行存款”等科目，差额贷记“无偿调拨净资产”科目。

(三) 库存物品的摊销

在企业会计中，对于不作为固定资产核算的低值易耗品，如工具、管理用具、玻璃器皿等领用时，将其价值一次转作生产费用或有关支出，计入当期损益，作为当期收入的抵减数。因为低值易耗品的价值不是使用一次就消耗了的，而是在使用过程中逐渐消耗的，也是在使用过程中逐渐体现的。低值易耗品的摊销方法包括一次摊销法和五五摊销法。

政府会计的库存物品摊销同企业会计汇总的低值易耗品摊销原理相同，方法也相同。采用一次转销法摊销低值易耗品、包装物的，在首次领用时，将其账面余额一次性摊销计入有关成本费用，借记“业务活动费”等科目，贷记“库存物品”科目。采用五五摊销法摊销低值易耗品、包装物的，在首次领用时，将其账面余额的50%摊销计入有关成本费用，借记“业务活动费”等科目，贷记“库存物品”科目；在使用完时，将剩余的账面余额转销，借记“业务活动费”科目，贷记“库存物品”科目。

(四) 库存物品的使用和发出

政府单位使用或者发出库存物品，一方面要加强内部管理，管好用好国有资产；另一方面对于对外捐赠、无偿调出、置换等行为，需要按照国有资产管理的相关规定进行审批和管理，加强监督，不得擅自处理。

单位开展业务活动等领用、按规定自主出售发出或加工发出库存物品，按领用、出售等发出物品的实际成本，借记“业务活动费用”“单位管理费用”“经营费用”“加工物品”等科目，贷记“库存物品”科目。

经批准对外出售的库存物品（不含可自主出售的库存物品），按库存物品的账面余额，借记“资产处置费用”科目，贷记“库存物品”科目；同时，按收到的价款借记“银行存款”等科目，按照处置过程中发生的相关费用贷记“银行存款”等科目，差额贷记“应缴财政款”科目。

经批准对外捐赠的库存物品，按库存物品的账面余额和对外捐赠过程中发生的归属于捐出方的相关费用合计数借记“资产处置费用”科目，按库存物品账面余额贷记“库存物品”科目，按对外捐赠过程中发生的归属于捐出方的相关费用贷记“银行存款”等科目。

经批准置换换出的库存物品，账务处理参照有关置换换入库存物品的规定进行。

经批准无偿调出的库存物品，按库存物品的账面余额，借记“无偿调拨净资产”科目，贷记“库存物品”科目；同时，按无偿调出过程中发生的归属于调出方的相关费用，借记“资产处置费用”科目，贷记“银行存款”等科目。

（五）库存物品的盘点

政府单位应当定期对库存物品进行清查盘点，每年至少盘点一次。对于发生的库存物品盘盈、盘亏或者毁损、报废，应当先计入“待处理财产损溢”科目，按照规定报经批准后及时进行相关账务处理。

盘盈的库存物品，其成本按有关凭据注明的金额确定；没有相关凭据但按规定经过资产评估的，其成本按照评估价值确定；没有相关凭据也未经过评估的，其成本按照重置成本确定。如果无法采用上述方法确定盘盈的库存物品成本，则按照名义金额人民币1元入账。盘盈的库存物品，按确定的入账成本，借记“库存物品”科目，贷记“待处理财产损溢”科目。

盘亏或者毁损、报废的库存物品，按待处理库存物品的账面余额，借记“待处理财产损溢”科目，贷记“库存物品”“应交增值税——应交税金——进项税额转出”（若事业单位是增值税一般纳税人）等科目。

【例4-28】 某行政单位使用财政授权支付方式购入材料60 000元，当日收到材料并验收合格入库。

财务会计账务处理：

借：库存物品　　60 000

　　贷：零余额账户用款额度　　60 000

预算会计账务处理：

借：行政支出　　60 000

　　贷：资金结存——零余额账户用款额度　　60 000

【例4-29】 某行政单位用两台旧设备置换换入一批材料，换出旧设备的原价为500 000元，已提折旧300 000元，评估价值为200 000元。置换换出旧设备收到补价50 000元，当日收到材料并验收入库。

财务会计账务处理：

借：库存物品　　150 000

　　固定资产累计折旧　　300 000

　　银行存款　　50 000

　　贷：固定资产　　500 000

预算会计账务处理：

借：其他支出　　50 000

　　贷：资金结存——货币资金　　50 000

【例4-30】 某单位收到上级无偿调入的库存物品，发票上注明价值共计200 000元，支付相关税费和运输费7 000元，收到材料当天验收入库。

财务会计账务处理：

借：库存物品	193 000	
贷：银行存款		7 000
无偿调拨净资产		200 000

预算会计账务处理：

借：其他支出	7 000	
贷：资金结存——货币资金		7 000

【例4－31】 某单位向中心小学捐赠图书，该批图书价值120 000元，并用银行存款支付运输费3 000元。

财务会计账务处理：

借：资产处置费用	123 000	
贷：库存物品——图书		120 000
银行存款		3 000

预算会计账务处理：

借：其他支出	3 000	
贷：资金结存——货币资金		3 000

【例4－32】 某政府单位经批准将一批材料出售（非自主出售），材料成本40 000元，售价50 000元。

财务会计账务处理：

借：资产处置费用	40 000	
贷：库存物品		40 000
借：银行存款	50 000	
贷：应缴财政款		50 000

预算会计账务处理：

借：银行存款	50 000	
贷：其他预算收入		50 000

四、加工物品

（一）加工物品的概念和会计科目

政府单位在提供公共产品或服务、履行职能的过程中，由于服务和管理的涉及面广，需求具有多样性，根据工作需求可能需要自制或者委托外单位加工各类物品，即加工物品。加工物品是政府单位自制或委托外单位加工的各种物品。

政府单位应当设置“加工物品”会计科目，核算自制或者委托外单位加工的各类物品的实际成本。同时，按照制度规定，未完成的测绘、地质勘查、设计成果的实际成本，也通过“加工物品”科目进行会计核算和反映。“加工物品”科目的借方反映加工物品的增加数，贷方反映加工物品的减少数，期末余额在借方反映尚有的加工物品实际成本。

为进一步加强对加工物品的管理，应当在“加工物品”科目下设置“自制物品”“委托加工物品”两个一级明细科目，并按照物品类别、品种、项目等设置明细账，进行明细核算。由于自制物品涉及从采购到生产、产品的全过程，其管理更加复杂，需要在“自制物品”一级明细科目下设置“直接材料”“直接人工”“其他直接费用”等二级明细科目归集自制物品发生的直接材料、直接人工（专门从事物品制造人员的人工费）等直接费用；对于自制物品发生的间接费用，应当在“加工物品”科目“自制物品”一级明细科目下单独设置“间接费用”二级明细科目进行归集，待到期末再按一定的分配标准和方法，分配计入相关物品的成本，从而从会计端口进一步加强自制物品的核算和管理。

（二）自制物品的会计核算

对于自制物品领用材料等，按材料成本，借记“加工物品”科目（“自制物品——直接材料”），贷记“库存物品”科目。

对于专门从事物品制造的人员发生的直接人工，按实际发生的金额，借记“加工物品”科目（“自制物品——直接人工”），贷记“应付职工薪酬”科目。

对于自制物品发生的其他直接费用，按实际发生的金额，借记“自制物品——其他直接费用”科目，贷记“零余额账户用款额度”“银行存款”等科目。

对于自制物品发生的间接费用，按实际发生的金额，借记“自制物品——间接费用”科目，贷记“零余额账户用款额度”“银行存款”“应付职工薪酬”“固定资产累计折旧”“无形资产累计摊销”等科目。

间接费用一般按生产人员工资、生产人员工时、机器工时、耗用材料的数量或成本、直接费用（直接材料和直接人工）或产品产量等进行分配。单位可根据具体情况自行选择间接费用的分配方法。分配方法一经确定，不得随意变更。

对已经制造完成并验收入库的物品，按所发生的实际成本，无论是耗用的直接材料、直接人工、其他直接费用，还是分配的间接费用，都借记“库存物品”科目，贷记“自制物品”科目。

（三）委托加工物品

委托加工物品作为“加工物品”的明细科目，涉及的会计核算如下。

对于发给外单位加工的材料等，按实际成本，借记“加工物品——委托加工物品”科目，贷记“库存物品”科目。

对于支付加工费、运输费等费用，按实际支付的金额，借记“加工物品——委托加工物品”科目，贷记“零余额账户用款额度”“银行存款”“应交增值税”等科目。

对于委托加工完成验收入库的材料，按加工前发出材料的成本和加工、运输成本等，借记“库存物品”等科目，贷记“加工物品——委托加工物品”科目。

“加工物品”科目期末余额一般在借方，反映单位自制或委托外单位加工但尚未完工的各种物品的实际成本。

【例 4－33】 2022 年 3 月 5 日，某事业单位委托甲公司加工一批材料，发出 A 材料共计 400 000 元。3 月 7 日，用零余额账户支付加工费用和相关运输费用共计 100 000 元。4 月 10 日，材料加工完毕为甲材料，并验收入库。

2022 年 3 月 5 日，发出材料时：

财务会计账务处理：

借：加工物品——委托加工物品　　400 000

　贷：库存物品——A 材料　　400 000

预算会计不做账务处理。

2022 年 3 月 7 日，支付加工费用和相关运输费用时：

财务会计账务处理：

借：加工物品——委托加工物品　　100 000

　贷：零余额账户用款额度　　100 000

预算会计账务处理：

借：经营支出　　100 000

　贷：资金结存——零余额账户用款额度　　100 000

2022 年 4 月 10 日，材料加工完毕验收入库时：

财务会计账务处理：

借：库存物品——甲材料　　300 000

　贷：加工物品——委托加工物品　　300 000

预算会计不做账务处理。

提示：改革前的行政事业单位会计中，存货类资产的会计核算较为特殊，实行的是“双分录”会计核算，与改革后的制度差别较大。这主要是由于原制度中财务和预算两大类会计是合二为一的，在存货类资产增加时，一方面支出增加，货币资金等其他资产减少；另一方面为了核算存货资产的增加数，将同时在净资产中增加“资产基金——存货”

科目。这就是2012年改革时最典型的“双分录”会计核算，与新制度中的“双核算”，即财务会计核算和预算会计核算有明显及本质的区别。“双核算”作为本次政府会计改革的核心和亮点，较好地适应了我国政府会计发展的需求，符合我国国情的需要，彰显了我国政府会计独有的特点和魅力。

第五节　政府单位投资类资产的核算

在我国，行政单位和事业单位的政府单位拥有的资产是国有资产，属于国家所有。国有资产应当遵循安全规范、节约高效、公开透明、权责一致的原则，实现实物管理与价值管理相统一，资产管理与预算管理、财务管理相结合。其管理必须按照国家对行政事业单位国有资产的管理规章制度进行，对外投资也不例外。

除法律另有规定外，行政单位不得以任何形式将国有资产用于对外投资或者设立营利性组织；行政单位的国有资产应当用于本单位履行职能的需要。事业单位的国有资产应当用于保障事业发展、提供公共服务。事业单位利用国有资产对外投资应当有利于事业发展和实现国有资产保值增值，符合国家有关规定，经可行性研究和集体决策，按照规定权限和程序进行。同时，应当明确对外投资形成的股权及其相关权益管理责任，按照规定将对外投资形成的股权纳入经营性国有资产集中统一监管体系。

政府单位的股权投资是指其持有的各类股权投资资产，包括国际金融组织股权投资、投资基金股权投资、企业股权投资等。若是各级政府持有的各类股权投资，则由政府财政总预算会计按照财政总预算会计制度的相关规定进行会计核算和管理。

根据国务院和地方人民政府授权、代表本级人民政府对国家出资企业履行出资人职责的单位，与其履行出资人职责的国家出资企业之间不存在股权投资关系，不作为单位的投资进行会计处理。单位账户对国家出资企业投入货币资金，若纳入本单位预算管理，则列入“其他费用”（支出）科目进行会计处理；若不纳入本单位预算管理，则列入“其他应付款”科目进行会计处理。若原有制度下政府单位将国家出资企业计入本单位长期股权投资，则应将原“长期股权投资”科目余额中的相关账面余额转出，借记“累计盈余”科目（以前年度出资）或“其他费用”科目（本年度出资），贷记“长期股权投资”科目，并将相应的“权益法调整”科目余额（如有）转入“累计盈余”科目。

单位按规定出资成立非营利法人单位，如事业单位、社会团体、基金会等，不适用《政府会计准则第2号——投资》规定，出资时应当按照出资金额，借记“其他费用”科目，贷记“银行存款”等科目；同时，在预算会计中借记“其他支出”科目，贷记“资金结存”科目。单位应当对出资成立的非营利法人单位设置备查簿进行登记。若原有制度下单位出资成立非营利法人单位并将出资金额计入长期股权投资，则应将原“长期股权投资”科目余额中对非营利法人单位的出资金额转出，借记“累计盈余”科目（以前年度出资）或“其他费用”科目（本年度出资），贷记“长期股权投资”科目。

一、短期投资

（一）短期投资的概念和会计科目

政府会计主体经批准进行对外投资，无论股权投资还是债券投资，投资期限在1年以内（含1年）的即为短期投资。

政府会计主体应当设置“短期投资”会计科目，核算政府会计主体按照规定取得的、持有时间不超过1年（含1年）的投资，并按投资的种类等进行明细核算。期末余额在借方，反映政府会计主体持有短期投资的成本。

（二）短期投资的会计核算

在取得短期投资时，按确定的投资成本，借记“短期投资”科目，贷记银行存款等科目。

对于收到取得短期投资时实际支付价款中包含的已到付息期但尚未领取的利息，按实际收到的金额，借记“银行存款”科目，贷记“短期投资”科目。这与长期投资的核算是有差别的，长期投资是在应收款项中进行反映和核算的。

对于收到短期投资持有期间的利息，按实际收到的金额，借记“银行存款”科目，贷记“投资收益”科目。

对于出售短期投资或到期收回短期投资本息，按实际收到的金额，借记“银行存款”科目，按出售或收回短期投资的账面余额，贷记“短期投资”科目，差额则借记或贷记“投资收益”科目。如产生转让收益，则按应纳税额，借记“投资收益”科目，贷记“应交增值税——转让金融商品应交增值税”科目；如产生转让损失，则可结转下月抵扣税额，借记“应交增值税——转让金融商品应交增值税”科目，贷记“投资收益”科目。

交纳增值税时，借记“应交增值税——转让金融商品应交增值税”科目，贷记“银行存款”等科目。年末，“应交增值税——转让金融商品应交增值税”科目如有借方余额，则借记“投资收益”科目，贷记“应交增值税——转让金融商品应交增值税”科目。

若按照相关规定投资收益需要上缴财政的，则将取得的投资收益上缴同级财政。

二、长期股权投资

（一）长期股权投资的概念和会计科目

政府会计主体批准进行对外投资，取得的是股权投资且持有时间超过 1 年（不含 1 年）的，即为长期股权投资。

政府会计主体应当设置“长期股权投资”会计科目，核算按照规定取得的、持有时间超过1年（不含1年）的股权性质的投资，并按被投资单位和长期股权投资取得方式等进行明细核算。期末余额在借方，反映政府会计主体持有长期股权投资的价值。

（二）取得长期股权投资的会计核算

政府会计主体取得长期股权投资时，应当按照实际成本作为初始投资成本。由于出资方式是多种多样的，不同的投资方式会计处理方式不同，具体如下。

对于以现金取得的长期股权投资，按确定的投资成本，借记“长期股权投资”科目或“长期股权投资——投资成本”科目，按支付的价款中包含的已宣告但尚未发放的现金股利，借记“应收股利”科目，按实际支付的全部价款，贷记“银行存款”等科目。

对于实际收到取得长期股权投资时，支付价款中包含的已宣告但尚未发放的现金股利，借记“银行存款”科目，贷记“应收股利”科目。这里的核算与短期投资是有区别的。

对于以除现金外的其他资产置换取得的长期股权投资，按双方确定的投资金额，借记“长期股权投资”科目，按换出资产的账面余额，贷记相关资产科目（换出资产为固定资产、无形资产的，还应当冲销“固定资产累计折旧”“无形资产累计摊销”科目）。若投资过程中发生其他相关支出，则贷记“银行存款”等科目，按借贷方差额，借记或贷记“投资收益”科目。

对于以未入账的无形资产取得的长期股权投资，按评估价值加相关税费作为投资成本，借记“长期股权投资”科目，按发生的相关税费，贷记“银行存款”“其他应交税费”等科目，其差额贷记“其他收入”科目。

对于无偿调入的长期股权投资，按确定的投资成本，借记“长期股权投资”科目或“长期股权投资——投资成本”科目，按发生的相关税费，贷记“银行存款”等科目，其差额贷记“无偿调拨净资产”

科目。

对于无偿调出的长期股权投资，按照账面余额，借记“无偿调拨净资产”科目，贷记“长期股权投资”科目；同时，结转原来直接计入净资产的相关金额，借记或贷记“权益法调整”科目，贷记或借记“投资收益”科目。

对于接受捐赠的长期股权投资，按确定的投资成本，借记“长期股权投资”科目或“长期股权投资——投资成本”科目，按发生的相关税费，贷记“银行存款”等科目，其差额贷记“捐赠收入”科目。

对以持有的科技成果取得的长期股权投资，应按评估价值加相关税费作为投资成本。若事业单位按规定通过协议定价、在技术交易市场挂牌交易、拍卖等方式确定价格的，应按照以上方式确定的价格加相关税费作为投资成本。

（三）持有长期股权投资期间的会计核算

政府会计主体长期股权投资在持有期间，应按照相关规定采用成本法或权益法进行会计核算。成本法是指投资按照投资成本计量的方法。政府会计主体无权决定被投资单位的财务和经营政策，或者无权参与被投资单位的财务和经营政策决策的，应当采用成本法进行核算。反之，则采用权益法进行会计核算。权益法在投资最初以投资成本计量，以后根据在被投资单位享有的所有者权益份额的变动对投资的账面余额进行调整。

在企业会计中，成本法核算范围是企业能够对被投资单位实施控制，或者对被投资单位不具有控制、共同控制或重大影响，且在活跃市场中没有报价、公允价值不能可靠计量的长期股权投资。而权益法的核算范围是企业对被投资单位具有共同控制，或者具有重大影响（占股权的20%～50%）的长期股权投资。无论是成本法还是权益法，都与政府会计主体的长期股权投资核算不同，尤其需要注意。

1. 长期股权投资采用成本法的会计核算

（1）被投资单位宣告发放现金股利或利润时，按应收的金额，借记“应收股利”科目，贷记“投资收益”科目。

（2）收到现金股利或利润时，借记“银行存款”等科目，贷记“应缴财政款”科目，同时按此前确定的应收股利金额，借记“投资收益”科目或“累计盈余”科目（此前确认的投资收益已经结转的），贷记“应收股利”科目；将取得的现金股利或利润上缴财政时，借记“应缴财政款”科目，贷记“银行存款”等科目。

2. 长期股权投资采用权益法的会计核算

（1）对于被投资单位实现的净利润，按应享有的份额，借记“长期股权投资——损益调整”科目，贷记“投资收益”科目。

（2）对于被投资单位发生的净亏损，按应分担的份额，借记“投资收益”科目，贷记“长期股权投资——损益调整”科目，以“长期股权投资”科目的账面余额减记至零为限度，但是负有承担额外损失义务的除外。

被投资单位发生亏损，但在以后年度又实现净利润，则按收益分享额弥补未确认的亏损分担额等之后的金额，恢复确认投资收益，即借记“长期股权投资——损益调整”科目，贷记“投资收益”科目。

（3）对于被投资单位宣告分派的现金股利或利润，按应享有的份额，借记“应收股利”科目，贷记“长期股权投资——损益调整”科目。收到现金股利或利润时，借记“银行存款”等科目，贷记“应缴财政款”科目，同时按此前确定的应收股利金额，借记“投资收益”科目或“累计盈余”科目（此前确认的投资收益已经结转的），贷记“应收股利”科目；将取得的现金股利或利润上缴财政时，借记“应缴财政款”科目，贷记“银行存款”等科目。

（4）对于被投资单位发生除净损益和利润分配以外的所有者权益变动，按应享有或应分担的份额，借记或贷记“权益法调整”科目，贷记或借记“长期股权投资——其他权益变动”科目。

3. 长期股权投资成本法与权益法的转换

政府会计主体长期股权投资在持有期间，如果发生投资享有份额的变化，则核算方法需要随之进行变更。

（1）权益法改按成本法核算。

如果政府会计主体因处置部分长期股权投资等原因无权再决定被投资单位的财务和经营政策，或者无权参与被投资单位的财务和经营政策决策的，应当改按成本法进行核算，并以剩余股权投资在权益法下的账面余额作为成本法核算的初始投资成本。其后，对于被投资单位宣告分派现金股利或利润时，属于已计入投资账面余额部分，作为成本法下长期股权投资成本的收回，冲减长期股权投资的账面余额，借记“应收股利”科目，贷记“长期股权投资”科目。

（2）成本法改为权益法核算。

如果政府会计主体因追加投资等，对长期股权投资的核算从成本法改为权益法的，则应按成本法下“长期股权投资”科目账面余额与追加投资成本的合计金额作为初始投资成本，借记“长期股权投资——投资成本”科目；按成本法下“长期股权投资”科目账面余额，贷记“长期股权投资”科目；按追加投资的成本，贷记“银行存款”等科目。

（四）处置长期股权投资的会计核算

政府会计主体对于持有的长期股权投资，经批准后可以进行处置。同时，对于不同的取得方式，其处置的会计处理方式也有所区别。相关会计核算如下。

第一，按规定报经批准出售（转让）的长期股权投资。

取得该长期股权投资的方式是现金的，处置时按实际取得的价款借记“银行存款”等科目，按被处置长期股权投资的账面余额，贷记“长期股权投资”科目，按尚未领取的现金股利或利润，贷记“应收股利”科目，按发生的相关税费等支出，贷记“银行存款”等科目，按借贷方差额借记或贷记“投资收益”科目。

取得该长期股权投资的方式是现金之外的其他资产的，处置时按被处置长期股权投资的账面余额，借记“资产处置费用”科目，贷记“长期股权投资”科目；同时，按实际取得的价款，借记“银行存款”

等科目，按尚未领取的现金股利或利润，贷记“应收股利”科目，按发生的相关税费等支出，贷记“银行存款”等科目，差额则贷记“应缴财政款”科目。

按规定将处置时取得的投资收益纳入本单位预算管理的，应当按所取得价款大于被处置长期股权投资账面余额、应收股利账面余额和相关税费支出三者合计的差额，贷记“投资收益”科目。

第二，对于因被投资单位破产清算等，政府会计主体有确凿证据表明其长期股权投资发生损失的，需按规定报经批准后予以核销，并按予以核销的长期股权投资的账面余额，借记“资产处置费用”科目，贷记“长期股权投资”科目。

第三，对于报经批准置换转出的长期股权投资，按确定的成本，借记换入相关资产科目，按换出长期股权投资的账面余额，贷记“长期股权投资”科目，按置换过程中发生的其他相关支出，贷记“银行存款”等科目，按借贷方差额，借记或贷记“投资收益”科目。若有支付或者收到补价的，则分别贷记或借记“银行存款”科目，相应的借贷方差额进行调整后计入“投资收益”科目。

第四，对于采用权益法核算的长期股权投资的处置，除进行上述账务处理外，还应结转原直接计入净资产的相关金额，借记或贷记“权益法调整”科目，贷记或借记“投资收益”科目。

第五，处置以科技成果转化形成的长期股权投资，按规定所取得的收入全部留归本单位的，应按实际取得的价款，借记“银行存款”等科目，按被处置长期股权投资的账面余额，贷记“长期股权投资”科目，按尚未领取的现金股利或利润，贷记“应收股利”科目，按发生的相关税费等支出，贷记“银行存款”等科目，按照借贷方差额，借记或贷记“投资收益”科目；同时，在预算会计中，按照实际取得的价款，借记“资金结存——货币资金”科目，按处置时确认的投资收益金额，贷记“投资预算收益”科目，按贷方差额，贷记“其他预算收入”科目。

第六，事业单位对于按规定应将长期股权投资持有期间取得的投资净收益，以及以现金取得的长期股权投资处置时取得的净收入（处置价款扣除投资本金和相关税费后的净额）上缴本级财政并纳入一般公共预算管理的，在应收或收到上述有关款项时不确认投资收益，应通过“应缴财政款”科目核算。

【例4－34】2021年1月20日，某事业单位以12 000 000元购入甲公司10%的股权。该事业单位取得该部分股权后，没有权力主导甲公司的相关活动并获得可变回报。2021年6月30日，甲公司宣告分派现金股利，该事业单位按照其持有比例确定可分回200 000元。2021年7月30日，该事业单位收到现金股利。

2021年1月20日：

财务会计账务处理：

借：长期股权投资	12 000 000	
贷：银行存款		12 000 000

预算会计账务处理：

借：投资支出	12 000 000	
贷：资金结存——货币资金		12 000 000

2021年6月30日：

财务会计账务处理：

借：应收股利	200 000	
贷：投资收益		200 000

预算会计不做账务处理。

2021年7月30日：

财务会计账务处理：

借：银行存款	200 000	
贷：应收股利		200 000

预算会计账务处理：

借：资金结存——货币资金	200 000	

贷：投资预算收益 200 000

【例 4-35】2022 年 2 月 1 日，某事业单位以 63 000 元的价格向外转让该项长期股权投资，该项长期股权投资原始投资额为 60 000 元，现在账面余额为 70 000 元。

财务会计账务处理：

借：银行存款 63 000

投资收益 7 000

贷：长期股权投资 70 000

预算会计账务处理：

借：资金结存——货币资金 63 000

贷：投资支出 60 000

投资预算收益 3 000

三、长期债券投资

（一）长期债券投资的概念和会计科目

政府会计主体经批准进行对外投资，如果进行的是债券投资且持有时间超过 1 年（不含 1 年）的，即为长期债券投资。

政府会计主体应当设置"长期债券投资"会计科目，核算按照规定取得的、持有时间不超过 1 年（不含 1 年）的债券性投资，并按债券投资的种类等进行明细核算。期末余额在借方，反映政府会计主体持有长期债券投资的价值。

（二）取得长期债券投资的会计核算

政府会计主体未经批准取得长期债券投资的，应当按照其实际成本作为投资成本，借记"长期债券投资——成本"科目，按支付的价款中包含的已到付息期但尚未领取的利息，借记"应收利息"科目，按实际支付的金额，贷记"银行存款"等科目。

对于实际收到取得长期债券时所支付价款中包含的已到付息期但尚

未领取的利息，借记“银行存款”科目，贷记“应收利息”科目。

（三）持有长期债券投资的会计核算

政府会计主体对持有的长期债券投资，应当按期以债券票面金额与票面利率计算确认利息收入，如果债券投资是到期一次还本付息的，则借记“长期债券投资——应计利息”科目，贷记“投资收益”科目；如果是分期付息、到期一次还本的，则借记“应收利息”科目，贷记“投资收益”科目。对于收到的分期支付利息，按实收的金额，借记“银行存款”等科目，贷记“应收利息”科目。

（四）处置长期债券投资的会计核算

1. 到期收回长期债券投资

政府会计主体对于到期收回的长期债券投资，应当按实际收到的金额，借记“银行存款”科目，按长期债券投资的账面余额，贷记“长期债券投资”科目，按相关应收利息金额，贷记“应收利息”科目，按其差额，贷记“投资收益”科目。

2. 对外出售长期债券投资

政府会计主体对于对外出售的长期债券投资，应当按实际收到的金额，借记“银行存款”科目，按长期债券投资的账面余额，贷记“长期债券投资”科目，按已经计入“应收利息”科目但尚未收取的金额，贷记“应收利息”科目，按其差额贷记或借记“投资收益”科目。涉及的增值税业务，相关账务处理在“应交增值税”科目中进行。

【例4-36】2021年1月1日，某事业单位取得长期债券投资，支付50 000元。

财务会计账务处理：

借：长期债券投资——成本	50 000	
贷：银行存款		50 000

预算会计账务处理：

借：投资支出	50 000	

贷：资金结存——货币资金 50 000

【例4-37】2022年2月1日，某事业单位向外转让其持有的长期债券，转让价格为71 000元，届时长期债券投资账面余额为70 000元。

财务会计账务处理：

借：银行存款 71 000

贷：长期债券投资 70 000

投资收益 1 000

预算会计账务处理：

借：资金结存——货币资金 71 000

贷：投资支出 70 000

投资预算收益 1 000

第六节 政府单位固定资产和无形资产的核算

我国行政单位、事业单位在履行职责、提供公共产品或服务时，必须有必要的保障条件，而房屋、车辆、设备等资产便成为不可或缺的财产保障。这些使用年限在1年以上的资产形成单位的非流动资产，是政府单位资产的重要组成部分，对其进行正确的会计核算和管理有着较为重要的作用。本节将依次对非流动资产进行介绍。由于公共基础设施、政府储备物资等非流动资产具有特殊性，将在下一节单独介绍。

一、固定资产

（一）固定资产的概念和分类

1. 固定资产的概念

政府单位的固定资产是指政府会计主体为满足自身开展业务活动或其他活动需要而控制的，使用年限超过1年（不含1年）、单位价值在规定标准以上，并在使用过程中基本保持原有物质形态的资产，一般包括房屋及构筑物、专用设备、通用设备等。对于单位价值虽未达到规定标准，但是使用年限超过1年（不含1年）的大批同类物资，如图书、家具、用具、装具等，应当确认为固定资产。

相较于原制度中固定资产是“可供长期使用而不改变其实物形态的设施与设备”，新政府会计制度对固定资产的定义更加丰富，与我国的社会经济发展相适应。

对于定义中的“大批”，《政府会计准则》中并没有明确具体数量，单位可以按照重要性原则结合本单位资产管理实际情况对“大批”的数量进行确定。这也符合政府的行政事业单位建立健全国有资产管理制度的相关要求。

2. 固定资产的特点

（1）具有耐用性。固定资产可以多次使用，且使用期限超过1年，属于耐用的资产。从某种程度上说，耐用性在判断是否属于固定资产时更重要。例如，单位价值虽未达到规定标准，但使用时间超过1年的大批同类物资，也要作为固定资产管理。

（2）单位价值高。固定资产的单价标准由国家统一规定，2012年实行的《事业单位财务规则》和2013年实行的《行政单位财务规则》将固定资产的标准提至1000元（一般设备）和1500元（专用设备），较更早时间的500元和800元有所提高。当然，这个标准并不是一成不变的，而是可能随着我国经济社会的发展和物价水平的变化而有所调整，只不过对政府单位来讲，这种调整是统一的。而在2022年新的《事业单位财务规则》中则没有“专用设备”这一说法。最新颁布的各类单位财务制度，如《高等学校财务制度》（财教〔2022〕128号），明确了“固定资产是指使用期限超过一年，单位价值在1000元以上，并在使用过程中基本保持原有物质形态的资产”。

（3）保持原有物质形态。固定资产在使用过程中基本能保持原有物质形态，否则就不能作为固定资产管理和确认。

3. 固定资产的分类

政府单位的固定资产一般分为六类，包括房屋及构筑物，通用设备，专用设备，文物和陈列品，图书、档案，家具、用具、装具及动植物。

（1）房屋及构筑物是政府单位拥有占有权和使用权的房屋、构筑物。房屋主要包括办公用房、业务用房、食堂、锅炉房、仓储用房、房屋附属设施等。房屋附属设施是房屋不可分割的各种配套设施，如门禁系统、停车设施等；构筑物主要有池、塔、烟囱等。

（2）通用设备是政府单位具有的通用性、一般性设备，主要有计算机、打印机、车辆、办公设备等。该类设备的通用性较强，其保管与管理具有相通的地方。

（3）专用设备是政府单位有专门性能和用途的设备，根据不同单位的不同业务工作需要，专用设备的范围比较广，如海关的检测设备、药监部门的执法记录仪等。

（4）文物和陈列品是政府单位的各种文物和陈列品，如古物、纪念品等。

（5）图书、档案是政府单位阅览室、档案馆等贮藏的图书、期刊资料等，以及专业图书馆、文化馆。

（6）家具、用具、装具及动植物是政府单位的各种家具、被服装具、特殊用途的动植物等，如书柜、办公桌椅、动植物等。

以上是国家统一规定的标准分类方式，政府单位应当结合自身的实际情况和部门管理的需要，制定适合本单位的固定资产分类方法，作为固定资产核算的基础。

4. 固定资产的确认

（1）确认条件和时点。

固定资产同时满足下列条件的，应当予以确认：①与该固定资产相关的服务潜力很可能实现或者经济利益很可能流入政府会计主体；②该固定资产的成本或者价值能够可靠地计量。

在通常情况下，对于购入、换入、接受捐赠、无偿调入不需要安装的固定资产，在固定资产验收合格时确认；对于需要安装的固定资产，在固定资产安装完成交付使用时确认；自行建造、改建、扩建的固定资产，在建造完成交付使用时确认。

（2）确认固定资产时，应当考虑以下情况。

对于固定资产的各组成部分具有不同使用年限，或者以不同方式为政府会计主体实现服务潜力或提供经济利益，适用不同折旧率或折旧方法，并且可以分别确定各自原价的，应当分别将各组成部分确认为单项固定资产。

对于应用软件构成相关硬件不可缺少的组成部分的，应当将该软件的价值包括在所属的硬件价值中，一并确认为固定资产；对于应用软件不构成相关硬件不可缺少的组成部分的，应当将该软件确认为无形资产。

对于在购建房屋及构筑物时，能分清购建成本中的房屋及构筑物部分与土地使用权部分的，应当分列开来分别确认为固定资产和无形资产。其中，将房屋及构筑物部分确认为固定资产，将土地使用权部分确认为无形资产。不能分清购建成本中的房屋及构筑物部分与土地使用权部分的，应当全部确认为固定资产。

（3）后续支出的确认和计量。

固定资产在使用过程中发生的后续支出，对于符合上述规定的确认条件的，应当计入固定资产成本。对于不符合上述规定的确认条件的，应当在发生时计入当期费用或者相关资产成本。此外，将发生的固定资产后续支出计入固定资产成本的，应当同时从固定资产账面价值中扣除被替换部分的账面价值。

在固定资产取得和处置过程中，涉及增值税业务的，相关账务处理按照“应交增值税”科目进行。

（二）固定资产的管理

政府单位固定资产作为国有资产的重要组成部分，应当加强对其的管理和监督，不断提高固定资产的使用效果和效率。

随着我国经济社会的发展，国家治理体系和治理能力现代化的不断推进，政府单位的固定资产应当遵循安全规范、节约高效、公开透明、权责一致的原则，实现实物管理与价值管理相统一，资产管理与预算管理、财务管理相结合，用于行政单位履行职能需要和事业单位保障事业发展、提供公共服务的需要。同时，按照2021年《行政事业性国有资产管理条例》的相关规定，应当加强对固定资产配置、使用和处置的管理；加强基础管理，按照会计制度进行会计核算，不得形成账外资产，应当定期或者不定期对资产进行清查盘点和对账，对账实不符的固定资产，要及时查清原因，按规定报经批准后进行相关处理，做到资产账和实物账、资产账和财务账的账实相符与账账相符。应当建立内部控制制度，防控行政事业单位固定资产管理风险，并每年编制本单位行政事业性国有资产管理情况报告，逐级报送相关部门。

随着我国政府会计报告体系的建立和完善，政府单位每年度终了后，需要编制决算报告、财务报告和内控报告，分别全面反映政府和政府单位的年度预算执行情况，财务状况、运行情况和内部控制建设情况，构成具有中国特色的政府会计报告体系。对于各政府单位固定资产信息的披露，明确规定了单位应当按照规定在报表附注中披露与固定资产有关的信息，这是对固定资产管理的重视，为单位加强固定资产管理和监督提供了依据，管好、用好国有资产是每个单位的责任。

政府单位应该按规定披露的固定资产信息包括但不限于以下信息：

（1）固定资产的分类和折旧方法；

（2）各类固定资产的使用年限、折旧率；

（3）各类固定资产账面余额、累计折旧额，账面价值的期初、期末数及其本期变动情况；

（4）以名义金额计量的固定资产名称、数量，以及以名义金额计量的理由；

（5）已提足折旧的固定资产名称、数量等情况；

（6）接受捐赠、无偿调入的固定资产名称、数量等情况；

（7）出租、出借固定资产以及以固定资产投资的情况；

（8）固定资产对外捐赠、无偿调出、毁损等重要资产处置的情况；

（9）暂估入账的固定资产账面价值变动情况。

（三）固定资产的科目设置

政府单位应当设置“固定资产”科目，核算政府单位固定资产的原价，并根据固定资产的定义、有关主管部门对其的统一分类等，制定适合本单位情况的固定资产分类办法，作为固定资产明细核算的依据。“固定资产”科目属于资产类科目，借方登记固定资产的增加数，贷方登记固定资产的减少数，期末余额在借方反映政府单位期末固定资产账面原值。

同时，设置“固定资产登记簿”“固定资产卡片”，按固定资产类别、项目和使用部门等进行明细核算。在信息化水平不断提升的今天，政府单位可以探索用软件管理固定资产，包括固定资产登记簿、固定资产卡片和资产账等，使固定资产的信息能够满足单位管理和相关信息使用者的需要。

（四）固定资产的会计核算

政府单位需要对固定资产进行计价，即以货币表现固定资产的价值，应按固定资产取得时的实际成本计价。为了如实反映固定资产价值的增减变动，保证核算的统一性，各政府单位应按国家规定的统一计价原则，对固定资产进行计价。

1. 外购的固定资产

政府单位外购的固定资产，成本包括购买价款、相关税费及交付使用前发生的，可归属于该项资产的运输费、装卸费、安装费和专业人员服务费等。如车辆购置过程中产生的车辆购置税、喷涂改装费用应当计入车辆的入账价值。

以一笔款项购入多项没有单独标价的固定资产，应当按照各项固定资产同类或类似资产市场价格的比例对总成本进行分配，分别确定各项固定资产的成本。

对于购入不需要安装的固定资产，在验收合格时，按确定的固定资产成本，借记“固定资产”科目，贷记“财政拨款收入”“零余额账户用款额度”“应付账款”“银行存款”等科目。

对于购入需要安装的固定资产，在安装完毕交付使用前先行通过“在建工程”科目进行核算，在安装完毕交付使用时再转入“固定资产”科目。

对于购入固定资产按合同需要扣留质量保证金的，在取得固定资产时，按确定的固定资产成本，借记“固定资产”科目或“在建工程”科目，按实际支付或应付的金额，贷记“财政拨款收入”“零余额账户用款额度”“银行存款”等科目，按扣留的质量保证金数额，贷记“其他应付款”或“长期应付款”科目（若扣留时间少于1年则作为“其他应付款”核算，长于1年则作为“长期应付款”核算）。待质保期满支付质量保证金时，借记“其他应付款”“长期应付款”科目，贷记“财政拨款收入”“零余额账户用款额度”“银行存款”等科目。需要说明的是，对于跨年度的扣留质保金，如果计入应付款项，就会涉及跨年支付的问题，与财政资金执行进度的要求背离，不利于资金的执行；另外，在跨年年度需要支付的时候，这个资金是否仍然可以使用也是个问题。这是实务工作中需要考虑的问题。

2. 自行建造的固定资产

政府单位自行建造的固定资产，成本包括至交付使用前发生的所有必要支出。

如果单位自行建造的固定资产是在原有固定资产基础上进行改扩建、修缮的，那么通常情况下在将固定资产转入改建、扩建时，按固定资产的账面价值，借记“在建工程”科目，按固定资产已计提折旧，借记“固定资产累计折旧”科目，按固定资产的账面余额，贷记“固定资产”科目。

为增加固定资产使用效能或延长其使用年限而发生的改建、扩建等后续支出，借记“在建工程”科目，贷记“财政拨款收入”“零余额账户用款额度”“银行存款”等科目。固定资产改建、扩建等完成交付使用时，按在建工程成本，借记“固定资产”科目，贷记“在建工程”科目。

对于建造固定资产借入专门借款的利息，如果属于建设期间发生的，则计入在建工程成本，借记“在建工程”科目，贷记“银行存款”等科目；如果不属于建设期间发生的，则计入当期费用，借记支出或费用类科目，贷记“银行存款”等科目。

对于已交付使用但尚未办理竣工决算手续的固定资产，按估计价值入账，待办理竣工决算后再按实际成本调整原来的暂估价值。

3. 接受捐赠的固定资产

接受捐赠的固定资产，初始入账成本按照如下情况进行处理。

（1）按照有关凭据注明的金额加上相关税费、运费确定。

（2）没有相关凭据，但按规定经过资产评估的，按照评估价值加上相关税费、运费等确定。

（3）既无相关凭据也未经评估的，比照同类或类似固定资产的市场价格加上相关费用等确定。

（4）以上条件都不满足的，按照名义金额（人民币 1 元）确定入账。对于接受捐赠旧的固定资产，在确定其初始入账成本时，应考虑其新旧程度，如可以通过资产评估的方式进行，也可以与捐赠方进行沟通以原始单据或者捐赠方的账面价值为依据，等等。上面所说“凭据”，包括发票、报关单、有关协议等。有确凿证据表明凭据上注明的金额高于受赠资产同类或类似资产市场价格的 30% 或达不到其 70% 的，则应当以同类或类似资产的市场价格确定成本。上述所称“同类或类似资产的市场价格”，一般指取得资产当日捐赠方自产物资的出厂价、销售物资的销售价、非自产或销售物资在知名大型电商平台同类或类似商品价格等。如果存在政府指导价或政府定价的，则应符合其规定。

政府单位接受捐赠的固定资产，按确定的固定资产成本，借记

“固定资产”科目（不需要安装）或“在建工程”科目（需要安装），按发生的相关税费、运输费等，贷记“零余额账户用款额度”“银行存款”等科目，差额贷记“捐赠收入”科目。

接受捐赠的固定资产按名义金额入账的，按照名义金额，借记“固定资产”科目，贷记“捐赠收入”科目；按捐赠中发生的相关税费、运输费等，借记“其他费用”科目，贷记“零余额账户用款额度”“银行存款”等科目。

4. 对外捐赠的固定资产

政府单位报经批准对外捐赠的固定资产，按固定资产已计提的折旧，借记“固定资产累计折旧”科目，按被处置固定资产账面余额，贷记“固定资产”科目，按捐赠过程中发生的归属于捐出方的相关费用，贷记“银行存款”等科目，按其差额借记“资产处置费用”科目。

5. 无偿调入的固定资产

政府单位的固定资产均为国有资产，部门和单位之间根据需求与使用情况，并按照相关流程进行审批，可以进行固定资产的无偿调拨。

对于无偿调入的固定资产，按确定的固定资产成本，借记“固定资产”科目或“在建工程”科目，按发生的相关税费、运输费等，贷记“零余额账户用款额度”“银行存款”等科目，差额贷记“无偿调拨净资产”科目。

对于报经批准无偿调出的固定资产，按固定资产已计提的折旧，借记“固定资产累计折旧”科目，按被处置固定资产账面余额，贷记“固定资产”科目，差额借记“无偿调拨净资产”科目；同时，按照无偿调出过程中发生的归属于调出方的相关费用，借记“资产处置费用”科目，贷记“银行存款”等科目。

6. 置换换入的固定资产

政府单位对经批准与外单位置换换入的固定资产，按确定的成本，借记“固定资产”科目，按换出资产的账面余额，贷记相关资产科目

（换出资产为固定资产、无形资产的，还应当冲销“固定资产累计折旧”“无形资产累计摊销”科目），按置换过程中发生的其他相关支出，贷记“银行存款”等科目，按借贷方差额，借记“资产处置费用”科目或贷记“其他收入”科目。若有支付或者收到补价的，则分别贷记或借记“银行存款”科目，相应的借贷方差额进行调整后记入“资产处置费用”科目或“其他收入”科目。若涉及支付或者收到补价的，则需要将支付或者收到的补价计入置换到单位的固定资产价值中。

政府单位对经批准与外单位置换换出的固定资产，按确定的成本，借记相关资产科目，按换出固定资产计提的累计折旧，借记“固定资产累计折旧”科目，按换出固定资产的账面余额，贷记“固定资产”科目，按置换过程中发生的其他相关支出，贷记“银行存款”等科目，按借贷方差额，借记“资产处置费用”科目或贷记“其他收入”科目。若有支付或者收到补价的，则分别贷记或借记“银行存款”科目，相应的借贷方差额进行调整后记入“资产处置费用”科目或“其他收入”科目。

7. 融资租赁的固定资产

政府单位根据自身履行职能、提供公共产品或者服务的需要，可以对固定资产进行融资租赁。《企业会计准则——租赁》中对融资租赁进行了定义，即融资租赁实质上转移了与租赁资产所有权有关的几乎全部风险和报酬，资产的所有权最终可能转移，也可能不转移。

融资租赁固定资产的成本按租赁协议或者合同确定的租赁价款、相关税费以及固定资产交付使用前发生的可归属于该项资产的运输费、途中保险费、安装调试费等确定。按确定的成本，借记“固定资产”科目或“在建工程”科目，按租赁协议或者合同确定的租赁付款额，贷记“长期应付款”科目，按支付的运输费、途中保险费、安装调试费等金额，贷记“财政拨款收入”“零余额账户用款额度”“银行存款”等科目。

定期支付租金时，按实际支付金额，借记“长期应付款”科目，贷记“财政拨款收入”“零余额账户用款额度”“银行存款”等科目。

对于按规定跨年度分期付款购入固定资产的账务处理，参照上述融资租赁固定资产进行会计核算。

8. 固定资产对外投资

政府单位按照规定以报经批准的固定资产进行对外投资的，应将固定资产的账面价值转销，并将对外投资的评估价值与其账面价值的差额计入当期收入或者费用。按照对外投资的评估价值，借记“长期股权投资”科目，按固定资产已计提的折旧，借记“固定资产累计折旧”科目，按固定资产的账面余额，贷记“固定资产”科目，按其差额，借记或者贷记“投资收益”科目。

9. 政府机关事务管理等部门统一管理的固定资产

按规定，政府单位的固定资产由本级政府机关事务管理等部门统一管理（如仅持有资产的产权证等），具体由各单位占有、使用的，由占有、使用该资产的部门作为会计确认主体，对该资产进行会计核算。

2019 年 1 月 1 日前相关部门未按照上述规定对某项固定资产进行会计核算的，在新旧会计制度转换时，按照以下规定处理。

（1）该项固定资产已经在其统一管理的部门入账的，应当进行资产账面价值的冲销，即负责资产统一管理的部门按该项固定资产已经计提的折旧金额（按照原制度已经计提折旧的），借记新账的“固定资产累计折旧”科目，按该项固定资产的账面余额，贷记新账的“固定资产”科目，按其差额，借记新账的“累计盈余”科目。而对于占有、使用该资产的部门，应按该项固定资产在统一管理部门记录的账面余额，借记新账的“固定资产”科目，按该项固定资产在统一管理部门已经计提的折旧金额（按照原制度已经计提折旧的）贷记新账的“固定资产累计折旧”科目，按其差额，贷记新账的“累计盈余”科目。

（2）该项固定资产尚未登记入账的，应当由占有、使用该项固定资产的部门按照盘盈资产进行处理，即先计入“待处理财产损溢”科目，在按规定报经批准后及时进行后续账务处理。

（3）在按照上述规定进行新旧制度衔接时，相关会计主体的会计处理应当协调一致，确保资产确认不重复、不遗漏。

（4）多个部门共同占用、使用同一项固定资产，且该项固定资产由本级政府机关事务管理等部门统一管理并负责后续维护、改造的，由本级政府机关事务管理等部门作为确认主体，对该项固定资产进行会计核算。

（5）同一部门内部所属单位共同占有、使用同一项固定资产，或者所属事业单位占有、使用部门本级拥有产权的固定资产的，按照本部门规定对固定资产进行会计核算。

（五）固定资产的处置

固定资产处置是政府单位对于其占有、使用、管理的国有资产进行产权转移或者核销资产价值的行为，处置的方式包括无偿调拨（划转）、出售、转让、置换、对外捐赠、报废及毁损等。对于无偿调拨（划转）、置换、对外捐赠等处置固定资产，按照前面介绍进行相应的会计处理，这里主要对出售、转让固定资产进行介绍。

对于报经批准出售、转让的固定资产，按被出售、转让固定资产的账面价值，借记“资产处置费用”科目，按固定资产已计提的折旧，借记“固定资产累计折旧”科目，按固定资产账面余额，贷记“固定资产”科目；同时，按收到的价款借记“银行存款”等科目，按处置过程中发生的相关费用，贷记“银行存款”等科目。若差额在贷方即为净收益，则要上缴同级财政部门，即贷记“应缴财政款”科目；若差额在借方即为净损失，则借记“资产处置费用”科目。

（六）固定资产的清查盘点

为加强对固定资产的管理，政府单位应当定期对固定资产进行清查盘点，每年至少盘点一次。对于发生的固定资产盘盈、盘亏或毁损、报废，应当先计入“待处理财产损溢”科目，按规定报经批准后及时进行后续账务处理。

1. 盘盈的固定资产

对于盘盈的固定资产，其入账成本按照如下不同情况进行处理：

（1）成本按照有关凭据注明的金额确定；

（2）没有相关凭据但按规定经过资产评估的，其成本按照评估价值确定；

（3）没有相关凭据也未经过评估的，其成本按重置成本确定；

（4）无法采用上述方法确定盘盈固定资产成本的，按名义金额（人民币1元）入账。

盘盈固定资产按确定的入账成本，借记“固定资产”科目，贷记“待处理财产损溢”科目。

2. 盘亏、毁损或报废的固定资产

对于盘亏、毁损或报废的固定资产，按待处理固定资产的账面价值，借记“待处理财产损溢”科目，按已计提折旧，借记“固定资产累计折旧”科目，按固定资产的账面价值，贷记“固定资产”科目。

（七）固定资产的累计折旧

1. 累计折旧的概念

固定资产在使用过程中，就其实物形态来说，有的是可以长期使用的，但是就其价值来说，会随着其发生各种各样的损耗或者陈旧而降低，是在使用过程中逐渐损耗的。按照固定资产耗损的程度为其更新提取准备金的办法，即为折旧。

固定资产折旧，是指固定资产在预计使用寿命内，按照确定的方法对应该折旧金额进行的系统分摊。使用寿命，是指固定资产的预计寿命，或者该固定资产所能生产产品或提供劳务的数量。应计折旧额，是指应计提折旧的固定资产的原价扣除其预计净残值后的金额。

对于融资租赁方式取得的固定资产，应当在租入固定资产尚可使用年限内计提折旧；无法合理确定租赁期届满时能够取得租入固定资产所有权的，应当在租赁期与租入固定资产尚可使用年限两者中较短的期间内计提折旧。

在原来的行政事业单位会计中，行政单位固定资产不需要计提折旧；事业单位按照规定对固定资产计提折旧。但是，由于政府单位的会计核算采用收付实现制为核算基础，其在计提固定资产折旧时，并不形成费用，也就不形成支出，而是冲减净资产，即资产基金（是专门为固定资产对应的净资产设置的）。这种计提折旧的方法，事业单位也在使用，我们称为“虚提折旧”。因为固定资产属于政府单位的非货币性资产，采用的是“双分录”核算方法，同时确认取得的固定资产原值和计提的累计折旧支出。政府单位按规定计提折旧时，根据计提的金额，借记“资产基金——固定资产”科目，贷记“累计折旧”科目。新政府会计准则制度的实施，较好地解决了这个问题，从而使行政事业单位的累计折旧成为真正意义上的“累计折旧”。

2. 累计折旧相关要求

（1）不计提累计折旧的固定资产。

政府单位应当对固定资产计提折旧，但并不是所有的固定资产都需要计提折旧，除有特殊规定外，以下固定资产不计提累计折旧，包括：文物和陈列品；动植物；图书、档案；单独计价入账的土地；以名义金额计量的固定资产。

（2）累计折旧的年限。

固定资产计提折旧，需要合理确定使用年限，同时需要在财务报告的附注中披露相关信息。固定资产使用年限一经确定后，不得随意变更；对于因为改建、扩建等延长固定资产使用年限的，应当重新确定固定资产的折旧年限；对于盘盈、无偿调入、接受捐赠以及置换的固定资产，应当考虑其新旧程度，按照尚可使用的年限计提折旧。

2017 年 2 月 21 日，财政部在《〈政府会计准则第 3 号——固定资产〉应用指南》（以下简称《应用指南》）中明确规定了各类已计提折旧的固定资产的折旧年限，具体见表 4－4。

表 4－4　政府固定资产折旧年限

单位：年

<table>
<tr><th>固定资产类别</th><th colspan="2">内容</th><th>折旧年限</th></tr>
<tr><td rowspan="7">房屋及构筑物</td><td rowspan="4">业务及管理用房</td><td>钢结构</td><td>不低于 50</td></tr>
<tr><td>钢筋混凝土结构</td><td>不低于 50</td></tr>
<tr><td>砖混结构</td><td>不低于 30</td></tr>
<tr><td>砖木结构</td><td>不低于 30</td></tr>
<tr><td colspan="2">简易房</td><td>不低于 8</td></tr>
<tr><td colspan="2">房屋附属设施</td><td>不低于 8</td></tr>
<tr><td colspan="2">构筑物</td><td>不低于 8</td></tr>
<tr><td rowspan="12">通用设备</td><td colspan="2">计算机设备</td><td>不低于 6</td></tr>
<tr><td colspan="2">办公设备</td><td>不低于 6</td></tr>
<tr><td colspan="2">车辆</td><td>不低于 8</td></tr>
<tr><td colspan="2">图书档案设备</td><td>不低于 5</td></tr>
<tr><td colspan="2">机械设备</td><td>不低于 10</td></tr>
<tr><td colspan="2">电气设备</td><td>不低于 5</td></tr>
<tr><td colspan="2">雷达、无线电和卫星导航设备</td><td>不低于 10</td></tr>
<tr><td colspan="2">通信设备</td><td>不低于 5</td></tr>
<tr><td colspan="2">广播、电视、电影设备</td><td>不低于 5</td></tr>
<tr><td colspan="2">仪器仪表</td><td>不低于 5</td></tr>
<tr><td colspan="2">电子和通信测量设备</td><td>不低于 5</td></tr>
<tr><td colspan="2">计量标准器具及量具、衡器</td><td>不低于 5</td></tr>
<tr><td rowspan="11">专用设备</td><td colspan="2">探矿、采矿、选矿和造块设备</td><td>10～15</td></tr>
<tr><td colspan="2">石油天然气开采专用设备</td><td>10～15</td></tr>
<tr><td colspan="2">石油和化学工业专用设备</td><td>10～15</td></tr>
<tr><td colspan="2">炼焦和金属冶炼轧制设备</td><td>10～15</td></tr>
<tr><td colspan="2">电力工业专用设备</td><td>20～30</td></tr>
<tr><td colspan="2">非金属矿物制品工业专用设备</td><td>10～20</td></tr>
<tr><td colspan="2">核工业专用设备</td><td>20～30</td></tr>
<tr><td colspan="2">航空航天工业专用设备</td><td>20～30</td></tr>
<tr><td colspan="2">工程机械</td><td>10～15</td></tr>
<tr><td colspan="2">农业和林业机械</td><td>10～15</td></tr>
<tr><td colspan="2">木材采集和加工设备</td><td>10～15</td></tr>
</table>

续表

固定资产类别	内容	折旧年限
专用设备	食品加工专用设备	10 ~ 15
	饮料加工设备	10 ~ 15
	烟草加工设备	10 ~ 15
	粮油作物和饲料加工设备	10 ~ 15
	纺织设备	10 ~ 15
	缝纫、服饰、制革和毛皮加工设备	10 ~ 15
	造纸和印刷机械	10 ~ 20
	化学药品和中药专用设备	5 ~ 10
	医疗设备	5 ~ 10
	电工、电子专用生产设备	5 ~ 10
	安全生产设备	10 ~ 20
	邮政专用设备	10 ~ 15
	环境污染防治设备	10 ~ 20
	公安专用设备	3 ~ 10
	水工机械	10 ~ 20
	殡葬设备及用品	5 ~ 10
	铁路运输设备	10 ~ 20
	水上交通运输设备	10 ~ 20
	航空器及其配套设备	10 ~ 20
	专用仪器仪表	5 ~ 10
	文艺设备	5 ~ 15
	体育设备	5 ~ 15
	娱乐设备	5 ~ 15
家具、用具及装具	家具	不低于 15
	用具、装具	不低于 5

《应用指南》中明确了国务院有关部门在遵循上述规定的情况下，可以根据实际需要进一步细化本行业固定资产的类别，具体确定各类固定资产的折旧年限，并报财政部审核批准。

在确定固定资产的折旧年限时，应当考虑下列因素：固定资产预计实现服务潜力或提供经济利益的期限，固定资产预计有形损耗和无形损耗，法律或者类似规定对固定资产使用的限制。

财政部在关于医院执行《政府会计制度——行政事业单位会计科目和报表》的补充规定中，对医院固定资产折旧年限有详细规定，具体见表4－5。

表4－5　医院固定资产折旧年限　单位：年

固定资产类别	折旧年限	固定资产类别	折旧年限
一、房屋及构筑物		医用电子仪器	5
业务及管理用房		医用超声仪器	6
钢结构	50	医用高频仪器设备	5
钢筋混凝土结构	50	物理治疗及体疗设备	5
砖混结构	30	高压氧舱	6
砖木结构	30	中医仪器设备	5
简易房	8	医用磁共振设备	6
房屋附属设施	8	医用X线设备	6
构筑物	8	高能射线设备	8
二、通用设备		医用核素设备	6
计算机设备	6	临床检验分析仪器	5
通信设备	5	体外循环设备	5
办公设备	6	手术急救设备	5
车辆	10	口腔设备	6
图书档案设备	5	病房护理设备	5
机械设备	10	消毒设备	6
电气设备	5	其他	5
雷达、无线电和卫星导航设备	10	光学仪器及窥镜	6
广播、电视、电影设备	5	激光仪器设备	5
仪器仪表	5	四、家具、用具及装具	
电子和通信测量设备	5	家具	15
计量标准器具及量具、衡器	5	用具、装具	5
三、专用设备			

（3）累计折旧的计提方法。

政府单位在确定固定资产的折旧方法时，应当考虑与固定资产相关的服务潜力或经济利益的预期实现方式。一般应当采用年限平均法或者工作量法计提固定资产折旧，一经确定不得随意变更。

（4）固定资产折旧的计提时点。

政府单位应当按月计提折旧，并按照用途计入当期费用或者相关资产成本。当月增加的固定资产，当月开始计提折旧；当月减少的固定资产，当月不再计提折旧。对于提足折旧的固定资产，无论是否继续使用，都不再计提折旧；对于提前报废的固定资产，也不再补提折旧；对于继续使用的已提足折旧的固定资产，应当继续使用，并规范实物管理。

3. 累计折旧科目设置

政府单位应当设置“累计折旧”科目，用于核算固定资产的折旧。“累计折旧”科目属于固定资产的备抵科目，贷方登记政府单位计提的固定资产折旧数，借方登记固定资产处置等转出的累计折旧，期末贷方余额反映政府单位提取的折旧累计数。按所对应固定资产的明细分类进行明细核算。

4. 累计折旧的会计核算

单位应当按月计提固定资产折旧，按应计提折旧金额，借记“业务活动费用”“单位管理费用”“经营费用”“加工物品”“在建工程”等科目，贷记“累计折旧”科目。经批准处置或处理固定资产时，从“累计折旧”会计科目的借方转出。计提融资租入固定资产折旧时，应当采用与自有固定资产一致的折旧政策。

【例4－38】某事业单位购入一项新设备，买价为20 000元，运杂费为400元，安装费为300元，有关款项均已通过银行支付，该项固定资产安装完毕交付使用。

购入设备时：

财务会计账务处理：

借：在建工程　　　　20 400

贷：银行存款 20 400

预算会计账务处理：

借：事业支出 20 400

贷：资金结存——货币资金 20 400

安装时：

财务会计账务处理：

借：在建工程 300

贷：银行存款 300

预算会计账务处理：

借：事业支出 300

贷：资金结存——货币资金 300

安装完工交付使用时：

财务会计账务处理：

借：固定资产 20 700

贷：在建工程 20 700

预算会计不做账务处理。

【例4-39】 某单位接受无偿调入的固定资产，价值30 000元，其间发生的运输费700元。

财务会计账务处理：

借：固定资产 30 700

贷：无偿调拨净资产 30 000

银行存款 700

预算会计账务处理：

借：其他支出 700

贷：资金结存——货币资金 700

【例4-40】 2022年底，某单位对本单位的固定资产进行盘点，发现固定资产A盘盈，价值3 000元；发现固定资产B毁损，B的账面价值为4 000元，已计提折旧1 800元。

财务会计账务处理：

借：固定资产——A　　3 000

　　贷：待处理财产损溢　　3 000

预算会计不做账务处理。

财务会计账务处理：

借：待处理财产损溢　　2 200

　　固定资产累计折旧　　1 800

　　贷：固定资产——B　　4 000

预算会计不做账务处理。

二、工程物资

（一）工程物资的概念和科目设置

1. 工程物资的概念

政府单位在履行职能、提供公共产品或者服务的过程中，可以按照批准自行开展所需要的项目建设工作，在项目建设中、尚未完工的工程项目需要的各种物资，即为工程物资。工程物资包括为工程准备的材料、尚未交付安装需要安装的设备，以及预付大型设备款等。

2. 工程物资的科目设置

政府单位应设置“工程物资”会计科目，核算单位为在建工程准备的各种物资的成本，包括工程用材料、设备等。“工程物资”科目借方反映为工程准备已经购入的工程物资，贷方反映工程建设领用的工程物资，期末余额在借方反映尚未使用的各种工程物资的成本。

（二）工程物资的会计核算

对于政府单位为在建工程购入的各种物资，按确定的物资成本，借记“工程物资”科目，贷记“财政拨款收入”“零余额账户用款额度”“银行存款”“应付账款”等科目。

对于领用工程物资，按领用的各类物资成本，借记“在建工程”

科目，贷记“工程物资”科目。工程完工后，有领出的剩余物资需要退库的，借记“工程物资”科目，贷记“在建工程”科目。

对于工程完工后将不需要使用的剩余工程物资转作本单位存货等，按物资成本，借记“库存物品”“应交增值税”等科目，贷记“工程物资”科目。

【例 4-41】 2022 年 1 月 1 日，某高校购入一批工程物资，支付 50 000元。

财务会计账务处理：

借：工程物资　　50 000

　　贷：银行存款　　50 000

预算会计账务处理：

借：事业支出　　50 000

　　贷：资金结存——货币资金　　50 000

三、在建工程

（一）在建工程的概念和科目设置

1. 在建工程的概念

“在建工程”的字面含义是正在建设中、尚未投入使用的建设项目工程。在企业会计中，在建工程是企业资产的新建、改建、扩建，或技术改造、设备更新和大修理工程等尚未完工的工程支出。在建工程主要有“自营”和“出包”两种方式。自营在建工程是企业自行购买工程用料、自行施工并进行管理的工程项目；出包在建工程是企业通过签订合同，由其他工程队或单位承包建造的工程项目。

政府单位可以按照批准自行开展所需要的项目建设工作，建设项目在完工之前产生了“在建工程”，建设项目方式包括自建和代建。实行自建的建设单位是基本建设项目的会计核算主体，对于项目管理涉及多个主体难以明确识别会计核算主体的，项目主管部门应当按照《基本建设财务规则》相关规定确定建设单位。实行代建制的，代建单位应当配合建设单位做好项目会计核算和财务管理的相关工作，事业单位作为代建单位的，应当进行代建项目的单独管理和核算。

政府单位的在建工程是已经发生必要支出，但尚未达到交付使用状态的建设工程，包括各种建筑、设备安装和信息系统建设工程等。不能增加固定资产、公共基础设施使用效能或延长其使用寿命的修缮、维护等，不通过在建工程核算，直接作为政府单位的支出即可。对于达到交付使用状态的，应该按照有关规定办理竣工决算和资产交付使用的相关手续，不再作为在建工程进行核算和管理。

2. *在建工程的科目设置*

政府单位应当设置“在建工程”会计科目，核算经批准在建的建设项目工程的实际成本。单位在建的信息系统项目工程、公共基础设施项目工程、保障性住房项目工程的实际成本，也通过“在建工程”科目核算，这个规定与以往有较大差别。“在建工程”科目借方登记固定资产转入改扩建等时，固定资产的账面价值，或者按照工程进度支付工程款的金额，即借方登记增加数；贷方登记完工的工程交付使用的实际成本，或者改扩建等建筑部分拆除以及拆除部分获得残值收入的金额，即贷方登记减少数。

政府单位应当在“在建工程”科目下设置“建筑安装工程投资”“设备投资”“待摊投资”“其他投资”“待核销基建支出”“基建转出投资”等明细科目，并按照具体项目进行明细核算。如有需要，可以进行基建项目辅助账设置，从而满足基建项目竣工决算等管理需求。

如果事业单位作为建设项目的代建单位，则其应当设置“代建项目”一级科目，并按照工程性质和类型设置“建筑安装工程投资”“设备投资”“待摊投资”“其他投资”“待核销基建支出”“基建转出投资”等明细科目，对所承担的代建项目建设成本进行全面准确核算，反映工程的资金资源消耗情况；同时，在“代建项目”科目下设置“代建项目转出”明细科目，通过工程结算或年终对账确认在建工程成本的方式，将代建项目的成本转出，体现在建设单位相应“在建工程”账上。年末，“代建项目”科目应无余额。

新政府会计准则制度对于在建工程的管理和核算较原制度有所不同。原制度中，政府单位对于按国家有关规定要单独建账、独立核算的基本建设投资，按照《国有建设单位会计制度》的相关规定进行核算，只不过还要至少按月或按季度，将基本建设账中的相关数据并入政府单位的“大账”，即相应地转入“在建工程”科目进行核算（可专门设置“基建工程”明细科目进行核算），才能使政府单位会计核算具有完整性和全面性。而此次政府会计改革后，则直接取消了单独建账、单独核算的规定，直接将基本建设的会计核算列入政府单位会计账务进行核算和反映，更加直观和清晰，突出了会计核算的完整性，有利于各单位加强对建设项目的管理和监督。

此外，原制度中为了体现在建工程项目等资产在行政事业单位中所占净资产的份额，实行的是“双分录”会计核算，即“在建工程”与“资产基金——在建工程”是一一对应和匹配的，在进行在建工程的核算时，对于支付工程款项业务，一方面要反映支出增加和货币资金减少，另一方面要反映在建工程和资产基金的增加；对于完工、转入固定资产管理的在建工程，一方面要反映“固定资产”和“资产基金——固定基金”增加，另一方面要反映“在建工程”和“资产基金——在建工程”减少。如此一来，形成了原制度中比较有突出特征的“双分录”会计核算，这与财务会计和预算会计没有分离是息息相关的。

3. 在建工程新旧衔接

政府单位作为建设单位在首次执行新准则制度时，有尚未登记确认的在建工程，应当按照确定的建设成本，借记“在建工程”科目，贷记“累计盈余”科目。若在建工程为事业单位代建，则作为代建单位的事业单位在首次执行新准则制度时，按照“在建工程”科目余额，借记“累计盈余”科目，贷记“在建工程”科目，并与建设单位做好在建工程的入账协调和相关会计资料交接，确保交付使用资产记账不重复、不遗漏。

（二）在建工程明细科目会计核算

为清晰、全面地反映政府单位在建工程的情况，其会计核算要根据实际情况和管理需要，设置相应的明细科目进行反映和监督。下面将按照其明细科目逐一进行介绍。

1. 建筑安装工程投资

政府单位“在建工程——建筑安装工程投资”核算单位发生的、构成建设项目实际支出的建筑工程和安装工程的实际成本，但是不包括被安装设备本身的价值以及按照合同规定支付给施工单位的预付备料款和预付工程款。“在建工程”应当设置“建筑工程”和“安装工程”两个明细科目分别对建筑工程与安装工程进行会计核算。

对于政府单位经批准自行建设的工程项目，政府单位应当建立健全建设项目管理制度和机制，从可行性研究报告、项目审批、招标工作，到施工建设、监理监督、工程预付款项和进度款项支付，再到竣工验收、财务决算等，涉及工程项目建设的整个过程，都必须按规定进行。在对支付建筑工程或者安装工程发生支出或者其他耗费时，借记“在建工程”科目，贷记“财政拨款收入”“零余额账户用款额度”“银行存款”等相关科目。对领用工程物资进行的建设工程，借记“在建工程”科目，贷记“工程物资”科目。若事业单位作为代建单位，则借方科目通过“代建项目——建筑安装工程投资”明细科目进行核算。

对于政府单位经批准进行自行改扩建建设的基建工程，将固定资产等资产转入改建、扩建的，按固定资产等资产的账面价值，借记“在建工程——建筑安装工程投资”科目，按已计提的折旧或摊销，借记“固定资产累计折旧”等科目，按固定资产等资产的原值，贷记“固定资产”等科目。固定资产等资产改建、扩建过程中涉及替换（或拆除）原资产的某些组成部分的，按被替换（或拆除）部分的账面价值，借记“待处理财产损溢”科目，贷记“在建工程——建筑安装工程投资”

科目；待在建工程完工投入使用时，再冲销“待处理财产损溢”科目，形成完整闭合的会计核算。

对于政府单位经批准将建筑安装工程进行委托代建的，按照拨付代建单位的款项金额，借记“预付账款——预付工程款”科目，贷记“财政拨款收入”“零余额账户用款额度”“银行存款”等科目（在预算会计中借记“行政支出”“事业支出”等科目，贷记“财政拨款预算收入”“资金结存”科目）。在建筑安装工程价款结算账单与代建单位对账确认建设项目成本时，按确定的金额，借记“在建工程——建筑安装工程投资”科目，按预付工程款余额，贷记“预付账款”科目。若还有支付款项，则按照其差额，贷记“财政拨款收入”“零余额账户用款额度”“银行存款”等相关科目。

对于政府单位自行施工的小型建筑安装工程发生的各项支出金额，借记“在建工程——建筑安装工程投资”科目，贷记“工程物资”“零余额账户用款额度”“银行存款”“应付职工薪酬”等科目。

对于政府单位已经竣工的工程，在办妥竣工验收交接手续交付使用时，按建筑安装工程成本（含应分摊的待摊投资），借记“固定资产”等科目，贷记“在建工程——建筑安装工程投资”科目。

2. 设备投资

对于在建工程项目需要的设备，政府单位应该在在建工程中进行单独的核算反映，以全面、清晰地反映政府单位对建设项目的设备投入情况。因此，政府单位应设置“在建工程——设备投资”科目，核算单位发生的、构成建设项目实际支出的各种设备的实际成本。对建设项目所需设备进行单独的核算，一方面便于管理；另一方面在完工后转固定资产时，能够与房屋构筑物进行区分，从而达到实现精细化、科学化管理的目的。若事业单位作为代建单位，则借方科目通过“代建项目——设备投资”明细科目进行核算。

对于购入在建工程需要的设备并验收合格时，按购买成本，借记“在建工程——设备投资”科目，贷记“财政拨款收入”“零余额账户用款额度”“银行存款”等科目；采用预付款方式购入设备的，借记“在建工程”科目，贷记“预付账款”科目，按照其差额，贷记“财政拨款收入”“零余额账户用款额度”“银行存款”“应付账款”等相关科目。

在设备安装完毕，办妥竣工验收交接手续交付使用时，按设备投资成本（含设备安装工程成本和分摊的待摊投资），借记“固定资产”等科目，贷记“在建工程——设备投资”“在建工程——建筑安装工程投资——安装工程”科目。将不需要安装的设备和达不到固定资产标准的工具、器具交付使用时，按相关设备、工具、器具的实际成本，借记“固定资产”“库存物品”科目，贷记“在建工程——设备投资”科目。

3. 待摊投资

政府单位“在建工程——待摊投资”核算单位发生的、构成建设项目实际支出的、按照规定应当分摊计入有关工程成本和设备成本的各项间接费用与相关税费的支出。这类支出在发生时，不能直接计入以上投资内容和成本，所以单独设立了“待摊投资”二级明细科目进行核算。若事业单位作为代建单位，则借方科目通过“代建项目——待摊投资”明细科目进行核算。本明细科目的具体核算内容包括以下方面。

（1）勘察费、设计费、研究试验费、可行性研究费及项目其他前期费用。

（2）土地征用及迁移补偿费、土地复垦及补偿费、森林植被恢复费及其他为取得土地使用权、租用权而发生的费用。

（3）土地使用税、耕地占用税、契税、车船税、印花税及按照规定缴纳的其他税费。

（4）项目建设管理费、代建管理费、临时设施费、监理费、招投标费、社会中介审计（审查）费及其他管理性质的费用。其中，项目建设管理费是指项目建设单位从项目筹建之日起至办理竣工财务决算之日止发生的管理性质的支出，包括不在原单位发工资的工作人员工资及相关费用、办公费、办公用场地租用费、差旅交通费、劳动保护费、工具用具使用费、固定资产使用费、招募生产工人费、技术图书资料费（含软件）、业务招待费、施工现场津贴、竣工验收费等。

（5）项目建设期间发生的各类专门借款利息支出或融资费用。

（6）工程检测费、设备检验费、负荷联合试车费及其他检验检测类费用。

（7）固定资产损失、器材处理亏损、设备盘亏及毁损、单项工程或单位工程报废、毁损净损失及其他损失。

（8）系统集成等信息工程的费用支出。

（9）其他待摊性质支出。本明细科目应当按照上述费用项目进行明细核算，其中，有些费用（如项目建设管理费等）还应当按照更具体的费用项目进行明细核算。

对于政府单位发生的构成待摊投资的各类费用，按实际发生金额，借记“在建工程——待摊投资”科目，贷记“财政拨款收入”“零余额账户用款额度”“银行存款”“应付利息”“长期借款”“其他应交税费”“固定资产累计折旧”“无形资产累计摊销”等科目。

对于在建设过程中试生产、设备调试等产生的收入，按取得的收入金额，借记“银行存款”等科目，按规定应当冲减建设工程成本的部分贷记“在建工程——待摊投资”科目，按照其差额贷记“应缴财政款”科目或“其他收入”科目。

对于自然灾害、管理不善等原因造成的单项工程或单位工程报废或毁损，扣除残料价值和过失人或保险公司等赔款后的净损失，报经批准后计入继续施工的工程成本的，按工程成本扣除残料价值和过失人或保险公司等赔款后的净损失，借记“在建工程——待摊投资”科目，按残料变价收入、过失人或保险公司赔款等，借记“银行存款”“其他应收款”等科目，按照报废或毁损的工程成本，贷记“在建工程——建筑安装工程投资”科目。

对于政府单位委托代建的，确认代建管理费时，按照确定的金额，借记“在建工程——待摊投资”明细科目，贷记“预付账款——预付工程款”等科目。

对于工程交付使用的，在交付使用时，需要按合理的分配方法分配待摊投资，借记“在建工程——建筑安装工程投资、设备投资”科目，贷记“在建工程——待摊投资”科目。待摊投资的分配方法，可按照下列公式计算。

（1）按照实际分配率分配。此方法适用于建设工期较短、整个项目的所有单项工程一次竣工的建设项目。

实际分配率＝待摊投资明细科目余额÷（建筑工程明细科目余额＋安装工程明细科目余额＋设备投资明细科目余额）×100%

（2）按照概算分配率分配。此方法适用于建设工期长、单项工程分期分批建成投入使用的建设项目。

概算分配率＝（概算中各待摊投资项目的合计数－其中可直接分配部分）÷（概算中建筑工程、安装工程和设备投资合计）×100%

某项固定资产应分配的待摊投资＝该项固定资产的建筑工程成本或该项固定资产（设备）的采购成本和安装成本合计×分配率

4. 其他投资

政府单位“在建工程——其他投资”明细科目，核算单位发生的、构成建设项目实际支出的、不能计入上述明细的支出，包括但不限于房屋购置支出，基本畜禽、林木等购置，饲养、培育支出，办公生活用家具、器具购置支出，软件研发和不能计入设备投资的软件购置等支出。单位为进行可行性研究购置的固定资产，以及取得土地使用权支付的土地出让金，也通过本明细科目核算。为进一步进行明细核算，本明细科目应当设置“房屋购置”“基本畜禽支出”“林木支出”“办公生活用家具、器具购置”“可行性研究固定资产购置”“无形资产”等下级明细科目。若事业单位作为代建单位，则借方科目通过“代建项目——其他投资”明细科目进行核算。

对于政府单位为建设工程发生上述其他投资，按实际发生金额，借记“在建工程——其他投资”科目，贷记“财政拨款收入”“零余额账户用款额度”“银行存款”等科目。

建设工程完成将形成的房屋、基本畜禽、林木等各种财产以及无形资产交付使用时，按其实际成本，借记“固定资产”“无形资产”等科目，贷记“在建工程——其他投资”科目。

5. 待核销基建支出

政府单位“在建工程——待核销基建支出”明细科目，核算建设项目发生的江河清障、航道清淤、飞播造林、补助群众造林、水土保持、城市绿化、取消项目的可行性研究费以及项目整体报废等不能形成资产部分的基本建设的投资支出。若事业单位作为代建单位，则借方科目通过“代建项目——待核销基建支出”明细科目进行核算。本明细科目应按照待核销基建支出的类别进行明细核算。

对于政府单位建设项目发生的各类待核销基建支出，按实际发生金额，借记“在建工程——待核销基建支出”科目，贷记“财政拨款收入”“零余额账户用款额度”“银行存款”等科目。

对于政府单位取消的建设项目已经发生的可行性研究费，需要转入待核销基建支出进行管理，即按实际发生金额，借记“在建工程——待核销基建支出”科目，贷记“在建工程——待摊投资”科目。

对于自然灾害等原因发生的建设项目整体报废形成的净损失，报经批准后转入待核销基建支出，按项目整体报废形成的净损失，借记“在建工程——待核销基建支出”科目，按照报废工程回收的残料变价收入、保险公司赔款等，借记“银行存款”“其他应收款”等科目，按报废的工程成本，贷记“在建工程——建筑安装工程投资等”科目。

政府单位建设项目竣工验收交付使用时，需要对发生的待核销基建支出进行冲销，借记“资产处置费用”科目，贷记“在建工程——待核销基建支出”科目。

6. 基建转出投资

政府单位“在建工程——基建转出投资”明细科目，核算为建设项目配套建成的、产权不归属本单位的专用设施的实际成本。本明细科目应按照转出投资的类别进行明细核算。

若事业单位作为代建单位，则设置“代建项目——代建项目转出”明细科目进行核算。按工程进度与建设单位结算工程款或年终与建设单位对账确认在建工程成本并转出时，按照确定的金额，借记“代建项目——代建项目转出”科目，贷记“代建项目”科目下的“建筑安装工程投资”等明细科目；同时，借记“预收账款——预收工程款”等科目，贷记“代建项目——代建项目转出”科目。

对于政府单位为建设项目配套建成的、产权不归属本单位的专用设施，在项目竣工验收交付使用时，按转出的专用设施的成本，借记“基建转出投资”明细科目，贷记“建筑安装工程投资”明细科目；同时，借记“无偿调拨净资产”科目，贷记“基建转出投资”明细科目。

提示：原制度中对于在建工程，是定期并入单位大账，在“资产基金——在建工程”和“在建工程”两个会计科目中同时反映。改革后，政府单位基建账务处理直接在大账中进行，更好地体现了政府单位账务的完整性和明晰性。

（三）在建工程的交付使用

政府单位对达到使用状态的在建工程应当按规定交付使用。在建工程交付使用涉及建设单位、代建单位、使用单位等，需要按规定做好各个方面的管理工作，加强管理协调和协同，反映在建工程转为固定资产、公共基础设施等的真实状况。

建设项目竣工验收交付使用时，按规定先转入建设单位，再无偿划拨给其他会计主体的，建设单位应当按照《政府会计制度》规定，先将在建工程转入“固定资产”“公共基础设施”等科目，再按照无偿调拨资产相关规定进行账务处理。

1. 交付使用前，分配待摊投资

对于达到规定条件并交付使用的在建工程，政府单位应当按照合理的分配方法对待摊投资进行分配，转入在建工程其他明细科目，借记“在建工程——建筑安装工程投资、设备投资、待核销基建支出、基建转出投资”科目，贷记“在建工程——待摊投资”科目。

2. 在建工程交付使用

竣工验收交付使用时，按规定直接转入建设单位以外的会计主体的，建设单位应当按照转出的建设项目成本，借记“在建工程——基建转出投资”科目，贷记“在建工程——建筑安装工程投资、设备投资”科目；同时，借记“无偿调拨净资产”科目，贷记“在建工程——基建转出投资”科目。

若为代建项目的事业单位，则按照代建项目未转出的在建工程成本，借记“代建项目——代建项目转出”科目，贷记“代建项目——建筑安装工程投资”等明细科目；同时，借记“预收账款——预收工程款”等科目，贷记“代建项目——代建项目转出”科目。若工程竣工决算时收到补付资金，则按照补付的金额，借记“银行存款”等科目，贷记“预收账款——预收工程款”科目。

对于建设单位委托代建的交付使用资产，按照代建单位转来的在建工程成本中尚未确认入账的金额，借记“在建工程”科目下的“建筑安装工程投资”等明细科目，贷记“预付账款——预付工程款”等科目；同时，按照在建工程的成本，借记“固定资产”“公共基础设施”等科目，贷记“在建工程”科目。涉及补付资金的，应当在确认在建工程的同时，按照补付的金额，贷记“财政拨款收入”“零余额账户用款额度”“银行存款”等科目。

3. 在建工程暂估入账

对已交付使用但尚未办理竣工财务决算手续的固定资产、公共基础设施等应当按照估计价值进行入账，并将该项目的工程竣工结算书、各项费用归集表或交付使用资产明细表等材料作为原始凭证；待办理竣工财务决算后再按实际成本调整原来的暂估价值。同时，对于暂估入账的固定资产、公共基础设施应当按照要求计提折旧。

估计价值，是指在办理竣工财务决算前，单位建设项目工程的实际成本，包括项目建设资金安排的各项支出，以及应付未付的工程价款、职工薪酬等。估计价值应当根据“在建工程”科目相关明细科目的账面余额进行确定。

对于单项工程已交付使用但尚未办理竣工财务决算手续，建设周期长、建设内容多的大型项目，哪怕是一项在建工程涉及多项固定资产的，政府单位也应当先按照估计价值将单项的工程分别转为固定资产、公共基础设施。

对于按照估计价值将在建工程转为固定资产之后、办理竣工财务决算之前，发生调整已确认的应付工程价款等影响估计价值的事项，政府单位应当先通过“在建工程”科目进行会计处理，再由在建工程转入固定资产、公共基础设施。

政府单位应当在报表附注中披露按照估计价值入账的固定资产、公共基础设施等对应的金额、类别、名称等信息。

政府单位通过“在建工程”科目核算的信息系统项目工程、保障性住房项目工程也参照此办法处理。

4. 暂估入账的调整

对于办理完竣工财务决算的建设项目，应当按照决算的实际成本调整资产的暂估价值。将实际成本与暂估价值的差额作为净资产，即借记或贷记“固定资产”“公共基础设施”科目，贷记或借记“以前年度盈余调整”科目，并将“以前年度盈余调整”的科目余额转入“累计盈余”科目。

对于实际成本确定后的固定资产、公共基础设施，需要按要求继续计提折旧，但是对已经计提的折旧额，无须进行调整，而是按照实际成本减去已经计提的折旧后的价值作为应计提折旧的基数，在规定的折旧年限扣除已计提折旧年限后的剩余年限内，计算并提取折旧。

【例 4－42】 某事业单位新建一栋办公楼，已投资 100 000 元，现由于自然灾害项目整体报废，经批准冲销该基建支出。

报废时：

财务会计账务处理：

借：在建工程——待核销基建支出　　100 000

　　贷：在建工程——建筑安装工程投资　　100 000

预算会计不做账务处理。

经批准冲销时：

财务会计账务处理：

借：资产处置费用　　100 000

　　贷：在建工程——待核销基建支出　　100 000

预算会计不做账务处理。

四、无形资产

（一）无形资产的概念和管理

1. 无形资产的概念

政府单位的无形资产是指其控制的、没有实物形态的可辨认非货币性资产，如专利权、商标权、著作权、土地使用权、非专利技术等。

资产满足下列条件之一的，符合无形资产定义中的可辨认性标准：①能够从政府会计主体中分离或者划分出来，并能单独或者与相关合同、资产或者负债一起，用于出售、转移、授予许可、租赁或者交换；②源自合同性权利或其他法定权利，无论这些权利是否可以从政府会计主体或其他权利和义务中转移或者分离。

对于购入的不构成相关硬件的不可缺少部分的软件，也应当作为无形资产核算和管理。

2. 无形资产的确认条件

政府单位对于无形资产的确认，应当同时满足以下两个条件：①与该无形资产相关的服务潜力很可能实现或者经济利益很可能流入政府会计主体；②该无形资产的成本或者价值能够可靠地计量。此外，对于无形资产有关的后续支出，符合上述两个确认条件的，应当计入无形资产成本；不符合上述两个确认条件的，则在发生当期计入费用或者相关资产成本。

在判断无形资产的服务潜力或经济利益是否很可能实现或流入时，应当对无形资产在预计使用年限内可能存在的各种社会、经济、科技等因素做出合理的预测和估计，并且应当有确凿的证据支持。政府单位自创商誉及内部产生的品牌、报刊名等，不应确认为无形资产。

3. 无形资产的管理

政府单位无形资产同固定资产一样，是国家国有资产的重要组成部分，各单位应不断加强对其的管理和监督，优化管理手段，提高无形资产的使用效果和效率。一方面，应当加强单位无形资产的内部控制制度建设；另一方面，应当按照《行政事业性国有资产管理条例》的相关规定，加强基础管理、预算管理和财务管理等，形成有效的机制，促进无形资产使用效益的提升。

政府单位在年度财务报告中，应当按规定披露的无形资产信息包括但不限于以下信息。①无形资产账面余额，累计摊销额，账面价值的期初、期末数及其本期变动情况。②自行开发无形资产的名称、数量，以及账面余额和累计摊销额的变动情况。③以名义金额计量的无形资产名称、数量，以及以名义金额计量的理由。④接受捐赠、无偿调入无形资产的名称、数量等情况。⑤使用年限有限的无形资产，其使用年限的估计情况；使用年限不确定的无形资产，其使用年限不确定的确定依据。⑥无形资产出售、对外投资等重要资产处置的情况。

对照无形资产和固定资产信息披露的要求，体现出的是两者管理的侧重不同。固定资产中需要单独披露其分类和折旧方法，各类资产使用年限和折旧率，已提足折旧的资产和暂估入账资产的账面价值变动，与固定资产多样性、价值高等特征有密切关系。而在无形资产的信息披露中，有自行开发无形资产数量和名称，使用年限估计的情况和无法估计的依据等与固定资产信息披露不同，其突出的是对无形资产特有的管理需要。

（二）无形资产的科目设置

政府单位应当设置“无形资产”会计科目，核算政府单位各项无形资产的原值，并按照无形资产的类别或者项目等进行明细会计核算。“无形资产”科目借方登记无形资产的增加数，贷方登记无形资产的减少数。期末余额在借方，反映政府单位无形资产的原值。

非大批量购入、单价小于1 000元的无形资产，可以于购买的当期将其成本直接计入当期费用，不再作为无形资产进行会计核算。

（三）无形资产的会计核算

1. 外购无形资产

政府单位外购的无形资产成本包括实际支付的购买价款、税费以及可以归属于该项支出达到预定用途所发生的其他支出，按确定的成本，借记“无形资产”科目，贷记“财政拨款收入”“零余额账户用款额度”“应付账款”“银行存款”等科目。

随着信息化和数字化的发展，有相当数量的政府单位对各类软件的需求激增，尤其需要符合本单位业务和管理特点的软件，而很多现成的软件已经不能满足个性化的要求，从而产生了大量的软件开发需求。对于委托软件公司开发软件的，视同外购无形资产进行处理。合同中约定预付开发费用的，按预付金额，借记“预付账款”科目，贷记“财政拨款收入”“零余额账户用款额度”“银行存款”等科目。软件开发完成交付使用并支付剩余或全部软件开发费用时，按软件开发费用总额，借记“无形资产”科目，按相关预付账款金额，贷记“预付账款”科目，按支付的剩余金额，贷记“财政拨款收入”“零余额账户用款额度”“银行存款”等科目。

2. 自行研究开发无形资产

（1）自行研究开发无形资产的确认。

政府单位尤其是事业单位，如高校、科研事业单位等，处于科学研究的前端，在履行职责、提供公共产品或者服务的过程中，经常会有自行研究开发项目，其先形成各种支出，最后可能形成专利权、非专利技术等无形资产。政府单位，应当按照《政府会计准则第4号——无形资产》规定，将依法取得的专利权确认为无形资产，并进行后续摊销。在以后年度，按照相关规定发生的专利权维护费，应在发生时计入当期费用，原确定的无形资产摊销年限不据此调整。

对于自行研究开发的无形资产，本次政府会计准则制度做了较为明确的规定，政府单位尤其需要加强管理，提升无形资产的管理水平，确保管好、用好国有资产，充分发挥国有资产使用价值。

对于自行研究开发项目，应当同时满足以下条件。一是该项目以科技成果创造和运用为目的，预期形成至少一项科技成果。科技成果，是指通过科学研究与技术开发产生的具有实用价值的成果。二是该项目的研发活动起点可以明确。例如，利用财政资金等单位外部资金设立的科研项目，可以将立项之日作为起点；利用单位自有资金设立的科研项目，可以将单位决策机构批准同意立项之日，或科研人员将研发计划书提交单位科研管理部门审核通过之日作为起点。政府单位确认自行研究开发无形资产，需要以准则制度要求为依据，按照上述条件进行准确判断，做好基础工作，从源头上管好这类无形资产。

（2）自行研究开发无形资产的计量和核算。

对于自行研究开发的无形资产，需要区分研究阶段支出与开发阶段支出。研究，是指为获取并理解新的科学或技术知识进行的独创性的有计划调查。开发，是指在进行生产或使用前，将研究成果或其他知识应用于某项计划或设计，以生产出新的或具有实质性改进的材料、装置、产品等。自行开发的无形资产，成本包括自该项目进入开发阶段后至达到预定用途前发生的支出总额。

当然，判断自行研究开发项目是否进入开发阶段成为重点。若同时满足以下条件，则可认定自行研究开发项目进入开发阶段：第一，单位预期完成该无形资产以使其能够使用或出售在技术上具有可行性；第二，单位具有完成该无形资产并使用或出售的意图；第三，单位预期该无形资产能够为单位带来经济利益或服务潜能，该无形资产自身或运用该无形资产生产的产品存在市场，或者该无形资产在内部使用具有有用性；第四，单位具有足够的技术、财务资源和其他资源支持，以完成该无形资产的开发，并有能力使用或出售该无形资产；第五，归属于该无形资产开发阶段的支出能够可靠地计量。通常情况下，单位可以将样品样机试制成功、可行性研究报告通过评审等作为自行研究开发项目进入开发阶段的标志，但该时点不满足上述进入开发阶段五个条件的除外。可见，上述五个条件成为判断是否进入开发阶段的关键，缺一不可，这决定着会计确认和计量。

政府单位的自行研究开发项目研究阶段的支出，应当于发生时计入当期费用，不作为无形资产进行会计核算和处理。

政府单位自行研究开发项目开发阶段的支出，包括从事研究开发及其辅助活动（以下简称“研发活动”）人员计提的薪酬，根据《政府会计制度》相关规定，包括基本工资、国家统一规定的津贴补贴、规范津贴补贴（绩效工资）、改革性补贴、社会保险费、住房公积金等；研发活动领用的库存物品、使用的固定资产和无形资产计提的折旧与摊销，以及支付的其他包括业务费、劳务费、水电气暖费用等。也可以理解为，涉及为开发阶段项目发生的相关支出即为开发阶段的支出。这类支出需要先按合理方法进行归集，如果最终形成无形资产，则应当确认为无形资产，即通过“研发支出”科目进行归集，借记“研发支出”科目，贷记“应付职工薪酬”“库存物品”“固定资产累计折旧”“无形资产累计摊销”“财政拨款收入”“银行存款”“零余额账户用款额度”“预提费用”等科目；按研究开发项目进入开发阶段后至达到预定用途前发生的支出总额，借记“无形资产”科目，贷记“研发支出——开发支出”科目。如果最终未形成无形资产，则应当计入当期费用。

开发项目尚未进入开发阶段，或者确实无法区分研究阶段支出和开发阶段支出，但按法律程序已申请取得无形资产的，应当将依法取得时发生的注册费、聘请律师费等费用确认为无形资产，即借记“无形资产”科目，贷记“财政拨款收入”“零余额账户用款额度”“银行存款”等科目；按依法取得前发生的研究开发支出，借记“业务活动费用”等科目，贷记“研发支出”科目。

3. 捐赠无形资产

（1）接受捐赠的无形资产。

政府单位接受捐赠的是无形资产的，需要考虑该项资产尚可为政府会计主体带来服务潜力或经济利益的能力，从而确定接受捐赠无形资产的初始入账成本。

按照政府会计准则制度规定，接受捐赠无形资产的成本按有关凭据注明的金额加上相关税费确定；没有相关凭据可供取得，但按规定经过资产评估的，其成本按照评估价值加上相关税费确定；没有相关凭据可供取得也未经资产评估的，其成本比照同类或类似资产市场价格加上相关税费确定；没有相关凭据且未经资产评估、同类或类似资产的市场价格也无法可靠取得的，按照名义金额入账，相关税费计入当期费用。上面所说“凭据”，包括发票、报关单、有关协议等。有确凿证据表明凭据上注明的金额高于受赠资产同类或类似资产市场价格的30%或达不到其70%的，则应当以同类或类似资产的市场价格确定成本。上述所称“同类或类似资产的市场价格”，一般指取得资产当日捐赠方自产物资的出厂价、销售物资的销售价、非自产或销售物资在知名大型电商平台同类或类似商品价格等。如果存在政府指导价或政府定价的，则应符合其规定。

政府单位接受捐赠的无形资产，按确定的成本，借记“无形资产”科目，按发生的相关税费等，贷记“零余额账户用款额度”“银行存款”等科目，其差额贷记“捐赠收入”科目。接受捐赠的无形资产若是按照名义金额入账的，按名义金额，借记“无形资产”科目，贷记“捐赠收入”科目；同时，按发生的相关税费等，借记“其他费用”科目，贷记“零余额账户用款额度”“银行存款”等科目。

（2）对外捐赠无形资产。

政府单位根据工作需要会有对外捐赠资产的情况，凡是需要对外捐赠无形资产的，必须先行报批，报经上级部门和同级财政部门批准后，才能进行对外捐赠。对外捐赠无形资产按该无形资产已计提的摊销，借记“无形资产累计摊销”科目，按被处置无形资产账面余额，贷记“无形资产”科目，按捐赠过程中发生的归属于捐出方的相关费用，贷记“银行存款”等科目，其差额借记“资产处置费用”科目。

（3）无偿调拨无形资产。

政府单位的无形资产属于国有资产，部门和单位之间根据需求与使用情况，并按照相关流程进行审批后，可以对无形资产进行无偿调拨。

对于无偿调入的无形资产，按确定的无形资产成本，借记“无形资产”科目，按发生的相关税费等，贷记“零余额账户用款额度”“银行存款”等科目，其差额贷记“无偿调拨净资产”科目。

对于报经批准无偿调出的无形资产，按无形资产已计提的摊销，借记“无形资产累计摊销”科目，按无形资产账面余额，贷记“无形资产”科目，其差额借记“无偿调拨净资产”科目；同时，按无偿调出过程中发生的归属于调出方的相关费用，借记“资产处置费用”科目，贷记“银行存款”等科目。

4. 置换取得无形资产

政府单位对于经批准置换取得的无形资产，成本按照换出资产的评估价值加上支付的补价或减去收到的补价，加上换入无形资产发生的其他相关支出确定。

政府单位对经批准与外单位置换换入的无形资产，按确定的成本，借记“无形资产”科目，按换出资产的账面余额，贷记相关资产科目（换出资产为固定资产、无形资产的，还应当冲销“固定资产累计折旧”“无形资产累计摊销”科目），按置换过程中发生的其他相关支出，贷记“银行存款”等科目，按借贷方差额，借记“资产处置费用”科目或贷记“其他收入”科目。若有支付或者收到补价的，则分别贷记或借记“银行存款”科目，相应的借贷方差额进行调整后记入“资产处置费用”或“其他收入”科目。若涉及支付或者收到补价，则需要将支付或者收到的补价计入置换到单位的固定资产价值。

5. 无形资产对外投资

政府单位按规定报经批准以无形资产对外投资的，应当将该无形资产的账面价值予以转销，并将无形资产在对外投资时的评估价值与其账面价值的差额计入当期收入或费用。按对外投资的评估价值，借记“长期股权投资”科目，按无形资产已计提的累计摊销金额，借记“无形资产累计摊销”科目，按无形资产的账面余额，贷记“无形资产”科目，其差额则借记或者贷记“投资收益”科目。

（四）无形资产的后续支出

政府单位在使用无形资产的过程中，如果需要对无形资产进行进一步维修维护、升级改造、扩展功能等，则对发生的相关支出要进行资本化或者费用化的处理，以使该无形资产更加符合单位的需求，提高资产使用效率和效益。

1. 符合无形资产确认条件的后续支出

一般而言，若为增加无形资产的使用效能对其进行升级改造或扩展其功能的后续支出，则其会计处理分两种情况。

（1）如果需要暂停摊销的，首先要将无形资产的价值进行转出，即按无形资产的账面价值，借记“在建工程”科目，按无形资产已摊销金额，借记“无形资产累计摊销”科目，按无形资产的账面余额，贷记“无形资产”科目。

对于发生的支出，借记“在建工程”科目，贷记“财政拨款收入”“零余额账户用款额度”“银行存款”等科目。

待升级改造或扩展功能等完成交付使用时，按在建工程成本，借记“无形资产”科目，贷记“在建工程”科目。

（2）如果不需要暂停摊销的，则不需要转出无形资产的价值，可直接按支出的金额，借记“无形资产”科目，贷记“财政拨款收入”“零余额账户用款额度”“银行存款”等科目。

2. 不符合无形资产确认条件的后续支出

政府单位为保证无形资产正常使用发生的日常维护等支出，不符合无形资产确认条件的，直接费用化，借记“业务活动费用”“单位管理费用”等科目，贷记“财政拨款收入”“零余额账户用款额度”“银行存款”等科目。

（五）无形资产的处置

无形资产的处置需要先行上报上级部门和财政部门审批后，才能进行处置，包括捐赠、置换、出售、转让以及无法使用等情况。无形资产处置时涉及增值税业务的，相关账务处理参见“应交增值税”科目。

预期不能为单位带来服务潜力或经济利益的无形资产，需要按相关规定报经批准后才能核销，按待核销无形资产的账面价值即无形资产账面余额减去累计摊销的差额，借记“资产处置费用”科目，按已计提摊销，借记“无形资产累计摊销”科目，按无形资产的账面余额，贷记“无形资产”科目。

报经批准出售、转让无形资产，按被出售、转让无形资产的账面价值，借记“资产处置费用”科目，按照无形资产已计提的摊销，借记“无形资产累计摊销”科目，按无形资产账面余额，贷记“无形资产”科目；同时，按收到的价款，借记“银行存款”等科目，按处置过程中发生的相关费用，贷记“银行存款”等科目，其差额若是按照规定应上缴无形资产转让净收入的，则贷记“应缴财政款”科目，若是按照规定转让收入纳入本单位预算管理的，则贷记“其他收入”科目。

其他处置情况，如捐赠、置换等详见前述。

（六）无形资产的清查盘点

政府单位对于持有的无形资产，应当定期进行清查盘点，每年至少盘点一次。单位资产清查盘点过程中发现的无形资产盘盈、盘亏等，处理与“固定资产”类似，可以参考固定资产部分的会计处理。

（七）无形资产的摊销

1. 摊销的概念

政府单位的无形资产在使用过程中，也会发生价值的减少，这与固定资产是相似的。为了真实地反映无形资产的价值，政府单位应当建立无形资产摊销的制度，客观、真实地对无形资产进行计量。所谓摊销是指在无形资产的使用寿命内，按照确定的方法对无形资产的价值进行系统的分摊，并根据用途计入当期费用或者相关资产成本。

2. 摊销年限的确定

对政府单位来说，无形资产摊销的关键是确定使用年限，因此合理确定无形资产的使用年限是重点。无形资产的使用年限为有限的，应当估计该使用年限。无法预见无形资产为政府会计主体提供服务潜力或者带来经济利益的，应当视为使用年限不确定的无形资产。对使用年限有限的无形资产进行摊销，但已摊销完毕仍继续使用的无形资产和以名义金额计量的无形资产除外；对使用年限不确定的无形资产，不进行摊销。

对于使用年限有限的无形资产，按照以下原则确定无形资产的摊销年限：①法律规定了有效年限的，按照法律规定的有效年限作为摊销年限；②法律没有规定有效年限的，按照相关合同或单位申请书中的受益年限作为摊销年限；③法律没有规定有效年限，相关合同或单位申请书也没有规定受益年限的，应当根据无形资产为政府会计主体提供服务潜力或带来经济利益的实际情况，预计其使用年限；④非大批量购入、单价小于1 000元的无形资产，可以于购买的当期将其成本一次性全部转销。

3. 摊销方法

政府会计主体应当采用年限平均法或者工作量法对无形资产进行摊销，应摊销金额为其成本，不考虑预计残值。

计提摊销的时点可以参照固定资产计提折旧的时点进行处理。即当月取得的无形资产，当月计提摊销；当月减少的无形资产，当月不再计提摊销。对于已提足摊销的无形资产，无论是否继续为政府单位提供服务潜力或者带来经济利益，都不再计提摊销。对于核销的无形资产如果没有提足摊销，也不再补提摊销。对于因发生后续支出而增加的无形资产，应当按照重新确定的成本，对需要计提的摊销额重新进行计算确定。

4. 无形资产摊销的科目设置

政府单位应当设置“累计摊销”会计科目，核算无形资产计提的累计摊销，并按照无形资产的类别、项目等进行明细会计核算。贷方登记计提的无形资产摊销数，借方登记无形资产摊销的减少数，期末余额在贷方反映政府单位计提的无形资产累计摊销数。无形资产应当按月进行摊销。

5. 无形资产摊销的会计核算

政府单位按月对无形资产进行摊销时，按应摊销金额，借记“业务活动费用”“单位管理费用”“加工物品”“在建工程”等科目，贷记“无形资产”科目。

经批准处置无形资产时，按所处置无形资产的账面价值，借记“资产处置费用”“无偿调拨净资产”“待处理财产损溢”等科目，按照已计提摊销，借记“累计摊销”科目，按照无形资产的账面余额，贷记“无形资产”科目。

在原制度中，对于事业单位无形资产摊销也做了相应规定，摊销年限的确定、摊销时点等与新制度相似。不同的是，在原制度中，由于行政事业单位的无形资产属于非货币性资产，需要采用“双分录”会计核算方法，同时确认取得无形资产的成本支出和由此形成的资产对应的资产基金。如外购取得的无形资产，借记“无形资产”科目，贷记“资产基金——无形资产”科目；同时，按实际支付的金额，借记“经费支出/事业支出”科目，贷记“财政拨款收入”“零余额账户用款额度”“银行存款”等相关科目。

【例 4 -43】某高校取得一项专利，使用财政授权支付方式支付价款 100 000 元。

财务会计账务处理：

借：无形资产	100 000	
贷：零余额账户用款额度		100 000

预算会计账务处理：

借：事业支出	100 000	
贷：资金结存——零余额账户用款额度		100 000

【例 4 -44】某事业单位接受 A 公司捐赠的一项专利，价值 200 000 元，支付相关税费 1 500 元。

财务会计账务处理：

借：无形资产	201 500	
贷：银行存款		1 500
捐赠收入		200 000

预算会计账务处理：

借：其他支出	1 500	
贷：资金结存——货币资金		1 500

【例 4 -45】经批准，某行政单位将一批不再能为行政单位带来经济利益的著作权予以核销，该批著作权原价 200 000 元，已计提摊销 185 000 元。

财务会计账务处理：

借：资产处置费用	15 000	
无形资产累计摊销	185 000	
贷：无形资产		200 000

预算会计不做账务处理。

五、研发支出

（一）研发支出的概念和科目设置

1. 研发支出的概念

政府单位尤其是事业单位，如科研事业单位等，履行的是政府赋予的提供公共产品或者服务的职能，其研究性质较强，研究开发成为这类事业单位的工作重点。由此，需要对其产生的研究和开发支出进行管理，与企业类似的“研发支出”也就应运而生。

研发支出是政府单位自行研究开发项目发生的各类支出，与企业研发支出具有类似性，是政府单位进行研究开发活动过程中发生的，需要进行计量、反映和监督的支出。

2. 研发支出的科目设置

政府单位应当设置“研发支出”会计科目，核算单位自行研究开发项目研究阶段和开发阶段发生的各项支出，并按照自行研究开发项目，分别通过“研究支出”“开发支出”科目进行明细核算。借方反映项目研究阶段和开发阶段发生的支出数，贷方反映转出的支出数，期末余额在借方反映单位预计能达到预定用途的研究开发项目在开发阶段发生的累计支出数。

建设项目中的软件研发支出，应通过“在建工程”科目核算，不在“研发支出”科目进行核算。

在自行研究开发项目时涉及增值税业务的，相关账务处理参见“应交增值税”科目。

（二）研发支出的会计核算

1. 研究阶段

政府单位自行研究开发项目在研究阶段的支出，先在“研发支出——研究支出”科目进行归集。按从事研究及其辅助活动人员计提的薪酬，研究活动领用的库存物品，发生的与研究活动相关的管理费、间接费及其他各项费用和支出，借记“研发支出——研究支出”科目，贷记“应付职工薪酬”“库存物品”“财政拨款收入”“零余额账户用款额度”“固定资产累计折旧”“银行存款”等科目。由于研究阶段的支出是进行费用化的会计处理，在期（月）末，应当将“研发支出”科目归集的研究阶段的支出金额转入当期费用，借记“业务活动费用”等科目，贷记“研发支出——研究支出”科目。当然，可以参考无形资产中自行研究开发进行会计处理，研究阶段的支出直接计入当期支出。

2. 开发阶段

政府单位自行研究开发项目在开发阶段支出，先通过“研发支出——开发支出”科目进行归集。按从事开发及其辅助活动人员计提的薪酬，开发活动领用的库存物品，发生的与开发活动相关的管理费、间接费和其他各项费用，借记“研发支出——开发支出”科目，贷记“应付职工薪酬”“库存物品”“财政拨款收入”“零余额账户用款额度”“固定资产累计折旧”“银行存款”等科目。自行研究开发项目完成，达到预定用途形成无形资产的，按照“研发支出”科目归集的开发阶段的支出金额，借记“无形资产”科目，贷记“研发支出——开发支出”科目。

3. 年终处理

政府单位应当加强对研发支出的管理，并于每年年度终了评估研究开发项目能否达到预定用途，如预计不能达到预定用途，无法最终完成开发项目并形成无形资产的，应将已发生的开发支出金额全部转入当期费用，借记“业务活动费用”等科目，贷记“研发支出——开发支出”科目。

【例4-46】 某科研事业单位自行研究开发一项关键技术，自资金投入后，本月发生如下费用：领用库存物资80 000元，支付研究人员薪酬230 000元，支付水电费用35 000元；同时，占用固定资产分摊折旧5 000元。月末将上述研究支出转为当期费用。

财务会计账务处理：

借：研发支出——研究支出　　350 000

　贷：零余额账户用款额度　　265 000

　　库存物品　　68 376.07

　　应交增值税——进项税额转出　　11 623.93

　　累计折旧　　5 000

预算会计账务处理：

借：事业支出　　265 000

　贷：资金结存——零余额账户用款额度　　265 000

月末将研究支出转入当期费用：

财务会计账务处理：

借：业务活动费　　350 000

　贷：研发支出——研究支出　　350 000

预算会计不做账务处理。

若上述支出费用发生在开发阶段，则会计处理如下。

财务会计账务处理：

借：研发支出——开发支出　　350 000

　贷：零余额账户用款额度　　265 000

　　库存物品　　68 376.07

　　应交增值税——进项税额转出　　11 623.93

　　累计折旧　　5 000

预算会计账务处理：

借：事业支出　　　　　　　　　　　　　　　　　　265 000

　　贷：资金结存——零余额账户用款额度　　　　　　　　265 000

如果上述开发任务如期完成，并按预定目标形成关键技术一项，符合无形资产确认条件，则转为无形资产进行管理。

财务会计账务处理：

借：无形资产　　　　　　　　　　　　　　　　　　350 000

　　贷：研发支出——开发支出　　　　　　　　　　　　350 000

预算会计不做账务处理。

第七节　政府单位经管类资产的核算

在我国的发展中，有很多是由国家和政府拥有的、由公众使用的经济资源，这些经济资源是为社会提供公共服务的资产，如交通政府单位有城市交通设施、水利政府单位有防洪储备物资、民政政府单位有救灾储备物资、环保政府单位有环保设施、体育管理政府单位有健身设施、扶贫政府单位有通过扶贫形成的资产等，它们的共同特征是直接为社会大众提供某种或多种服务，而不是相关政府单位自身的日常运行资产。但是，长期以来，我国的政府会计中是不进行会计反映和监督的，这使得政府的资产不真实、不全面，可能会导致虚减或虚增单位的资产，不利于政府摸清“家底”。而在国际公共部门会计准则中，为如实反映公共部门的资产，对这类资产需要计量、记录、反映和监督，这既是国际惯例，也是如实反映政府资产的要求。

对于这类资产，很多专家学者习惯称为“经管类资产”，本书也按此进行介绍。经管类资产的典型特征是政府单位以管理方式控制的（为满足社会需求控制的）、供社会公众使用的经济资源，主要包括公共基础设施、政府储备物资、文物文化资产、保障性住房等。它们是政府资产的重要组成部分，为我国社会经济发展提供了强有力的基础支撑条件。公共基础设施行业通常由政府负责建造、经营和维护，资金主要来源于财政支出。近年来，为了充分利用社会资本在融资、营运管理等方面的优势，政府和社会资本合作模式（Public – Private Partnerships，PPP）逐步被运用到上述领域，且日益广泛，成为政府改善公共设施、提供高品质公共服务战略的重要组成部分。对于 PPP 模式建成的公共基础设施，只有在特许期结束、政府对公共基础设施享有占有权时才能纳入单位的会计核算范围。也就是说，只有政府单位对其取得占有权利时才能确认为本单位管理的公共基础设施。

政府会计准则制度对经管类资产进行了规范，一方面，与自用资产相区分，从而弥补了相关信息的缺失，进一步提高了政府单位的资产核算和管理的完整性；另一方面，通过对其进行会计核算，再通过财务报告反映政府使用财政资金和管理公共资源的受托责任履行情况，填补了政府会计资产全面核算的空白。同时，在政府绩效管理日益重要之际，对这类资产进行明确，有利于区分政府单位提供公益服务的公共经济资源耗费和自身运行的公共经济资源耗费，区分公共服务的费用成本和单位自身的费用成本；为单位提供准确的绩效管理和评价依据；有利于事业单位进行成本管理，单独反映为社会提供公共服务资产的情况。

经管类资产是政府资产的重要组成部分，涉及面广，其会计反映与监督一直是国内外政府会计研究和实务工作的重点和难点。对其进行确认、计量、披露，有利于准确核算政府会计相关处理，既是政府会计改革中的重点，也是难点，始终受到理论界和实务界的高度关注。我国本次政府会计改革明确了以权责发生制为基础的相关经管类资产的概念界定、分类、确认、计量和披露等具体内容，充实了我国政府会计标准体系，强化了国际趋同，是我国政府会计的进步。下面将逐一进行介绍。

一、公共基础设施

（一）公共基础设施的概念和科目设置

1. 公共基础设施的概念

政府会计中规范的公共基础设施是指政府会计主体为满足社会公共需求而控制的，同时具有以下特征的有形资产：

（1）是一个有形资产系统或网络的组成部分；

（2）具有特定用途；

（3）一般不可移动。

可以看出，无论是从经济属性，还是从法律属性上讲，公共基础设施和固定资产都是有显著区别的。因此，对这两类资产一定要有明确的区分和界定，尤其是涉及政府单位，在进行会计记录计量之际，需要有明确的界定，对涉及的各个准则进行反映和监督。

2. 公共基础设施的分类

政府会计准则规定政府会计中的公共基础设施主要包括：

（1）市政基础设施，如城市道路、桥梁、隧道、公交场站、路灯、广场、公园绿地、室外公共健身器材，以及环卫、排水、供水、供电、供气、供热、污水处理、垃圾处理系统等；

（2）交通基础设施，如公路、航道、港口等；

（3）水利基础设施，如大坝、堤防、水闸、泵站、渠道等；

（4）其他公共基础设施。

3. 不适用于政府会计准则中的公共基础设施

（1）如果是独立于公共基础设施、不构成公共基础设施使用不可缺少组成部分的管理维护用房屋建筑物、设备、车辆等，则直接适用《政府会计准则第 3 号——固定资产》。

（2）如果是属于文物文化资产的公共基础设施，则适用其他相关政府会计准则。

（3）如果是采用PPP模式形成的公共基础设施的确认和初始计量，则按照财政部2020年12月17日颁布的《〈政府会计准则第10号——政府和社会资本合作项目合同〉应用指南》（财会〔2020〕19号）要求执行。该准则自2021年1月1日起正式执行。

4. 公共基础设施的科目设置

政府单位应当设置“公共基础设施”会计科目，核算本单位控制的公共基础设施的原值。借方反映单位控制的公共基础设施增加数，贷方反映单位控制的公共基础设施减少数，期末余额在借方，反映单位控制的公共基础设施的原值。

由于公共基础设施涉及的内容多、范围广，政府单位应当根据行业主管部门对公共基础设施的分类规定，制定适合本单位管理的公共基础设施目录、分类方法，作为进行公共基础设施核算的依据。同时，按照公共基础设施的类别、项目等进行明细核算，加强对公共基础设施的会计反映和监督。

（二）公共基础设施的确认

1. 公共基础设施不同会计主体的确认

政府单位对于负有管理维护职责的、符合公共基础设施定义规定的公共基础设施应当予以确认。但是，由于公共基础设施的多样性和复杂性，常由多个单位共同管理维护一个设施，多个公共基础设施组成部分分别由不同的单位管理维护，甚至是委托企业等代为管理维护等，其情况较固定资产非常复杂。因此，有必要对不同管理方式的公共基础设施进行确认。

（1）若某项公共基础设施是由多个政府会计主体共同管理维护的，则应当由对该公共基础设施负有主要管理维护职责，或者承担后续主要支出责任的政府会计主体进行确认和反映。

（2）若某项公共基础设施分为多个组成部分、由不同的政府会计主体分别管理维护，由于责权比较明确，应当由各个政府会计主体分别对其负责管理维护公共基础设施的相应部分进行确认和反映。

（3）若某项公共基础设施是由负有管理维护公共基础设施职责的政府会计主体通过政府购买服务方式委托企业或其他会计主体代为管理维护的，虽然管理维护的主要职责不是本会计主体，但是其所有权属于本会计主体，且管理维护的受托方仅仅是本会计主体通过购买服务方式等具有的，非本质上具有该责任义务，所以公共基础设施应当由委托方予以确认和反映，作为委托方的会计主体对该设施具有确认和反映的责任与义务。

2. 公共基础设施的确认条件和要求

（1）确认条件。

同时满足下列条件的，应当对公共基础设施予以确认：第一，与该公共基础设施相关的服务潜力很可能实现或者经济利益很可能流入政府会计主体；第二，该公共基础设施的成本或者价值能够可靠地计量。

（2）确认要求。

政府单位应当根据公共基础设施提供公共产品或服务的性质或功能特征对其进行分类确认。如果公共基础设施的各组成部分具有不同使用年限，或者以不同方式提供公共产品或服务，且适用不同折旧率或折旧方法、可以分别确定各自原价的，应当分别将各组成部分确认为该类公共基础设施的一个单项公共基础设施。只有这样，才能对公共基础设施进行更详细、更明确的管理和监督，这与固定资产有类似之处。

（3）后续支出的资本化和费用化。

公共基础设施的建成使用并不是一劳永逸的，在使用过程中难免会出现损耗甚至损坏的情况，需要政府单位根据实际情况对其进行维护。政府单位对于公共基础设施使用过程中发生的后续支出，为增加公共基础设施使用效能或延长其使用年限而发生的改建、扩建等后续支出，符合确认条件的，应计入公共基础设施成本，即资本化；为维护公共基础设施的正常使用而发生的日常维修、养护等后续支出，不符合确认条件的，应当在发生时计入当期费用，直接进行费用化处理。

3. 确认时点

（1）政府单位对于自建或外购的公共基础设施，应当在该项公共基础设施验收合格并交付使用时予以确认。

（2）政府单位对于无偿调入、接受捐赠的公共基础设施，应当在开始承担该项公共基础设施管理维护职责时予以确认。

（三）公共基础设施的会计核算

1. 自行建造的公共基础设施

政府会计主体自行建造的公共基础设施，成本包括完成批准的建设内容发生的全部必要支出，包括建筑安装工程投资支出、设备投资支出、待摊投资支出和其他投资支出，在投入使用前，是在“在建工程”科目进行核算和反映的。在建设完成并投入使用时，需要按照公共基础设施进行核算和管理。

在原有公共基础设施基础上进行改建、扩建等建造活动后的公共基础设施，成本按照原公共基础设施账面价值加上改建、扩建等建造活动发生的支出，再扣除公共基础设施被替换部分的账面价值后的金额确定。转入改建、扩建时，按公共基础设施的账面价值，借记“在建工程”科目，按公共基础设施已计提折旧，借记“公共基础设施累计折旧（摊销）”科目，按公共基础设施的账面余额，贷记“公共基础设施”科目。在改扩建中的后续支出，借记“在建工程”科目，贷记“财政拨款收入”“零余额账户用款额度”“银行存款”等科目。

为建造公共基础设施借入的专门借款的利息，如果属于建设期间发生的，则应计入该公共基础设施在建工程的成本；如果不属于建设期间发生的，则直接计入当期费用。

公共基础设施完工交付使用时，按在建工程的成本，借记“公共基础设施”科目，贷记“在建工程”科目。对于已交付使用但尚未办理竣工决算手续的公共基础设施，按估计价值入账，待办理竣工决算后再按照实际成本调整原来的暂估价值，涉及折旧的参照前述固定资产处理。

2. 外购的公共基础设施

政府单位外购的公共基础设施，成本包括购买价款、相关税费以及公共基础设施交付使用前发生的可归属于该项资产的运输费、装卸费、安装费和专业人员服务费等。外购的公共基础设施，按确定的成本，借记“公共基础设施”科目，贷记“财政拨款收入”“零余额账户用款额度”“银行存款”等科目。

对于成本无法可靠取得的公共基础设施，政府单位应当设置备查簿进行登记，待成本能够可靠确定后按照规定及时入账。

对于购建成本中构筑物部分与土地使用权部分能够分清的，应当将其中的构筑物部分和土地使用权部分分别确认为公共基础设施；不能分清的，应当整体确认为公共基础设施。

3. 接受捐赠和无偿调入的公共基础设施

政府会计主体接受捐赠的公共基础设施，成本按有关凭据注明的金额加上相关费用确定；没有相关凭据可供取得，但按规定经过资产评估的，其成本按评估价值加上相关费用确定；没有相关凭据可供取得，也没有经资产评估的，其成本比照同类或类似资产的市场价格加上相关费用确定。这里所说的“凭据”，包括发票、报关单、有关协议等。有确凿证据表明凭据上注明的金额高于受赠资产同类或类似资产市场价格的30%或达不到其70%的，应当以同类或类似资产的市场价格确定成本。这里所称“同类或类似资产的市场价格”，一般指取得资产当日捐赠方自产物资的出厂价、销售物资的销售价、非自产或销售物资在知名大型电商平台同类或类似商品价格等。存在政府指导价或政府定价的，应符合其规定。

如果接受捐赠的公共基础设施成本无法可靠取得，则按发生的相关税费等金额，借记“其他费用”科目，贷记“财政拨款收入”“零余额账户用款额度”“银行存款”等科目。若接受捐赠的公共基础设施是旧的，则在确定其初始入账成本时考虑该项资产的新旧程度。

对于接受捐赠的公共基础设施，按确定的成本，借记“公共基础设施”科目，按发生的相关费用，贷记“财政拨款收入”“零余额账户用款额度”“银行存款”等科目，其差额贷记“捐赠收入”科目。

政府单位接受其他单位无偿调入的公共基础设施，成本按照该项公共基础设施在调出方的账面价值加上归属于调入方的相关费用确定。接受其他单位无偿调入的公共基础设施，按确定的成本，借记“公共基础设施”科目，按发生的归属于调入方的相关费用，贷记“财政拨款收入”“零余额账户用款额度”“银行存款”等科目，其差额，贷记“无偿调拨净资产”科目。无偿调入的公共基础设施成本无法可靠取得的，按发生的相关税费、运输费等金额，借记“其他费用”科目，贷记“财政拨款收入”“零余额账户用款额度”“银行存款”等科目。

4. 不同组成部分的公共基础设施

政府单位会有包括不同组成部分的公共基础设施，应当分别对其进行确认和计量。但是，只有总成本没有单项组成部分成本的，为了更加科学、准确地对其进行确认，可以按各单项组成部分同类，或者类似资产的成本，或者市场价格比例等，对总成本进行分配，分别计算并确定公共基础设施中各单项组成部分的成本。

5. 盘盈和盘亏的公共基础设施

政府单位应当对其管理的公共基础设施定期或者不定期进行清查和盘点，以进一步加强管理，全面掌握具体情况。对于发生的公共基础设施盘盈、盘亏、毁损或报废，应当先计入“待处理财产损溢”科目，按规定报经批准后及时进行后续账务处理。

（1）对于盘盈的公共基础设施，其成本按有关凭据注明的金额确定；没有相关凭据但按规定经过资产评估的，其成本按评估价值确定；没有相关凭据也未经过评估的，其成本按重置成本确定。对于成本无法可靠取得的，单位应当设置备查簿进行登记，待成本确定后按照规定及时入账。盘盈的公共基础设施，按确定的入账成本，借记“公共基础设施”科目，贷记“待处理财产损溢”科目。

（2）对于盘亏、毁损或报废的公共基础设施，报经批准后，按待处置公共基础设施的账面价值，借记“待处理财产损溢”科目，按照已计提折旧或摊销，借记“公共基础设施累计折旧（摊销）”科目，按照公共基础设施的账面余额，贷记“公共基础设施”科目。

（四）公共基础设施的折旧或摊销

1. 总体要求

公共基础设施的使用与固定资产类似，是有损耗的，需要政府单位对公共基础设施计提折旧。但对于政府单位能持续进行良好的维护，使其性能得到永久维持的公共基础设施，不需要计提折旧。此外，确认为公共基础设施的单独计价入账的土地使用权也不需要计提折旧。

公共基础设施应计提的折旧总额为其成本，计提公共基础设施折旧时，不考虑预计净残值。

对暂估入账的公共基础设施应计提折旧，实际成本确定并调整后，原已计提的折旧额是不需要调整的。

2. 折旧方法

政府单位应当采用年限平均法或者工作量法计提公共基础设施折旧。在选择折旧方法时，应考虑与公共基础设施相关的服务潜力或经济利益的预期实现方式。

3. 折旧年限

政府单位应根据公共基础设施的性质和使用情况，合理确定公共基础设施的折旧年限。应当考虑下列因素：①设计使用年限或设计基准期；②预计实现服务潜力或提供经济利益的期限；③预计有形损耗和无形损耗；④法律或者类似规定对资产使用的限制；⑤对于接受捐赠、无偿调入的公共基础设施，应当考虑该项资产的新旧程度，按其尚可使用的年限进行折旧计提。

4. 折旧时点

政府单位应当对本单位管理的公共基础设施计提折旧，应按如下时间规定进行计提、确认。

（1）公共基础设施折旧应当按月计提，计入当期费用。当月增加的公共基础设施，当月开始计提折旧；当月减少的公共基础设施，当月不再计提折旧。这与固定资产是一致的。

（2）对于处于改建、扩建等建造活动期间的，应当暂停计提折旧。因改建、扩建等原因延长公共基础设施使用年限的，按重新确定的公共基础设施的成本和重新确定的折旧年限计算折旧额，不需要调整原已计提的折旧额。

（3）对于提足折旧的公共基础设施，无论能否继续使用，都不再计提折旧；已提足折旧的公共基础设施，可以继续使用的，应当继续使用，并规范实物管理。

（4）对于提前报废的公共基础设施，不再补提折旧。

5. 其他

公共基础设施的折旧方法和折旧年限一经确定，不得随意变更。确需变更的，要符合相关规定和要求，并在财务报告附注中进行说明。

政府单位对于确认为公共基础设施并单独计价入账的土地使用权，可以参照上节所述无形资产摊销相关内容进行会计处理。

6. 折旧科目设置和会计核算

（1）折旧科目设置。

政府单位应当设置“公共基础设施累计折旧（摊销）”会计科目，核算政府单位计提的公共基础设施累计折旧和累计摊销，并按公共基础设施的明细分类进行明细核算。贷方反映计提数，借方反映转出数，期末余额在贷方，反映单位提取的公共基础设施折旧和摊销的累计数。

（2）会计核算。

按月计提公共基础设施折旧时，借记“业务活动费用”科目，贷记“公共基础设施累计折旧（摊销）”科目。

按月对确认为公共基础设施并单独计价入账的土地使用权进行摊销时，按照应计提的摊销额，借记“业务活动费用”科目，贷记“公共基础设施累计折旧（摊销）”科目。

处置公共基础设施时，对于计提的折旧或者摊销，从该科目的借方转出。

（五）公共基础设施的处置

政府单位对于按规定报经批准后，无偿调出、对外捐赠的公共基础设施，应将公共基础设施的账面价值予以转销，此过程中发生的归属于调出方、捐出方的相关费用应当计入当期费用。按公共基础设施已计提的折旧或摊销，借记“公共基础设施累计折旧（摊销）”科目，按被处置公共基础设施账面余额，贷记“公共基础设施”科目，按调拨、捐赠过程中发生的归属于调出方和捐出方的相关费用，贷记“银行存款”等科目，其差额借记“资产处置费用”科目。

对于公共基础设施报废或遭受重大毁损的，在报经批准后，应当将公共基础设施账面价值予以转销，并将报废、毁损过程中取得的残值变价收入扣除相关费用，若为正数则为净收益，按规定做应缴款项处理；若为负数则为净损失，计入当期费用。

（六）公共基础设施的信息披露

政府单位的公共基础设施作为政府的重要长期资产，应当在财务报告附注中披露包括但不限于与公共基础设施有关的下列信息：

（1）分类和折旧方法；

（2）折旧年限及其确定依据；

（3）账面余额，累计折旧额（或摊销额），账面价值的期初、期末数及其本期变动情况；

（4）各类公共基础设施的实物量；

（5）期初、期末金额及其增减变动情况；

（6）确认为公共基础设施并单独计价入账的土地使用权的账面余额、累计摊销额及其变动情况；

（7）已提足折旧仍继续使用的公共基础设施的名称、数量等情况；

（8）暂估入账的公共基础设施账面价值变动情况；

（9）无偿调入、接受捐赠的公共基础设施名称、数量等情况；

（10）对外捐赠、无偿调出、报废、重大毁损等处置情况；

（11）年度维护费用和其他后续支出情况。

若有其他相关信息，则需要在单位财务报告附注中一并进行披露。

【例4－47】 某行政单位根据市政规划自行建造市民广场，该项公共基础设施至交付使用前完成的全部必要支出为4 500 000元，已达到使用状态并交付使用。

财务会计账务处理：

借：公共基础设施	4 500 000	
贷：在建工程		4 500 000

【例4－48】 某单位接受上级无偿调入健身设施，经评估该项公共基础设施的价值为300 000元，该单位支付安装费5 000元。

财务会计账务处理：

借：公共基础设施	305 000	
贷：无偿调拨净资产		300 000
银行存款		5 000

预算会计账务处理：

借：其他支出	5 000	
贷：资金结存——货币资金		5 000

【例4－49】 2022年10月31日，某行政单位购入一项环保设施，入账价值为1 200 000元，预计使用年限为20年，预计净残值为20 000元，按照直线法计提折旧，则当年11月计提折旧计算如下。

折旧金额＝1 200 000÷20÷12＝5 000（元）

财务会计账务处理：

借：业务活动费用　　5 000

　　贷：公共基础设施累计折旧　　5 000

【例4-50】某行政单位对外捐赠公共基础设施，该设施账面余额为300 000元，已计提折旧30 000元。另外，该行政单位支付运输费1 000元。

财务会计账务处理：

借：资产处置费用　　271 000

　　公共基础设施累计折旧（摊销）　　30 000

　　贷：公共基础设施　　300 000

　　　　银行存款　　1 000

预算会计账务处理：

借：其他支出　　1 000

　　贷：资金结存——货币资金　　1 000

二、政府储备物资

各类突发事件如地震、冰冻灾害等严重威胁着人们的生命健康和财产安全，政府在面对应急或救灾中，必须有应对的物资储备。2008年，汶川大地震出现了应急物资储备不足的现象，仅仅在地震发生后的48小时内中央级救灾物资储备库的应急物资被调用，所剩无几；等等。物资储备问题关系到政府处理突发事件的能力，关系到民生等诸多方面。只有做好应急物资、救灾物资等的储备工作，才能为政府处理突发事件提供强有力的保障。

（一）政府储备物资的概念和科目设置

1. 政府储备物资的概念

政府会计中的政府储备物资是指政府会计主体为满足实施国家安全与发展战略、进行抗灾救灾、应对公共突发事件等特定公共需求控制的，同时具有下列特征的有形资产。

一是在应对可能发生的特定事件或情形时动用；二是其购入、存储保管、更新（轮换）、动用等由政府及相关部门发布的专门管理制度规范。

如果储备物资是企业以及纳入企业财务管理体系的事业单位接受政府委托收储的，则不在此范围内，应当按照企业会计准则核算。

2. 政府储备物资的分类

政府储备物资包括战略及能源物资、抢险抗灾救灾物资、农产品、医药物资和其他重要商品物资，通常情况下由政府单位委托承储单位存储，政府单位更多是承担行政管理职能。

3. 政府储备物资的确认

（1）政府储备物资同时满足下列条件的，应当予以确认：第一，与该政府储备物资相关的服务潜力很可能实现或者经济利益流入政府会计主体；第二，该政府储备物资的成本或者价值能够可靠地计量。

（2）确认主体。对于符合上述政府储备物资确认条件的，应当按规定对其负有行政管理职责的政府会计主体予以确认。这里的行政管理职责主要是指提出或拟订收储计划、更新（轮换）计划、动用方案等。这是有别于其他资产，也有别于企业管理储备物资的地方。

对于政府储备物资相关行政管理职责由不同政府会计主体行使的，由负责提出收储计划的政府会计主体予以确认。

对政府储备物资管理的单位有两类，一类是直接采购并对其进行管理的政府单位；另一类是负责采购并拥有调拨权利的政府单位（以下简称“采购单位”），将政府储备物资交由其他政府单位（以下简称“代储单位”）代为储存管理。对于前者，政府储备物资由其进行核算和管理；对于后者，由采购单位将政府储备物资交由代储单位作为受托代理资产进行核算和管理。依据准则规定，对政府储备物资不负有行政管理职责，但接受委托具体负责执行其存储保管等工作的政府会计主体，其受托代储的政府储备物资不作为这里所说的“政府储备物资”进行核算和管理，而是作为本会计主体的“受托代理资产”进行核算和管理。

4. 科目设置

政府单位应当设置“政府储备物资”会计科目，核算其直接储存管理的各项政府应急或救灾储备物资等。该科目属于资产类科目，借方登记政府储备物资的增加数，贷方登记政府储备物资的减少数，期末借方余额反映政府单位管理的政府储备物资的实际成本。同时，应当按照政府储备物资的种类、品种、存放地等进行明细会计核算；并可以根据需要，在“政府储备物资”科目下设置“在库”“发出”等明细科目进行明细核算。

（二）政府储备物资的会计核算

政府单位应当对政府储备物资进行全过程管理，从物资的采买、保管到使用，都要按照规定进行管理。而准确的会计核算是其管理的基石，下面将对不同阶段、不同来源的政府储备物资的会计核算进行逐一介绍。

1. 外购的政府储备物资

政府单位购入的政府储备物资，成本包括购买价款和政府会计主体承担的相关税费、运输费、装卸费、保险费、检测费，以及使政府储备物资达到目前场所和状态发生的归属于政府储备物资成本的其他支出。验收入库时，按照确定的成本，借记“政府储备物资”科目，贷记“财政拨款收入”“零余额账户用款额度”“银行存款”等科目。

下列各项不计入政府储备物资成本：仓储费用、日常维护费用、不能归属于使政府储备物资达到目前场所和状态发生的其他支出。

2. 委托加工的政府储备物资

政府单位委托加工的政府储备物资成本包括委托加工前物料成本、委托加工的成本（如委托加工费以及按规定应计入委托加工政府储备物资成本的相关税费等），以及政府会计主体承担的使政府储备物资达到目前场所和状态发生的归属于政府储备物资成本的其他支出。

涉及委托加工政府储备物资业务的，可参照“加工物品”科目的相关会计核算处理。对于这类物资，可以先通过“加工物品——委托加工物品”科目进行核算，发生的加工材料、加工费、运输费等费用，均先计入“加工物品——委托加工物品”科目。待委托加工完成验收入库时，借记“政府储备物资”科目，贷记“加工物品——委托加工物品”科目。

3. 捐赠的政府储备物资

政府单位对于接受捐赠的政府储备物资，成本按照有关凭据注明的金额加上本单位承担的相关税费、运输费等确定；没有相关凭据可供取得，但按规定经过资产评估的，成本按评估价值加上政府会计主体承担的相关税费、运输费等确定；没有相关凭据可供取得也未经资产评估的，成本比照同类或类似资产的市场价格加上政府会计主体承担的相关税费、运输费等确定。在接受捐赠的物资验收入库时，按确定的成本，借记“政府储备物资”科目，按单位承担的相关税费、运输费等，贷记“零余额账户用款额度”“银行存款”等科目，按其差额，贷记“捐赠收入”科目。

对于政府单位因需要对外捐赠政府储备物资的，按发出物资的账面余额，借记“业务活动费用”科目，贷记“政府储备物资”科目。

4. 无偿调拨的政府储备物资

政府单位对于接受无偿调拨的政府储备物资，成本按调出方账面价值加上归属于本单位的相关税费、运输费等确定。在验收入库时，按确定的成本，借记“政府储备物资”科目，按单位承担的相关税费、运输费等，贷记“零余额账户用款额度”“银行存款”等科目，按照其差额，贷记“无偿调拨净资产”科目。

政府单位因管理主体变动等将政府储备物资调拨给其他单位的，按无偿调出政府储备物资的账面余额，借记“无偿调拨净资产”科目，贷记“政府储备物资”科目。

5. 对外销售政府储备物资

政府单位对于根据需要对外销售政府储备物资，应当在发出物资时将其账面余额转销计入当期费用，并按规定确认相关销售收入或将销售取得的价款大于所承担的相关税费后的差额做应缴款项处理。其会计处理根据处理销售收入的管理不同而有所区别。

（1）将销售收入纳入单位预算统一管理的，发出物资时，按发出物资的账面余额，借记“业务活动费用”科目，贷记“政府储备物资”科目；实现销售收入时，按确认的收入金额，借记“银行存款”“应收账款”等科目，贷记“事业收入”等科目。

（2）将销售净收入上缴财政的，发出物资时按发出物资的账面余额，借记“资产处置费用”科目，贷记“政府储备物资”科目；取得销售价款时，按实际收到的款项金额，借记“银行存款”等科目，按发生的相关税费，贷记“银行存款”等科目，而销售价款大于所承担的相关税费后的差额，则贷记“应缴财政款”科目。

6. 政府储备物资的更新（轮换）

政府单位采取销售采购方式对政府储备物资进行更新（轮换）的，应当将物资换出视为物资销售，将物资换入视为物资采购，销售和采购则按上述会计处理方法进行相应的账务处理。

7. 政府储备物资的调拨和使用

政府单位根据规定和要求在使用政府储备物资时，对于物资能否收回的会计处理方式是不同的，具体分为以下两种情况。

（1）政府单位对于因需要而对外无偿调拨或使用而无须收回的政府储备物资，按发出物资的账面余额，借记“业务活动费用”科目，贷记“政府储备物资”科目。

（2）政府单位对于因动用而发出需要收回或者预期可能收回的政府储备物资，在发出物资时，按发出物资的账面余额，借记“政府储备物资——发出”科目，贷记“政府储备物资——在库”科目；按规定的质量验收标准收回物资时，按收回物资原账面余额，借记“政府储备物资——在库”科目，按未收回物资的原账面余额，借记“业务活动费用”科目，按物资发出时登记在“政府储备物资”科目所属“发出”明细科目中的余额，贷记“政府储备物资——发出”科目。

8. 报废、毁损的政府储备物资

政府单位在对政府储备物资管理的过程中，有报废、毁损的储备物资，应按规定报经批准后进行账务处理。

首先，将报废、毁损的政府储备物资转入待处理财产损溢，即借记“待处理财产损溢”科目，贷记“政府储备物资”科目。

其次，按确定追究的相关赔偿责任，借记“其他应收款”科目，按非人为因素导致报废、毁损的相关费用，借记“业务活动费用”科目，按转销的政府储备物资的账面余额，贷记“待处理财产损溢”科目。同时，按取得的残值变价收入，借记“银行存款”科目，贷记“待处理财产损溢”科目；按支付的相关费用，借记“待处理财产损溢”科目，贷记“银行存款”科目。

最后，对于这个过程中收支相抵后的余额，如果是净收益，则借记“待处理财产损溢”科目，贷记“应缴财政款”科目；如果是净损失，则借记“业务活动费用”科目，贷记“待处理财产损溢”科目。

（三）政府储备物资的后续计量

各政府单位应当加强对其拥有的政府储备物资的管理，在管理中的后续会计计量如下。

政府单位应当根据实际情况采用先进先出法、加权平均法，或者个别计价法确定政府储备物资发出的成本。计价方法一经确定，不得随意变更。若要变更，则需按照准则相关规定进行披露、报备等处理。

对于性质和用途相似的政府储备物资，政府会计主体应当采用相同的成本计价方法确定发出物资的成本。

对于不能替代使用的政府储备物资、为特定项目专门购入或加工的政府储备物资，政府会计主体应采用个别计价法确定发出物资的成本。

（四）政府储备物资的清查盘点

政府单位应当定期对政府储备物资进行清查盘点，每年至少盘点一次。对发生的政府储备物资盘盈、盘亏或者报废、毁损，应当先计入“待处理财产损溢”科目，按照规定报经批准后及时进行后续账务处理。

盘盈的政府储备物资，成本按照有关凭据注明的金额确定；没有相关凭据，但按规定经过资产评估的，成本按照评估价值确定；没有相关凭据也未经过资产评估的，成本按照重置成本确定。按确定的入账成本，借记“政府储备物资”科目，贷记“待处理财产损溢”科目。

盘亏的政府储备物资，先按冲销政府储备物资的账面余额，借记“待处理财产损溢”科目，贷记“政府储备物资”科目。按规定报批后，确定追究相关赔偿责任的，借记“其他应收款”科目；属于正常耗费或不可抗力因素造成的，借记“业务活动费用”科目，贷记“待处理财产损溢”科目。

（五）政府储备物资的披露

政府储备物资作为政府应急管理的重要资产，其相关信息应当在财务报表附注中进行披露，披露的信息包括但不限于下面的内容。

（1）本单位各类政府储备物资的期初和期末账面余额。

（2）因动用而发出需要收回或者预期可能收回，但期末尚未收回的政府储备物资的账面余额。

（3）确定发出政府储备物资成本采用的方法。

（4）其他有关政府储备物资变动的重要信息。

【例4－51】 某行政单位购入一批抗震救灾政府储备物资，价款5 000 000元，相关税费850 000元，运费、保险费共计20 000元，使用财政授权支付方式进行结算，购入的政府储备物资验收入库。

财务会计账务处理：

借：政府储备物资　　　　　　　　　　　5 870 000

　　贷：零余额账户用款额度　　　　　　　　　5 870 000

预算会计账务处理：

借：行政支出　　　　　　　　　　　　　5 870 000

　　贷：资金结存——零余额账户用款额度　　　　5 870 000

三、文物文化资产

我国在数千年的文明进步和发展中，留下了诸多文物，它们是中华民族发展的瑰宝，是需要所有人共同保护的。但是，长期以来，我国政府没有对文物形成的资产进行反映，政府资产中缺失了“文物”资产。为进一步反映和监督国家文物，新政府会计准则制度对其进行了规范，体现了本次政府会计改革对文物文化资产的重视。

（一）文物文化资产的概念和科目设置

1. 文物文化资产的概念

我国《民间非营利组织会计制度》给出的文物文化资产的定义是：用于展览、文物文化资产教育或研究等目的的历史文物、艺术品以及其他具有文化或者历史价值并作为长期或者永久保存的典藏等。政府会计中的文物文化资产也可以借用我国非营利组织会计制度中的概念。一个国家的文物文化，是具有公共产权性质的特殊资源，应由国家进行永久性保护。政府维护这类资产是出于文化、教育、休闲等目的，而不是出于产生收入、营利等目的。

2. 文物文化资产的科目设置

管理文物文化资产的政府单位，应当设置“文物文化资产”科目，核算单位为满足社会公共需求控制的文物文化资产的成本。“文物文化资产”科目应当按照文物文化资产的类别、项目等进行明细核算。“文物文化资产”科目属于资产类会计科目，借方反映单位持有的文物文化资产的增加数，贷方反映单位持有的文物文化资产的减少数，期末余额在借方，反映本单位管理的文物文化资产的成本。

需要注意的是，政府单位为满足自身开展业务活动或其他活动需要控制的文物和陈列品，应当通过“固定资产”科目核算，不通过“文物文化资产”科目核算。

（二）文物文化资产的会计核算

1. 外购的文物文化资产

政府单位外购的文物文化资产，成本包括购买价款、相关税费以及可归属于该项资产达到预定用途前发生的其他支出（如运输费、安装费、装卸费等）。外购的文物文化资产，按确定的成本，借记“文物文化资产”科目，贷记“财政拨款收入”“零余额账户用款额度”“银行存款”等科目。

2. 无偿调拨的文物文化资产

政府单位对于无偿调入的文物文化资产，按在调出方的账面价值加上归属于调入方的相关费用确定。调入的文物文化资产，按确定的成本，借记“文物文化资产”科目，按发生的归属于调入方的相关费用，贷记“零余额账户用款额度”“银行存款”等科目，按其差额，贷记“无偿调拨净资产”科目。

无偿调入的文物文化资产成本无法可靠取得的，按发生的归属于调入方的相关费用，借记“其他费用”科目，贷记“零余额账户用款额度”“银行存款”等科目。

政府单位经批准后，无偿调出文物文化资产的，借记“无偿调拨净资产”科目，贷记“文物文化资产”科目。按无偿调出过程中发生的归属于调出方的相关费用，借记“资产处置费用”科目，贷记“银行存款”等科目。

3. 捐赠的文物文化资产

政府单位接受捐赠的文物文化资产，成本按照有关凭据注明的金额加上相关费用确定；没有相关凭据可供取得，但按照规定经过资产评估的，成本按照评估价值加上相关费用确定；没有相关凭据可供取得也未经评估的，成本比照同类或类似资产的市场价格加上相关费用确定。按确定的成本，借记“文物文化资产”科目，按发生的相关税费、运输费等金额，贷记“零余额账户用款额度”“银行存款”等科目，按照其差额，贷记“捐赠收入”科目。

接受捐赠的文物文化资产成本无法可靠取得的，按发生的相关税费、运输费等金额，借记“其他费用”科目，贷记“零余额账户用款额度”“银行存款”等科目。

政府单位经批准后可以对外捐赠的文物文化资产，按被处置文物文化资产账面余额和捐赠过程中发生的归属于捐出方的相关费用合计数，借记“资产处置费用”科目，贷记“文物文化资产”科目；按本单位承担的相关费用，贷记“银行存款”等科目。此处需要注意会计处理与无偿调出文物文化资产的不同。

4. 其他

（1）与文物文化资产有关的后续支出，参照“公共基础设施”科目相关规定进行处理。

（2）对于成本无法可靠取得的文物文化资产，单位应当设置备查簿进行登记，待成本能够可靠确定后按照规定及时入账。

（三）文物文化资产的清查盘点

政府单位应当定期对本单位的文物文化资产进行清查盘点，每年至少盘点一次。对于发生的文物文化资产盘盈、盘亏、毁损或报废等，应当先计入“待处理财产损溢”科目，按规定报经批准后及时进行后续账务处理。

（1）对于盘盈的文物文化资产，其成本按有关凭据注明的金额确定；没有相关凭据但按规定经过资产评估的，其成本按评估价值确定；没有相关凭据也未经过评估的，其成本按重置成本确定。对于成本无法可靠取得的，单位应当设置备查簿进行登记，待成本确定后按照规定及时入账。盘盈的文物文化资产，按确定的入账成本，借记“文物文化资产”科目，贷记“待处理财产损溢”科目。

（2）对于盘亏的文物文化资产，报经批准后，按待处置文物文化资产的账面价值，借记“待处理财产损溢”科目，贷记“文物文化资产”科目。

（四）文物文化资产的处置

政府单位对于按规定报经批准后，无偿调出、对外捐赠的文物文化资产，应将其账面价值予以转销，此过程中发生的归属于调出方、捐出方的相关费用应当计入当期费用。按文物文化资产账面余额，贷记“文物文化资产”科目，按调拨、捐赠过程中发生的归属于调出方和捐出方的相关费用，贷记“银行存款”等科目，其差额借记“资产处置费用”科目。

对于文物文化资产报废或遭受重大毁损的，在报经批准后，应当将其账面价值予以转销，借记“待处理财产损溢”科目，贷记“文物文化资产”科目。同时，将报废、毁损过程中取得的残值变价收入扣除相关费用，若为正数则为净收益，按规定做应缴款项处理，借记“待处理财产损溢”科目，贷记“应缴财政款”科目；若为负数则为净损失，则计入当期费用，借记“资产处置费用”科目，贷记“待处理财产损溢”科目。

【例4－52】某单位接受社会捐赠的文物文化资产，资产价值50 000元，其间发生的运输费1 000元。

财务会计账务处理：

借：文物文化资产	51 000	
贷：捐赠收入		50 000
银行存款		1 000

预算会计账务处理：

借：其他支出	1 000	
贷：资金结存——货币资金		1 000

四、保障性住房

“住房难”曾一度成为社会的热点和焦点，是人民群众最关注的问题。党的十九大报告明确指出：“中国特色社会主义进入新时代，我国社会主要矛盾已经转化为人民日益增长的美好生活需要和不平衡不充分的发展之间的矛盾。”这是对我国社会主要矛盾的新变化做出的科学判断，具有重大的理论意义和实践意义。而“不断满足人民日益增长的美好生活需要”是党为之不懈奋斗的目标。为此，为了改善人民群众的居住条件，国家和政府为中低收入家庭提供的限定价格或较低租金的住房，如廉租住房、经济适用住房、安置房等，都属于保障性质的住房，又被称为“国家保障性住房”。为准确反映和监督由政府控制的保障性住房，本次政府会计改革明确了这类政府资产的核算要求。

（一）保障性住房的概念和科目设置

1. 保障性住房的概念

保障性住房主要指地方政府住房保障主管部门持有全部或部分产权份额、纳入城镇住房保障规划和年度计划、向符合条件的保障对象提供的住房。政府会计中的保障性住房是纳入政府资产管理和核算的保障性住房，对其进行会计核算将有利于该类资产的管理，有助于政府“亮明家底”，统筹规划和管理，切实落实对相关人民群众的住房保障。

2. 保障性住房的科目设置

政府单位应当设置“保障性住房”会计科目，用于核算为满足社会公共需求而控制的保障性住房的原值，并按保障性住房的类别、项目等进行明细会计核算。该科目属于资产类会计科目，借方反映保障性住房的增加数，贷方反映保障性住房的减少数，期末余额在借方，反映保障性住房的原值。

（二）保障性住房资产的会计核算

1. 外购的保障性住房

政府单位通过外购方式取得的保障性住房，成本包括购买价款、相关税费以及可归属于该项资产达到预定用途前发生的其他支出。按确定的成本，借记“保障性住房”科目，贷记“财政拨款收入”“零余额账户用款额度”“银行存款”等科目。

2. 自建的保障性住房

政府单位对于自建的保障性住房，在交付使用时，按在建工程成本，借记“保障性住房”科目，贷记“在建工程”科目。已交付使用但尚未办理竣工决算手续的保障性住房，先按估计价值入账，待办理竣工决算后再按照实际成本调整原来的暂估价值。

3. 捐赠的保障性住房

政府单位接受捐赠的保障性住房，其初始入账成本按照如下不同情况进行处理：①按照有关凭据注明的金额加上相关税费、运费确定；②没有相关凭据的，但按规定经过资产评估的，按照评估价值加上相关税费、运费等确定；③既无相关凭据也未经评估的，比照同类或类似固定资产的市场价格加上相关费用等确定；④以上条件都不满足的，按照名义金额（人民币 1 元）确定入账。对于接受捐赠的旧的保障性住房，在确定其初始入账成本时，应考虑其新旧程度，如可以通过资产评估的方式进行，也可以与捐赠方进行沟通以原始单据或者捐赠方的账面价值为依据，等等。

政府单位接受捐赠的保障性住房，按确定的固定资产成本，借记“保障性住房”科目（不需要安装）或“在建工程”科目（需要安装），按发生的相关税费、运输费等，贷记“零余额账户用款额度”“银行存款”等科目，差额贷记“捐赠收入”科目。

4. 融资租赁取得的保障性住房

政府单位根据自身履行职能、提供公共产品或者服务的需要，可以对保障性住房进行融资租赁。《企业会计准则第21号——租赁》中对融资租赁进行了定义，即融资租赁实质上转移了与租赁资产所有权有关的几乎全部风险和报酬，资产的所有权最终可能转移，也可能不转移。

融资租入保障性住房的成本按租赁协议或者合同确定的租赁价款、相关税费以及固定资产交付使用前发生的可归属于该项资产的运输费、途中保险费、安装调试费等确定。按确定的成本，借记“保障性住房”科目或“在建工程”科目，按租赁协议或者合同确定的租赁付款额，贷记“长期应付款”科目，按支付的运输费、途中保险费、安装调试费等金额，贷记“财政拨款收入”“零余额账户用款额度”“银行存款”等科目。

定期支付租金时，按照实际支付金额，借记“长期应付款”科目，贷记“财政拨款收入”“零余额账户用款额度”“银行存款”等科目。

对于按规定跨年度分期付款购入保障性住房的账务处理，参照上述融资租入固定资产进行会计核算。

5. 无偿调拨的保障性住房

政府单位接受其他单位无偿调入的保障性住房，成本按该项资产在调出方的账面价值加上归属于调入方的相关费用确定。按确定的成本，借记“保障性住房”科目，按发生的归属于调入方的相关费用，贷记“零余额账户用款额度”“银行存款”等科目，其差额贷记“无偿调拨净资产”科目。

政府单位因工作需要无偿调出本单位的保障性住房，必须按照资产管理的要求进行审批。报经批准无偿调出保障性住房的，按保障性住房已计提的折旧，借记“保障性住房累计折旧”科目，按照被处置保障性住房账面余额，贷记“保障性住房”科目，其差额借记“无偿调拨净资产”科目；如果发生有归属于调出方的相关费用，则借记“资产处置费用”科目，贷记“银行存款”等科目。

6. 出售保障性住房

经批准后，政府单位可以出售保障性住房。按被出售保障性住房的账面价值，借记“资产处置费用”科目，按保障性住房已计提的折旧，借记“保障性住房累计折旧”科目，按保障性住房账面余额，贷记“保障性住房”科目；同时，对于收到的价款，借记“银行存款”等科目，按出售过程发生的相关费用，贷记“银行存款”等科目，其差额则贷记“应缴财政款”科目。

7. 出租保障性住房

政府单位按相关规定出租保障性住房的，应将出租收入上缴同级财政。按照收取的租金金额，借记“银行存款”等科目，贷记“应缴财政款”科目。

（三）保障性住房资产的后续支出

保障性住房资产在使用过程中发生的后续支出，对于符合资产确认条件的，应当计入保障性住房成本；对于不符合资产确认条件的，应当在发生时计入当期费用或者相关资产成本。此外，将发生的保障性住房后续支出计入成本的，应当同时从保障性住房账面价值中扣除被替换部分的账面价值。

在保障性住房取得和处置过程中，涉及增值税业务的，相关账务处理按照“应交增值税”科目进行。

（四）保障性住房的清查盘点

政府单位对于发生的保障性住房盘盈、盘亏、毁损或报废等，应当先计入“待处理财产损溢”科目，按规定报经批准后及时进行后续账务处理。

（五）保障性住房的累计折旧

1. 保障性住房累计折旧的概念和科目设置

政府单位的保障性住房会随着使用和时间的推移发生价值损耗，因此需要对其计提折旧，反映其价值的不断损耗。

政府单位应当设置“保障性住房累计折旧”会计科目，核算单位计提的保障性住房的累计折旧，并按照对应保障性住房的类别进行明细核算。该科目是保障性住房的备抵科目，贷方反映计提的折旧数，借方反映转出的累计折旧数，期末余额在贷方反映保障性住房累计计提的折旧金额。

2. 保障性住房累计折旧的会计核算

政府单位对其控制的保障性住房应当按月计提折旧。该累计折旧的计提与固定资产一致，在此不再赘述。

（1）计提累计折旧。政府单位按月计提保障性住房折旧时，按应计提的折旧额，借记“业务活动费用”科目，贷记“保障性住房累计折旧”科目。

（2）报经批准处置保障性住房时，按所处置保障性住房的账面价值，借记“资产处置费用”“无偿调拨净资产”“待处理财产损溢”等科目，按已计提折旧，借记“保障性住房累计折旧”科目，按保障性住房的账面余额，贷记“保障性住房”科目。

【例4-53】2022年10月30日，某单位接受无偿调入的保障性住房10套，价值4 000 000元，该单位支付相关费用20 000元。

财务会计账务处理：

借：保障性住房	4 020 000	
贷：银行存款		20 000
无偿调拨净资产		4 000 000

预算会计账务处理：

借：其他支出	20 000	
贷：资金结存——货币资金		20 000

【例4-54】2022年底，某单位对其保障性住房进行盘点，发现盘盈保障性住房，价值90 000元。

财务会计账务处理：

借：保障性住房	90 000	
贷：待处理财产损溢		90 000

预算会计不做账务处理。

第八节　政府单位其他非流动资产的核算

一、受托代理资产

（一）受托代理资产的概念和科目设置

1. 受托代理资产的概念

政府单位在提供公共产品或者服务、履行职能的过程中，可能会产生一些接受委托方管理的各种各样的资产，这些资产对政府单位来说有了管理的责任和义务，因此要对其进行资产的管理，但是其所有权又不属于政府单位，故形成了政府单位的负债。本书介绍的受托代理资产是指政府单位接受委托方委托管理的各项资产，包括受托指定转赠的物资、受托储存管理的物资等。政府单位应当在收到受托代理的资产时予以确认。

政府单位收到的受托转赠物资一般是政府部门以外的其他组织或个人的转赠资产，由于该类资产的所有者已经确定了要将其转赠，一般情况下产权也就随之暂时转移到政府单位，将来再转移到受赠人。而政府单位收到的受托储存管理物资，一般是政府部门或者其他政府机关拥有的使用权物资，由于工作需要，暂由本单位代为储存和管理，故需要在编制资产负债表时注意有无重复的问题。

2. 受托代理资产的科目设置

政府单位应当设置“受托代理资产”科目，核算接受委托方委托管理的各项资产，包括受托指定转赠的物资、受托存储保管的物资等的成本。同时，按资产的种类和委托人进行明细核算；属于转赠资产的，还应按不同的受赠人进行明细会计核算。

“受托代理资产”科目属于资产类科目，借方登记受托代理资产的增加数，贷方登记受托代理资产的减少数，期末借方余额反映政府单位受托代理实物资产的成本。同时，按照受托代理资产的类别和委托人等进行明细会计核算；属于转赠资产的，应按受赠人进行明细核算。

如前所述，受托代理资产并不是政府单位自己的资产，在进行受托管理时，就构成了对资产实际所有者或指定受赠人的一种受托负债。因此，在设置“受托代理资产”科目的同时，还要设置“受托代理负债”这一负债类的会计科目，共同对受托管理的资产进行会计核算。

单位管理的罚没物资也应当通过“受托代理资产”科目核算。单位收到的受托代理资产为现金和银行存款的，不通过“受托代理资产”科目核算，而应当通过“库存现金”“银行存款”科目进行核算，为了与单位自有的资金进行区别，可以进行明细核算和管理。

（二）受托代理资产的管理

受托代理资产作为政府单位资产的组成部分，其管理是不容忽视的。在原制度中，这类资产没有单列出来，会与单位的自有资产造成一定的混淆，在管理上也不容易引起重视，随着我国经济社会的不断发展，这类资产也越来越多。本次政府会计改革根据实际需要将其与单位自有资产进行了分离，符合当今我国发展的需要，政府单位应当建立健全受托代理资产和受托代理负债的管理制度，强化监管，不断夯实管理基础，切实管好受托代理资产。

（三）受托代理资产的会计核算

1. 受托转赠物资

（1）收到受托转赠物资。政府单位接受委托人委托需要转赠给受赠人的物资，如抗震救灾政府单位接受的各类抗震救灾物资等，在验收入库后，按确定的成本，借记“受托代理资产”科目，贷记“受托代理负债”科目；协议约定由政府单位承担的相关税费、运费等，按实际支付的金额，借记“其他费用”科目，贷记“银行存款”“零余额账户用款额度”等科目。

（2）交付受托转赠物资。政府单位将受托转赠物资交付受赠人时，按照转赠物资的成本，借记“受托代理负债”科目，贷记“受托代理资产”科目。

（3）委托人取消转赠且不再收回。对于这类受托转赠物资，政府单位将其转为本单位的存货或者固定资产进行核算和管理。按转赠物资的成本，借记“受托代理负债”科目，贷记“受托代理资产”科目；同时，借记“库存物品” “固定资产”等科目，贷记“其他收入”科目。

2. 受托储存管理物资

（1）收到受托储存管理物资。政府单位对收到的受托储存管理物资验收入库后，按确定的成本，借记“受托代理资产”科目，贷记“受托代理负债”科目。对于支付的相关运输费、办公费等费用，按照实际支付金额，借记“其他费用”科目，贷记“银行存款”“零余额账户用款额度”等科目。

（2）交付受托储存管理物资。政府单位根据委托人要求交付或者发出受托储存管理的物资时，按相应的成本，借记“受托代理负债”科目，贷记“受托代理资产”科目。

3. 罚没物资

（1）取得罚没物资。政府单位按规定取得罚没物资的，成本按有关凭据注明的金额确定。罚没物资验收入库时，按确定的成本，借记“受托代理资产”科目，贷记“受托代理负债”科目。罚没物资成本无法可靠确定的，单位应当设置备查簿进行登记，待成本确定后再做账务处理。

（2）处置或移交罚没物资。政府单位按规定处置或者移交罚没物资时，按罚没物资成本，借记“受托代理负债”科目，贷记“受托代理资产”科目。处置时取得款项的，按实际取得的款项金额，借记“银行存款”等科目，贷记“应缴财政款”等科目。

单位受托代理的其他实物资产，参照“受托代理资产”科目有关受托转赠物资、受托存储保管物资的规定进行账务处理。

【例 4－55】 2022 年 6 月 3 日，某行政单位接受一批甲公司受托转赠物资并验收入库，该批物资的实际成本为 450 000 元，该行政单位使用银行存款支付运费 5 000 元。

2022 年 6 月 3 日，接受受托转赠物资时：

财务会计账务处理：

借：受托代理资产　　450 000

　　贷：受托代理负债　　450 000

借：其他费用　　5 000

　　贷：银行存款　　5 000

预算会计账务处理：

借：其他支出　　5 000

　　贷：资金结存——货币资金　　5 000

2022 年 6 月 15 日，甲公司取消了对捐赠物资的转赠要求。

财务会计账务处理：

借：受托代理负债　　450 000

　　贷：受托代理资产　　450 000

借：库存物品　　450 000

　　贷：其他收入　　450 000

预算会计不做账务处理。

二、长期待摊费用

长期待摊费用在企业中是指用于核算已经支出，但是摊销期限在 1 年以上的各项费用，如固定资产大修支出、租入固定资产的改良支出以及摊销期限在 1 年以上的其他待摊费用。

“待摊”的产生与权责发生制是密切相关的，也是收入费用配比的要求。在权责发生制下，当期收入、费用是按照是否属于当期的权利、义务进行确认的，而无论款项是否在当期收到或者支付。这样一来，对于属于当期的权利、义务的，无论款项是否收到或者付出，都应当作为当期的收入或者费用给予确认和计量。对于发生的当期已经支付的费用，除了由当期负担外，还应当由以后各期分别负担的，应该作为待摊销的费用进行核算和管理。若摊销期限在1年以内（含1年）的，则作为待摊费用管理；若摊销期限在1年以上的，则作为长期待摊费用管理。

新政府会计准则制度将长期待摊费用纳入政府单位进行核算和管理。一方面，在大部分政府单位，也会发生摊销期限在1年以上的费用，即长期待摊费用；另一方面，财务会计以权责发生制为基础进行会计核算，需要客观反映政府单位的支出和费用。

（一）长期待摊费用的概念和科目设置

1. 长期待摊费用的概念

政府单位的长期待摊费用是指单位已经发生的支出，但是应该由本期和以后各期负担的、分摊期限在1年以上的各项支出和费用。如某事业单位因业务工作需要，一次性支付5年办公用房租金2 000万元，此笔支出如果直接计入当期费用，就会虚增单位当年度的支出和成本，因为其受益期不只是在当年，而长期待摊费用的出现能够较好地解决这个问题。长期待摊费用的设置和存在，较好地体现了受益和配比，同时为今后事业单位的成本核算奠定了基础。

2. 长期待摊费用的科目设置

政府单位应当设置“长期待摊费用”会计科目，核算单位已经支出，但应由本期和以后各期负担的分摊期限在1年以上（不含1年）的各项费用，如以经营租赁方式租入的固定资产发生的改良支出等。“长期待摊费用”科目应按费用项目进行明细核算。“长期待摊费用”科目借方核算当期计入长期待摊费用的增加数，贷方反映当期的摊销数，期末余额在借方反映本单位尚未摊销完毕的长期待摊费用。

（二）长期待摊费用的会计核算

1. 发生长期待摊费用

政府单位对于发生的长期待摊费用，应按支出金额，借记“长期待摊费用”科目，贷记“财政拨款收入”“零余额账户用款额度”“银行存款”等科目。但是，在预算会计中，此类费用不能作为待摊处理，收付实现制的核算基础对于此类费用的核算是直接计入当期支出的。

2. 摊销长期待摊费用

政府单位应当在受益期间，对其长期待摊费用进行摊销，按摊销金额，借记“业务活动费用”“单位管理费用”“经营费用”等科目，贷记“长期待摊费用”科目。

3. 转销长期待摊费用

政府单位应当定期对单位的长期待摊费用进行核查，如果判断某项长期待摊费用已经不能使本单位受益，则应将其剩余金额一次全部转入当期费用。会计处理时按摊销金额，借记“业务活动费用”“单位管理费用”“经营费用”等科目，贷记“长期待摊费用”科目。

【例4－56】 2022年4月1日，某事业单位对其以经营租赁方式新租入的办公楼进行装修，一共发生240 000元的支出，使用财政授权支付方式进行结算。假定不考虑其他因素。

财务会计账务处理：

借：长期待摊费用　　240 000

　　贷：零余额账户用款额度　　240 000

预算会计账务处理：

借：事业支出　　240 000

　　贷：资金结存——零余额账户用款额度　　240 000

三、待处理财产损溢

（一）待处理财产损溢的概念和科目设置

1. 待处理财产损溢的概念

政府单位管理的国有资产包括货币性资产和非货币性资产，前者包括现金、银行存款，后者包括存货、固定资产、无形资产、政府储备物资等。当政府单位处理其拥有的各类资产时，为了加强对国有资产的管理，防止国有资产的流失，需要对资产的出售、报废、毁损、盘盈、盘亏以及货币性资产损失核销等处理情况进行有效的反映，使资产在发生损溢后、报批处理前就能在账上据实地反映和体现出来，从而做到账实相符。政府单位的待处理财产损溢由此产生。

待处理财产损溢，是指政府单位待处理财产的价值及财产处理损溢。当政府单位的财产有出售、报废、毁损、盘盈、盘亏以及货币性资产和损失核销等处理情况出现时，先转入待处理财产损溢，并按照规定报经批准后，才能进行相应的财务处理。

2. 待处理财产损溢的科目设置

政府单位应当设置“待处理财产损溢”会计科目，核算政府单位查明的各种资产盘盈、盘亏和报废、毁损的价值。并按待处理的资产项目进行明细账核算，对于在处理财产过程中取得的收入或发生的相关费用，应当设置明细科目“待处理财产价值”“处理净收入”进行明细会计核算。

“待处理财产损溢”科目借方反映因资产的出售、报废、毁损、盘亏、短缺而转出的资产价值，盘盈资产的批准转赠金额，以及处置过程中应支付的相关费用；贷方反映由于资产的盘盈增加的资产价值以及转销出售、报废、毁损、盘亏、短缺资产的金额；一般在年终结账前处理完毕，若有期末余额在借方，则反映尚未处理完毕的各种财产的价值及净损失；若有期末余额在贷方，则反映尚未处理完的各种财产的净溢余。

（二）待处理财产损溢的会计核算

1. 现金短缺或溢余

政府单位对库存现金要做到日清月结，若发现有待查明原因的现金短缺或溢余，计入“待处理财产损溢”科目的借方或贷方。待政府单位查明原因后，再行处理。

若是现金短缺，属于应由责任人赔偿或向相关人员追回的部分，则借记“其他应收款”科目，贷记“待处理财产损溢”科目；若无法查明原因，需要报经批准核销，则借记“资产处置费用”科目，贷记“待处理财产损溢”科目。本处借记“资产处置费用”科目与改革前计入“其他经费支出”科目比较，更加清晰地反映了该类经济业务的性质，是属于资产处置的支出，而不是模糊的其他支出。

若是现金溢余，属于应支付给相关人员或单位的，则借记“待处理财产损溢”科目，贷记“其他应付款”科目；若无法查明原因，则在报经批准后，借记“待处理财产损溢”科目，贷记“其他收入”科目。本处的会计处理与改革前相同，说明此类经济业务的性质已经较为明了。

2. 盘盈的各类资产

新准则制度明确规定，对包括存货、固定资产、无形资产、公共基础设施、政府储备物资、文物文化资产、保障性住房等在内的各种资产进行清查，对于清查出现的盘盈、盘亏或报废、毁损等情况，政府单位需要按照规定及时进行账务处理。

（1）对于盘盈的资产，需要先转入待处理资产，按确定的成本，借记“库存物品”“固定资产”“无形资产”“公共基础设施”“政府储备物资”“文物文化资产”“保障性住房”等科目，贷记“待处理财产损溢”科目。

（2）对于按规定报经批准后处理的盘盈资产，若是盘盈的流动资产，则借记“待处理财产损溢”科目，贷记“单位管理费用”科目

（事业单位）或“业务活动费用”科目（行政单位）。对于盘盈的非流动资产，属于本年度取得的，按当年新取得相关资产进行账务处理；属于以前年度取得的，按照前期差错处理，借记“待处理财产损溢”科目，贷记“以前年度盈余调整”科目。

3. 盘亏或者毁损、报废的各类资产

（1）对于盘亏或者毁损、报废的各类资产，需要先转入待处理资产，借记“待处理财产损溢”科目。有折旧摊销的，应同时将其转销，即借记“固定资产累计折旧”“无形资产累计摊销”“公共基础设施累计折旧（摊销）”“保障性住房累计折旧”科目，贷记“库存物品”“固定资产”“无形资产”“公共基础设施”“政府储备物资”“文物文化资产”“保障性住房”“在建工程”等科目。涉及增值税业务的，相关账务处理参见“应交增值税”科目。报经批准处理时，借记“资产处置费用”科目，贷记“待处理财产损溢”科目。

（2）对于处理毁损、报废实物资产过程中取得的残值或残值变价收入、保险理赔和过失人赔偿等具有收入性质的，借记“库存现金”“银行存款”“库存物品”“其他应收款”等科目，贷记“待处理财产损溢”科目。

（3）对于处理毁损、报废实物资产过程中发生的相关费用，借记“待处理财产损溢”科目，贷记“库存现金”“银行存款”等科目。

（4）处理收支结清，处理收入大于相关费用的，按处理收入减去相关费用后的净收入，借记“待处理财产损溢——处理净收入”科目，贷记“应缴财政款”等科目；处理收入小于相关费用的，按相关费用减去处理收入后的净支出，借记“资产处置费用”科目，贷记“待处理财产损溢——处理净收入”科目。

提示：原制度中对于报经批准的无法收回的应收账款和其他应收款、预付账款等给予核销的，都需要将相应的应收账款、其他应收款和预付账款转入“待处理财产损溢”科目，待批准后才能进行核销。但是，新会计准则制度中由于对应收账款、其他应收款要计提坏账准备，核销不再转入“待处理财产损溢”，而是直接进行核销。此为不同。

【例4-57】2021年11月25日，某医院在对固定资产盘点时，盘盈一台设备，账面价值7 000元。2021年12月25日，报经批准后对该设备进行处理。

2022年11月25日：

财务会计账务处理：

借：固定资产——设备　　7 000

　　贷：待处理财产损溢　　7 000

预算会计不做账务处理。

2022年12月25日：

财务会计账务处理：

借：待处理财产损溢　　7 000

　　贷：以前年度盈余调整　　7 000

思考题

1. 什么是政府单位的资产？政府单位的资产包括哪些种类？

2. 什么是政府单位的零余额账户用款额度？零余额账户用款额度与银行存款有什么不同？

3. 什么是政府单位的财政应返还额度？政府单位的“财政应返还额度”总账科目设置哪两个明细科目？

4. 什么是政府单位的固定资产？政府单位的固定资产在购入和计提折旧时是如何进行会计核算的？

5. 什么是政府单位的受托代理资产？政府单位应当如何核算和管理受托代理资产？

6. 如何理解新会计准则制度中政府单位的政府储备物资和公共基础设施资产？政府单位应当如何对其进行核算与管理？

练习题

练习一

一、目的：练习政府单位流动资产的核算。

二、资料：某政府单位2021年发生如下经济业务。

（1）从单位零余额账户中提取现金35 000元，以备日常零星开支使用。

（2）用库存现金购买办公用品一批，金额570元。

（3）收到单位零余额账户代理银行转来的财政授权支付额度到账通知书，收到财政授权支付额度共计4 800 000元。

（4）使用财政直接支付额度50 000元购买存货，该批存货已验收入库。

三、要求：根据以上经济业务，编制该政府单位的有关会计分录。

练习二

一、目的：练习政府单位待处理财产损溢的核算。

二、资料：某政府单位2021年发生如下经济业务。

（1）经同级财政部门批准，出售一台不需用的办公设备，该办公设备的原价为33 000元，已计提的累计折旧为20 000元，账面价值为13 000元，出售价格为18 000元，款项尚未收到。

（2）收到已经出售的一台不需用的办公设备，价款9 800元，款项已存入银行，并通过开户银行将收到的相应价款9 800元上缴同级财政。

三、要求：根据以上经济业务，编制本政府单位的有关会计分录。

练习三

一、目的：练习政府单位政府储备物资和公共基础设施的核算。

二、资料：某政府单位2021年发生如下经济业务。

（1）采购应急设备一批，有关凭据注明的金额为245 000元，款项通过单位的零余额账户支付。

（2）与当地工程建设施工部门办理移交手续，某项公共设施由本单位负责维护管理，该公共设施的账面价值为870 000元。

三、要求：根据以上经济业务，编制本政府单位的有关会计分录。

练习四

一、目的：练习政府单位受托代理资产的核算。

二、资料：某政府单位2021年发生如下经济业务。

（1）本单位接受E公司的委托，将一批价值120 000元的药品转赠本地区的洪涝灾区。该药品已收到，并按要求发放到灾区。

（2）本单位接受F公司捐赠给地震灾区的一批帐篷，价值460 000元，帐篷已经验收完成并收妥。

第五章　政府单位的负债

第一节　政府单位负债

一、负债的概念与特点

（一）负债的概念

政府单位的负债是指政府会计主体过去的经济业务或者事项形成的，预期会导致经济资源流出政府会计主体的现时义务。这里的“现时义务”是指政府单位在现行条件下已承担的义务。如果是未来发生的经济业务或者事项形成的义务，则不属于现时义务，不应当确认为负债。

新政府会计准则制度对于政府单位负债的定义，较之前“承担的能以货币计量，需要以资产等偿还的债务”的定义，变化非常大，更趋向于企业会计中的负债定义，企业会计准则明确“负债是企业过去的交易或者事项形成的、预期会导致经济利益流出企业的现时义务”。由此可以看出，趋同是贯穿整个政府会计改革的。

（二）负债的确认条件

对于符合负债定义的义务，在同时满足以下条件时，确认为负债：履行该义务很可能导致含有服务潜力或者经济利益的经济资源流出政府会计主体；该义务的金额能够可靠地计量。

（三）负债的特点

从负债的定义可以看出，负债具有以下特点。

负债是由过去的经济业务或事项产生的现时义务。政府单位形成的负债只在已经发生的经济业务或事项中产生，在未来的业务活动中有可能产生的经济负担不是现实存在的债务，并不构成政府单位的负债内容。

负债可以用货币计量。政府单位只有通过货币计量，才能对负债进行会计核算。不可以用货币计量的现实债务，不能作为负债进行确认。同时，政府单位还应当在确定承担偿债责任并能可靠地进行货币计量时对负债进行确认与核算。

负债偿还会导致经济资源流出单位。凡是需要政府单位承担偿还责任的负债，均应列入单位的资产负债表。凡是承担的偿债责任需要通过未来不确定事项的发生或不发生予以证实的或有责任的债务，只需要在报表附注中披露，不需要作为负债确认。

二、负债的分类

（一）按流动性分类

政府单位的负债按照流动性进行分类，可以分为流动负债和非流动负债。

1. 流动负债

政府单位的流动负债是指预计在1年内（含1年）偿还的负债，包括短期借款、应付短期政府债券、应付及预收款项、应缴款项等。

2. 非流动负债

政府单位的非流动负债是指预计在1年以上偿还的、除流动负债以外的负债，包括长期借款、长期应付款、应付长期政府债券等。

（二）普通负债和预计负债

政府单位的负债包括偿还时间与金额基本确定的负债和由或有事项

形成的预计负债。前者即偿还时间与金额基本确定的负债，按政府单位的业务性质及风险程度，可以分为融资活动形成的举借债务及其应付利息、运营活动形成的应付及预收款项和暂收性负债。政府单位设置的负债类会计科目分别见表5－1、表5－2、表5－3。

表5－1　行政事业单位负债类会计科目

序号	科目编号	科目名称	序号	科目编号	科目名称
36	2001	短期借款	44	2304	应付利息
37	2101	应交增值税	45	2305	预收账款
38	2102	其他应交税费	46	2307	其他应付款
39	2103	应缴财政款	47	2401	预提费用
40	2201	应付职工薪酬	48	2501	长期借款
41	2301	应付票据	49	2502	长期应付款
42	2302	应付账款	50	2601	预计负债
43	2303	应付政府补贴款	51	2901	受托代理负债

表5－2　事业单位负债类专用会计科目

序号	科目编号	科目名称	序号	科目编号	科目名称
1	2001	短期借款	4	2305	预收账款
2	2301	应付票据	5	2501	长期借款
3	2304	应付利息			

表5－3　行政单位负债类专用会计科目

序号	科目编号	科目名称
1	2303	应付政府补贴款

原会计制度中，政府单位的负债包括应缴预算款、应缴财政专户款和暂存款。新会计制度发生了较大变化，删除了“应缴财政专户款”科目，设置“应缴财政款”科目统一核算政府单位取得的按规定应当上缴财政的款项；合并了工资补贴类科目，设置“应付职工薪酬”科目核算政府单位应付给职工的各种薪酬；调整了暂存款项的内容，增加了“应缴税费”“应付政府补贴款”“其他应付款”“长期应付款”“受托代理负债”等科目。这些变化是根据实际工作需要，对不同类型的

政府单位进行统一要求的，从而反映我国政府单位的特点和国际会计趋同的需要。

三、负债的确认与计量

（一）负债的确认

政府单位在履行行政职能的过程中，可能会产生各种债务，要将一项债务确认为负债，应当符合负债的定义和特征。政府单位的负债项目，要在确定承担偿债责任并且能够可靠地进行货币计量的时候确认，同时在政府单位的资产负债表中列示。

政府单位还有一类债务，如未决诉讼、未决仲裁、债务担保等可能产生的债务，它们都是政府单位的一项偿债责任，需要通过未来不确定事项的发生或不发生予以证实。按照制度规定或有负债不列入资产负债表，但应当在报表附注中披露。

（二）负债的计量

政府单位的负债计量属性主要包括历史成本、现值和公允价值。关于负债计量属性的内容在第一章中已有介绍，此处不再赘述。

政府单位对于因为签订合同而引发的负债，如购买物资或服务发生的应付账款、取得受托管理资产之际而形成了受托代理负债、分期付款购入固定资产等发生的长期应付款等，应该按照相关合同的金额进行计量。对于发生的相关事项引发的负债，如取得的按规定应当上缴财政的应缴财政款、发生纳税义务而形成的应缴税费等，应当按照实际发生额进行计量。

四、负债的管理

负债作为政府单位财务管理的一项重要内容，应当不断加强管理，防范风险，不但要对政府单位的负债进行分类管理，还要控制债务的规模，根据不同负债的特点及时对其进行清理。主要应遵循下列要求。

1. 分类管理

政府单位的负债具有不同的性质，这就决定了负债的财务管理也有所区别，需要按照各类负债不同的性质、不同的种类进行管理，从而更好地为政府单位的管理服务。政府单位取得的行政事业性收费、政府性基金、罚没收入、资产出租出借和处置收入等应缴款项，应按照相关规定及时足额上缴财政，不得滞留、挪用、隐瞒。政府单位应当加强对应付及暂存款项的管理，收入和暂存款项不得互相混淆管理，应及时对应付款项等负债进行清理，该支付的要及时支付。

2. 控制规模

政府单位履行行政职能主要依靠财政拨款，但是会产生诸如应缴财政款、应缴税金等客观存在的债务，它们是政府单位财务活动中客观存在的经济现象，与企业的负债不同，并不是融资手段。但是，若负债的规模过大，就会对单位的财务状况产生不良影响。因此，要严格控制负债的规模，避免影响单位的正常工作，也要防止造成单位的财务风险。

3. 及时清理

政府单位对负债按照财政财务管理的要求，及时进行清理，避免长期挂账，从而更好地维护政府单位财务活动的良序运行。

五、负债的内部控制

政府单位的负债尽管不像企业那样种类多，金额大，但是仍然需要加强内部控制，防范债务风险。根据《行政事业单位内部控制规范（试行）》的规定，政府单位负债内部控制的主要内容如下。

政府单位应当建立健全债务的内部管理制度，明确相关管理岗位的职责权限，合理安排包括应缴税金、应缴财政款、应付及暂存款项等岗位的人员配置，做到不相容职位相互分离，做好事前预防，做到相互监督、相互牵制，从源头上防止舞弊等不良行为的发生。

政府单位应当定期或不定期地核实债务。政府单位负债是在财务活动过程中形成的，定期或不定期地核查负债，保证负债账实相符，不虚增或虚减负债，不提前、推迟甚至不确认负债。对核查过程中发现的差异，分析原因，提出处理意见，按照相应的程序和制度规定进行会计处理。

政府单位应当做好负债的会计控制工作。在政府单位负债的内部控制中，不容忽视的是会计控制，即利用记账、核对和档案管理、工作交接程序等会计控制方法，确保政府单位负债的会计信息真实、准确和完整，并及时进行债务清理，防范和控制财务风险。

第二节 政府单位借款

一、政府单位借款概述

（一）概念及确认计量

政府单位在业务活动中，会发生借入债务的情况，即举借债务。政府会计中的举借债务是指政府会计主体通过融资活动借入的债务。

按照举借债务的主体不同，举借债务可以分为政府举借的债务以及其他政府会计主体借入的款项。其中，政府举借的债务包括政府发行的政府债券，向外国政府、国际经济组织等借入的款项，以及向上级政府借入转贷资金形成的借入转贷款。其他政府会计主体借入的款项，是指除政府以外的其他政府会计主体从银行或其他金融机构等借入的款项。对于政府债券，政府财政总会计应按照《政府会计准则第 8 号——负债》和财政总会计制度相关规定进行会计核算与管理。

按照举借债务的时间不同，举借债务可以分为短期借款和长期借款。短期借款是指借入的期限在 1 年内（含 1 年）的借款，长期借款是指借入的期限超过 1 年的借款。

（二）确认和初始计量

政府会计主体对于举借债务，应当在与债权人签订借款合同或协议并取得举借资金时，确认为负债。举借债务初始确认为负债时，应当按实际发生额计量。

对于借入款项，初始确认时应按借款本金计量；借款本金与实际取得借款资金的差额，计入当期费用。

对于发行的政府债券，初始确认时应按债券本金计量；债券本金与实际收到发行价款的差额，计入当期费用。

（三）后续计量

1. 债务利息

政府单位应当按约定的利率对债务计提利息，加强对应计提利息的管理和监督。政府单位应当按借款本金（或债券本金）和合同或协议约定的利率（或债券票面利率），按期计提债务的利息。

对于属于流动负债的举借债务以及属于非流动负债的分期付息、一次还本的举借债务，应将计算确定的应付未付利息确认为流动负债，计入应付利息；对于其他举借债务，应将计算确定的应付未付利息确认为非流动负债，计入相关非流动负债的账面余额。

2. 借款费用

借款费用是指政府会计主体因举借债务发生的利息及其他相关费用，包括借款利息、辅助费用以及因外币借款发生的汇兑差额等。其中，辅助费用是指在举借债务过程中发生的手续费、佣金等费用。借款费用由于主体和用途不同，其会计核算也不相同。

政府以外的其他政府会计主体为购建固定资产等工程项目借入专门借款的，按照是否属于工程建设期间进行划分，应按借款费用减去尚未动用的借款资金产生的利息收入后的差额，若属于工程项目建设期间发生的，则计入工程成本；若不属于工程项目建设期间发生的，则计入当期费用。其中，工程项目建设期间是指自工程项目开始建造起至交付使用时止的期间。工程项目建设期间发生非正常中断且中断时间连续超过3个月（含3个月）的，政府会计主体应当将非正常中断期间的借款费用计入当期费用。如果中断是使工程项目达到交付使用所必需的程序，则中断期间发生的借款费用仍应计入工程成本。

对于政府举借的债务和其他政府会计主体的非专门借款发生的借款费用，应当直接计入当期费用。

政府单位应当在偿还举借债务本息时，冲减相关负债的账面余额。

（四）使用政府债券资金的单位的会计核算

（1）对于政府单位实际从同级财政取得政府债券资金的，分以下两种情况处理。

一是若预算管理没有单独要求，则借记“银行存款”“零余额账户用款额度”等科目，贷记“财政拨款收入”科目；同时，在预算会计中借记“资金结存”等科目，贷记“财政拨款预算收入”科目。

二是若预算管理要求对政府债券资金单独反映，则应当在“财政拨款（预算）收入”科目下进行明细核算。例如，取得地方政府债券资金的，应当根据地方政府债券类别按照“地方政府一般债券资金收入”“地方政府专项债券资金收入”等进行明细核算。

（2）对于同级财政以地方政府债券置换单位原有负债的，单位应当借记“长期借款”“应付利息”等科目，贷记“累计盈余”科目。预算会计不做处理。

（3）对于政府单位需要向同级财政上缴专项债券对应项目专项收入的，取得专项收入时，应当借记“银行存款”等科目，贷记“应缴财政款”科目；实际上缴时，借记“应缴财政款”科目，贷记“银行存款”等科目。预算会计不做账务处理。

（4）对于政府单位应当对使用地方政府债券资金形成的资产、上缴的专项债券对应项目专项收入进行辅助核算或备查簿登记。

二、短期借款

（一）短期借款的概念和科目设置

1. 短期借款的概念

我国行政单位的经费是由财政全额保障的，行政单位没有借款的债务。但是事业单位有所不同，我国事业单位涉及教育、文化、医疗、体育等方方面面，其业务活动范围不仅广泛，而且关系到人民群众的切身需求。在我国，多数事业单位属于财政拨款，除了政府财政拨款外，事业单位还会有从事该“事业”活动取得的事业性质的收入。但是，当事业发展迅猛，资金需求不能完全依靠财政拨款和事业性收入取得时，事业单位就需要积极筹集资金满足事业发展的需要。因此，事业单位经上级主管部门和财政部门批准后，可以向银行等金融机构借入资金。

短期借款是指事业单位经批准向银行或者其他金融机构等借入的期限在 1 年内（含 1 年）的各种借款。

2. 短期借款的科目设置

事业单位应当设置“短期借款”会计科目，核算经批准后向银行等金融机构借入的 1 年内到期的借款，并按债权人和借款种类进行明细核算。该科目是负债类会计科目，贷方反映短期借款的增加数，借方反映短期借款的减少数，期末余额在贷方，反映事业单位尚未偿还的短期借款本金。

3. 应付利息的科目设置

事业单位应当设置“应付利息”会计科目，用于核算事业单位按规定应该支付的借款利息，并按照债权人等进行明细核算。本科目属于负债类会计科目，贷方反映计提的应付未付利息数，借方反映减少的应付利息数，期末余额一般在贷方，反映事业单位应付未付的利息金额。

（二）短期借款的会计核算

1. 借入短期借款

事业单位经批准后，借入的短期借款到账时，按实际借入的金额，借记“银行存款”科目，贷记“短期借款”科目。

2. 银行承兑汇票到期

事业单位对于到期的银行承兑汇票，无力支付票款的，按应付票据的账面余额，借记“应付票据”科目，贷记“短期借款”科目。

3. 短期借款利息

（1）对于为建造固定资产、公共基础设施等借入专门借款的利息，属于建设期间发生的，按期计提利息费用时，按计算确定的金额，借记“在建工程”科目，贷记“短期借款”科目；不属于建设期间发生的，按期计提利息费用时，按计算确定的金额，借记“其他费用”科目，贷记“应付利息”科目。

（2）对于其他借款，按期计提利息费用时，按照计算确定的金额，借记“其他费用”科目，贷记“应付利息”科目。

4. 归还短期借款

事业单位归还到期的短期借款时，借记“短期借款”科目，贷记“银行存款”科目。

【例 5-1】 某事业单位经批准，从甲银行借入 800 000 元，借款期限 6 个月，年利率 6%，到期归还短期借款，并支付借款利息。

财务会计账务处理：

借：银行存款	800 000	
贷：短期借款——甲银行		800 000

预算会计账务处理：

借：资金结存——货币资金	800 000	
贷：债务预算收入		800 000

到期支付利息时：

借款利息 $=800\ 000\times6\%\times6\div12=24\ 000$（元）

财务会计账务处理：

借：短期借款	800 000	
其他费用	24 000	
贷：银行存款		824 000

预算会计账务处理：

借：债务还本支出	800 000	
其他支出	24 000	
贷：资金结存——货币资金		824 000

三、长期借款

（一）长期借款的概念和科目设置

1. 长期借款的概念

事业单位根据业务工作需要，经上级主管部门和同级财政部门批准后，可以向银行等金融机构借入长期借款。长期借款，是指事业单位经批准向银行或其他金融机构等借入的期限超过1年（不含1年）的各种借款本息。与短期借款不同，长期借款的利息是在长期借款中进行记录和反映的。

2. 长期借款的科目设置

事业单位应当设置“长期借款”会计科目，核算经批准向银行等金融机构等借入的期限超过1年（不含1年）的各种借款的本金和利息。同时，需要设置“本金”和“应计利息”明细科目，并按贷款单位和贷款种类进行明细核算。对于建设项目借款，还应该按具体项目进行明细会计核算。该科目是负债类会计科目，贷方反映借入长期借款的增加数，借方反映长期借款减少数，期末余额在贷方，反映事业单位尚未偿还长期借款的本息金额。

（二）长期借款的会计核算

1. 借入长期借款

事业单位借入各项长期借款时，按实际借入的金额，借记“银行存款”科目，贷记“长期借款——本金”科目。

2. 借款利息

（1）为建造固定资产、公共基础设施等应支付的专门借款利息，按期计提利息时，分别按以下情况处理。

若借款利息是工程项目建设期间发生的，则计入工程成本，按计算确定的应支付的利息金额，借记“在建工程”科目，贷记“应付利息”科目。

若借款利息是工程项目完工交付使用后发生的，则计入当期费用，按计算确定的应支付的利息金额，借记“其他费用”科目，贷记“应付利息”科目。

（2）按期计提其他长期借款的利息，按计算确定的应支付的利息金额，分两种情况处理。

若该利息是分期付息、到期还本借款的，则借记“其他费用”科目，贷记“应付利息”科目。

若该利息是到期一次还本付息的，则借记“其他费用”科目，贷记“长期借款——应计利息”科目。这是短期借款利息和长期借款利息最大的不同，短期借款利息无论支付方式如何，都是在“应付利息”中核算的。

3. 到期还本付息

事业单位在归还长期借款本金、利息时，借记“长期借款——本金、应计利息”科目，贷记“银行存款”科目。

【例5－2】某事业单位将借入5年期到期还本每年付息的长期借款3 000 000元，合同约定利率为5%。

计算确定利息费用时：

单位每年支付的利息 =3 000 000 ×5% =150 000（元）

财务会计账务处理：

借：其他费用	150 000	
贷：应付利息		150 000

预算会计不做账务处理。

实际支付利息时：

财务会计账务处理：

借：应付利息	150 000	
贷：银行存款		150 000

预算会计账务处理：

借：其他支出	150 000	
贷：资金结存——货币资金		150 000

第三节　政府单位的应付及预收款项

政府单位在履行职能、提供公共产品或者服务的过程中，会发生各种性质的往来业务，如应当支付但尚未支付的职工薪酬等，由此产生的款项即为应付及预收款项。应付及预收款项，是指政府单位在运营活动中形成的、应当支付而尚未支付的款项，以及预先收到但尚未实现收入的款项，包括应付职工薪酬、应付账款、预收款项、应交税费和其他应付未付款项。

一、应付职工薪酬

（一）应付职工薪酬的内容

政府单位的应付职工薪酬，是按照国家有关规定应付给职工（含长期聘用人员）及为职工支付的各种薪酬，包括工资、社会保险费、住房公积金等。

1. 工资

政府单位的工资是按照国家统一规定发放给在职职工的基本工资、职务工资、级别工资，以及经国务院或人力资源社会保障部、财政部批准设立的津贴补贴。

2. 地方（或部门）津贴、补贴

政府单位的地方（或部门）津贴、补贴是指按照地方或部门出台的规定，应发放给职工的津贴和补贴。津贴是由于职工特殊或额外劳动而给予的补助，补贴是为了保证职工工资水平不受物价影响而给予的补助。

3. 社会保险费

政府单位的社会保险费是按照相关规定，为在职人员支付给社会保障机构的各种社会保障费用，包括基本养老保险费、失业保险费、基本医疗保险费、职业年金等。

4. 住房公积金

政府单位的住房公积金是按照相关规定，为在职人员支付给住房公积金管理机构的住房储备资金。

（二）应付职工薪酬的科目设置

政府单位应当设置“应付职工薪酬”科目，核算政府单位按照有关规定应付给职工（含长期聘用人员）及为职工支付的各种薪酬。非本单位在职职工的劳务费不提供本科目核算，并根据国家有关规定按照“基本工资”（含离退休费）、“国家统一规定的津贴补贴”、“规范津贴补贴（绩效工资）”、“改革性补贴”、“社会保险费”、“住房公积金”、“其他个人收入”等进行明细会计核算。本科目属于负债类会计科目，贷方登记应付职工薪酬的增加数，借方登记应付职工薪酬的减少数，期末贷方余额反映政府单位应付未付的职工薪酬。

（三）应付职工薪酬的会计核算

1. 应付职工薪酬的计算确认

政府单位应当按月计提，即计算确认当期应付职工薪酬（含单位为职工计算缴纳的社会保险费、住房公积金），具体如下。

（1）对于计提从事专业及其辅助活动人员的职工薪酬，借记“业务活动费用”“单位管理费用”等科目，贷记“应付职工薪酬”科目。

（2）对于计提应由在建工程、加工物品、自行研发无形资产负担的职工薪酬，借记“在建工程”“加工物品”“研发支出”等科目，贷记“应付职工薪酬”科目。

（3）对于计提从事专业及其辅助活动之外的经营活动人员的职工薪酬，借记“经营费用”科目，贷记“应付职工薪酬”科目。

（4）对于因解除与职工的劳动关系而给予的补偿，借记“单位管理费用”等科目，贷记“应付职工薪酬”科目。

2. 应付职工薪酬的支付

政府单位向职工支付工资、津贴补贴等薪酬时，按实际支付的金额，借记“应付职工薪酬”科目，贷记“财政拨款收入”“零余额账户用款额度”“银行存款”等科目。

对于由财政直接发放薪酬的政府单位尤其是行政单位，可以不做计提，在每月收到直接支付到账通知单时，借记“业务活动费用”“单位管理费用”科目，贷记“财政拨款收入”科目。当然，是否计提根据本单位的工作实际进行，没有统一限定。

对于代扣职工个人所得税，借记“应付职工薪酬——基本工资”科目，贷记“其他应交税费——应交个人所得税”科目。

对于从应付职工薪酬中代扣职工水电费、房租等费用，按照实际扣除的金额，借记“应付职工薪酬——基本工资”科目，贷记“其他应付款”等科目。

对于从应付职工薪酬中代扣职工个人社会保险费和住房公积金，按照代扣的金额，借记“应付职工薪酬——基本工资”科目，贷记“应付职工薪酬——社会保险费、住房公积金”科目。按照国家有关规定缴纳职工社会保险费和住房公积金时，按实际支付的金额，借记“应付职工薪酬——社会保险费、住房公积金”科目，贷记“财政拨款收入”“零余额账户用款额度”“银行存款”等科目。

对于从应付职工薪酬中支付的其他款项，借记“应付职工薪酬”科目，贷记“零余额账户用款额度”“银行存款”等科目。

【例5-3】某政府单位4月职工薪酬总额为937 600元，其中，从事专业及其辅助活动职工工资730 000元，离退休费70 000元，地方津贴补贴50 000元，住房公积金87 600元，代扣代缴住房公积金73 000元（暂不考虑单位承担交纳的社会保险费），代扣代缴个人所得税20 000元。使用零余额方式支付职工薪酬和代缴住房公积金、社会保险费和个人所得税。

（1）计算本月应付职工薪酬时：

财务会计账务处理：

借：业务活动费用	937 600	
贷：应付职工薪酬——基本工资		730 000
——离退休费		70 000
——地方津贴补贴		50 000
——住房公积金		87 600

预算会计不做账务处理。

（2）支付本月薪酬及相关费用

财务会计账务处理：

借：应付职工薪酬——基本工资	730 000	
——离退休费	70 000	
——地方津贴补贴	50 000	
——住房公积金	87 600	
贷：零余额用款额度		669 400

零余额用款额度 175 200
零余额用款额度 73 000
零余额用款额度 20 000

预算会计账务处理：

借：事业支出 9 376 600
　　贷：零余额账户用款额度 669 400
　　　　零余额账户用款额度 175 200
　　　　零余额账户用款额度 73 000
　　　　零余额账户用款额度 20 000

二、应付账款和应付票据

（一）应付账款的内容

政府单位的应付账款是指因购买物资、接受服务、开展工程建设等产生应付的偿还期限在1年以内（含1年）的款项。政府单位在提供公共服务或者产品、履行行政职能的业务活动过程中，会发生与供应单位签订合同，先取得材料用品或先使用服务，但是款项的支付要延迟一定时间的经济事项。这样一来，产生的应该支付而尚未支付的款项，即应付账款。

政府单位的应付账款属于流动负债，付款的期限要求在1年以内，对于政府单位购入物资、设备、工程而偿付期超过1年的，不是通过应付账款核算，而是通过长期应付款核算和管理。

（二）应付账款的科目设置

政府单位应当设置“应付账款”科目，核算因购买物资、接受服务、工程等而应付的偿还期限在1年以内（含1年）的款项，并按债权单位（或个人）进行明细核算；对于建设项目，还应设置“应付器材款”“应付工程款”等明细科目，并按具体项目进行明细核算。本科目属于负债类会计科目，贷方登记应付账款的发生数，借方登记应付账款的偿还数，期末余额在贷方，反映政府单位尚未支付的应付账款金额。

提示：在原有的政府会计制度中，为了既反映政府单位债务的形成，又反映资金的流出，对应付账款采取“双分录”方式进行会计核算。在形成政府单位负债的同时，相应冲减政府单位的净资产，其对应的净资产科目是“待偿债净资产”。

（三）应付账款的会计核算

应付账款的产生。政府单位收到所购材料、物资、设备或服务以及确认完成工程进度但尚未付款时，根据发票及账单等有关凭证，按应付未付款项的金额，借记“库存物品”“固定资产”“在建工程”“应交增值税”等科目，贷记“应付账款”科目。

偿付应付账款。政府单位按照合同等规定支付应付账款时，借记“应付账款”科目，贷记“财政拨款收入”“零余额账户用款额度”“银行存款”等科目。

无法偿付或债权人豁免偿还的应付账款。政府单位对于因债权人破产、失踪等确实无法支付的应付款项，或者被债权人豁免不需要偿还的应付账款，应当按照规定报批后进行相关账务处理。经批准核销的应付款项，借记“应付账款”科目，贷记“其他收入”等科目。但是为了后续的检查等管理，核销的应付账款还应该在备查簿中保留登记。

应付账款和应付票据的转换政府单位因需要开出、承兑商业汇票抵付应付账款时，借记“应付账款”科目，贷记“应付票据”科目。

【例 5－4】2022 年 5 月 10 日，甲事业单位向丙公司购买一批自用材料，增值税专用发票上表明含增值税价格为 1 160 元，材料已经入库，款项未付。

财务会计账务处理：

借：库存物品	1 000	
应交增值税——应交税金（进项税额）	160	
贷：应付账款——丙公司		1 160

预算会计不做账务处理。

【例5-5】接【例5-4】，2022年6月30日，该事业单位偿付该笔应付账款。

财务会计账务处理：

借：应付账款——丙公司　　1 160

　　贷：银行存款　　1 160

预算会计账务处理：

借：事业支出　　1 160

　　贷：资金结存——货币资金　　1 160

【例5-6】C事业单位的一项应付账款账面余额为2 300元，因债权人豁免偿还予以核销。

财务会计账务处理：

借：应付账款　　2 300

　　贷：其他收入　　2 300

预算会计不做账务处理。

（四）应付票据的内容

在买卖活动和交易中，货款同时两清应该是卖方最乐意的。但是经常会出现与卖方单位签订合同，先取得材料用品或先使用服务，款项暂时不支付，取而代之的是支付由出票人（买方）签发的、委托付款人在指定日期无条件支付确定的金额给收款人或者持票人的票据，即商业汇票。

政府单位在提供公共服务或者产品、履行职能的业务活动过程中，如果支付的是商业汇票，形成的就是单位的债务，即应付票据。应付票据，是指事业单位因购买材料、物资等开出、承兑的商业汇票，包括银行承兑汇票和商业承兑汇票。

银行承兑汇票是商业汇票的一种，由在承兑银行开立存款账户的存款人签发，向开户银行申请并经银行审查同意承兑的、保证在指定日期无条件支付确定的金额给收款人或持票人的票据。对出票人签发的商业汇票进行承兑是银行基于对出票人资信的认可而给予的信用支持。商业承兑汇票是商业汇票的一种，是指由收款人开出经付款人承兑，或由付款人开出并承兑的汇票。使用汇票的单位必须是在商业银行开立账户的法人，要以合法的商品交易为基础，而且汇票经承兑后，承兑人（付款人）便有到期无条件支付票款的责任，同时汇票既可以向银行贴现，也可以流通转让。

银行承兑汇票和商业承兑汇票区别如下。一是承兑对象不同，商业承兑汇票是由银行以外的付款人承兑，银行承兑汇票是由银行承兑，相对而言保障性更强。二是签发对象不同，商业承兑汇票按交易双方约定，由销货企业或购货企业签发，但由购货企业承兑。银行承兑汇票由在银行开立存款账户的存款人签发。承兑银行按票面金额向出票人收取万分之五的手续费。三是商业承兑汇票签发人银行存款不足时，银行可拒绝支付；银行承兑汇票签发者银行存款不足时，银行见票无条件支付。四是银行承兑汇票较商业承兑汇票安全系数高。前者由于有银行背书，拒付的风险较后者要小。

（五）应付票据的科目设置

政府单位应当设置“应付票据”科目，核算因购买材料、物资等开出、承兑的承兑汇票，并按债权人进行明细会计核算。本科目属于负债类会计科目，贷方登记应付票据的发生金额，借方登记应付票据的支付金额，期末余额在贷方，反映政府单位尚未支付的承兑汇票金额。

政府单位应当加强对应付票据的管理，设置“应付票据备查簿”，详细登记每一应付票据的种类、号数、出票日期、到期日、票面金额、交易合同号、收款人姓名或单位名称，以及付款日期和金额等。待应付票据到期结清票款后，在备查簿内逐笔注销。

（六）应付票据的会计核算

1. 开出、承兑商业汇票

政府单位因购买材料、物资等，开出、承兑商业汇票的，借记“库存物品”“固定资产”“应交增值税”等科目，贷记“应付票据”

科目。

政府单位以商业汇票抵付应付账款，借记“应付账款”科目，贷记“应付票据”科目。

2. 银行承兑汇票的手续费

政府单位因开出的银行承兑汇票，在支付汇票手续费时，借记“业务活动费用”“经营费用”等科目，贷记“银行存款”“零余额账户用款额度”等科目。

3. 商业汇票到期时，应当按以下情况处理

（1）收到银行支付到期票据的付款通知时，借记“应付票据”科目，贷记“银行存款”科目。

（2）若单位对到期的银行承兑汇票无力支付票款，则直接转为短期借款，即按应付票据账面余额，借记“应付票据”科目，贷记“短期借款”科目。

（3）若单位对到期的商业承兑汇票无力支付票款，则直接转为应付账款，即按应付票据账面余额，借记“应付票据”科目，贷记“应付账款”科目。

【例5－7】甲事业单位购入物资，共计50 000元，货物已经验收入库，并交付乙供货商金额为50 000元的银行承兑汇票。支付银行承兑汇票的手续费2 000元。

财务会计账务处理：

借：库存物品	50 000	
贷：应付票据		50 000
借：业务活动费用	2 000	
贷：银行存款		2 000

预算会计账务处理：

借：事业支出	2 000	
贷：资金结存——货币资金		2 000

三、预提费用

（一）预提费用的概念和科目设置

1. 预提费用的概念

政府会计中财务会计是实行权责发生制的会计基础，按照权责发生制的要求，对于政府单位应当计入当期的费用，无论款项是否付出，都应该计入当期费用。预提费用是政府单位根据工作需要预先提取，但是还未支付的费用。政府会计中的预提费用来源于企业会计，原政府会计制度中是没有预提费用的，预提相关费用计入当期支出更加符合配比原则的要求，也更能反映政府单位的费用情况。

2. 预提费用的科目设置

政府单位应当设置“预提费用”会计科目，核算单位预先提取的已经发生但尚未支付的费用，如预提租金费用等，并按预提费用的种类进行明细核算。贷方登记预提费用的增加数，借方登记预提费用的减少数（支付数），期末余额一般在贷方，反映单位尚未结算的预收款金额。

政府单位按规定从科研项目收入中提取的项目间接费用或管理费，也通过本科目核算，在本科目下设置“项目间接费用或管理费”明细科目，并按项目进行明细核算。但是，事业单位计提的借款利息费用，通过“应付利息”“长期借款”科目核算，不通过本科目核算。

（二）预提费用的会计核算

1. 科研项目间接费用或管理费

随着我国社会经济的不断发展，科技强国已经成为国家战略，科研活动越来越受到重视，国家对科学研究的经费投入不断加大。政府单位对于取得的科研经费，按规定需要对其提取项目间接费用，如水费、电费或者管理费，这些费用只是提取，尚未支付，所以形成的是单位的预提费用。

政府单位按规定从科研项目收入中提取项目间接费用或管理费，按提取的金额，借记“单位管理费用”科目，贷记“预提费用”科目（项目间接费用或管理费）。实际使用计提的项目间接费用或管理费时，按实际支付的金额，借记“预提费用”科目（项目间接费用或管理费），贷记“银行存款”“库存现金”等科目。若使用计提的项目间接费用或管理费购买固定资产、无形资产，按固定资产、无形资产的成本金额，借记“固定资产”“无形资产”科目，贷记“银行存款”“零余额账户用款额度”“财政拨款收入”等科目；同时，按照相同的金额，借记“预提费用——项目间接费用或管理费”科目，贷记“累计盈余”科目。同时，在预算会计下，按照实际支付的金额，借记“事业支出”等支出科目下的“财政拨款支出”明细科目，贷记“资金结存”“财政拨款预算收入”科目。

但是，科研经费计提管理费作为预提费用进行会计处理会带来一定的问题，如政府单位的负债会因此增大，是多数单位面临的问题；单位内部管理和会计核算时，尤其是实行项目管理的单位需要特别注意，管理费项目余额和预提费用项目余额应当是匹配的；通过零余额账户下达的科研经费，计提的管理费应当及时按规定转入单位实有资金账户，同时应当加强管理，确保资金的有效使用。

2. 其他预提费用

政府单位对于按期预提租金等费用，按预提的金额，借记“业务活动费用”“单位管理费用”“经营费用”等科目，贷记“预提费用”科目。实际支付款项时，按照支付金额，借记“预提费用”科目，贷记“零余额账户用款额度”“银行存款”等科目。

【例5－8】2022年4月1日，A高校按规定从科研项目收入中提取项目间接费用50 000元。2022年6月10日，A高校实际使用计提的项目间接费用40 000元。

2022年4月1日：

财务会计账务处理：

借：单位管理费用　　50 000
　　贷：预提费用——项目间接费用　　50 000

预算会计账务处理（此业务是会计准则制度中专门规定的）：

借：非财政拨款结转——项目间接费用　　50 000
　　贷：非财政拨款结余——项目间接费用　　50 000

2022年6月10日：

财务会计账务处理：

借：预提费用——项目间接费用　　40 000
　　贷：银行存款　　40 000

预算会计账务处理：

借：事业支出　　40 000
　　贷：资金结存——货币资金　　40 000

四、预收账款

（一）预收账款的概念和科目设置

1. 预收账款的概念

政府单位因工作需要，会发生预先收取的合同或者协议等款项，于是形成了事业单位的预收账款。

2. 预收账款的科目设置

政府单位应当设置“预收账款”会计科目，核算单位预先收取但尚未结算的款项，并按照债权人进行明细会计核算。贷方登记预收款项的增加数，借方登记预收账款的减少数（支付数），期末余额一般在贷方，反映单位尚未结算的预收账款金额。

（二）预收账款的会计核算

1. 收到预收款项

政府单位收到付款方预收款项时，按实际预收的金额，借记“银行存款”等科目，贷记“预收账款”科目。

2. 确认有关收入

政府单位按照规定确认相关预收款项的收入时，按预收账款账面余额，借记“预收账款”科目，按应确认的收入金额，贷记“事业收入”“经营收入”等科目，按付款方补付或退回付款方的金额借记或贷记“银行存款”等科目。涉及增值税业务的，相关账务处理参见“应交增值税”科目。

3. 无法偿付或债权人豁免偿还的预收账款

无法偿付或债权人豁免偿还的预收账款应当按规定报经批准后进行账务处理。经批准核销的预收账款，借记“预收账款”科目，贷记“其他收入”等科目。同时，事业单位应当对核销的预收账款在备查簿中登记保留。

【例5－9】2022年4月，A事业单位与B公司签订购货协议，B公司在A事业单位订购甲产品，共计1 000 000元，按照购货协议，B公司需要按购货金额的20%预先支付给A事业单位。

财务会计账务处理：

借：银行存款　　200 000

　　贷：预收账款　　200 000

预算会计账务处理：

借：资金结存——货币资金　　200 000

　　贷：经营预算收入　　200 000

【例5－10】接【例5－9】，甲产品于2022年8月全部交付，并验收入库，且A事业单位已经收到相应货款。

财务会计账务处理：

借：银行存款　　800 000

　　预收账款　　200 000

　　贷：经营收入　　1 000 000

预算会计账务处理：

借：资金结存——货币资金　　800 000

　　贷：经营预算收入　　800 000

五、其他应付款

（一）其他应付款的内容

政府单位的其他应付款是指除应交增值税、其他应交税费、应缴财政款、应付职工薪酬、应付票据、应付账款、应付政府补贴款、应付利息、预收账款以外的、偿还期在1年以内（含1年）的其他应付及暂存款项，包括政府单位收取的押金、存入保证金、已经报销但尚未偿还银行的本单位公务卡欠款等，以及代扣代缴职工社会保险费和住房公积金等。但是，偿还期限在1年以上的款项，需要作为长期应付款核算和管理。

同级政府财政部门预拨的下期预算款、没有纳入预算的暂付款项，以及采用实拨资金方式通过本单位转拨给下属单位的财政拨款，也在其他应付款中进行会计核算。

（二）其他应付款的科目设置

政府单位应当设置“其他应付款”科目，核算单位各项偿还期限在1年以内（含1年）的其他应付及暂存款项，并按其他应付款的类别以及债权单位（或个人）进行明细账的核算。本科目属于负债类会计科目，贷方登记其他应付款的增加数，借方登记其他应付款的减少数，期末余额一般在贷方反映政府单位尚未支付的其他应付款的金额。

（三）其他应付款的会计核算

（1）发生其他应付款。政府单位对于发生其他应付及暂收款项时，借记“银行存款”等科目，贷记“其他应付款”科目。支付（或退回）其他应付及暂收款项时，借记“其他应付款”科目，贷记“银行存款”等科目。将暂收款项转为收入时，借记“其他应付款”科目，贷记“事业收入”等科目。

（2）收到同级政府财政部门预拨的下期预算款和没有纳入预算的暂付款项，按实际收到的金额，借记“银行存款”等科目，贷记“其他应付款”科目；待下一预算期或批准纳入预算时，借记“其他应付款”科目，贷记“财政拨款收入”科目。采用实拨资金方式通过本单位转拨给下属单位的财政拨款，按实际收到的金额，借记“银行存款”科目，贷记“其他应付款”科目；向下属单位转拨财政拨款时，按转拨的金额，借记“其他应付款”科目，贷记“银行存款”科目。

（3）本单位公务卡持卡人报销时，按审核报销的金额，借记“业务活动费用”“单位管理费用”等科目，贷记“其他应付款”科目；偿还公务卡欠款时，借记“其他应付款”科目，贷记“零余额账户用款额度”等科目。

（4）购置固定资产按合同需要质保期满再行支付的、属于质量保证金性质的款项，会形成单位其他应付款，在取得固定资产入账时，按扣留的质量保证金数额，记入“其他应付款”或“长期应付款”科目贷方。若质保期时间少于1年则作为“其他应付款”核算，长于1年则作为“长期应付款”核算。待质保期满支付质量保证金时，借记“其他应付款”“长期应付款”科目，贷记“财政拨款收入”“零余额账户用款额度”“银行存款”等科目。

（5）对于因债权人破产、失踪等确实无法支付的其他应付款项，或者被债权人豁免不需要偿还的其他应付账款，应当按照规定报经批准后进行账务处理。经批准核销时，借记“其他应付款”科目，贷记“其他收入”科目。政府单位对于核销的其他应付款应在备查簿中保留登记。

（6）对于应当纳入下一年度部门预算管理的暂收款项，在收到款项时，借记“银行存款”等科目，贷记“其他应付款”科目；本年度不做预算会计处理。待下一年初，应按照上年暂收的款项金额，借记“其他应付款”科目，贷记有关收入科目；同时，在预算会计中，按照暂收款项的金额，借记“资金结存”科目，贷记有关预算收入科目。

【例 5－11】2022 年 5 月 1 日，某事业单位将办公楼出租，收取甲公司押金 150 000 元。该押金 2022 年末抵房租（暂不考虑增值税）。

财务会计账务处理：

借：银行存款　　150 000

　　贷：其他应付款——押金（甲公司）　　150 000

预算会计账务处理：

借：资金结存——货币资金　　150 000

　　贷：其他预算收入　　150 000

若 2022 年末确认为收入：

财务会计账务处理：

借：其他应付款——押金（甲公司）　　150 000

　　贷：其他收入　　150 000

预算会计不做账务处理。

六、应交增值税

政府单位作为社会组织的一部分，发生的经济活动如果涉及应纳税事项，则应当按照税法等规定履行纳税义务。政府单位的纳税事项主要包括但不限于以下几个方面。

（1）政府单位报经批准同意后，对外出售、置换资产取得的价款和补价收入，按规定应当缴纳增值税、城市维护建设税和教育费附加等。

（2）政府单位报经批准同意后，对外出租出借资产取得的租金收入，按照规定应当缴纳房产税、增值税、城市维护建设税和教育费附加等。

（3）政府单位履行代扣代缴义务，按照规定应当为职工代缴个人所得税。

（4）政府单位登记的车辆、船舶等，应当按规定缴纳车船使用税。

（5）政府单位对外出租、经营用的土地应当按规定缴纳城镇土地使用税。

（一）应交增值税概述

为进一步加快财政体制改革，减少重复征税，促进社会良性循环，我国营业税改增值税从 2012 年上海试点到 2016 年 5 月 1 日全面推开，再到如今已经十余个年头。营业税退出历史舞台，增值税制度将更加规范，这是自 1994 年分税制改革以来，财税体制的又一次深刻变革。

增值税是对销售货物或者提供加工、修理修配劳务以及进口货物的单位和个人就其实现的增值额征收的一个税种。增值税是以商品（含应税劳务）在流转过程中产生的增值额作为计税依据征收的一种流转税。从计税原理上看，增值税是对商品生产、流通、劳务服务中多个环节的新增价值或商品的附加值征收的一种流转税，实行的是价外税，也就是由消费者负担，有增值才征税，没增值就不征税。目前，增值税已经成为我国税收的最大税种，2021 年度税收收入 17.27 万亿元，其中，排第一位的仍然是增值税 6.35 万亿元，占税收收入总额的 36.8%。

政府单位在提供公共产品或者服务、履行职能过程中，可能会发生销售货物、提供劳务等应税行为，需要按照相关规定缴纳增值税。事业单位因其工作职责成为增值税应税主体，分为一般纳税人和小规模纳税人，其认定按照相关规定进行。

《中华人民共和国增值税暂行条例实施细则》第 29 条："年应税销售额超过小规模纳税人标准的其他个人按小规模纳税人纳税；非企业性单位、不经常发生应税行为的企业可选择按小规模纳税人纳税。"第 28 条："……小规模纳税人的标准为：（一）……年应征增值税销售额（以下简称应税销售额）在 50 万元以下（含本数，下同）的；（二）除本条第一款第（一）项规定以外的纳税人，年应税销售额在 80 万元以下的。"

《增值税一般纳税人资格认定管理办法》第 3 条，"增值税纳税人（以下简称纳税人），年应税销售额超过财政部、国家税务总局规定的小规模纳税人标准的，除本办法第五条规定外，应当向主管税务机关申请一般纳税人资格认定”。不办理一般纳税人资格认定的纳税人包括个体工商户以外的其他个人；选择按照小规模纳税人纳税的非企业性单位；选择按照小规模纳税人纳税的不经常发生应税行为的企业。

（二）应交增值税的科目设置

政府单位应当设置“应交增值税”会计科目，核算本单位按照税法规定计算应交纳的增值税。该科目贷方登记应交的增值税金额，借方登记缴纳的增值税金额，期末余额在贷方，反映单位应交未交的增值税，期末余额在借方，反映单位尚未抵扣或多交的增值税。

若事业单位属于增值税小规模纳税人，则要在本科目下设置“转让金融商品应交增值税”“代扣代缴增值税”明细科目。若为一般纳税人单位，则要设置“应交税金”“未交税金”“预交税金”“待抵扣进项税额”“待认证进项税额”“待转销项税额”“简易计税”“转让金融商品应交增值税”“代扣代缴增值税”等明细科目。具体如下。

1. 应交税金

政府单位应当按要求对“应交税金”明细账内设置“进项税额”“已交税金”“转出未交增值税”“减免税款”“销项税额”“进项税额转出”“转出多交增值税”等专栏，记录和核算不同的增值税额。

（1）“进项税额”，记录单位购进货物、加工修理修配劳务、服务、无形资产或不动产而支付或负担的、准予从当期销项税额中抵扣的增值税额；

（2）“已交税金”，记录单位当月已交纳的应交增值税额；

（3）“转出未交增值税”和“转出多交增值税”，分别记录一般纳税人月度终了转出当月应交未交或多交的增值税额；

（4）“减免税款”，记录单位按照现行增值税制度规定准予减免的增值税额；

（5）“销项税额”，记录单位销售货物、加工修理修配劳务、服务、无形资产或不动产应收取的增值税额；

（6）“进项税额转出”，记录单位购进货物、加工修理修配劳务、服务、无形资产或不动产等发生非正常损失以及其他原因而不应从销项税额中抵扣、按照规定转出的进项税额。

2. 未交税金

政府单位设置“未交税金”明细科目，核算单位月度终了从“应交税金”或“预交税金”明细科目转入当月应交未交、多交或预交的增值税额，以及当月交纳以前期间未交的增值税额。

3. 预交税金

政府单位设置“预交税金”明细科目，核算单位转让不动产、提供不动产经营租赁服务等，以及其他按照现行增值税制度的规定，应预缴的增值税额。

4. 待抵扣进项税额

政府单位设置“待抵扣进项税额”明细科目，核算单位已取得增值税扣税凭证并经主管税务机关认证，按现行增值税制度规定准予以后期间从销项税额中抵扣的进项税额。

5. 待认证进项税额

政府单位设置“待认证进项税额”明细科目，核算单位由于未经税务机关认证而不得从当期销项税额中抵扣的进项税额。

待认证进项税额主要包括：一般纳税人已取得增值税扣税凭证并按规定准予从销项税额中抵扣，但尚未经税务机关认证的进项税额；一般纳税人已申请稽核，但尚未取得稽核相符结果的海关缴款书进项税额。

6. 待转销项税额

政府单位设置“待转销项税额”明细科目，核算单位销售货物、加工修理修配劳务、服务、无形资产或不动产时，已确认相关收入（或利得）但尚未发生增值税纳税义务而需要于以后期间确认为销项税额的增值税额。

7. 简易计税

政府单位设置“简易计税”明细科目，核算单位采用简易计税方法发生的增值税计提、扣减、预缴、缴纳等业务。

8. 转让金融商品应交增值税

政府单位设置“转让金融商品应交增值税”明细科目，核算单位转让金融商品发生的增值税额。

9. 代扣代缴增值税

政府单位设置“代扣代缴增值税”明细科目，核算单位购进在境内未设经营机构的境外单位或个人在境内的应税行为代扣代缴的增值税。

（三）应交增值税的会计核算

1. 单位取得资产或接受劳务等业务

（1）进项税额允许抵扣。

政府单位购买用于增值税应税项目的资产或服务等时，按应计入相关成本费用或资产的金额，借记“业务活动费用”“在途物品”“库存物品”“工程物资”“在建工程”“固定资产”“无形资产”等科目，按当月已认证的可抵扣增值税额，借记“应交增值税——应交税金——进项税额”科目，按当月未认证的可抵扣增值税额，借记“应交增值税——待认证进项税额”科目，按应付或实际支付的金额，贷记“应付账款”“应付票据”“银行存款”“零余额账户用款额度”等科目。

发生退货的，如原增值税专用发票已做认证，应根据税务机关开具的红字增值税专用发票编制相反的会计分录；如原增值税专用发票未做认证，则将发票退回并编制相反的会计分录。

小规模纳税人在购买资产或服务等时不能抵扣增值税，发生的增值税计入资产成本或相关成本费用。

（2）进项税额不允许抵扣。

政府单位购进资产或服务等，用于简易计税方法计税项目、免征增值税项目、集体福利或个人消费等，其进项税额按照现行增值税制度规定不得从销项税额中抵扣的，取得增值税专用发票时，应按增值税发票注明的金额，借记相关成本费用或资产科目，按待认证的增值税进项税额，借记“应交增值税——待认证进项税额”科目，按实际支付或应付的金额，贷记“银行存款”“应付账款”“零余额账户用款额度”等科目。

经税务机关认证为不可抵扣进项税时，借记“应交增值税——应交税金——进项税额”科目，贷记“应交增值税——待认证进项税额”科目，同时，将进项税额转出，借记相关成本费用科目，贷记“应交增值税——应交税金——进项税额转出”科目。

（3）购进不动产或不动产在建工程。

政府单位取得应税项目为不动产或者不动产在建工程，其进项税额按照现行增值税制度规定自取得之日起分两年从销项税额中抵扣的，按取得成本，借记“固定资产”“在建工程”等科目，按当期可抵扣的增值税额，借记“应交增值税——应交税金——进项税额”科目，按以后期间可抵扣的增值税额，借记“应交增值税——待抵扣进项税额”科目，按应付或实际支付的金额，贷记“应付账款”“应付票据”“银行存款”“零余额账户用款额度”等科目。对于尚未抵扣的进项税额待以后期间允许抵扣时，按允许抵扣的金额，借记“应交增值税——应交税金——进项税额”科目，贷记“应交增值税——待抵扣进项税额”科目。

（4）发生改变的进项税额抵扣。

政府单位因发生非正常损失或改变用途等，原已计入进项税额、待抵扣进项税额或待认证进项税额，但按现行增值税制度规定不得从销项税额中抵扣的，借记“待处理财产损溢”“固定资产”“无形资产”等科目，贷记“应交增值税——应交税金——进项税额转出”、“应交增值税——待抵扣进项税额”科目或“应交增值税——待认证进项税额”科目。原不得抵扣且未抵扣进项税额的固定资产、无形资产等，因改变用途等用于允许抵扣进项税额的应税项目的，应按照允许抵扣的进项税额，借记“应交增值税——应交税金——进项税额”科目，贷记“固定资产”“无形资产”等科目。

固定资产、无形资产等经上述调整后，应按照调整后的账面价值在剩余尚可使用年限内计提折旧或摊销。

单位购进时已全额计入进项税额的货物或服务等转用于不动产在建工程的，对于结转以后期间的进项税额，应借记“应交增值税——待抵扣进项税额”科目，贷记“应交增值税——应交税金——进项税额转出”科目。

（5）购买方作为扣缴义务人。

按现行增值税制度规定，境外单位或个人在境内发生应税行为，在境内未设有经营机构的，以购买方为增值税扣缴义务人。境内一般纳税人购进服务或资产时，按应计入相关成本费用或资产的金额，借记“业务活动费用”“在途物品”“库存物品”“工程物资”“在建工程”“固定资产”“无形资产”等科目，按可抵扣的增值税额，借记“应交增值税——应交税金——进项税额”科目；若为小规模纳税人则应借记相关成本费用或资产科目，按应付或实际支付的金额，贷记“银行存款”“应付账款”等科目，按应代扣代缴的增值税额，贷记“应交增值税——代扣代缴增值税”科目。实际缴纳代扣代缴增值税时，按代扣代缴的增值税额，借记“应交增值税——代扣代缴增值税”科目，贷记“银行存款”“零余额账户用款额度”等科目。

2. 单位销售资产或提供服务等业务

（1）销售资产或提供服务业务。

单位销售货物或提供服务，按应收或已收的金额，借记“应收账款”“应收票据”“银行存款”等科目，按确认的收入金额，贷记“经营收入”“事业收入”等科，按现行增值税制度规定计算的销项税额（或采用简易计税方法计算的应纳增值税额），贷记“应交税金——销项税额”科目或“简易计税”明细科目。若为小规模纳税人，则贷记

"应交增值税"科目。

发生销售退回的，应根据按照规定开具的红字增值税专用发票编制相反的会计分录。

按本制度及相关政府会计准则确认收入的时点早于按增值税制度确认增值税纳税义务发生时点的，应将相关销项税额计入"应交增值税——待转销项税额"科目，待实际发生纳税义务时再转入"应交增值税——应交税金——销项税额"科目或"应交增值税——简易计税"科目。

按增值税制度确认增值税纳税义务发生时点早于按照本制度及相关政府会计准则确认收入时点的，应按照应纳增值税额，借记"应收账款"科目，贷记"应交增值税——应交税金——销项税额"科目或"应交增值税"科目（简易计税）。

（2）金融商品转让按照规定以盈亏相抵后的余额作为销售额。

政府单位将金融商品实际转让月末，如产生转让收益，则按应纳税额，借记"投资收益"科目，贷记"应交增值税——转让金融商品应交增值税"科目；如产生转让损失，则按可结转下月抵扣税额，借记"应交增值税——转让金融商品应交增值税"科目，贷记"投资收益"科目。

交纳增值税时，应借记"应交增值税——转让金融商品应交增值税"科目，贷记"银行存款"等科目。年末，本科目（转让金融商品应交增值税）如有借方余额，则借记"投资收益"科目，贷记"应交增值税——转让金融商品应交增值税"科目。

3. 月末转出多交增值税和未交增值税

月度终了，政府单位应当将当月应交未交或多交的增值税自"应交税金"明细科目转入"未交税金"明细科目。对于当月应交未交的增值税，借记"应交增值税——应交税金——转出未交增值税"科目，贷记"应交增值税——未交税金"科目；对于当月多交的增值税，借记"应交增值税——未交税金"科目，贷记"应交增值税——应交税金——转出多交增值税"科目。

4. 交纳增值税

（1）交纳当月应交增值税。政府单位交纳当月应交的增值税，借记“应交增值税——应交税金——已交税金”科目，贷记“银行存款”等科目。若为小规模纳税人，则进行同样的会计业务处理。

（2）交纳以前期间未交增值税。政府单位交纳以前期间未交的增值税，借记“应交增值税——未交税金”科目（小规模纳税人借记本科目），贷记“银行存款”等科目。

（3）预交增值税。政府单位预交增值税，借记“应交增值税——预交税金”科目，贷记“银行存款”等科目。月末，单位应将“预交税金”明细科目余额转入“未交税金”明细科目，借记“应交增值税——未交税金”科目，贷记“应交增值税——预交税金”科目。

（4）减免增值税。对于当期直接减免的增值税，借记“应交增值税——应交税金——减免税款”科目，贷记“业务活动费用”“经营费用”等科目。

按现行增值税制度规定，单位初次购买增值税税控系统专用设备支付的费用以及缴纳的技术维护费允许在增值税应纳税额中全额抵减的，按规定抵减的增值税应纳税额，借记“应交增值税——应交税金——减免税款”科目，贷记“业务活动费用”“经营费用”等科目。若单位是小规模纳税人，则进行同样的会计业务处理。

【例 5-12】 2021 年 5 月 1 日，某事业单位购入一座办公楼，增值税专用发票上注明的金额为 20 000 000 元，进项税额 2 200 000 元，款项由财政直接支付。

购入时可抵扣进项税 = 2 200 000 × 60% = 1 320 000（元）

待抵扣进项税 = 2 200 000 × 40% = 880 000（元）

财务会计账务处理：

借：固定资产	20 000 000
应交增值税——应交税金——进项税额	1 320 000
应交增值税——待抵扣进项税额	880 000

贷：财政拨款收入　22 200 000

预算会计账务处理：

借：事业支出　22 200 000

贷：财政拨款预算收入　22 200 000

【例 5-13】2022 年 5 月 9 日，某事业单位购入一台笔记本用于办公，取得增值税专用发票并认证通过，增值税专用发票上注明的金额为 20 000 元，增值税额 3 200 元。

财务会计账务处理：

借：固定资产　20 000

应交增值税——应交税金——进项税额　3 200

贷：财政拨款收入　23 200

预算会计账务处理：

借：事业支出　23 200

贷：财政拨款预算收入　23 200

假定该电脑分 10 年按直线法计提折旧，无净残值。2023 年 6 月 20 日，该电脑改用于免税项目。

电脑每年计提折旧 = 20 000 ÷ 10 = 2 000（元）

2023 年 6 月，打印机净值 = 20 000 - 2 000 = 18 000（元）

电脑转出进项税 = 18 000 × 16% = 2 880（元）

财务会计账务处理：

借：固定资产　2 880

贷：应交增值税——应交税金——进项税额转出　2 880

预算会计不做账务处理。

七、其他应交税费

（一）其他应交税费的内容

其他应交税费是政府单位在经济业务活动过程中按照税法等规定应当缴纳的、除增值税以外的各种税费，包括城市维护建设税、教育费附加、地方教育费附加、车船税、房产税、城镇土地使用税和企业所得税等，以及政府单位代扣代缴的个人所得税等。由于政府单位应缴纳的印花税不需要预提应交税费，在发生当期直接列支费用时，印花税不在此进行核算。

（二）其他应交税费的科目设置

政府单位应当设置“其他应交税费”科目，核算单位按照税法等规定应当缴纳的各种税费，并按应缴纳的税费种类，设置“应交城市维护建设税”“应交教育费附加”“应交房产税”“应交个人所得税”等明细科目进行明细账核算。

本科目是负债类会计科目，贷方登记应缴税金的增加数，借方登记应缴税金的减少数，期末贷方余额反映政府单位应缴未缴的除增值税以外的税费金额；期末借方余额反映单位多缴纳的除增值税以外的税费金额。

（三）其他应交税费的会计核算

1. 资产处置

政府单位报经批准同意后处置固定资产、政府储备物资等资产，需按照税法等规定计算的其他应交税费金额，借记“待处理财产损溢”科目，贷记“其他应交税费”科目；待实际上缴税务机关时，借记“其他应交税费”科目，贷记“银行存款”等科目。

2. 资产出租

政府单位报经批准同意后出租出借相关资产的，需要缴纳的相关税费，借记“业务活动费用”等科目，贷记“其他应交税费”科目；待实际上缴税务机关时，借记“其他应交税费”科目，贷记“银行存款”科目。在预算会计中，计算提取应交税费不需要做会计处理，待上缴时再做相应会计处理，体现的是收付实现制的会计基础。

3. 代扣代缴个人所得税

政府单位发放职工工资、发放劳务费等达到纳税条件的，应当缴纳个人所得税。单位作为代扣代缴个人所得税的主体，按照税法等规定计算应代扣代缴职工（含长期聘用人员）的个人所得税，借记“应付职工薪酬”科目，贷记“其他应交税费”科目；实际交纳时，借记“其他应交税费”科目，贷记“财政拨款收入”“零余额账户用款额度”“银行存款”等科目。

政府单位按照税费等规定计算应代扣代缴支付给职工（含长期聘用人员）以外人员劳务费的个人所得税，借记“业务活动费用”“单位管理费用”等科目，贷记“其他应交税费——应交个人所得税”科目。

4. 企业所得税

政府单位尤其是事业单位发生企业所得税纳税义务的，按税法规定计算的应交所得税额，借记“所得税费用”科目，贷记“其他应交税费——单位应交所得税”科目。

5. 其他税款

政府单位发生城市维护建设税、教育费附加、地方教育费附加、车船税、房产税、城镇土地使用税等纳税义务的，按税法规定计算的应交税费金额，借记“业务活动费用”“单位管理费用”“经营费用”等科目，贷记“其他应交税费——应交城市维护建设税、应交教育费附加、应交地方教育费附加、应交车船税、应交房产税、应交城镇土地使用税等”科目。

6. 上交税费

政府单位按同级税务局管理规定，在每月规定的时间内缴纳上述各种税费时，借记“其他应交税费——应交城市维护建设税、应交教育费附加、应交地方教育费附加、应交车船税、应交房产税、应交城镇土地使用税、应交个人所得税、单位应交所得税等”科目，贷记“财政拨款收入”“零余额账户用款额度”“银行存款”等科目。

【例5－14】 某行政单位从职工工资中代扣个人所得税65 000元，从劳务费中代扣个人所得税35 000元。

计算代扣代缴个人所得税时：

财务会计账务处理：

借：应付职工薪酬	65 000	
业务活动费用	35 000	
贷：其他应交税费——应交个人所得税		100 000

预算会计不做账务处理。

实际缴纳代扣代缴个人所得税时：

财务会计账务处理：

借：其他应交税费——应交个人所得税	100 000	
贷：银行存款		100 000

预算会计账务处理：

借：事业支出	100 000	
贷：资金结存——货币资金		100 000

八、长期应付款

（一）长期应付款的内容

长期应付款，是指政府单位发生的支付期限超过 1 年（不含 1 年）的应付款项，如跨年度分期付款购入固定资产、存货的价款等。政府单位对于应购买物资、服务等发生的长期应付款，应当在收到所购物资或者服务时确认；对于其他原因发生的长期应付款，应当在承担付款义务时进行确认。

（二）长期应付款的科目设置

政府单位应当设置“长期应付款”会计科目，核算单位偿还期限超过 1 年的应付款项，并按照长期应付款的类别及债权单位（或个人）进行明细账的核算。本科目属于负债类会计科目，贷方登记长期应付款的增加数，借方登记长期应付款的减少数，期末余额在贷方反映政府单位尚未支付的长期应付款项。

长期应付款的偿付期是随着时间推移而缩短的，政府单位在编制资产负债表时，应当对“长期应付款”科目的余额进行分析，将偿还期在1年以内（含1年）的长期应付款的金额填列到“一年内到期的非流动负债”项目中，而不能再放入“长期应付款”科目中列示。

（三）长期应付款的会计核算

1. 形成长期应付款

政府单位因购买物资、服务、工程等发生长期应付款的，借记“固定资产”“在建工程”等科目，贷记“长期应付款”科目。

2. 质保金形成的长期应付款

政府单位在购置固定资产时，按合同在质保期满再行支付的、属于质量保证金性质的款项，会形成单位应付款项，若此类款项的支付期限超过1年，对政府单位来说就形成了长期应付款项。在取得固定资产入账时，按扣留的质保金数额，计入“长期应付款”科目贷方。待产品质保期满时，再行支付质保金，借记“长期应付款”科目，贷记“财政拨款收入”“零余额账户用款额度”“银行存款”等科目。

3. 支付长期应付款

政府单位履行合同或者协议而支付长期应付款，按实际支付的金额，借记“长期应付款”科目，贷记“财政拨款收入”“零余额账户用款额度”“银行存款”等科目。涉及增值税业务的，相关账务处理参见前文所述“应交增值税”科目。

4. 无法偿付或债权人豁免偿还的长期应付款

政府单位对于无法偿付或债权人豁免偿还的长期应付款，应当按规定报经批准后进行账务处理和核销。经批准核销的长期应付款，借记“长期应付款”科目，贷记“其他收入”科目。核销的长期应付款应在备查簿中进行登记。

提示：在原会计制度中，对长期应付款和应付账款是采取“双分录”方法进行会计核算。按照合同等规定对应付未付的款项进行计提时，借记“待偿债净资产”科目，贷记“长期应付款/应付账款”科目；冲销时，做反向会计处理。

【例5－15】 某事业单位以分期付款方式从A供货商购入一台仪器用于行政办公，总价款300 000元，分三年支付，于每年末支付。

财务会计账务处理：

借：固定资产　　300 000

　　贷：长期应付款　　300 000

预算会计不做账务处理。

【例5－16】 接【例5－15】，第一年末，该事业单位按规定使用财政直接支付方式支付款项。

财务会计账务处理：

借：长期应付款　　100 000

　　贷：财政拨款收入　　100 000

预算会计账务处理：

借：行政支出　　100 000

　　贷：财政拨款预算收入　　100 000

第四节　政府单位的暂收性负债

暂收性负债，是指政府会计主体暂时收取，随后应做上缴、退回、转拨等处理的款项。暂收性负债主要包括应缴财政款和应付政府补贴款。

一、应缴财政款

（一）应缴财政款的概念和科目设置

1. 应缴财政款的概念

应缴财政款，是指政府单位按照规定取得的应当上缴财政的款项，包括应缴国库的款项和应缴财政专户的款项。政府单位在提供公共产品或者服务、履行行政职能的过程中，会产生包括罚没收入、行政事业性收费、政府性基金、资产出租和处置收入等，这些都属于财政管理的非税收收入，是政府财政收入的重要组成部分，尽管这些形成的是资金的流入，但是其所有权不属于政府单位，而是属于同级政府。因此，按照政府非税收入“收支两条线”的管理办法，应当及时、足额上缴同级财政。

2. 应缴财政款的分类

（1）罚没收入。政府单位的罚没收入是指具有行政执法权力的执法机关依据法律、法规和规章等，对公民、法人或者其他组织实施处罚取得的罚款、没收款、没收非法财物的变价收入、赃款和赃物的变价收入款等。如交通违规时，交警开出的罚单，需要缴纳的款项，就属于罚没款；税务机关对违反税法规定的当事人加收的滞纳金及处罚款；海关在反走私斗争中将缴获的物品加以没收变卖，取得的海关罚没收入；等等。罚没收入比税收具有更明显的强制性和无偿性，是财政收入的一种特殊形式，与税收相比，罚没收入缺乏固定性，具有定向性和一次性的特征，对取得财政收入缺乏稳定可靠的保证。

（2）行政事业性收费。行政事业性收费是指国家机关、事业单位、代行政府职能的社会团体及其他组织根据法律、行政法规、地方性法规等相关规定，依照规定程序批准，在向公民、法人等提供特定服务的过程中，按照成本补偿原则和非营利性原则向服务对象收取的费用。行政事业性收费包括行政管理类收费、资源补偿类收费、鉴定类收费、考试类收费等，这些收费实行的是中央和省两级审批制度，有统一的收费管理要求，实行“收支两条线”管理。省以下各级人民政府及其部门无权审批设立行政性收费项目或调整收费标准。随着政府机构改革和职能转变，政府单位进一步落实简政放权的要求，自 2009 年至今已经取消和免征数百项之多的行政事业性收费项目。

（3）政府性基金。政府性基金是各级政府及其所属部门根据法律、行政法规和中央有关文件规定，为支持某项特定基础设施建设和社会公共事业发展，向公民、法人和其他组织无偿征收的具有专项用途的财政资金，如民航发展基金、国家电影事业发展专项资金、铁路建设基金等。

（4）国有资产处置收入。国有资产处置收入是指政府单位在国有资产产权转移或核销过程中产生的收入，包括国有资产的出售收入、出让收入、置换收入、报废报销等残值变价收入等。按照政府单位国有资产的相关管理规定，这类收入需要上缴财政。

（5）国有资产出租收入。政府单位的国有资产出租收入是指政府单位在保证完成正常工作的前提下，经报批同意后，出租国有资产取得的收入。国有资产出租收入体现的是政府作为国有资产使用者或出资人的权益。

3. 应缴财政款的科目设置

政府单位应当设置“应缴财政款”科目，核算政府单位取得的按规定应当上缴财政的款项。本科目贷方登记应缴财政款的增加数，借方登记上缴财政的款项即应缴财政款的减少数，期末余额在贷方，反映政府单位应当上缴财政但尚未缴纳的款项。年终清缴后一般无余额。本科目还应当按照应缴财政款项的类别，设置明细科目，包括“应缴罚没收入”“应缴行政事业性收费”“应缴政府性基金”“应缴国有资产处置收入”“应缴国有资产出租出借收入”等明细科目。

（二）应缴财政款的管理

应缴财政款是纳入财政预算的款项，政府单位必须加强对应缴财政款的管理。应缴财政款的管理要求主要有以下两点。

（1）依法收取应缴财政款。应缴财政款的收取是一项政策性较强的工作，无论是政府性基金，还是行政性收费的收取，抑或是罚没款项的收取等，政府单位都必须严格依据国家有关法律和法规的规定进行，不得超越法律、法规的规定自行立项，随意收取。

（2）及时、足额上缴国库。政府单位的应缴预算款项应当按照同级财政部门规定的缴款方式、缴款期限及其他缴款要求，及时、足额地上缴国库。不得列入暂存款和其他收入，不得缓缴、截留、坐支、挪用，更不得转作单位的小金库。年终必须将全年的应缴财政款全部清缴入库。

（三）应缴财政款的会计核算

1. 取得应缴财政款

政府单位对于应缴财政款，如罚没收入、行政事业性收费和政府性基金等，依照法律、法规和相关规章取得，且作为执收单位，负责本单位的收入收缴管理工作，确保收入按规定及时、足额上缴财政部门。

政府单位取得应缴财政的款项时，借记“银行存款”等科目，贷记“应缴财政款”科目。政府单位应收而未收到的应缴财政款项，借记“应收账款”“其他应收账款”等科目，贷记“应缴财政款”科目。

2. 处置国有资产取得的应缴财政款

政府单位处置国有资产取得的款项，包括出售、资产置换以及出租等过程中产生的净收入，它们不是政府单位的收入，必须上缴财政。为了加强国有资产的管理，防止流失，政府单位资产出售、置换取得的收入和发生的费用应当通过“待处理财产损溢”科目核算，处理完毕后再将处置净收入转入“应缴财政款”科目，并及时上缴同级财政。

政府单位按照管理规定，上报同级财政部门审核批准后予以出租出借国有资产，取得的收入扣除税金后，其净收入上缴同级财政部门。

若同级财政部门对于处置取得款项有专门规定，则按照相关规定处理。如高校的固定资产处置收入不需要上缴财政，而是作为高校的其他收入进行核算和管理。

3. 上缴应缴财政款

政府单位对于上缴财政部门的应缴款项，应当按照国库集中收付制度的要求进行收取和缴纳，一般实行“单位开票，银行代收，财政统管”的管理方式，具体有集中汇缴和直接缴库两种方式。集中汇缴方式是缴款人将相关款项交至政府单位，再由政府单位将其上缴至同级财政部门，这种方式适合金额小、零星的款项收取。直接缴库方式是由缴款人根据政府单位开具的缴款书，直接将款项缴至财政部门。

随着我国政府的非税收入收缴管理改革的深入，越来越多的政府非税收入采取了直接缴库的方式，取消了执行单位的过渡性账户，缴款人将款项直接缴入财政账户，而政府单位只负责征收管理。在此情况下，政府单位需要根据开出的“非税收入一般缴款书”进行备查登记，以反映预算资金的收缴情况。

政府单位按规定上缴应缴财政的款项时，按实际上缴的金额，借记“应缴财政款”科目，贷记“银行存款”科目。

【例5-17】某事业单位收到一项事业性收费80 000元，已经存入银行账户。此款项按规定需要全额上缴财政专户。

财务会计账务处理：

借：银行存款　　80 000

　　贷：应缴财政款　　80 000

预算会计账务处理：

借：银行存款　　80 000

　　贷：其他收入　　80 000

上缴财政款时：

财务会计账务处理：

借：应缴财政款　　80 000

　　贷：银行存款　　80 000

预算会计账务处理：

借：其他支出　　80 000

　　贷：银行存款　　80 000

二、应付政府补贴款

（一）应付政府补贴款的内容

应付政府补贴款，是指负责发放政府补贴的行政单位，按照规定应当给补贴接受者的各种政府补贴款项。政府补贴款的接受者包括企业、公益组织和社会居民。不同政府单位其职责不尽相同，负债发放的政府补贴款的内容也不一样。例如，工业和信息化行政管理部门拨付给企业拥有技术改造的专项补贴款、开发新技术等研发经费补贴款，民政部门向地震灾区人民发放政府补助款项，农业管理部门向农民发放农机购置补贴，人力资源社会保障部门向职业培训机构发放职业培训补贴，等等。

（二）应付政府补贴款的科目设置

政府单位应当设置“应付政府补贴款”科目，核算按照规定应当支付给政府补贴接受者的各种政府补贴款项。同时，按应支付的政府补贴款的种类进行明细账的会计核算，或者建立备查簿对补贴接受者予以登记。本科目属于负债类会计科目，贷方登记应付政府补贴款的增加数，借方登记应付政府补贴款的减少数，期末余额在贷方反映政府单位应付未付的政府补贴款的金额。

（三）应付政府补贴款的会计核算

行政单位按规定发放政府补贴款时，按相关规定计算出的应付政府补贴金额，借记“业务活动费用”科目，贷记“应付政府补贴款”科目。

行政单位按规定向补贴接受者支付应付的政府补贴款时，借记“应付政府补贴款”科目，贷记“零余额账户用款额度”“银行存款”等科目。

【例5－18】某行政单位负责给当地享受低保政策的居民发放政府给予的生活补助，共计500 000元。

财务会计账务处理：

借：业务活动费用　　500 000

　　贷：应付政府补贴款——生活补助　　500 000

预算会计不做账务处理。

【例5－19】 接【例5－18】，该行政单位用财政授权支付方式支付上述政府补贴款。

财务会计账务处理：

借：应付政府补贴款——生活补助　　500 000

　　贷：零余额账户用款额度　　500 000

预算会计账务处理：

借：行政支出　　500 000

　　贷：资金结存——零余额账户用款额度　　500 000

第五节　政府单位的预计负债和受托代理负债

一、预计负债

（一）预计负债的概念和科目设置

1. 预计负债的概念

在企业会计中，预计负债是因或有事项可能产生的负债。或有事项是指过去的交易或者事项形成的，结果须由某些未来事件的发生或不发生才能决定的不确定事项。或有事项的结果是否发生具有不确定性，或者结果预计将会发生但发生的具体时间或金额具有不确定性。常见的或有事项主要有：未决诉讼或仲裁、债务担保、产品质量保证、承诺、亏损合同、重组义务、环境污染整治等。预计负债最早是在企业会计中使用的，在原制度中对于行政单位或者事业单位会计是没有的。

与或有事项相关的义务同时符合以下三个条件的，企业应将其确认为负债：一是该义务是企业承担的现时义务；二是该义务的履行很可能导致经济利益流出企业，这里的“很可能”指发生的可能性为“大于50%，但小于或等于95%”；三是该义务的金额能够可靠地计量。

对于政府单位而言，其在提供公共产品或者服务、履行职能的过程中，难免会发生未决诉讼、未决仲裁等具有不确定的或有事项，这些或有事项可能是其结果不确定，可能发生的具体时间或者金额是不确定的，因此，需要对其进行确认和记录，以便客观地反映单位应当承担的负债。因此，预计负债是政府单位因或有事项产生的现时义务而确认的负债，如对未决诉讼、未决仲裁等确认的负债。

企业会计中将或有事项确认为预计负债是有条件限制的，在政府会计中也不例外，相应的确认条件可以参照企业中的规定进行明确。

2. 预计负债的科目设置

政府单位应当设置“预计负债”会计科目，核算政府单位对因或有事项产生的现时义务而确认的负债。同时，按预计负债的项目进行明细会计核算。预计负债属于负债类会计科目，贷方登记预计负债的增加数，借方登记预计负债的减少数，期末余额在贷方反映政府单位已经确认但尚未支付的预计负债的金额。

（二）预计负债的会计核算

1. 确认预计负债

政府单位对于符合条件的或有事项，要确认为预计负债。确认是按预计的金额，借记“业务活动费用”“经营费用”“其他费用”等科目，贷记“预计负债”科目。

2. 偿付预计负债

政府单位对于需要偿付的预计负债，按偿付的金额，借记“预计负债”科目，贷记“银行存款”“零余额账户用款额度”等科目。

3. 预计负债的调整

政府单位根据确凿证据，需要对已确认的预计负债账面余额进行调整的，按调整增加的金额，借记“业务活动费用”“经营费用”“其他费用”等科目，贷记“预计负债”科目；按调整减少的金额，借记“预计负债”科目，贷记“业务活动费用”“经营费用”“其他费用”等科目。

【例5-20】2021年11月5日，某事业单位因合同违约被甲公司起诉。2021年12月31日，该事业单位尚未接到法院的判决。在咨询了单位的法律顾问后，该事业单位认为最终的法律判决很可能对单位不利。假定该事业单位预计将要支付的赔偿金额、诉讼费等费用为1 000 000~1 400 000元，而且这个区间内每个金额的可能性都大致相同。

该事业单位应在资产负债表中确认一项预计负债，金额为（1 000 000+1 400 000）÷2=1 200 000（元）。同时，在2021年12月31日的附注中进行披露。

财务会计账务处理：

借：业务活动费用	1 200 000	
贷：预计负债——未决诉讼		1 200 000

预算会计不做账务处理。

2022年3月1日，法律判决表明该事业单位要支付赔偿金额等1 300 000元。

财务会计账务处理：

借：预计负债——未决诉讼	1 200 000	
业务活动费用	100 000	
贷：银行存款		1 300 000

预算会计账务处理：

借：事业支出	1 300 000	
贷：资金结存——货币资金		1 300 000

二、受托代理负债

（一）受托代理负债的内容

政府单位的受托代理负债是政府单位接受委托，取得受托管理资产时形成的负债。与受托代理资产相对应，政府单位在确认一项受托代理资产时，就同时确认形成的受托代理负债。但是，受托代理负债的核算范围远远超出受托代理资产的核算范围，如前所述，政府单位的受托代理资产仅仅核算受托代理的实物资产，对于受托代理的现金和银行存款则不在“受托代理资产”科目中核算，直接在“库存现金”和“银行存款”科目中核算。但是政府单位受托代理的现金和银行存款对政府单位而言，仍然属于受托代理负债。

（二）受托代理负债的科目设置

政府单位应当设置“受托代理负债”会计科目，核算政府单位接受委托取得受托管理资产时形成的负债。同时，应当按照委托人等进行明细账核算；属于制定转赠物资和资金的，还应当按照受赠人进行明细核算。本科目属于负债类会计科目，贷方登记受托代理负债的增加数，借方登记受托代理负债的减少数，期末余额在贷方，反映政府单位尚未清偿的受托代理负债。

（三）受托代理负债的会计核算

1. 收到受托代理负债

政府单位接受委托人的委托，收到需委托代理的现金、银行存款时，借记“现金”“银行存款”科目，贷记“受托代理负债”科目。支付受托代理的现金、银行存款时，借记“受托代理负债”科目，贷记“现金”“银行存款”科目。

2. 接受委托转赠的物资或者接受委托储存的物资

政府单位对于接受委托转赠的物资或者接受委托储存的物资，在其验收入库时，按确定的成本，借记“受托代理资产”科目，贷记“受托代理负债”科目。

按委托人的要求将受托转赠物资交付受赠人或者交付受托存储管理的物资时，按转赠或存储管理物资的成本，借记“受托代理负债”科目，贷记“受托代理资产”科目。

若转赠物资的委托人不需要转赠而取消了对捐赠物资的转赠要求，且不再收回捐赠物资的，政府单位应当按照转赠物资的成本，借记“受托代理负债”科目，贷记“受托代理资产”科目；同时，该物资形成了政府单位的资产，借记“存货”“固定资产”科目，贷记“捐赠收入”科目。

【例5－21】某政府单位收到受托转赠的一笔现金99 000元，根据委托人的要求，应当转赠给相关的受赠人。该政府单位按照委托人的要求，在确定的时间将受托代理的现金支付给了有关受赠人。

收到时：

财务会计账务处理：

借：库存现金　　99 000

　　贷：受托代理负债　　99 000

预算会计不做账务处理。

支付时：

财务会计账务处理：

借：受托代理负债　　99 000

　　贷：库存现金　　99 000

预算会计不做账务处理。

思考题

1. 什么是政府单位的负债？政府单位的负债包括哪些种类？如何管理政府单位的负债？

2. 什么是政府单位的应缴财政款？应缴财政款与应交税费有什么不同？

3. 什么是政府单位的应付政府补贴款？应付政府补贴款应当在什么时候确认？

4. 什么是政府单位的受托代理负债？受托代理负债应当在什么时候确认？

练习题

练习一

一、目的：练习政府单位应付职工薪酬的核算。

二、资料：某公安局2022年发生如下经济业务。

（1）发生应付职工薪酬，计算出的应付职工薪酬金额为6 560 000元，其中，工资3 380 000元，津贴补贴2 020 000元，社会保险费563 000元，住房公积金597 000元。从应付职工工资中代扣代缴医疗保险、养老保险等社会保险232 000元，住房公积金597 000元，从应付职工工资中代扣代缴个人所得税154 000元。

（2）通过财政直接支付方式向职工支付上述工资和津贴补贴，代扣代缴的各种款项已转到单位的实有货币资金账户。

三、要求：根据以上经济业务，编制该公安局的有关会计分录（包括财务会计和预算会计）。

练习二

一、目的：练习政府单位应缴财政款的核算。

二、资料：某食品药品监督管理局某年发生如下经济业务。

（1）对某药品企业的违法行为开出罚款220 000元，直接缴入同级财政国库。

（2）收到某食品企业缴纳的罚款30 000元，存入银行。

三、要求：根据以上经济业务，编制该食品药品监督管理局的有关会计分录（包括财务会计和预算会计）。

练习三

一、目的：练习政府单位受托代理负债的核算。

二、资料：某教育局2022年发生如下经济业务。

（1）收到某企业捐赠给某大学的奖学金捐款2 000 000元。

（2）转拨某大学该笔奖学金捐款。

三、要求：根据以上经济业务，编制该教育局的有关会计分录（包括财务会计和预算会计）。

第六章　政府单位的净资产

第一节　政府单位的净资产概述

一、政府单位的净资产含义

政府单位的净资产是资产扣除负债后的余额。

从数量上看，净资产是政府单位一定期间资产总额与负债总额相减后的差额。在企业会计中，一定期间资产总额减去负债总额的差额即为所有者权益。

从内容上看，政府单位的净资产来源于一定期间收入与支出相抵后形成的盈余，以及计提的专用基金、无偿调拨类资产形成的净资产和长期股权投资权益法调整变动而形成的净资产。

政府单位的净资产由政府单位占有或使用，国家拥有政府单位净资产的所有权。政府单位的净资产属于国家所有，其管理按照相关要求进行。

二、政府单位的净资产内容

政府单位的净资产包括累计盈余、专用基金、权益法调整、本期盈余、本年盈余分配、无偿调拨净资产、以前年度盈余调整。

新制度较原有制度中的基金净资产、结转结余资金两大类，是有明显差别的。原有制度中基金净资产专门为政府单位设立的用于“双分录”会计核算的净资产项目，包括资产基金和待偿债净资产，而新制度中只有专用基金；而结转结余资金则是由收入和支出相互抵减后形成的滚存资金，在新制度中类似于预算会计中的结转结余，财务会计中的收支结余通过本期盈余、本年盈余分配和累计盈余来反映。

（一）盈余类净资产

政府单位履行职能、提供公共产品或者服务，会取得一定的收入，同时发生一定的支出，对于权责发生制核算的收入和支出相抵后的余额，是其活动的净结余，在政府单位的盈余类净资产中进行反映。

政府单位的盈余类净资产包括累计盈余、本期盈余和本年盈余分配。政府单位本期的收入和费用相抵后的余额，列入本期盈余进行核算和管理。政府单位本期盈余分配的情况与结果通过本年盈余分配进行核算和管理。对于历年实现的盈余扣除盈余分配后滚存的金额，以及因无偿调入资产产生的净资产变动，则在累计盈余中反映。如果有以前年度的收入或者支出的调整，无论是调增还是调减，均通过以前年度盈余调整进行反映。

（二）其他净资产

政府单位拥有和控制的资产净值，除盈余类净资产外，还有专用基金、权益法调整和无偿调拨净资产。其中，按规定计提的可用于专项任务的即为专用基金。事业单位长期股权投资按照权益法进行的调整作为权益法调整进行管理。政府单位因工作需要无偿调入或者调出的固定资产、无形资产、公共基础设施、政府储备物资等通过无偿调拨净资产进行核算和管理。政府单位设置的净资产类会计科目及分类分别见表6-1、表6-2。

表6-1　行政事业单位净资产类会计科目

序号	科目编号	科目名称	序号	科目编号	科目名称
52	3001	累计盈余	56	3302	本年盈余分配
53	3101	专用基金	57	3401	无偿调拨净资产
54	3201	权益法调整	58	3501	以前年度盈余调整
55	3301	本期盈余			

表 6－2 事业单位净资产类专用会计科目

序号	科目编号	科目名称	序号	科目编号	科目名称
1	3101	专用基金	2	3201	权益法调整

三、政府单位净资产的确认和计量

政府单位的净资产是政府单位某一时点的资产净额，它不是孤立存在的，它的确认依赖于相关资产、负债等的确认。

政府单位的本期盈余是当年收入与支出的差额形成的，一般在年末予以确认。随后，对本期盈余进行的各种分配产生了本年盈余分配，分配后的余额转入累计盈余。同时，对于无偿调入或者调出的各类资产，使单位资产增加或者减少的同时，确认为净资产及无偿调拨净资产的增加或者减少，待年末转入累计盈余进行集中反映。此外，对于计提的有专门用途的基金，即专用基金、按权益法对长期股权投资进行记录形成的净资产及权益法调整，都是政府单位的资产净值。

由此可见，政府单位净资产的确认和计量并不是孤立存在的，而是依赖于相应资产或者负债的确认进行确认的。期末净资产的数额取决于资产和负债的计量结果，其主要来源于当期收入与支出相抵形成的盈余，以及按照规定设置的专用基金等。

基本关系等式如下：

期末净资产＝期末资产总额－期末负债总额

＝期初净资产余额＋本期净资产变动额（或者减去本期净资产变动额）

第二节　政府单位盈余类净资产

一、本期盈余

（一）本期盈余的概念和科目设置

1. 本期盈余的概念

政府单位的财务会计是按照权责发生制进行计量、记录和反映的，其当期发生的各项收入和费用相抵后的余额即为本期盈余。本期盈余可以反映月度、季度和年度的收入与费用相抵后的余额，政府单位根据本单位管理的需求分别进行月度、季度或者年度的盈余核算。

2. 本期盈余的科目设置

政府单位应当设置“本期盈余”会计科目，核算本期各项收入和费用相抵后的余额。“本期盈余”科目属于净资产类会计科目，借方反映结转的各类费用金额；贷方反映结转的各类收入金额；期末余额如果在贷方，则反映单位自年初至当期期末累计实现的盈余，如果在借方，则反映单位自年初至当期期末累计发生的亏损。“本期盈余”科目是过渡性的会计科目，年末结账后，“本期盈余”科目无余额。

（二）本期盈余的会计核算

1. 结转收入

政府单位根据工作和管理需要，在会计期末，将各类收入科目的本期发生额转入本期盈余进行归集，借记“财政拨款收入”“事业收入”“上级补助收入”“附属单位上缴收入”“经营收入”“非同级财政拨款收入”“投资收益”“捐赠收入”“利息收入”“租金收入”“其他收入”等科目，贷记“本期盈余”科目。

2. 结转支出

政府单位根据工作和管理需要，在会计期末，将各类费用科目的本期发生额转入本期盈余进行归集，借记“本期盈余”科目，贷记“业务活动费用”“单位管理费用”“经营费用”“所得税费用”“资产处置费用”“上缴上级费用”“对附属单位补助费用”“其他费用”科目。

3. 年末结转本科目

政府单位在年末完成上述结转后，需要将“本期盈余”科目余额进行结转，转入本年盈余分配，为后期相关分配和处理奠定基础。如果本期盈余是借方余额，则借记“本年盈余分配”科目，贷记“本期盈余”科目；如果本年盈余是贷方余额，则借记“本期盈余”科目，贷记“本年盈余分配”科目。

【例6－1】某事业单位2022年发生以下经济业务。

12月31日，“财政拨款收入”科目余额20 000元，“事业收入”科目余额10 000元，“上级补助收入”科目余额10 000元，“附属单位上缴收入”科目余额20 000元，“经营收入”科目余额9 000元，“其他收入”科目余额8 000元，“投资收益”科目贷方余额3 000元。

12月31日，“业务活动费用”科目余额13 000元，“单位管理费用”科目余额5 000元，“经营费用”科目余额4 000元，“资产处置费用”科目余额2 000元，“所得税费用”科目余额2 000元，“其他费用”科目余额4 000元。

结转本年度收入：

财务会计账务处理：

借：财政拨款收入	20 000
事业收入	10 000
上级补助收入	10 000
附属单位上缴收入	20 000

经营收入	9 000	
其他收入	8 000	
投资收益	3 000	
贷：本期盈余		80 000

结转本年度费用：

财务会计账务处理：

借：本期盈余	30 000	
贷：业务活动费用		13 000
单位管理费用		5 000
经营费用		4 000
资产处置费用		2 000
所得税费用		2 000
其他费用		4 000

12 月 31 日，结转“本期盈余”科目：

财务会计账务处理：

借：本期盈余	50 000	
贷：本年盈余分配		50 000

注：对于政府单位的收支结转，财务会计和预算会计差异较大，这里仅对财务会计中结转进行介绍，预算会计中的收支结转在第九章逐一进行介绍。

二、本年盈余分配

（一）本年盈余分配的概念和科目设置

1. 本年盈余分配的概念

政府单位对于年度盈余，在“本期盈余”科目中进行核算的无论是盈余还是亏损，都只是过渡性质的，反映的是当年的收入费用结果。因此，在年度终了之际，在结出本年盈余后，对本年度的盈余进行分配管理，即为本年盈余分配。

2. 本年盈余分配的科目设置

政府单位应当设置“本年盈余分配”会计科目，核算本年盈余分配的情况和结果。“本年盈余分配”科目属于净资产类会计科目，借方反映盈余分配减少的金额；贷方反映盈余分配增加的金额；期末余额如果在贷方，则反映单位的盈余分配为结余，如果在借方，则反映单位盈余分配结果为亏损。“本年盈余分配”科目是过渡性的会计科目，年末结账后，“本年盈余分配”科目的余额需要转入累计盈余，从而本年盈余分配是无余额的。

（二）本年盈余分配的会计核算

1. 本期盈余转入

政府单位在会计年末，将“本期盈余”科目余额转入“本年盈余分配”科目。如果本期盈余是借方余额，则借记“本年盈余分配”科目，贷记“本期盈余”科目；如果本年盈余是贷方余额，则借记“本期盈余”科目，贷记“本年盈余分配”科目。

2. 计提专用基金

政府单位在会计年末，根据有关规定从本年度非财政拨款结余或经营结余中提取专用基金的，按预算会计下计算的提取金额，借记“本年盈余分配”科目，贷记“专用基金”科目。

3. 年末结转本科目

政府单位在会计年末，按照规定完成上述本期盈余转入、计提专用基金后，将“本年盈余分配”科目余额转入累计盈余，如果是借方余额，则借记“累计盈余”科目，贷记“本年盈余分配”科目；如果是贷方余额，则借记“本年盈余分配”科目，贷记“累计盈余”科目。

【例6－2】2022年12月31日，某行政单位“本期盈余”科目贷方余额为50 000元。

财务会计账务处理：

借：本期盈余　　50 000

　　贷：本年盈余分配　　50 000

三、累计盈余

（一）累计盈余的概念和科目设置

1. 累计盈余的概念

政府单位在持续运行期间，一方面有财政拨款等各项收入，为履行职能奠定了经济基础；另一方面业务活动发生各种各样的费用，年度收入和费用相抵后的余额为当年盈余，盈余没有使用完形成累计盈余，可以为后期工作所用。此外，政府单位因为业务工作需要，会有资产的无偿调入或者调出，无偿调拨的资产会导致单位资产的变化，从而导致净资产的变动，这个变动在单位的累计盈余中进行反映。

政府单位的累计盈余是单位历年实现盈余的滚存金额，以及因无偿调入、调出资产产生的净资产变动额。

2. 累计盈余的科目设置

政府单位应当设置“本年盈余分配”会计科目，核算单位历年实现盈余的滚存金额，因无偿调入、调出资产产生的净资产变动额，按规定上缴、缴回、单位间调剂结转结余资金产生的净资产变动额和对以前年度盈余的调整金额。“累计盈余”科目属于净资产类会计科目，借方反映累计盈余减少的金额，贷方反映累计盈余增加的金额，期末余额反映单位未分配盈余（或未弥补亏损）的累计数以及截至上年末无偿调拨净资产变动的累计数。累计盈余年末余额，反映单位未分配盈余（或未弥补亏损）以及无偿调拨净资产变动的累计数。

（二）累计盈余的会计核算

1. 本年盈余分配转入

政府单位在年末需要将“本年盈余分配”科目的余额转入累计盈

余，如果本年盈余分配是借方余额，则借记“累计盈余”科目，贷记“本年盈余分配”科目；如果本年盈余分配是贷方余额，则借记“本年盈余分配”科目，贷记“累计盈余”科目。

2. 无偿调拨净资产转入

政府单位在年末需要将“无偿调拨净资产”科目的余额转入累计盈余，如果无偿调拨净资产是贷方余额，则借记“无偿调拨净资产”科目，贷记“累计盈余”科目；如果无偿调拨净资产是借方余额，则借记“累计盈余”科目，贷记“无偿调拨净资产”科目。

3. 上缴、缴回、调出财政拨款结转结余等

政府单位按规定上缴财政拨款结转结余、缴回非财政拨款结转资金、向其他单位调出财政拨款结转资金时，按实际上缴、缴回、调出金额，借记“累计盈余”科目，贷记“财政应返还额度”“零余额账户用款额度”“银行存款”等科目。

政府单位按规定从其他单位调入财政拨款结转资金时，按照实际调入金额，借记“零余额账户用款额度”“银行存款”等科目，贷记“累计盈余”科目。

提示：这类上缴、缴回、调出的会计处理，是不通过收入、费用科目进行处理的，而是直接在“累计盈余”中进行会计处理。

4. 以前年度盈余调整转入

政府单位在年末需要将“以前年度盈余调整”科目的余额转入“累计盈余”科目，如果以前年度盈余调整为借方余额，则借记“累计盈余”科目，贷记“以前年度盈余调整”科目；如果以前年度盈余调整为贷方余额，则借记“以前年度盈余调整”科目，贷记“累计盈余”科目。

5. 专用基金购置固定资产等

政府单位经批准，按规定使用专用基金购置固定资产、无形资产的，按固定资产、无形资产成本金额，借记“固定资产”“无形资产”

科目，贷记“银行存款”等科目；同时，按专用基金使用金额，借记“专用基金”科目，贷记“累计盈余”科目。

【例6-3】12月31日，某行政事业单位“无偿调拨净资产”科目贷方余额为350 000元。

财务会计账务处理：

借：无偿调拨净资产　　350 000

　　贷：累计盈余　　350 000

预算会计不做账务处理。

【例6-4】12月31日，某行政事业单位“以前年度盈余调整”科目贷方余额32 000元。

财务会计账务处理：

借：以前年度盈余调整　　32 000

　　贷：累计盈余　　32 000

预算会计不做账务处理。

四、以前年度盈余调整

（一）以前年度盈余调整的概念和科目设置

1. 以前年度盈余调整的概念

政府单位的很多业务活动具有延续性，经常会涉及以前年度的收入和费用进行退回等各种调整，或者本年度发生的重要前期差错更正涉及调整以前年度的盈余等事项，这种调整在本次政府会计改革中进行了进一步规范和明确，以前年度的盈余不能直接在当期进行调整。政府单位对涉及以前年度收入、费用的调整事项，需要通过以前年度盈余调整来处理。

2. 以前年度盈余调整的科目设置

政府单位应当设置“以前年度盈余调整”会计科目，核算单位本年度发生的调整以前年度盈余的各类事项，也包括对于本年度发生的重要前期差错更正涉及调整以前年度盈余的事项等。政府单位的“以前年度盈余调整”会计科目与企业中“以前年度损益调整”会计科目有异曲同工之处。

“以前年度盈余调整”科目属于净资产类会计科目，借方反映调整减少的金额，贷方反映调整增加的金额，期末“以前年度盈余调整”科目余额转入累计盈余，“以前年度盈余调整”科目结转后没有余额。

（二）以前年度盈余调整的会计核算

1. 调整以前年度收入

政府单位对于需要调整增加以前年度的收入，按调增的金额，借记有关科目，贷记“以前年度盈余调整”科目。调整减少的收入，做相反会计处理。

2. 调整以前年度费用

政府单位对于需要调整增加以前年度的费用，按照调整增加的金额，借记“以前年度盈余调整”科目，贷记有关科目。调整减少的费用，做相反会计分录。

3. 盘盈各种非流动资产

政府单位对于盘点清查中发现的各种盘盈非流动资产，如固定资产、存货等，报经批准后处理时，借记“待处理财产损溢”科目，贷记“以前年度盈余调整”科目。

【例6－5】2022年1月，某单位在账务自查中发现，本单位存在以前年度应该确认但是没有确认的收入30 000元。

财务会计账务处理：

借：应收账款　　30 000

　　贷：以前年度盈余调整　　30 000

预算会计账务处理：

借：资金结存——货币资金　　30 000

贷：非财政拨款结转　　　　　　　　　　　　　　　　　　　　　　30 000

【例6－6】 2021年12月31日，某单位在“以前年度盈余调整”科目的贷方余额为30 000元。

财务会计账务处理：

借：以前年度盈余调整　　　　　　　　　　　　　　30 000

贷：累计盈余　　　　　　　　　　　　　　　　　　　　　　　　30 000

预算会计不做账务处理。

第三节　政府单位其他净资产

一、专用基金

（一）专用基金的概念、特征和科目设置

1. 专用基金的概念

专用基金是事业单位按规定提取或设置的具有专门用途的净资产。事业单位专用基金包括职工福利基金和其他基金。其管理坚持先提后用、专款专用的原则，并纳入单位预算管理，保持合理规模，提高使用效益。余额较多的，应当降低提取比例或者暂停提取；确需调整用途的，由主管部门会同统计部门、财政部门确定。

如职工福利基金，是按照非财政拨款结余的一定比例提取以及按照其他规定提取转入，用于单位职工的集体福利设施、集体福利待遇等的资金。

2. 专用基金的特征

事业单位的专用基金具有以下特征。

（1）专用基金的提取均有专门规定，即根据一定的比例或数额提取。

（2）规定有专门的用途和使用范围，除财务制度有规定外，一般不得占用、挪用，要专款专用。

（3）专用基金的使用属于一次性消耗，没有循环周转。

3. 专用基金的科目设置

政府单位应设置“专用基金”会计科目，核算按规定提取或设置的具有专门用途的净资产，主要包括职工福利基金、科技成果转化基金等。政府单位应按专用基金的类别进行明细核算。“专用基金”科目属于净资产类会计科目，借方反映专用基金的使用、减少金额，贷方反映计提增加的专用基金金额，期末余额在贷方，反映事业单位累计提取或设置的尚未使用的专用基金的金额。

（二）专用基金的会计核算

1. 计提专用基金

（1）政府单位根据有关规定，从本年度非财政拨款结余或经营结余中提取专用基金的，按预算会计下计算的提取金额，借记“本年盈余分配”科目，贷记“专用基金”科目。

（2）政府单位根据有关规定，从收入中提取专用基金并计入费用的，一般按预算会计下基于预算收入和相关计提比例计算的金额，借记“业务活动费用”等科目，贷记“专用基金”科目。国家另有规定的，从其规定。

2. 收到设置专用基金

政府单位根据有关规定设置的其他专用基金，按照实际收到的基金金额，借记“银行存款”等科目，贷记“专用基金”科目。

3. 使用专用基金

（1）政府单位按规定使用已经提取的专用基金时，借记“专用基金”科目，贷记“银行存款”等科目。

（2）使用提取的专用基金购置固定资产、无形资产的，按固定资产、无形资产成本金额，借记“固定资产”“无形资产”科目，贷记

"银行存款"等科目；同时，按专用基金的使用金额，借记"专用基金"科目，贷记"累计盈余"科目。

【例6-7】 2022年，某行政事业单位利用从经营结余中提取的专用基金购置了一台固定资产，该固定资产价值为200 000元，应缴纳的增值税额为23 009元。

财务会计账务处理：

借：固定资产	176 991	
应交税费——应交增值税（进项税额）	23 009	
贷：银行存款		200 000
借：专用基金	200 000	
贷：累计盈余		200 000

预算会计账务处理：

借：专用结余	200 000	
贷：资金结存——货币资金		200 000

二、权益法调整

（一）权益法调整的概念和科目设置

1. 权益法调整的概念

事业单位经批准后，可以进行对外投资。事业单位对长期股权投资的计量方法包括成本法和权益法。成本法是按照投资历史成本计量的方法；权益法是最初以投资成本计量，以后按在被投资单位享有的所有者权益份额的变动，对投资账面余额进行调整。如果股权投资满足权益法计量的条件，则被投资单位除净损益和利润分配以外的所有者权益变动的份额，需要调整长期股权投资账面余额而计入净资产。

2. 权益法调整的科目设置

政府单位应设置"权益法调整"会计科目，核算单位持有的、按权益法核算的长期股权投资，在被投资单位除净损益和利润分配以外的所有者权益变动时，对本单位享有的份额进行调整而计入净资产的金额，并按被投资单位进行明细会计核算。“权益法调整”科目属于净资产类会计科目，借方反映权益法调整下的减少金额，贷方反映权益法调整下的增加金额，期末余额在贷方，反映事业单位在被投资单位除净损益和利润分配以外的所有者权益变动中的累积享有（或分担）金额。

（二）权益法调整的会计核算

1. 年末计算应享有的份额

事业单位在年度终了，应按照被投资单位除净损益和利润分配以外的所有者权益变动的份额，计算本单位应该享有的或应分担的份额。如果是应享有的变动份额，则借记“长期股权投资——其他权益变动”科目，贷记“权益法调整”科目；应分担的变动份额，借记“权益法调整”科目，贷记“长期股权投资——其他权益变动”科目。

2. 处置长期股权投资

事业单位经批准后处置长期股权投资的，按原计入净资产相应部分的金额，从“权益法调整”转入“投资收益”，此时表明事业单位投资的实现。

【例 6－8】2021 年，某事业单位的被投资单位除净损益和利润分配以外的所有者权益变动金额为 400 000 元，该单位持有被投资单位 25% 的股权，不考虑相关税费，之后在 2022 年处置了该项投资。

财务会计账务处理：

借：长期股权投资——其他权益变动　　100 000

　　贷：权益法调整　　100 000

预算会计不做账务处理。

处置时：

财务会计账务处理：

借：权益法调整　　100 000

贷：投资收益　　100 000

预算会计不做账务处理。

三、无偿调拨净资产

（一）无偿调拨净资产的概念和科目设置

1. 无偿调拨净资产的概念

政府单位的资产属于国家所有，政府单位代为行使使用权和管理权。为进一步发挥政府资产的作用，提高资产的使用效率，会有资产在不同单位间调拨使用的情况，如果这种调拨是无偿的，则会产生无偿调拨资产，单位的净资产都会随资产增加而增加。无偿调拨净资产是单位无偿调出或者调入非现金资产相应产生的净资产。政府单位应当建立健全无偿调拨净资产的管理制度，对无偿调入和调出的资产加强内控管理，提高资产的使用效率。

2. 无偿调拨净资产的科目设置

政府单位应设置“无偿调拨净资产”会计科目，核算经批准后无偿调入或者调出的非现金资产。政府单位可以按照调拨的资产类别进行明细会计核算。“无偿调拨净资产”科目属于净资产类会计科目，借方反映无偿调拨非现金资产对应的净资产减少金额，贷方反映无偿调拨非现金资产对应的净资产增加金额，期末余额在贷方，反映事业单位累计无偿调入或调出的非现金资产。

年末应将“无偿调拨净资产”科目余额转入累计盈余，年末结账后，“无偿调拨净资产”科目无余额。因此，“无偿调拨净资产”科目属于过渡性会计科目。

（二）无偿调拨净资产的会计核算

1. 取得无偿调入净资产

政府单位经批准取得外单位无偿调入的存货、长期股权投资、固定资产、无形资产、公共基础设施、政府储备物资、文物文化资产、保障性住房等，按确定的成本，借记“库存物品”“长期股权投资”“固定资产”“无形资产”“公共基础设施”“政府储备物资”“文物文化资产”“保障性住房”等科目，按调入过程中发生的归属于调入方的相关费用，贷记“零余额账户用款额度”“银行存款”等科目，其差额则贷记“无偿调拨净资产”科目。

2. 无偿调出净资产

政府单位经批准无偿调出存货、长期股权投资、固定资产、无形资产、公共基础设施、政府储备物资、文物文化资产、保障性住房等，按调出资产的账面余额或账面价值，借记“无偿调拨净资产”科目；按固定资产累计折旧、无形资产累计摊销、公共基础设施累计折旧或摊销、保障性住房累计折旧的金额，借记“固定资产累计折旧”“无形资产累计摊销”“公共基础设施累计折旧（摊销）”“保障性住房累计折旧”科目；按调出资产的账面余额，贷记“库存物品”“长期股权投资”“固定资产”“无形资产”“公共基础设施”“政府储备物资”“文物文化资产”“保障性住房”等科目。同时，按调出过程中发生的归属于调出方的相关费用，借记“资产处置费用”科目，贷记“零余额账户用款额度”“银行存款”等科目。

政府单位若是向政府会计主体分配受赠的非现金资产，则作为“无偿调拨净资产”科目进行会计处理；若是向非政府会计主体分配受赠的非现金资产，则通过“资产处置费用”科目进行会计处理。

3. 年末结转

会计年度终了，政府单位应将“无偿调拨净资产”科目的余额转入累计盈余，若无偿调拨净资产余额在贷方，则借记“无偿调拨净资产”科目，贷记“累计盈余”科目；若无偿调拨净资产余额在借方，则借记“累计盈余”科目，贷记“无偿调拨净资产”科目。

【例 6-9】2022 年，某事业单位取得无偿调入存货 30 000 元，长期股权投资 40 000 元，固定资产 5 000 元，同时发生固定资产调入费用

5 000元，用银行存款支付。

财务会计账务处理：

借：库存物品　30 000

　　固定资产　5 000

　　长期股权投资　40 000

　　贷：无偿调拨净资产　70 000

　　　　银行存款　5 000

预算会计账务处理：

借：其他支出　5 000

　　贷：资金结存——货币资金　5 000

【例6－10】 2022年末，某事业单位“无偿调拨净资产”科目的贷方余额为9 000元。

财务会计账务处理：

借：无偿调拨净资产　9 000

　　贷：累计盈余　9 000

预算会计不做账务处理。

思考题

1. 什么是政府单位的净资产？政府单位的净资产包括哪些种类？
2. 什么是政府单位的累计盈余？政府单位对累计盈余的管理需要注意哪些问题？
3. 新政府会计准则制度的专用基金与原制度有何区别和联系？
4. 什么是权益法调整？其意义何在？

练习题

练习一

一、目的：练习政府单位年度收支结转的核算。

二、资料：某审计局2022年发生如下经济业务。

（1）2022年初发现，上年多记录财政应返还额度和财政拨款收入各166 000元，属于基本支出中的日常公用经费，适用的政府支出功能分类科目为“一般公共服务支出——审计事务——行政运行”。该政府单位对上年发生的这一差错进行更正。

（2）经财政部门批准，将审计管理专项结余资金60 000元调整用于审计业务，适用的政府支出功能分类科目分别为“一般公共服务支出——审计事务——审计管理”和“一般公共服务支出——审计事务——审计业务”。

（3）2022年终，“财政拨款收入”科目和“经费支出——财政拨款支出”科目的本年发生额情况如表6－3所示。结转本年财政拨款收入和财政拨款支出。

表6－3　财政拨款收入支出情况表

编制单位：某审计局　　2022年度　　单位：元

支出功能分类科目		财政拨款收入		业务活动费——财政拨款支出	
编码	名称	基本支出拨款	项目支出拨款	基本支出	项目支出
201	一般公共服务支出				
20108	审计事务				
2010801	行政运行	2 560 000		2 580 000	
2010804	审计业务		3 200 000		3 250 000
2010805	审计管理		1 500 000		1 508 000
2010850	事业运行		870 000		870 000
	合计	2 560 000	5 570 000	2 580 000	5 628 000

三、要求：根据以上经济业务，编制该审计局有关的会计分录。同时，为该单位计算进行年末结转会计处理。

练习二

一、目的：练习政府单位以前年度盈余调整的核算。

二、资料：某文旅局某年发生如下经济业务。

（1）该单位盘盈一批电脑，账面余额50 000元。已经办理完成审批手续。

(2) 当年收到退回的上一年度购买办公用品费，经查询，为办公用品出现瑕疵而发生的退回。

三、要求：根据以上经济业务，编制该文旅局有关的会计分录。

第七章　政府单位的收入

自本章开始进行收入和支出的介绍。由于政府会计中财务会计和预算会计的收入与支出费用具有一致性及相通性，很多内容只是在名称上有所差异，如财政拨款性质的收入，在财务会计中称为“财政拨款收入”，而在预算会计中则称为“财政拨款预算收入”，其性质和内容是一致的。为了更好地了解，且与会计实务中的核算相对应，将财务会计和预算会计中的收入与支出费用放在一起进行介绍。

第一节　政府单位收入概述

一、政府单位收入的概念、特点及分类

（一）政府单位收入的概念

政府单位要提供公共产品或者服务、履行职能，就必须有一定的财力作为保障。政府单位不直接从事物质资料生产，因而其收入主要来源于财政部门核拨给政府单位的财政资金。此外，政府单位还从事一些其他活动，在财政拨款以外取得其他方面的收入。这些资金来源是政府单位开展和完成业务活动的经济基础。

政府单位的收入是政府单位为履行政府职能、开展业务及其他活动依法取得的非偿还性资金。政府单位取得的各项收入，是不需要偿还的，可以用于开展各项业务活动和其他活动。政府单位取得的需要偿还

的资金，应当作为负债处理，而不能作为单位的收入处理。政府单位依法取得的应当纳入财政预算的罚没收入、行政事业性收费收入和基金，以及应当缴入财政专户的资金，在收取时不属于政府单位的收入，必须及时、足额上缴。

（二）政府单位收入的特点

政府单位的收入作为其履行职能、提供公共产品或者服务的资金来源，具有非偿还性、专用性和自主性等三大特点。当然，事业单位是我国特有的单位，有的会有经营活动，如果经营活动收入有其自身的特点，则另当别论。

非偿还性，是指政府单位取得的各项收入一般不需要进行偿还，各级财政预算对政府单位资金的保障，是各政府单位开展公务活动、履行相关行政职能的前提。

专用性，是指一定项目的收入要用于本项目的支出，实行专款专用，从而保证各专项公务活动的资金需要。因此，政府单位对于有规定用途的资金，必须专项管理，专款专用，不能互相挤占或者挪用。

自主性，是指这种资金除从财政或上级单位取得外，政府单位还可以自行组织或自行收取，并自行安排使用，其他部门和单位不得任意截留、挪用。当然，自主性并不等于随意，它的形成和使用必须严格遵守国家的有关规定，要按照规定的收费标准收取，按国家规定上缴并形成收入，并按照规定的开支范围及开支标准进行相应的支出安排。各项支出按规定的开支用途，合理使用，力求节约，不得擅自扩大开支的范围，也不得擅自提高开支的标准。收入是政府单位公务活动资金的主要来源，每个政府单位都应加强对收入的管理，充分发挥资金的使用效益。

（三）政府单位收入的分类

政府单位收入来源最主要的是财政拨款，其他性质的收入对于政府单位来说则是非主要收入。因此，按照政府单位的收入来源，可以将其收入分为财政拨款收入和其他收入。

从资金性质上看，财政拨款收入属于财政预算资金，而其他收入来源广泛。

从核拨方式上看，财政拨款来源于国库，是从财政预算收入中对政府单位安排的拨款；其他收入则不经过财政部门核拨，直接纳入政府单位的预算。

从预算核定方法上看，财政拨款收入和其他收入均通过财政部门核定，但核定方法有所不同。财政部门对财政预算拨款收入的核定，主要依据单位的工作性质、工作任务和规定的开支范围、开支标准及预算定额，各级政府结合本级政府财力予以确定；财政部门对其他收入的核定，主要依据单位上报数和有关政策进行确定。

政府单位设置的收入类会计科目及分类分别见表7－1、表7－2、表7－3、表7－4。

表7－1　行政事业单位收入类会计科目

序号	科目编号	科目名称	序号	科目编号	科目名称
59	4001	财政拨款收入	65	4602	投资收益
60	4101	事业收入	66	4603	捐赠收入
61	4201	上级补助收入	67	4604	利息收入
62	4301	附属单位上缴收入	68	4605	租金收入
63	4401	经营收入	69	4609	其他收入
64	4601	非同级财政拨款收入			

表7－2　行政事业单位预算收入类会计科目

序号	科目编号	科目名称	序号	科目编号	科目名称
1	6001	财政拨款预算收入	6	6501	债务预算收入
2	6101	事业预算收入	7	6601	非同级财政拨款预算收入
3	6201	上级补助预算收入	8	6602	投资预算收益
4	6301	附属单位上缴预算收入	9	6609	其他预算收入
5	6401	经营预算收入			

表 7－3 事业单位收入类专用会计科目

序号	科目编号	科目名称	序号	科目编号	科目名称
1	4101	事业收入	4	4401	经营收入
2	4201	上级补助收入	5	4602	投资收益
3	4301	附属单位上缴收入			

表 7－4 事业单位预算收入类专用会计科目

序号	科目编号	科目名称	序号	科目编号	科目名称
1	6101	事业预算收入	4	6401	经营预算收入
2	6201	上级补助预算收入	5	6501	债务预算收入
3	6301	附属单位上缴预算收入	6	6602	投资预算收益

二、政府单位收入的管理

(一) 政府单位收入管理的意义

一是有利于本单位年度预算的完成。政府单位的收入是政府单位财务管理的基础和前提。只有加强对收入的管理，才能保证收支计划的完成和政府单位正常工作的开展，为政府单位履行行政职能提供经济保障。

二是有利于扩大收入来源。我国事业单位体量大，其建设和发展对资金需求量也大。事业单位一方面接受国家财政拨款，另一方面也应当按照国家相关规定，依法依规、积极主动地组织非财政拨款收入，谋划好“开源”工作，拓宽收入渠道，提高发展所需的经济能力。

三是有利于充分发挥资金使用效益。政府单位的收入虽说绝大部分是由政府提供的，尤其对行政单位来说更是如此，但不能因为是政府提供的，就认为可以随意使用资金，国家一直强调政府要过“紧日子”，提高资金使用效益是政府一贯的要求。因此，政府单位有必要加强收入管理，全面统筹和规划，为合理、有效地使用资金，充分发挥资金使用效益，夯实基础。

（二）政府单位收入管理的要求

政府单位的各项收入，必须全部纳入单位预算，统一核算，统一管理。政府单位不仅要管好财政预算核拨的收入，也要管好其他方面的合法收入，将这些收入全部纳入单位的预算体系，实行统一核算，统筹安排。随着政府财政改革的不断推进和深入，国家对预算收入的管理越来越科学化和精细化，政府单位的各项收入要纳入预算统一管理，未纳入预算的收入不得安排支出。

政府单位取得的各项收入，要符合国家政策规定，并按照财务管理的要求，分别进行核算管理。政府单位一定要依法依规取得各项收入，不得私设“小金库”和账外账，不得转移收入。

政府单位非财政拨款的项目繁多，来源渠道分散，具有很大的自主性，应该加强管理。一方面，政府单位的其他收入应划清范围，分类管理。其他收入的范围和项目必须按国家规定的制度执行，不得擅自扩大范围，增加项目；要按照相关管理规定，做到年度有计划，执行有报告，年终有决算。另一方面，要将非财政拨款纳入预算管理，控制流向，同时应依法缴纳相关税费；各单位应按照税法规定和国家其他制度规定，对非财政拨款收入中应交纳的各种税金等，及时、足额交纳相关税费。

（三）政府单位收入的内部控制

根据《行政事业单位内部控制规范（试行）》的相关规定，政府单位应该建立健全收入的内部管理制度。

1. 政府单位收入业务内部控制的目标

（1）各项收入符合国家相关法律法规的规定。

（2）单位应收款项的情况清晰，落实催缴责任，确保应收尽收。

（3）各项收入均及时、足额地收缴并上缴到指定账户，没有账外账和“小金库”。

（4）票据、印章和资金等保管合理合规，没有因保管不善或滥用而产生错误或舞弊现象。

（5）各项收入得到正确核算，相关财务信息真实完整。

2. 政府单位收入业务的主要风险

（1）收入业务岗位设置不合理、岗位职责不清，收款与会计核算等不相容岗位未有效分离，可能导致错误或舞弊。

（2）违反“收支两条线”管理规定，截留、挪用甚至私分应缴财政的收入，或者收入不入账、账外账，可能导致私设“小金库”。

（3）各项收入未按照法定项目和标准征收，导致收费不规范或乱收费。

（4）票据管理不健全，没有责任到人，容易引发票据遗失、伪造等问题。

3. 政府单位收入业务内部控制措施

（1）政府单位应当设置合理的岗位，确保收款、会计核算等不相容岗位之间的相互分离。政府单位的所有收入应当由财务部门统一管理，严禁设立账外账。

（2）加强政府非税收入收缴的管理，应该按照规定项目和标准征收管理，做到收缴分离，票款一致，并及时、足额缴入国库或财政专户。

（3）政府单位应该建立健全票据管理制度。财政票据及各类发票的申领、使用、核销等应该履行相关规定。政府单位应该按照规定设置票据管理员，做好票据领、缴、存的台账管理。不得违反规定转让、代开、出借票据，不得擅自扩大票据的使用范围，按规定做好票据的缴销工作。

（4）建立健全收入的对账分析制度。财务部门应当根据预算等情况，及时与财政部门、负有征收义务的单位进行对账，确保应收尽收，确保财政拨款与预算一致。

第二节　财政拨款收入/财政拨款预算收入

一、财政拨款收入概述

（一）财政拨款收入的概念

财政拨款收入是政府单位从同级财政部门取得的各类财政拨款。政府单位是非经营性和非营利性单位，它们履行政府赋予的职能职责、提供的是公共产品或服务，是政府职能的延伸。行政单位履行政府赋予的职能职责，其资金来源全部由政府提供和负担，即资金来源于财政拨款。事业单位提供的是公共产品或服务，部分可以按照规定由市场获取，但是不能完全通过市场配置获取补偿，例如，高等学校学费收入是对提供服务的对象即学生收取的，医院的医疗收入是对提供服务的对象即患者收取的，等等，其所需资金部分来源于政府财政拨款，部分来源于事业性收入。

按照财政预算管理体系，政府单位的财政拨款预算经费由同级财政部门根据预算安排拨付。一级预算单位向同级财政部门申报预算，直接从同级财政部门取得拨款；二级及二级以下预算单位，向上一级预算单位申报预算，通过上一级预算单位从同级财政部门取得拨款。基层预算单位向财政直接领报经费。政府单位按照部门预算的管理和要求使用经费。随着目前财政改革的不断推进，这种领拨方式也在发生重大变化。

（二）财政拨款的方式

我国财政拨款的方式主要有两种，一种是传统的经费拨款方式，这是我国在国库支付改革之前使用的方式；另一种是国库集中支付方式。目前，部分省份在试点预算管理一体化改革，财政拨款方式又有所变化。

1. 逐级领拨的经费拨款方式

传统的经费拨款方式是指政府单位按照经费的领报关系，由财政部门或上级单位拨入的预算经费，一般由财政部门拨到主管会计单位，由主管会计单位拨到二级会计单位，再由二级会计单位拨到基层会计单位，即逐级领拨财政经费，又称“划拨资金”方式。

财政部门对主管部门或主管部门对所属单位拨入经费的方式是划拨资金。划拨资金即实拨资金，是政府单位编制的单位预算得到批准后，按照规定的程序，向财政部门或上级预算单位提出领拨预算资金的申请；财政部门根据主管单位的申请，通知国库将财政存款划转到申请单位所在银行的存款户，主管单位还要在收到拨入的款项后，对下级单位的经费进行转拨，月末由用款单位编报单位支出的一种拨款方式。

资金划拨的具体程序是：主管单位向同级财政部门提出申请，经财政机关主管本单位业务的部门审查复核后，由部门领导签章，总预算会计依据齐全的材料，填写预算拨款凭证并送国库办理资金拨付手续。国库收到拨款凭证审核无误后，在凭证有关联次上签章，将预算拨款凭证第一联凭以记账，第二联、第三联转至申请单位开户行，第四联退财政机关，由总预算会计据以记账。主管会计单位则根据开户行的收款通知做收入的入账，同时可以在存款余额内直接支用或向下属单位逐级转拨经费。

2. 国库集中支付的拨入经费方式

国库集中支付制度，也称“国库单一账户制度”，它要求所有的财政性资金都纳入国库单一账户体系管理，所有款项都必须通过国库单一账户体系支付。

国库单一账户由五类账户体系构成：一是财政部门在中国人民银行开设的国库存款账户；二是财政部门在商业银行开设的预算外资金财政专户；三是财政部门在商业银行开设的财政零余额账户，用于财政直接支付和清算；四是财政部门在商业银行为预算单位开设的预算单位零余额账户，用于财政授权支付和清算；五是经政府批准或授权财政部门开设的特殊性资金专户。在这种支付方式下，政府单位按财政要求在银行开设零余额存款账户，由财政将其预算经费指标下达至银行，银行根据政府单位出具的支付票据先用其自有资金进行款项的支付，每日终了，银行与国库进行结算。

与传统的经费拨付方式相比，国库集中支付制度有如下变化。第一，预算资金在各单位间层层转拨的情况将消失，取而代之的是国库直接支付，国库资金从单一账户直接支付到劳务提供者和商品供应者的账户上。第二，各部门在银行的账户是零余额账户，账户上没有货币资金，仅仅是用款额度而已，财政资金在各部门沉淀的现象将得到有效控制。第三，操作简便，资金支付快速、准确，有利于强化对各部门的预算约束。

3. 预算管理一体化改革下的经费拨入

自 2021 年开始，财政部进行了预算管理一体化改革，以统一业务规范和技术标准为核心，以一体化的信息系统为载体，推动各项预算管理制度系统集成、系统高效，实现全国政府预算管理、部门预算管理、预算项目全生命周期管理、预算全过程管理、全预算数据管理的“五个一体化”，实现单位会计核算在同级财政部门的动态反映和集中存放，实现单位会计核算与国库集中支付、资产管理、部门决策、政府财务报告等系统互通、数据共享。总之，全国预算管理一体化的实施，将进一步夯实财政在国家治理中的基础和重要支柱作用。目前，中央财政预算管理一体化资金支付管理办法已经开始正式实施，试点省份也在积极推动，不久的将来会在全国范围全面开展。

在此改革背景下，取消了区分财政直接支付和财政授权支付，统称为“国库集中支付”，统一了资金支付业务流程。即资金支付均由单位通过预算管理一体化系统提出申请，系统按照财政部门和主管部门设定的校验规则对预算指标等校验通过后，发送代理银行办理支付，预算单位在支出时记录收入，类似原来的国库直接支付。

二、财政拨款收入的分类

（一）按财政拨款的种类，分为公共财政预算拨款和其他拨款

财政拨款收入是政府单位取得的财政预算资金，而我国财政预算资金按性质的不同分为公共财政预算资金、政府性基金预算资金、国有资本经营预算资金和社保基金预算资金。政府单位的财政拨款收入存在不同的资金性质，要按财政拨款的种类进行相应的收入明细核算和管理。

一般公共财政预算拨款，是政府单位从同级财政部门取得的公共财政预算资金拨款。公共财政预算，是指政府凭借国家政治权力，以社会管理者身份筹集以税收为主体的财政收入，主要用于保障和改善民生、维持国家行政职能正常运转、保障国家安全等方面。政府单位的设立就是为了履行国家的行政职能，因此公共财政预算拨款也就成了政府单位取得的主要财政资金来源。一般公共预算收入包括税收收入、非税收收入、债务收入、转移性收入，这些是各级政府组织的一般公共预算收入，主要用于满足政府外交、国防、教育等各个方面的使用需求。

其他预算拨款，是政府单位从同级财政部门取得的上述公共财政预算拨款以外的拨款，主要包括政府性基金预算拨款、国有资本经营预算拨款和社保基金预算拨款。政府单位的财政拨款收入主要是公共财政预算资金，有部分政府单位也会取得政府性基金预算拨款、社会保险基金预算拨款等。

（二）按预算管理的要求，分为基本支出拨款和项目支出拨款

新政府会计准则制度实行的是财务会计和预算会计并存的“双核算”方式，在预算会计中为了满足预算管理的需要，将财政拨款分为基本支出拨款和项目支出拨款两大类。但是，在实务工作中，根据各单位需要，可以在财务会计中同步对财政拨款收入进行明细核算。

基本支出拨款是政府单位用于维持正常运行和完成日常工作任务需要的经费，可以分为人员经费和日常公用经费。人员经费，是指政府单位用于人员方面开支的经费，如职工工资、医疗保险费、住房公积金等；日常公用经费，是指用于保障政府单位日常公务活动开支的经费。目前，我国对政府单位基本支出拨款实行财政定额拨款，如公用经费按照一定的标准、数量等进行预算和核拨。

项目支出拨款是政府单位在基本支出拨款以外，为了完成特定的工作任务需要的经费，包括专项会议费、业务费、设备购置费等。项目支出拨款由财政部门按具体情况和需求分项核定，定项拨款，要求政府单位按项目的不同分类进行管理和分项核算，保证项目资金的专款专用。

（三）按政府收支分类科目的要求，对政府单位的财政拨款收入进行功能分类

财政部门的预算支出是政府单位的财政拨款收入，而政府预算支出是有分类的。目前，我国已经建立了一整套规范、完整的政府收支分类体系，它是按照一定的原则、方法对政府收入和支出项目进行类别及层次划分，以全面、准确、清晰地反映政府的收支活动。政府收支分类改革不仅对预算编制、预算执行具有十分重要的意义，还对各级政府职能的调整、建立公共财政起到十分重要的推动作用。政府收支分类的相关内容在第一章第二节已经介绍，此处不再赘述。

按照政府收支分类的要求，政府单位的财政拨款收入要按照政府支出的功能进行反映，如教育厅（局）的财政拨款收入属于政府收支分类中的“教育支出”，卫生监督单位的财政拨款收入属于“卫生健康支出”，科技厅（局）的财政拨款收入属于“科学技术支出”，等等。通过支出的功能分类，可以清晰地反映政府的支出花在了哪些方面，有利于支出的分类归集。

三、财政拨款收入的会计核算

（一）财政拨款收入核算的会计科目

政府单位应在财务会计中设置“财政拨款收入”科目，在预算会计中设置“财政拨款预算收入”科目，核算从同级财政部门取得的各类财政拨款。该科目属于收入类科目，贷方登记财政拨款增加数，借方登记缴回经费或核销经费数，贷方余额反映财政拨款的累计数。年终结账时，在财务会计中，将本科目本期发生额转入本期盈余，借记“财政拨款收入”科目，贷记“本期盈余”科目；在预算会计中，将发生额转入财政拨款结转，借记“财政拨款预算收入”科目，贷记“财政拨款结转——本年收支结转”科目。期末结转后，本科目无余额。

预算会计中“财政拨款预算收入”科目，应按管理要求分别设置“基本支出拨款”和“项目支出拨款”两个二级明细科目，核算政府单位取得用于基本支出和项目支出的财政拨款资金。同时，按照《政府收支分类科目》中“支出功能分类科目”的项级科目进行明细核算，在“基本支出拨款”明细科目下按照“人员经费”“日常公用经费”进行明细核算，在“项目支出拨款”明细科目下按照具体项目进行明细核算（见表7－5）。

表7－5　财政拨款收入明细科目设置

<table>
<tr><th>总账科目</th><th>一级明细科目</th><th>二级明细科目</th><th>功能分类</th></tr>
<tr><td rowspan="4">财政拨款预算收入</td><td rowspan="2">基本支出拨款</td><td>人员经费</td><td rowspan="4">项级科目</td></tr>
<tr><td>日常公用经费</td></tr>
<tr><td rowspan="2">项目支出拨款</td><td>×××项目</td></tr>
<tr><td>×××项目</td></tr>
</table>

（二）财政拨款收入的会计核算

随着国库集中支付制度的改革，财政拨款收入需要按照财政直接支付、财政授权支付和其他方式进行不同的账务处理。

1. 财政直接支付方式

（1）含义和范围。财政直接支付，是指按财政部门核定的用款计划，由财政开具支付令，通过国库单一账户体系，直接将财政资金支付到收款人（商品、服务和劳务供应商）或用款单位账户。政府单位财政直接支付范围包括：纳入财政统发范围的人员工资、津贴补贴；政府集中采购的采购支出；基本建设资金；其他按规定应纳入财政直接支付范围的各类支出。

（2）程序和账务处理。政府单位发生的在财政直接支付范围内的费用，按规定向同级财政部门提出申请，并附有关材料，经财政部门审核无误后，由财政部门国库收付中心开具财政直接支付指令，随财政部门对应的直接支付额度一并提交银行，银行审核印鉴电子信息与纸质凭证的一致性后，将资金直接支付到最终收款单位。政府单位应当在收到国库支付执行机构委托代理银行转来的“财政直接支付入账通知书”及相关原始凭证时确认财政拨款收入，同时确认财政直接支付形成的支出。

在财务会计中，借记“库存物品”“固定资产”“应交税金”“业务活动费用”“单位管理费用”“应付职工薪酬”等科目，贷记“财政拨款收入”科目。年末，根据本年度财政直接支付预算指标数大于当年财政直接支付的实际支付数的差额，借记“财政应返还额度——财政直接支付”科目，贷记“财政拨款收入”科目。因差错更正或购货退回等发生国库直接支付款项退回的，属于以前年度支付的款项，按照退回金额，借记“财政应返还额度——财政直接支付”科目，贷记“以前年度盈余调整”“库存物品”等科目；属于本年度支付的款项，按照退回金额，借记“财政拨款收入”科目，贷记“业务活动费用”“库存物品”等科目。

在预算会计中，借记“行政支出”“事业支出”等科目，贷记“财政拨款预算收入”科目。年末，根据本年度财政直接支付预算指标数大于当年财政直接支付实际支出数的差额，借记“资金结存——财政应返还额度”科目，贷记“财政拨款预算收入”科目。因差错更正、购货退回等发生国库直接支付款项退回的，属于本年度支付的款项，按照退回金额，借记“财政拨款预算收入”科目，贷记“行政支出”“事业支出”等科目。

【例7-1】某行政单位收到财政部门委托其代理银行转来的“财政直接支付入账通知书”，其中包含财政部门为行政部门支付200 000元的日常行政活动经费，300 000元的在职人员工资，80 000元为开展某项专业业务活动发生的费用。

财务会计账务处理：

借：业务活动费用　　80 000

　　单位管理费用　　200 000

　　应付职工薪酬　　300 000

　　贷：财政拨款收入　　580 000

预算会计账务处理：

借：行政支出　　580 000

　　贷：财政拨款预算收入　　580 000

【例7-2】某行政单位年终进行结账，“财政拨款收入”科目贷方余额为8 900 000元。

财务会计账务处理：

借：财政拨款收入　　8 900 000

　　贷：本期盈余　　8 900 000

预算会计账务处理：

借：财政拨款预算收入　　8 900 000

　　贷：财政拨款结转——本年收支结转　　8 900 000

如果政府单位收到退回的上一年度资金，则要通过“财政拨款结转”“财政拨款结余”科目核算。借记“财政应返还额度”科目，贷记“财政拨款结转”“财政拨款结余”科目，不能冲减当年的“财政拨款收入”科目。

年末，未使用的预算指标要进行注销，这部分指标明年能否继续使用，要进行分析。一般情况下，未使用的基本支出预算指标，结转次年继续按规定使用，人员经费指标与日常公用经费指标不能互相调剂使用。项目支出指标视情况而定，如果项目次年按计划进行，那么相应的预算指标结转次年继续按照规定用途使用；否则，指标取消，由财政统筹安排使用，或者计入单位次年的基本支出预算。

2. 财政授权支付方式

（1）含义和范围。财政授权支付是国库集中支付的另一种方式，是指预算单位按照部门预算和用款计划确定资金用途，根据财政部门授权，自行开具支付令送代理银行，通过国库单一账户体系中的单位零余额账户或特设专户，将财政性资金支付到收款人或用款单位账户。同样地，政府单位的财政预算收入由财政部门根据预算按用款计划通知代理银行，下达额度。财政授权支付的范围是指除财政直接支付支出以外的全部支出。

（2）程序和账务处理。在财政授权支付方式下，政府单位根据预算和用款计划，按规定的时间和程序向同级财政部门申请财政授权支付用款额度。经财政部门的主管业务处室审核无误后，将财政授权支付用款额度下达至政府单位零余额账户代理银行。政府单位在用款额度内使用。

在收到代理银行转来的“授权支付到账通知书”时，确认财政拨款收入，同时确认已经到账的零余额账户用款额度。

在财务会计中，借记“零余额账户用款额度”科目，贷记“财政拨款收入”科目。年末，本年度财政授权支付预算指标数大于零余额账户用款额度下达数的，根据未下达的用款额度，借记“财政应返还额度——财政授权支付”科目，贷记“财政拨款收入”科目。

在预算会计中，借记“资金结存——零余额账户用款额度”科目，贷记“财政拨款预算收入”科目。年末，单位本年度财政授权支付预算指标数大于零余额账户用款额度下达数的，按照两者差额，借记

“资金结存——财政应返还额度”科目，贷记“财政拨款预算收入”科目。

【例7－3】某政府单位收到代理银行转来的“授权支付到账通知书”，收到授权支付额度980 000元，其中，行政运行公用经费300 000元，专项项目680 000元。

财务会计账务处理：

借：零余额账户用款额度　　980 000

　贷：财政拨款收入——基本支出拨款——公用经费　　300 000

　　　——项目支出拨款——××经费　　680 000

预算会计账务处理：

借：资金结存——零余额账户用款额度　　980 000

　贷：财政拨款预算收入——基本支出拨款——公用经费

300 000

　　　——项目支出拨款——××经费

680 000

【例7－4】某政府单位本年度的财政授权支付预算指标数5 000 000元，年末，财政授权支付额度下达数为4 200 000元，其中，公用经费未下达数为300 000元，项目支出未下达数为500 000元。

财务会计账务处理：

借：财政应返还额度——财政授权支付　　800 000

　贷：财政拨款收入——基本支出拨款——公用经费　　300 000

　　　——项目支出拨款——××经费　　500 000

预算会计账务处理：

借：资金结存——财政应返还额度　　800 000

　贷：财政拨款预算收入——基本支出拨款——公用经费

300 000

　　　——项目支出拨款——××经费

500 000

注：年末，政府单位的本年度财政授权支付预算指标数与下达数的差额为政府单位本年度尚未收到的财政授权支付预算指标数，要确认为当年的财政拨款收入，下一年能否继续使用，同财政直接支付预算指标数一样，按规定处理。

3. 划拨资金

（1）划拨资金的方式。

在财政划拨资金，即实拨资金的方式下，由财政部门根据用款单位的申请，按月开出预算拨款凭证，通知国库将财政存款划转到申请单位在商业银行开设的银行存款账户，再由主管单位按规定用途办理转拨或使用，月末由用款单位编报预算支出等相关报表。经费领拨是执行国家预算的重要环节，是政府单位执行任务的财力保证。按照正确的原则收到和拨付经费，保证预算资金的及时拨付，同时对财政经费的领拨活动进行核算和监督，是政府单位预算会计的主要职能。

（2）划拨资金的程序。

政府单位根据单位预算和用款计划，按照规定的时间和程序向财政部门提出资金拨款的申请；财政部门对应本单位的主管业务处室审查复核后，由领导签章，总预算会计据以填写拨款凭证，送国库办理资金拨付手续，将资金拨付到政府单位在银行的账户；主管会计单位根据开户银行的收款通知进行入账处理，可以在银行存款余额内直接使用或向所属的下级单位转拨经费。随着国库集中支付制度的不断改革，目前这种方式使用较少。

在财务会计中，按照实际收到的金额，借记“银行存款”等科目，贷记“财政拨款收入”科目。

在预算会计中，单位按照本期预算收到财政拨款预算收入时，按照实际收到的金额，借记“资金结存——货币资金”科目，贷记“财政拨款预算收入”科目。单位收到下期预算的财政预拨款，应当在下个预算期，按照预收的金额，借记“资金结存——货币资金”科目，贷记“财政拨款预算收入”科目。

【例7-5】 某政府单位尚未纳入国库管理改革试点范围，其收到财政部门通过银行拨入预算资金，公用经费800 000元。

财务会计账务处理：

借：银行存款　　800 000

　　贷：财政拨款收入——基本支出拨款——公用经费　　800 000

预算会计账务处理：

借：资金结存——货币资金　　800 000

　　贷：财政拨款预算收入——基本支出拨款——公用经费　　800 000

4. 预算管理一体化改革与财政拨款收入

随着财政部门对财政预算管理一体化系统推动使用，越来越多的政府单位被纳入该系统中，相应地会计核算也发生了深刻的变化。在该系统中，财政资金的使用由政府单位在系统中提出申请，经财政部门审核无误后，直接将支付指令发送到国库代理银行，代理银行支付完成后，将相关单据传送到政府单位，单位据此进行收入和支出的会计核算，这也是财政部门要求“以支定收”的体现。这一改革对政府单位的财务管理提出了更高的要求。

【例7-6】 某行政单位按照财政预算管理一体化的要求，根据用款计划使用财政资金，提供一体化系统填报资金支付申请，提请支付工作人员差旅费共60 000元。代理银行支付资金后，将国库集中支付凭证回单发送给单位和财政部门。

财务会计账务处理：

借：业务活动费用　　60 000

　　贷：财政拨款收入　　60 000

预算会计账务处理：

借：行政支出　　60 000

　　贷：财政拨款预算收入　　60 000

第三节 事业收入/事业预算收入

一、事业收入概述

我国的事业单位是指国家基于社会公益目的，由国家机关举办或者其他组织利用国有资产举办的，从事教育、科技、文化、卫生等活动的社会服务组织。事业单位接受政府领导，表现形式为组织或机构的法人实体。事业单位一般是国家设置的带有一定公益性质的机构，但不属于政府机构，其工作人员与公务员是不同的。根据国家事业单位分类改革精神，事业单位不再分为全额拨款事业单位、差额拨款事业单位，而是分为公益一类事业单位、公益二类事业单位 ，此为国家财政拨款的事业单位；还有利用国有资产举办的事业单位和社会资本举办的事业单位，是国家不拨款的事业单位。

虽然都是政府拨款，但是行政单位和事业单位的收入来源有很大的区别。行政单位资金来源较为单一，事业单位则不同，其虽然不以营利为目的，但是可以实行有偿服务，除财政拨款外，还有其他的收入，而其收入来源是多样化的。如博物馆的门票收入、医院的诊疗收入、高校的学费、住宿费收入、投资性收益、社会捐赠收入等。此外，事业单位从事某些辅助性商品的生产或者服务的提供，会取得经营收入，对于经营性质的收入要讲求经济效益，依法依规管理。总之，多元化的收入是事业单位的典型特征。

事业收入是事业单位从事专业业务活动及辅助活动取得的非偿还性资金。其中，从事专业业务活动取得的收入是事业单位按照本单位专业特点开展的主要业务活动取得的收入，如医院从事医疗活动取得的收入、高校从事高等教育活动取得的收入、文化事业单位从事演出活动取得的收入等，不同行业的事业单位的事业性收入是不同的。辅助活动取得的收入即事业单位开展除主要业务活动以外的其他活动创造的收入，如后勤服务、行政管理等创造的收入。

事业收入作为事业单位提供公共产品或者服务取得的资金来源，是事业单位收入的重要组成部分。在我国经济发展的特殊阶段，尤其是这些公共产品或者服务不能够完全由政府来提供或满足人民群众需求的阶段，事业单位的事业性收入毫无疑问成为各事业单位活动的重要资金来源。

二、事业收入的科目设置

事业单位应在财务会计中设置“事业收入”科目，在预算会计中设置“事业预算收入”科目，核算本单位开展专业业务活动及其辅助活动实现的收入，不包括从同级政府财政部门取得的各类财政拨款。

事业单位应按事业收入的类别、来源等进行明细核算，同时预算会计中还需要按照《政府收支分类科目》中“支出功能分类科目”的项级科目进行明细核算，从而做到与财政的衔接；对于因开展科研及其辅助活动从非同级政府财政部门取得的经费拨款，应当在本科目下单设“非同级财政拨款”明细科目进行明细核算；事业预算收入中如有专项资金收入，还应按照具体项目进行明细核算。当然，按功能分类的明细核算是否在财务会计中并行设立，视各单位的管理需要可以自行确定。

本科目属于收入类会计科目，贷方反映收入的增加金额，借方反映收入减少或者结转金额，事业单位在会计期末，应当将本科目进行结转，年末结转后，本科目应无余额。年末在财务会计中，将本科目余额转入本年盈余，借记“事业收入”科目，贷记“本年盈余”科目。在预算会计中，将本科目本年发生额中的专项资金收入转入非财政拨款结转，借记“事业预算收入”科目下各专项资金收入明细科目，贷记“非财政拨款结转——本年收支结转”科目；将本科目本年发生额中的非专项资金收入转入其他结余，借记“事业预算收入”科目下各非专项资金收入明细科目，贷记“其他结余”科目。

三、事业收入的会计核算

（一）采用财政专户返还方式管理的事业收入

事业单位依法依规取得的事业收入，要严格执行收费标准与政府各部门的规定和要求。若该项收入是在财政专户管理的，则需要在收到款项时及时上缴财政专户；同时纳入单位预算管理，根据预算向财政部门申请返还使用该项经费。因此，这种方式下的事业收入是由同级财政部门从财政专户中返还到事业单位的。

在财务会计中，对实现应上缴财政专户的事业收入，按实际收到或应收的金额，借记“银行存款”“应收账款”等科目，贷记“应缴财政款”科目。向财政专户上缴款项时，按照实际上缴的款项金额，借记“应缴财政款”科目，贷记“银行存款”等科目。收到从财政专户返还的事业收入时，按照实际收到的返还金额，借记“银行存款”等科目，贷记“事业收入”科目。

在预算会计中，收到从财政专户返还的事业预算收入时，按照实际收到的返还金额，借记“资金结存——货币资金”科目，贷记“事业预算收入”科目。

但是，目前的财政预算管理一体化改革正在推进，在此次改革中，事业单位上缴到同级财政专户的事业性收入，不再由财政将资金下拨到各事业单位，而是实行国库集中支付的管理模式，由事业单位在上缴的额度内，采用国库集中支付的方式直接按照事业单位提出的付款额度进行各项支付。可以看出，此次改革的力度非常大，对事业单位的影响也十分深刻。事业单位应当积极融入改革，转变观念和思维，做好财务管理工作，为单位决策提供可靠的依据和支撑。

（二）采用预收款方式确认的事业收入

对于事业单位按照合同采用预收款方式收取款项的，在财务会计和预算会计中的处理如下。

在财务会计中，实际收到预收款时，按照收到的款项金额，借记“银行存款”等科目，贷记“预收账款”科目。以合同完成进度确认事业收入时，按照基于合同完成进度计算的金额，借记“预收账款”科目，贷记“事业收入”科目。

在预算会计中，由于采用的是收付实现制进行会计核算，收到款项才需要确认收入。实际收到预收款时，按照收到的款项金额，借记“资金结存——货币资金”科目，贷记“事业预算收入”科目。

（三）采用应收款方式确认的事业收入

对于事业单位按照合同采用履行合同的进度方式收取款项的，在财务会计和预算会计中的处理如下。

在财务会计中，根据合同完成进度计算本期应收的款项，借记“应收账款”科目，贷记“事业收入”科目。实际收到款项时，借记“银行存款”等科目，贷记“应收账款”科目。

在预算会计中，根据合同完成进度计算本期应收的款项时不做账务处理，待实际收到款项时，借记“资金结存——货币资金”科目，贷记“事业预算收入”科目。

（四）其他方式下确认的事业收入

事业单位除上述方式外收到的事业收入，在财务会计中，借记“银行存款”科目，贷记“事业收入”科目。在预算会计中，收到其他事业预算收入时，按照实际收到的款项金额，借记“资金结存——货币资金”科目，贷记“事业预算收入”科目。

在上述事业收入业务中，除第一项财政拨款收入业务外，但凡涉及增值税业务的，都需要按规定进行“应交增值税”的会计核算。

【例7－7】某高校开展咨询服务，咨询服务费60 000元，属于本期收入，但是款项尚未收到。

财务会计账务处理：

借：应收账款　　　　60 000

贷：事业收入——科技咨询业务 60 000

预算会计不做账务处理。

【例7-8】某事业单位年终进行结账，“事业收入”科目贷方余额为8 800 000元，均为专项资金收入。

财务会计账务处理：

借：事业收入 8 800 000

贷：本期盈余 8 800 000

预算会计账务处理：

借：事业预算收入 8 800 000

贷：非财政拨款结转——本年收支结转 8 800 000

第四节 上级补助收入/上级补助预算收入

一、上级补助收入概述

（一）上级补助收入的概念

政府单位在按职能提供公共产品或者服务中，从主管部门和上级单位取得的非财政补助收入，主要是用于补助正常业务资金的不足，从而形成了本单位的上级补助收入。

上级补助收入主要是对事业单位而言的，行政单位较少有此收入，一方面行政单位的主管部门就是政府，政府给行政单位的补助就属于财政拨款；另一方面行政单位是由同级财政全额保障的、履行政府行政职能的单位，其所需资金是由同级财政部门纳入预算管理的，基本不会存在正常业务资金不足的情况。但是事业单位有所不同，我国的事业单位是一类特殊的社会组织，其业务活动可能会使正常的业务资金不足，此时其主管部门、上级单位都有可能按照计划和要求对其进行资金的补助，由此产生了上级补助性质的收入。

（二）上级补助收入的特点

1. 来源的确定性

政府单位的上级补助收入来源于主管部门和上级单位，除此之外都不是这里所界定的上级补助收入，这也是与非同级财政拨款等收入进行区分的核心之一。也就是说，对本单位提供上级补助收入的单位是主管部门和上级单位，其余的则要作为其他类型的收入进行核算和管理。

2. 用途的确定性

政府单位收到的上级补助收入主要用于补助正常业务资金的不足，或者如果是规定了专门的项目则只能用在此规定的项目中，所以其用途相对于事业收入等是固定的。

3. 资金的非财政补助性

政府单位的上级补助收入从主管部门或者上级单位取得，但这项资金在主管部门和上级单位是非财政补助性质的资金，若是财政补助收入，则不能作为对下级单位的补助，所以政府单位收到的上级补助资金是非财政性资金。

二、上级补助收入的管理

政府单位应当加强对上级补助收入的管理，如果有专门的指定用途，则需要专项使用；如果没有专门的指定用途，则按收入的性质用于弥补正常业务资金的不足。该项收入的管理不仅限于用途管理，还需要加强内部控制、财会监督等，确保资金使用的效益。

三、上级补助收入的科目设置

政府单位应当设置“上级补助收入”科目，核算从主管部门和上级单位取得的非财政补助性质的收入。同时，按照补助单位、补助项目进行明细核算。在预算会计中，除按照补助单位、补助项目核算外，还应当按照《政府收支分类科目》中“支出功能分类科目”的项级科目等进行明细核算，上级补助预算收入中如有专项资金收入，还应按照具体项目进行明细核算。而财务会计中是否要进行这样的明细核算，准则制度未做统一要求，各单位可以根据实际需要进行。

本科目属于收入类会计科目，贷方反映上级补助收入的增加金额，借方反映上级补助收入的减少或者结转金额，事业单位在会计期末，应当将本科目进行结转，年末结转后，本科目应无余额。年末在财务会计中，将本科目余额转入本年盈余，借记“上级补助收入”科目，贷记“本年盈余”科目。在预算会计中，将本科目本年发生额中的专项资金收入转入非财政拨款结转，借记“上级补助预算收入”科目下各专项资金收入明细科目，贷记“非财政拨款结转——本年收支结转”科目；将本科目本年发生额中的非专项资金收入转入其他结余，借记“上级补助预算收入”科目下各非专项资金收入明细科目，贷记“其他结余”科目。

四、上级补助收入的会计核算

1. 确认上级补助收入

在财务会计中，政府单位在确认上级补助收入时，按应收或实际收到的金额，借记“其他应收款”“银行存款”等科目，贷记“上级补助收入”科目。实际收到应收的上级补助款时，按照实际收到的金额，借记“银行存款”等科目，贷记“其他应收款”科目。

在预算会计中，事业单位在收到上级补助预算收入时，按实际收到的金额，借记“资金结存——货币资金”科目，贷记“上级补助预算收入”科目。

2. 年末结转

在财务会计中，将本科目余额转入本年盈余，借记“上级补助收入”科目，贷记“本年盈余”科目。

在预算会计中，需要区分专项资金和非专项资金进行不同的结转处理。将本科目本年发生额中的专项资金收入转入非财政拨款结转，借记

“上级补助预算收入”科目下各专项资金收入明细科目，贷记“非财政拨款结转——本年收支结转”科目；将本科目本年发生额中的非专项资金收入转入其他结余，借记“上级补助预算收入”科目下各非专项资金收入明细科目，贷记“其他结余”科目。

【例7-9】某事业单位收到主管部门拨来的补助款600 000元，款项已经到账。

财务会计账务处理：

借：银行存款　　600 000

　　贷：上级补助收入——主管部门　　600 000

预算会计账务处理：

借：资金结存——货币资金　　600 000

　　贷：上级补助预算收入　　600 000

第五节　附属单位缴款收入/附属单位缴款预算收入

我国事业单位因自身的独特性，很多还会有独立的下级单位，这种独立可能是法人资格独立，也可能是财务和管理上的独立；下级单位的性质可能是事业单位，也可能是企业。

同时，事业单位与其下属单位之间还存在或多或少的联系，如有权任免附属单位管理人员的职务、修改或同意其预算、否决或支持其决策等。根据这些特征，附属单位可以做如下界定：附属单位是指与某事业单位间除资金联系之外还存在其他联系的事业单位或企业。可以明确的是，如果一个企业与某事业单位只存在资金上的联系，一般可以认为只是被投资与投资关系，而非附属关系。

一般而言，附属事业单位与主体的事业单位之间，存在预算上的拨付关系及行政上的隶属关系；附属企业通常是在历史上曾经属于主体事业单位的一个组成部分，从事专业业务及其辅助业务，后因各种原因，从原事业单位中独立、分离出来，成为管理上和财务上独立核算的法人实体。

根据我国最新《事业单位财务规则》（财政部令第108号）的规定，非财政补助收入超出其正常支出较多的事业单位的上级单位可会同同级财政部门，根据该事业单位的具体情况，确定对这些事业单位实行收入上缴的办法。收入上缴主要有两种形式，一是定额上缴，即在核定预算时，确定一个上缴的绝对数额；二是按比例上缴，即根据收支情况，确定按收入的一定比例上缴。对于上级单位而言，这些附属事业单位上缴的收入即为附属单位缴款。应注意的是，附属单位返还事业单位在其事业支出中垫支的工资、水电费、房租、住房公积金和福利费等各种费用，应当冲减相应支出，不能作为附属单位缴款处理。

一、附属单位上缴收入的概念

事业单位的附属单位按照规定上缴给主体事业单位的收入即为附属单位上缴收入。这里需要注意与投资收益进行区分。投资收益仅仅是事业单位对外界与之无直接联系的单位或企业投资取得的收益，是从非附属事业单位或者非附属企业那里取得的。因此，需要将这两类不同的投资或其他联系产生的资金缴纳区分为投资收益（其他收入的一个组成项目）和附属单位缴款。

二、附属单位缴款的科目设置

事业单位应当设置“附属单位缴款”科目，核算取得附属独立核算单位根据有关规定上缴的收入。在财务会计中，需要按附属单位、缴款项目等进行明细核算。在预算会计中，除了按补助单位、补助项目核算外，还按《政府收支分类科目》中“支出功能分类科目”的项级科目等进行明细核算。附属单位上缴预算收入中如有专项资金收入，还应按照具体项目进行明细核算。

本科目属于收入类会计科目，贷方反映附属单位缴款收入的增加金额，借方反映附属单位缴款收入的减少或者结转金额，事业单位在会计期末，应当将本科目进行结转，年末结转后，本科目应无余额。年末在财务会计中，将本科目余额转入本年盈余，借记“附属单位缴款收入”科目，贷记“本年盈余”科目。在预算会计中，将本科目本年发生额中的专项资金收入转入非财政拨款结转，借记“附属单位上缴预算收入”科目下各专项资金收入明细科目，贷记“非财政拨款结转——本年收支结转”科目；将本科目本年发生额中的非专项资金收入转入其他结余，借记“附属单位上缴预算收入”科目下各非专项资金收入明细科目，贷记“其他结余”科目。

三、附属单位缴款的会计核算

（一）确认附属单位上缴收入

在财务会计中，确认附属单位上缴收入时，按应收或收到的金额，借记“其他应收款”“银行存款”等科目，贷记“附属单位上缴收入”科目。实际收到应收附属单位上缴款时，按照实际收到的金额，借记“银行存款”等科目，贷记“其他应收款”科目。

收到附属单位缴来款项时，按照实际收到的金额，借记“资金结存——货币资金”科目，贷记“附属单位上缴收入”科目。

在预算会计中，事业单位在收到附属单位上缴收入时，按实际收到的金额，借记“资金结存——货币资金”科目，贷记“附属单位上缴预算收入”科目。

（二）年末结转

在财务会计中，将本科目余额转入本年盈余，借记“附属单位上缴收入”科目，贷记“本年盈余”科目。

在预算会计中，需要区分专项资金和非专项资金进行不同的结转处理。将本科目本年发生额中的专项资金收入转入非财政拨款结转，借记“附属单位上缴预算收入”科目下各专项资金收入明细科目，贷记“非财政拨款结转——本年收支结转”科目；将本科目本年发生额中的非专项资金收入转入其他结余，借记“附属单位上缴预算收入”科目下各非专项资金收入明细科目，贷记“其他结余”科目。

【例7-10】某高校附属医院为独立核算的附属单位，根据该高校与医院签订的收入分配办法规定，医院应缴纳分成款6 000 000元，已收到医院上缴的款项。

财务会计账务处理：

借：银行存款　　6 000 000

　　贷：附属单位上缴收入　　6 000 000

预算会计账务处理：

借：资金结存——货币资金　　6 000 000

　　贷：附属单位上缴预算收入　　6 000 000

【例7-11】某事业单位年终进行结账，“附属单位上缴收入”科目贷方余额为600 000元，均为专项资金收入。

财务会计账务处理：

借：附属单位上缴收入　　600 000

　　贷：本期盈余　　600 000

预算会计账务处理：

借：附属单位上缴预算收入　　600 000

　　贷：非财政拨款结转——本年收支结转　　600 000

第六节　非同级财政拨款收入/非同级财政拨款预算收入

一、非同级财政拨款收入概述

政府单位在其业务活动中，按照隶属关系，一般是从同级财政部门获得财政拨款，但是会出现从除本级政府财政部门以外的其他政府部门、上级或者下级财政部门等取得财政拨款或者经费拨款的情况，为了与同级财政部门拨款进行区分，专门设置了非同级财政拨款进行核算和管理。

在财务会计中，从非同级政府财政部门取得的经费拨款，包括从同级政府其他部门取得的横向转拨财政款、从上级或下级政府财政部门取得的经费拨款等。

在预算会计中，从非同级政府财政部门取得的财政拨款，包括本级横向转拨财政款和非本级财政拨款。

需要注意的是，新制度对于非同级政府财政拨款界定有略微的区别。在预算会计中，仅仅限于财政部门的财政拨款资金，若是非财政拨款则不计入该内容，而是根据资金性质计入其他预算收入等。但是在财务会计中，其资金来源可以是财政部门，也可以是同级政府其他部门，且范围是经费拨款，远远超出了预算会计中的财政拨款。这与我国预算会计的管理要求是息息相关的，预算会计侧重预算隶属关系，因此有了上述区别。

但无论是在财务会计还是预算会计中，对于因开展科研及其辅助活动从非同级政府财政部门取得的经费拨款，都应当通过事业收入/事业预算收入下的非同级财政拨款进行核算，不通过非同级财政拨款收入核算。

二、非同级财政拨款的科目设置

事业单位应当设置“非同级财政拨款收入”科目，核算取得的非同级财政部门的拨款。在财务会计中，对本级横向转拨财政款和非本级财政拨款进行明细核算，并按照收入来源进行明细会计核算。在预算会计中，除按收入来源核算外，还需要按照收入类别、《政府收支分类科目》中“支出功能分类科目”的项级科目等进行明细会计核算；非同级财政拨款预算收入中如有专项资金收入，还应按照具体项目进行明细核算。

本科目属于收入类会计科目，贷方反映非同级财政拨款收入的增加金额，借方反映非同级财政拨款收入的减少或者结转金额，事业单位在会计期末，应当将本科目进行结转，年末结转后，本科目应无余额。年末在财务会计中，将本科目余额转入本年盈余，借记“非同级财政拨款收入”科目，贷记“本年盈余”科目。在预算会计中，将本科目本年发生额中的专项资金收入转入非财政拨款结转，借记“非同级财政拨款预算收入”科目下各专项资金收入明细科目，贷记“非财政拨款结转——本年收支结转”科目；将本科目本年发生额中的非专项资金收入转入其他结余，借记“非同级财政拨款预算收入”科目下各非专项资金收入明细科目，贷记“其他结余”科目。

三、非同级财政拨款的会计核算

（一）确认非同级财政拨款

在财务会计中，确认非同级财政拨款收入时，按权责发生制需要确认当期未收到的非同级财政拨款，借记“其他应收款”科目，贷记“非同级财政拨款收入”科目；待收到货币资金时，借记“银行存款”等科目，贷记“其他应收款”科目。如果是已经收到的资金，则直接做银行存款和非同级财政拨款收入的增加。

在预算会计中，因为收付实现制的会计核算基础，只有在取得非同级财政拨款预算收入时，才能按实际收到的金额，借记“资金结存——货币资金”科目，贷记“非同级财政拨款预算收入”科目。

（二）年末结转

在财务会计中，将本科目余额转入本年盈余，借记“非同级财政拨款收入”科目，贷记“本年盈余”科目。

在预算会计中，需要对专项资金和非专项资金进行不同的结转处理。对于专项性质的资金，借记“非同级财政拨款预算收入”科目下各专项资金收入明细科目，贷记“非财政拨款结转——本年收支结转”

科目；而对于非专项性质的资金，借记“非同级财政拨款预算收入”科目下各非专项资金收入明细科目，贷记“其他结余”科目。

【例7－12】某单位年终进行结账，“非同级财政拨款收入”科目贷方余额为600 000元，其中，专项资金收入为200 000元，非专项资金收入为400 000元。

财务会计账务处理：

借：非同级财政拨款收入　　600 000

　　贷：本期盈余　　600 000

预算会计账务处理：

借：非同级财政拨款预算收入　　600 000

　　贷：非财政拨款结转——本年收支结转　　200 000

　　　　其他结余　　400 000

第七节　投资收益/投资预算收益

一、投资收益概述

投资收益来源于投资，关于事业单位股权投资和债券投资在资产部分已有详细介绍，本节不再赘述。

投资收益是事业单位的股权投资和债券投资实现的收益或者发生的损失。事业单位的股权投资无论是成本法核算，还是权益法核算，都需要对投资实现的收益或者损失进行跟踪管理和会计核算。

二、投资收益的科目设置

事业单位应当在财务会计中设置“投资收益”会计科目，在预算会计中设置“投资预算收益”会计科目，核算本单位股权投资和债券投资实现的收益或者发生的损失。在财务会计中，应按投资的种类等进行明细核算。在预算会计中，应按《政府收支分类科目》中“支出功能分类科目”的项级科目等进行明细核算。

本科目属于收入类会计科目，贷方反映事业单位股权投资和债券投资实现的收益金额，借方反映股权投资和债券投资发生的损失金额。事业单位在会计期末，应当将本科目进行结转，年末结转后，本科目应无余额。年末在财务会计中，将本科目本期发生额转入本期盈余，借记或贷记“投资收益”科目，贷记或借记“本期盈余”科目。在预算会计中，将本科目本年发生额转入其他结余，借记或贷记“投资预算收益”科目，贷记或借记“其他结余”科目。

三、投资收益的会计核算

（一）短期投资收益

1. 收到短期投资持有期间的利息

事业单位收到的持有期间的利息，按实际收到的金额，在财务会计中，借记“银行存款”科目，贷记“投资收益”科目；在预算会计中，借记“资金结存——货币资金”科目，贷记“投资预算收益”科目。

2. 处置短期投资

在财务会计中，出售或到期收回短期债券本息，按照实际收到的金额，借记“银行存款”科目，按照出售或收回短期投资的成本，贷记“短期投资”科目，按照其差额贷记或借记“投资收益”科目。涉及增值税业务的，需要一并进行“应交增值税”的会计处理。

在预算会计中，无论是出售本年度还是以前年度取得的短期投资，都按实际取得的价款或实际收到的本息金额，借记“资金结存——货币资金”科目，贷记“投资预算收益”科目。此处与长期债券投资的处理方式不同。

（二）长期债券投资的收益

1. 分期付息、一次还本的长期债券投资的收益

在财务会计中，需要按期确认利息收入，按计算确定的应收未收利息，借记“应收利息”科目，贷记“投资收益”科目。

在预算会计中，按实际收到的金额，借记“资金结存——货币资金”科目，贷记“投资预算收益”科目。

2. 到期一次还本付息的债券投资的收益

在财务会计中，持有的到期一次还本付息的债券投资，按期确认利息收入时，按计算确定的应收未收利息，借记“长期债券投资——应计利息”科目，贷记“投资收益”科目。

在预算会计中，按实际收到的金额，借记“资金结存——货币资金”科目，贷记“投资预算收益”科目。

3. 出售长期债券投资或到期收回长期债券投资

在财务会计中，出售长期债券投资或到期收回长期债券投资本息，按实际收到的金额，借记“银行存款”等科目，按债券初始投资成本和已计未收利息金额，贷记“长期债券投资——成本、应计利息”科目（到期一次还本付息债券）或“长期债券投资”“应收利息”科目（分期付息债券），其差额贷记或借记“投资收益”科目。涉及增值税业务的，需要一并进行“应交增值税”的会计处理。

在预算会计中，出售长期债券投资的，按实际取得的价款或实际收到的本息金额，借记“资金结存——货币资金”科目，按取得债券时“投资支出”科目的发生额，贷记“投资支出”科目，按其差额贷记或借记“投资预算收益”科目。

4. 长期股权投资持有期间的收益

在财务会计中，采用成本法核算的长期股权投资持有期间，被投资单位宣告分派现金股利或利润时，按照宣告分派的现金股利或利润中属于单位应享有的份额，借记“应收股利”科目，贷记“投资收益”

科目。

采用权益法核算的长期股权投资持有期间，按应享有或应分担的被投资单位实现的净损益的份额，借记或贷记“长期股权投资——损益调整”科目，贷记或借记“投资收益”科目；被投资单位发生净亏损，但以后年度又实现净利润的，单位在其收益分享额弥补未确认的亏损分担额后，恢复确认投资收益，借记“长期股权投资——损益调整”科目，贷记“投资收益”科目。

在预算会计中，持有长期股权投资取得被投资单位分派的现金股利或利润时，按照实际收到的金额，借记“资金结存——货币资金”科目，贷记“投资预算收益”科目。

5. 出售长期股权投资的收益

出售长期股权投资取得的收益，详见资产部分中的“长期股权投资”。

在预算会计中，出售、转让以非货币性资产取得的长期股权投资时，按照实际取得的价款扣减支付的相关费用和应缴财政款后的余额（按照规定纳入单位预算管理的），借记“资金结存——货币资金”科目，贷记“投资预算收益”科目。

【例7－13】 某事业单位持有一项长期债券，该债券采用的是分期付息支付方式，一次还本，每期应计的利息为3 000元，利息已收到。

财务会计账务处理：

借：应收利息　　3 000

　　贷：投资收益　　3 000

借：银行存款　　3 000

　　贷：应收利息　　3 000

预算会计账务处理：

借：资金结存——货币资金　　3 000

　　贷：投资预算收益　　3 000

【例7－14】 某事业单位投资了一项长期债券，采用的是一次还本付息支付方式，当期应计利息为3 000元。

财务会计账务处理：

借：长期债券投资——应计利息　　3 000

　　贷：投资收益　　3 000

预算会计不做账务处理。

【例7－15】某事业单位一项长期股权投资按权益法核算，年底被投资单位实现净利润60 000元，按投资份额计算，属于该事业单位享有的被投资单位净利润为40 000元。被投资单位次年3月宣告分配股利30 000元，属于该事业单位享有的股利份额为20 000元，股利尚未收到。

年末进行会计处理：

财务会计账务处理：

借：长期股权投资——损益调整　　40 000

　　贷：投资收益　　40 000

预算会计不做账务处理。

宣告分配股利：

财务会计账务处理：

借：应收股利　　20 000

　　贷：长期股权投资——损益调整　　20 000

预算会计不做账务处理。

第八节　经营收入/经营预算收入

一、经营收入概述

事业单位为社会公众提供的是公共产品或者服务，其履行职责的资金来源以财政资金、事业性收入为主，但是会出现根据自身工作性质和需要从事经营活动的情况。这种在单位专业业务活动及其辅助活动之外开展的，且是非独立核算的经营活动取得的收入，就是经营收入。

事业单位应当对经营收入加强管理和监督。一方面，应当按照税法等法律法规和国家相关规定，在国家允许的范围内开展经营性活动；另一方面，应当加强内部控制和监督，从严从实管好经营性活动的各项收入。

二、经营收入的科目设置

事业单位应当设置“经营收入/经营预算收入”会计科目，核算事业单位在专业业务活动及其辅助活动之外开展非独立核算经营活动取得的收入。在财务会计中，应按经营活动类别、项目和收入来源等进行明细核算。在预算会计中，除前述外，还应按《政府收支分类科目》中“支出功能分类科目”的项级科目等进行明细核算。

本科目属于收入类会计科目，贷方反映经营收入的增加金额，借方反映减少或者结转的金额。事业单位在会计期末，应当将本科目进行结转，年末结转后，本科目应无余额。年末在财务会计中，将本科目本期发生额转入本期盈余，借记“经营收入”科目，贷记“本期盈余”科目。在预算会计中，将本科目本年发生额转入经营结余，借记“经营预算收入”科目，贷记“经营结余”科目。

三、经营收入的会计核算

（一）确认经营收入

在财务会计中，应在提供服务或发出存货，同时收讫价款或者取得索取价款的凭据时，按实际收到或应收的金额予以确认，即收入实现时确认。按确定的收入金额，借记“银行存款”“应收账款”“应收票据”等科目，贷记“应交增值税”“经营收入”等科目。

在预算会计中，收到经营预算收入时，按实际收到的金额，借记“资金结存——货币资金”科目，贷记“经营预算收入”科目。

（二）年末结转

事业单位在会计年末，需要将经营收入科目进行结转。在财务会计中，将本科目本期发生额转入本期盈余，借记“经营收入”科目，贷记“本期盈余”科目。在预算会计中，将本科目本年发生额转入经营结余，借记“经营预算收入”科目，贷记“经营结余”科目。

【例7－16】某事业单位开展在专业业务活动及其辅助活动之外，且非独立核算的打印服务，应收取打印费2 000元，实际收到1 600元，款项已经存入银行（本案例暂不考虑增值税）。

财务会计账务处理：

借：银行存款　　1 600
　　应收账款　　400
　　贷：经营收入——打印服务　　2 000

预算会计账务处理：

借：资金结存——货币资金　　1 600
　　贷：经营预算收入——打印服务　　1 600

第九节　捐赠收入/利息收入/租金收入

捐赠收入/利息收入/租金收入在政府单位的财务会计中是单列的，在预算会计中可以比照财务会计进行单列，对于业务量不多的单位也可以并入其他预算收入进行管理和会计核算。本书将这三类收入单独设立会计科目，尽量与财务会计保持一致，便于理解和掌握。

一、捐赠收入

（一）捐赠收入的概念

政府单位尤其是事业单位在履行职责的活动中，经常会收到企业等的捐赠，或者是货币资金，或者是实物资产，而且需要按照捐赠方的意愿使用，这类收入统称为“捐赠收入”。如高校收到的捐赠学生奖、助学金，需要按照捐赠者的要求发放给符合条件的学生；医院收到的医疗物资或者设备，如果捐赠者有要求则要按照捐赠者的要求使用，如果捐赠者没有专门的要求则医院根据需要进行安排使用。

（二）捐赠收入的科目设置

政府单位应当在财务会计中设置“捐赠收入”科目，在预算会计中设置“捐赠预算收入”科目，核算单位接受其他单位或者个人捐赠取得的收入，而预算会计中仅仅核算取得的货币资金捐赠收入，并按捐赠资产的用途和捐赠单位等进行明细核算。捐赠收入属于收入类会计科目，贷方登记收入增加金额，借方登记收入减少金额，期末要进行结转，结转后无余额。在财务会计中，将本科目本期发生额转入本期盈余，借记“捐赠收入”科目，贷记“本期盈余”科目。在预算会计中，将本科目本年发生额转入其他结余，借记“捐赠预算收入”科目，贷记“其他结余”科目。

（三）捐赠收入的会计核算

1. 接受捐赠的货币资金

政府单位在收到捐赠者捐赠的货币资金时，要进行双核算。按实际收到的金额，在财务会计中，借记“银行存款”“库存现金”等科目，贷记“捐赠收入”科目。在预算会计中，借记“资金结存——货币资金”科目，贷记“捐赠预算收入”科目。

若政府单位取得的货币资金，按规定应当上缴财政的，则财务会计计入“应缴财政款”科目进行核算；预算会计不做账务处理。对于接受捐赠人委托转赠的资产，财务会计计入“受托代理资产”“受托代理负债”科目进行核算；预算会计不做账务处理。这两种情况是双核算中比较特殊的地方，在《政府会计准则制度解释第 3 号》中有明确的规定。

2. 接受捐赠的存货、固定资产等非现金资产

政府单位在收到存货、固定资产、无形资产等非现金资产时，由于不涉及货币资金，故只需要在财务会计中进行核算，按确定的成本借记“库存物品”“固定资产”等科目，按发生的相关税费、运输费等贷记“银行存款”等科目，其差额则贷记“捐赠收入”科目。

3. 接受捐赠按名义金额入账的资产

政府单位收到的资产是按名义金额入账的，按名义金额，借记“库存物品”“固定资产”等科目，贷记“捐赠收入”科目；如果按发生的相关税费、运输费等，则借记“其他费用”科目，贷记“银行存款”等科目，同时在预算会计中借记“行政支出”“事业支出”等科目，贷记“资金结存——货币资金”科目。

4. 期末结转

在财务会计中，年末要进行结转，结转后无余额。借记“捐赠收入”科目，贷记“本期盈余”科目。在预算会计中，借记“捐赠预算收入”科目，贷记“其他结余”科目。

【例 7－17】 某单位银行账户收到了其他单位捐赠的货币资金，金额为 60 000 元。

财务会计账务处理：

借：银行存款	60 000	
贷：捐赠收入		60 000

预算会计账务处理：

借：资金结存——货币资金	60 000	
贷：其他预算收入——捐赠收入		60 000

二、利息收入

（一）利息收入的概念

政府单位的利息收入是单位取得的银行存款利息收入。但是，在财

政国库集中支付的情况下，政府单位财政拨款收入是由财政部门进行资金额度的下达，这在单位不会产生利息收入；只有在实有货币资金的银行账户中，才会有利息收入的产生。

（二）利息收入的科目设置

政府单位应当在财务会计中设置“利息收入”科目，在预算会计中设置“利息预算收入”科目，核算单位从银行取得的银行存款利息收入。利息收入属于收入类会计科目，贷方登记收入增加金额，借方登记收入减少金额，期末要进行结转，结转后无余额。在财务会计中，将本科目本期发生额转入本期盈余，借记“利息收入”科目，贷记“本期盈余”科目。在预算会计中，将本科目本年发生额转入其他结余，借记“利息预算收入”科目，贷记“其他结余”科目。

（三）利息收入的会计核算

1. 收到利息

政府单位在收到银行支付的存款利息时，按实际收到的金额，在财务会计中，借记“银行存款”科目，贷记“利息收入”科目；在预算会计中，借记“资金结存——货币资金”科目，贷记“利息预算收入”科目。

2. 期末结转

政府单位在会计年末时，需要将本收入科目进行结转，结转后没有余额。在财务会计中，借记“利息收入”科目，贷记“本期盈余”科目。在预算会计中，借记“利息预算收入”科目，贷记“其他结余”科目。

【例 7 - 18】 某单位在银行存了一笔款项，当期收到了银行存款利息收入 5 000 元。

财务会计账务处理：

借：银行存款　　　　5 000

　　贷：利息收入　　　　5 000

预算会计账务处理：

借：资金结存——货币资金　　5 000

　　贷：其他预算收入——利息收入　　5 000

三、租金收入

（一）租金收入的概念

政府单位对本单位的国有资产有使用、支配权利，可以根据单位自身的需要对房屋等国有资产进行出租，在一定程度上可以盘活资产，弥补财政补助的不足，满足单位的发展需求。单位在履行相关审批手续后，将国有资产出租取得的收入即为租金收入。无论是行政单位还是事业单位，都可能有租金收入。

政府单位应当加强对租金收入的管理，若需要上缴财政，则应该按要求及时上缴同级财政部门；若不需要上缴财政，则应该按要求纳入单位的预算进行管理。政府单位要严格执行“收支两条线”要求，规范管理，杜绝“小金库”。

（二）租金收入的科目设置

政府单位应当在财务会计中设置“租金收入”科目，在预算会计中设置“租金预算收入”科目，核算单位经批准利用国有资产出租取得的按规定纳入本单位预算管理的租金收入，并对出租国有资产类别和收入来源等进行明细会计核算。租金收入属于收入类会计科目，贷方登记收入增加金额，借方登记收入减少金额，期末要进行结转，结转后无余额。在财务会计中，将本科目本期发生额转入本期盈余，借记“租金收入”科目，贷记“本期盈余”科目。在预算会计中，将本科目本年发生额转入其他结余，借记“租金预算收入”科目，贷记“其他结余”科目。

（三）租金收入的会计核算

1. 财务会计中取得租金收入

（1）采用预收租金方式的，预收租金时，按收到的金额，借记

“银行存款”等科目，贷记“预收账款”科目；待分期确认租金收入时，按各期租金金额，借记“预收账款”科目，贷记“租金收入”科目。

（2）采用后付租金方式的，需要在应当取得收入的会计期间先进行确认收入和应收款，待实际收到时再冲销应收款。每期确认租金收入时，按各期租金金额，借记“应收账款”科目，贷记“租金收入”科目；收到租金时，按实际收到的金额，借记“银行存款”等科目，贷记“应收账款”科目。

（3）采用分期收取租金方式的，不需要先行确认，待每期收取租金时，按租金金额，借记“银行存款”等科目，贷记“租金收入”科目。

（4）对于收取的租金不纳入单位预算管理，而要上缴财政的，不在“租金收入”中进行核算，而是进入“应缴财政款”进行会计核算。

上述业务若涉及缴纳增值税的，则需要同步进行“应交增值税”的会计处理。

2. 预算会计中取得租金收入

政府单位在取得的租金收入为货币资金时，在预算会计中，借记“资金结存——货币资金”科目，贷记“租金预算收入”科目。因为预算会计是按照收付实现制进行核算的，没有预收、后付等不同方式的核算。

3. 期末结转

政府单位在会计年末时，需要将本收入科目进行结转，结转后没有余额。在财务会计中，借记“租金收入”科目，贷记“本期盈余”科目。在预算会计中，借记“租金预算收入”科目，贷记“其他结余”科目。

【例7-19】某事业单位年终进行结账，“租金收入”科目贷方余额为400 000元。

财务会计账务处理：

借：租金收入　　400 000

　　贷：本期盈余　　400 000

预算会计账务处理：

借：其他预算收入——租金收入　　400 000

　　贷：其他结余　　400 000

第十节　其他收入/其他预算收入

一、其他收入概述

政府单位在提供公共产品和服务、履行职能过程中，除取得的上述各类收入外，还会有现金盘盈，已经核销的其他应收款收回，应付的款项因对方单位而导致无法偿付等情况，这些情况下取得的收入不能纳入上述事业收入、上级补助收入、经营收入等收入中进行核算和管理。因此，为了加强对这些收入的管理，专门把它们列为其他收入进行核算管理，这样既符合明晰性的要求，也便于单位加强管理。

其他收入是政府单位取得的除财政拨款收入、事业收入、上级补助收入、附属单位上缴收入、经营收入、非同级财政拨款收入、投资收益、捐赠收入、利息收入、租金收入以外的各项各类收入，包括现金盘盈收入、按照规定纳入单位预算管理的科技成果转化收入、行政单位收回已核销的其他应收款、无法偿付的应付及预收款项、置换换出资产评估增值等。此外，政府单位从税务机关取得的代扣代缴、代收代缴、委托代征税款手续费按规定计入本单位收入，也在其他收入中进行反映。

二、其他收入的科目设置

政府单位应当在财务会计中设置“其他收入”科目，在预算会计中设置“其他预算收入”科目，核算本单位除财政拨款收入、事业收入、上级补助收入、附属单位上缴收入、经营收入、非同级财政拨款收入、投资收益、捐赠收入、利息收入、租金收入之外各项各类纳入部门预算管理的收入，包括现金盘盈收入、行政单位收回已核销的其他应收款等。在预算会计中，如果没有对捐赠预算收入、利息预算收入、租金预算收入进行单独设立，这三类收入就在其他预算收入中进行管理。

政府单位应当按其他收入的类别、来源等进行明细核算。在预算会计中，还需要按照《政府收支分类科目》中“支出功能分类科目”的项级科目进行明细核算，如有专项资金收入，还应按照具体项目进行明细核算。

其他收入属于收入类会计科目，贷方登记收入增加金额，借方登记收入减少金额，期末要进行结转，结转后无余额。在财务会计中，将本科目本期发生额转入本期盈余，借记“其他收入”科目，贷记“本期盈余”科目。在预算会计中，将本科目本年发生额中的专项资金收入转入非财政拨款结转，借记“其他预算收入”科目下各专项资金收入明细科目，贷记“非财政拨款结转——本年收支结转”科目；将本科目本年发生额中的非专项资金收入转入其他结余，借记“其他预算收入”科目下各非专项资金收入明细科目，贷记“其他结余”科目。

三、其他收入的会计核算

（一）现金盘盈收入

政府单位应对每日现金账款进行核对，发现有现金溢余，在财务会计中，属于无法查明原因的部分，报经批准后，借记“待处理财产损溢”科目，贷记“其他收入”科目。

在预算会计中，对于溢余现金，借记“资金结存——货币资金”科目，贷记“其他预算收入”科目。经核实，属于应支付给有关个人和单位的部分，按实际支付的金额，借记“其他预算收入”科目，贷记“资金结存——货币资金”科目。

（二）科技成果转化收入

政府单位科技成果转化取得的收入，主要在事业单位居多，按规定留归本单位的，按照取得收入扣除相关费用后的净收益，借记“银行存款”等科目，贷记“其他收入”科目。预算会计也进行相应处理。

（三）收回已核销的其他应收款

行政单位已核销的其他应收款在以后期间收回的，按实际收回的金额，借记“银行存款”等科目，贷记“其他收入”科目。预算会计也进行相应处理。

（四）无法偿付的应付及预收款项

对于无法偿付或债权人豁免偿还的应付账款、预收账款、其他应付款及长期应付款，借记“应付账款”“预收账款”“其他应付款”“长期应付款”等科目，贷记“其他收入”科目。

（五）置换资产评估增值

政府单位经批准进行资产置换，换出资产评估增值的，按评估价值高于资产账面价值或账面余额的金额，借记有关科目，贷记“其他收入”科目。

以置换库存物品为例，政府单位对经批准与外单位置换换入的库存物品，按确定的成本借记“其他收入”科目，按换出资产的账面余额贷记相关资产科目（换出资产为固定资产、无形资产的，还应当冲销“固定资产累计折旧”“无形资产累计摊销”科目），按置换过程中发生的其他相关支出贷记“银行存款”等科目，按借贷方差额借记“资产处置费用”科目或贷记“其他收入”科目。若有支付或者收到补价的，则分别贷记或借记“银行存款”科目，相应的借贷方差额进行调整后借记“资产处置费用”或“其他收入”科目。

（六）其他收入

政府单位取得不能进入上述五项核算的其他收入，按应收或实际收到的金额，借记“其他应收款”“银行存款”“库存现金”等科目，贷记“其他收入”科目。涉及增值税业务的，一并对“应交增值税”进行核算。

【例7-20】 某单位进行科技成果转化，取得转化收入400 000元，存入银行。

财务会计账务处理：

借：银行存款	400 000	
贷：其他收入		400 000

预算会计账务处理：

借：资金结存——货币资金	400 000	
贷：其他预算收入		400 000

【例7-21】 某单位年终进行结账，“其他收入”科目贷方余额为600 000元，其中，专项资金收入为400 000元，非专项资金收入为200 000元。

财务会计账务处理：

借：其他收入	600 000	
贷：本期盈余		600 000

预算会计账务处理：

借：其他预算收入	600 000	
贷：非财政拨款结转——本年收支结转		400 000
其他结余		200 000

第十一节　债务预算收入

在我国，行政单位是财政全拨款单位，不存在举借债务的情况。但事业单位根据业务需要，经批准后是可以举借债务的。从银行等金融机构借入的款项，按照政府会计准则和制度规定，在财务会计中作为负债核算和管理，在预算会计中作为债务收入进行核算和管理，这是由两类核算的会计基础决定的。

一、债务预算收入概述

我国事业单位的范围涉及教育、医疗、体育、文化等诸多领域，人民群众对各领域的需求也在不断增加，但政府的财力是有限的，可能存在满足了这个单位或者行业，却不能满足另一个单位或者行业的情况。一方面经费有限，另一方面需求增加，为了更好地发展，不断满足人民群众的需求，事业单位经过批准后，可以向银行等金融机构借款，用于事业发展需要。因此，债务预算收入是事业单位按相关规定经批准后，从银行和其他金融机构等借入的、纳入部门预算管理的、不以财政资金作为偿还来源的债务本金。

二、债务预算收入的科目设置

事业单位在预算会计中应当设置“债务预算收入”科目，核算按规定从银行等金融机构借入的、纳入部门预算管理的、不以财政资金作为偿还来源的债务本金，并按贷款单位、贷款种类、《政府收支分类科目》中“支出功能分类科目”的项级科目等进行明细核算。债务预算收入中若有专项资金的收入，则应按具体的项目进行明细核算。

债务预算收入属于收入类会计科目，贷方登记收入增加金额，借方登记收入减少金额，期末要进行结转，结转后无余额。若本科目本年发生额中有专项资金收入，则转入非财政拨款结转，即借记“债务预算收入”科目，贷记“非财政拨款结转——本年收支结转”科目；若是非专项资金收入，则转入其他结余，即借记“债务预算收入”科目，贷记“其他结余”科目。

三、债务预算收入的会计核算

事业单位借入各项短期或长期借款到账时，按实际借入的金额，借记“资金结存——货币资金”科目，贷记“债务预算收入”科目。

事业单位归还各项短期或长期借款时，借记“债务支出”科目，贷记“资金结存——货币资金”科目。

【例7-22】 某事业单位为修建宿舍，经批准，向某银行借入长期贷款600 000元，款项已到。

财务会计账务处理：

借：银行存款	600 000	
贷：长期借款		600 000

预算会计账务处理：

借：资金结存——货币资金	600 000	
贷：债务预算收入		600 000

【例7-23】 假定年终结账时，某事业单位“债务预算收入”科目本年贷方发生额为800 000元，其中，非专项资金收入600 000元，专项资金收入200 000元。

财务会计账务处理：

借：其他收入	800 000	
贷：本期盈余		800 000

预算会计账务处理：

借：债务预算收入	800 000	
贷：其他结余		600 000
非财政补助结转——本年收支结转		200 000

思考题

1. 什么是政府单位的收入？行政单位和事业单位的收入有什么共同点与不同点？

2. 什么是财政拨款收入？财政拨款收入的管理要求主要有哪些？

3. 在不同拨款方式下，包括财政直接支付、财政授权支付、财政实拨资金支付和预算管理一体化方式，政府单位应当分别在何时确认财政拨款收入?

4. 政府单位各项收入在年终结账时，财务会计和预算会计应分别如何核算?

5. 结合政府单位的收入核算，谈谈你对新政府会计准则制度的理解。

练习题

练习一

一、目的：练习在同时有公共财政预算拨款和政府性基金预算拨款的情况下，政府单位财政拨款收入的核算。

二、资料：某生态环境局同时有公共财政预算拨款和政府性基金预算拨款，2021 年发生如下经济业务。

（1）收到单位零余额账户代理银行转来的财政授权支付额度到账通知书，由公共财政预算资金安排的财政授权支付额度共计 8 800 000 元。具体内容为：基本支出中的日常公用经费使用额度 3 500 000 元，适用的政府支出功能分类科目为“节能环保支出——环境保护管理事务——行政运行”；项目支出使用额度 5 300 000 元，适用的政府支出功能分类科目为“节能环保支出——环境保护管理事务——环境保护宣传”。

（2）通过财政直接支付方式支付一笔政府性基金预算款项 121 000 元，具体内容为使用可再生能源电价附加收入支付太阳能发电补助用于公共独立的电力系统运行，适用的政府支出功能分类科目为“节能环保支出——可再生能源电价附加收入——太阳能发电补助”。

（3）“财政拨款收入”科目的本年发生额为 15 600 000 元，区分公共财政预算拨款和政府性基金预算拨款的情况为：“财政拨款收入——公共财政预算拨款”12 000 000 元，“财政拨款收入——政府性基金预算拨款”3 600 000 元。年终将其全部进行结转。

三、要求：根据上述经济业务，编制该环保局的有关会计分录。

练习二

一、目的：练习政府单位财政拨款收入的核算。

二、资料：某工商行政管理局只有公共财政预算拨款，2022 年发生如下经济业务。

（1）收到单位零余额账户代理银行转来的财政授权支付额度到账通知书，收到财政授权支付额度共计 2 860 000 元，具体适用政府支出功能分类科目的情况为“一般公共服务支出——工商行政管理事务——行政运行”852 000 元，“一般公共服务支出——工商行政管理事务——执法办案专项”1 130 000 元，“一般公共服务支出——工商行政管理事务——消费者权益保护”878 000 元。其中，“一般公共服务支出——工商行政管理事务——行政运行”科目具体为日常公用经费。

（2）通过财政直接支付方式支付一笔款项共计 626 000 元，具体内容包括如下三项：一是职工基本工资和社会保障缴费 356 000 元，适用的政府支出功能分类科目是“一般公共服务支出——工商行政管理事务——行政运行”；二是归口管理的行政单位离退休费 158 000 元，适用的政府支出功能分类科目是“社会保障和就业支出——行政事业单位离退休——归口管理的行政单位离退休”；三是职工购房补贴 112 000 元，适用的政府支出功能分类科目是“住房保障支出——住房改革支出——购房补贴”。支付的相应款项在上一会计期间做过计提，记录在“应付职工薪酬”账户中。

（3）通过财政直接支付方式支付一笔款项 70 000 元，具体内容为支付信息化系统建设费用，适用的政府支出功能分类科目为“一般公共服务支出——工商行政管理事务——信息化建设”。该工商管理行政单位的信息系统已建设近两年，目前尚未完成。

（4）通过财政直接支付方式支付一笔款项 37 500 元，具体内容为向某公司购买一批办公耗材的款项，适用的政府支出功能分类科目为“一般公共服务支出——工商行政管理事务——行政运行”。

（5）本年度财政直接支付预算指标数为 5 900 000 元。年末，财政直接支付的实际支付数为5 650 000元，属于“一般公共服务支出——工商行政管理事务——行政运行”科目的内容。

(6) 本年度财政授权支付预算指标数为6 860 000元。年末，财政授权支付额度下达数为6 200 000元，具体为基本支出中的日常公用经费，属于“一般公共服务支出——工商行政管理事务——行政运行”科目的内容。

(7) 年终“财政拨款收入”科目进行结转。

三、要求：根据上述经济业务，编制该工商行政管理局的有关会计分录。

练习三

一、目的：练习事业单位事业收入的核算。

二、资料：某省级公立高等学校2022年发生如下经济业务。

(1) 收到本科学生学费收入共计12 000 000元，同时核对无误后，按规定上缴同级财政部门的财政专户。

(2) 根据预算和单位实际需求，向财政部门申请对上述上缴财政专户的学费进行返还，并收到财政返还的学费资金。

(3) 财政部门在预算管理一体化改革模式下，对(1)中上缴财政专户的学费，实行额度下达至该省级公立高等学校。

三、要求：根据以上经济业务，编制该省级公立高等学校的有关会计分录。

第八章　政府单位的费用和支出

第一节　政府单位费用和支出概述

一、政府单位费用和支出的概念及特点

（一）政府单位费用和支出的概念

政府单位为保障机构的正常运转，实现其履行政府赋予的职能和职责、提供公共产品或者服务，需要有资金收入进行保障，取得收入后会发生各种各样的耗费和支出确保职能、职责的履行。如每个月为单位职工发放工资薪酬、交纳各种社会保险费用，为保障正常运转支付水费、电费等，为开展业务工作发生差旅费、培训费等日常性费用，以及购置通用设备、专用设备等支出，等等，构成了单位的各项费用开支。

在政府会计中，财务会计和预算会计分别按照权责发生制、收付实现制进行计量、记录和反映，政府单位的各项耗费在财务会计中是作为费用确认计量的，在预算会计中是作为支出确认计量的。

在财务会计中，准则对费用的定义是“报告期内导致政府会计主体净资产减少的、含有服务潜力或者经济利益的经济资源的流出”。费用确认应当同时满足三个条件：

第一，与费用相关的含有服务潜力或者经济利益的经济资源很可能流出政府会计主体。

第二，含有服务潜力或者经济利益的经济资源流出会导致政府会计主体资产减少或者负债增加。

第三，流出金额能够可靠地计量。

政府单位对于发生的支出，要确认为企业的费用，需要同时满足上述三个条件，缺一不可。

企业会计中费用的定义是“费用是企业生产经营过程中发生的各项耗费”。从政府会计与企业会计对费用的定义来看，二者定义相类似，一方面反映出两类会计的权责发生制核算基础的特点；另一方面反映出相同概念的趋同，便于掌握和比较。

在预算会计中，准则对预算支出的定义是：“预算支出是指政府会计主体在预算年度内依法发生并纳入预算管理的现金流出。”这与预算会计的收付实现制是密不可分的，在实际支付资金时予以确认，以实际支付的金额进行会计计量和记录。

（二）费用和支出的比较

1. 核算原则不同

费用确认计量的基础是权责发生制，是按照是否属于当期而不是以是否支付资金为标准进行确认的。也就是说，哪怕是没有货币资金的支付，只要是属于当期应该承担的费用，都应当进行确认和记录。支出确认计量的基础是收付实现制，是在实际支付时按实际支付的金额进行计量的，无论是否属于当期，只要发生了实际货币资金的支付，就要在当期进行支出的确认和记录。

2. 会计要素不同

在新准则制度中，费用是财务会计中的会计要素，财务会计中的会计要素包括资产、负债、净资产、收入和费用五要素；而预算支出则是预算会计中的会计要素，预算会计中的会计要素包括预算收入、预算支出和预算结余。

3. 核算口径不同

由于权责发生制与收付实现制的不同，政府会计中的费用和支出核算口径存在差异。最典型的就是涉及增值税的处理。在财务会计中，购入货物或者接受劳务发生的费用是不带增值税金额的，增值税计入“应交增值税”科目。而在预算会计中，对于核算中支付货币资金要记录为支出，所以涉及的增值税就包含在支出中，而不单独记录为“应交增值税”，产生的是永久性差异。在会计实务工作中，尤其是跨年度时，这个问题是需要认真思考并解决的。这里可以提供一种思路：对这类业务要做到财务会计和预算会计的一一对应，可以考虑在预算会计的支出类会计科目中专门设置往来类的明细科目，从而突出财务会计和预算会计一一对应。这样的话，相关科目的性质就会随之发生一定的变动，但不影响总体。就如在预算会计中支出类科目下面设置“待处理”明细科目一样，对于预付款项先行列入“待处理”明细科目，然后在会计期末再根据实际情况进行相应处理。

4. 两者科目的对应关系

两者在会计科目上既存在对应关系，也存在不对应关系。财务会计中的“业务活动费用”“单位管理费用”对应预算会计中的“行政支出”“事业支出”；“经营费用”对应“经营支出”；“上缴上级费用”对应“上缴上级支出”；“对附属单位补助费用”对应“对附属单位补助支出”；“其他费用”和“资产处置费用”对应“其他支出”。这些有对应关系的科目在后面的内容中将一并进行介绍。财务会计中的“所得税费用”，预算会计中的“投资支出”“债务还本支出”则是独立的，没有对应关系，在后面的内容中将分别进行介绍。

（三）政府单位费用支出的特点

政府单位费用支出是为实现国家管理职能，完成规定任务必须消耗的全部费用支出。政府单位为履行国家赋予的管理职能、提供公共产品或者服务，必然发生各种消耗。政府单位的支出安排，一方面依靠国家财政拨款，另一方面依靠依法依规获取的其他经费。各类经费来源共同汇聚，依法依规按预算使用，构成了政府单位的全部费用支出。

政府单位费用支出是组织与领导政府工作和教育、医疗、文化等各项建设，促进社会发展的资金保证。我国行政单位作为国家政权机关和管理机构，负有组织和领导国家经济、文化等各项建设的重大责任；我国事业单位作为接受政府领导，为了社会公益，由国家机关举办或者其他组织利用国有资产举办的组织，为人民提供的是教育、科技、文化等服务。无论是行政单位还是事业单位，其支出都是保证政府单位正常开展工作的基础和前提。因此，政府单位支出是政府单位履行职能职责、提供公共产品或者服务，不断促进其发展的必要资金保证。

政府单位费用支出属于非生产性的支出。政府单位与企业单位不同，企业是生产产品，通过经营活动，实现盈利以维持企业的正常运转；而政府单位要履行国家赋予的行政管理职能，完成各项行政工作，其支出的经费来源主要依靠国家财政预算拨款，是非生产性、非经营性的单位，也是非营利性的单位。因而，政府单位支出不同于企业的支出，其属于非生产性支出。

二、政府单位费用支出的管理

（一）政府单位费用支出管理的意义

政府单位加强费用支出管理，有利于维护政府单位的正常运转，确保单位履行职能，完成各种任务。政府单位作为政府的执行机构，其职能的履行，必定会发生相关耗费。而加强政府单位支出的管理，减少浪费和不必要的开支，厉行节约，有利于维护政府单位的正常运转，展现清廉政府应有的风貌。

政府单位加强费用支出管理，有利于节约财政资金和其他各项资金，提高资金的使用效益。政府单位应该严格执行相关法律法规和财经纪律的要求，贯彻勤俭节约、少花钱多办事办好事的原则，节约使用各项资金，讲求资金的使用效益，最大限度地压缩不必要的开支，充分发挥资金的使用效能，达到管好、用好资金的目标。

政府单位加强费用支出管理，为强化预算监督和依法治国打下良好基础。政府单位的各项支出费用必须依法进行使用，在法律法规的范围内规范支出费用，充分发挥资金使用效益，不断强化预算执行监督，完成支出的绩效目标，促进各项工作的顺利开展。

（二）政府单位费用支出管理的原则

（1）政策性原则。政府单位要严格按照国家有关的政策规定安排使用资金，建立必要的支出管理制度和手续，建立健全支出审批程序，严格按照批准的预算和支出范围办理相关业务。

（2）效益性原则。政府单位的支出要科学安排，对资金的使用要合理，充分发挥资金的作用，讲求资金的实际使用效果，提高资金的使用效益，强化预算绩效管理。

（3）专款专用原则。对专项资金要严格分清经费的不同来源和渠道，按照规定的经费使用要求，专款专用，不得相互挤占、挪作他用。

（4）量入为出原则。政府单位应该坚持勤俭节约使用预算经费，量入为出，既要保证工作的需要，也要精打细算，严禁铺张浪费。应当厉行节约，严格执行国家有关财务规章制度规定的开支范围及开支标准；事业单位如果没有统一规定的，由单位制定相应规定，报主管部门和财政部门备案。

（三）政府单位费用支出的内部控制

1. 政府单位费用支出业务的控制目标

政府单位的费用支出管理在单位的管理中占有重要地位，它是我国财政改革与发展、政府单位管理的重中之重，其管理的有效与否，直接关系到单位和政府的形象，影响着单位的发展。政府单位费用支出管理的控制目标是：符合国家相关法律法规的规定，包括开支范围和标准等；符合规定的程序与规范，审批手续完备；各项支出真实合理；支出的效率和效果良好；支出的核算正确；支出绩效管理有效；相关财务信息真实可靠。

2. 政府单位费用支出业务的主要风险

（1）费用支出业务的岗位设置不合理，申请和审批、付款审批和支付、业务经办和会计核算等不相容岗位未有效分离，可能出现错误或舞弊。

（2）费用支出不符合相关制度和政策要求，如政府采购要求、公务卡结算要求、会议费管理办法、差旅费管理办法等，可能导致单位费用支出业务不合法合规。

（3）费用支出未经适当的审批，尤其是重大费用支出未经集体决策，可能会出现舞弊。单位应当对不同的费用支出额度设置不同的审批权限，重大费用支出还应该经过集体决策，否则容易出现舞弊。

（4）费用支出的报销票据虚假或者不符合要求，可能导致政府单位的费用支出违法违规。从审计署的审计报告来看，有政府单位出现过“假发票”报销、套取财政资金的现象，严重违反了相关法律法规，造成了恶劣的影响。

（5）单位的费用支出缺乏分析与监控，有的甚至对重大问题缺乏应对措施，可能会导致单位的费用支出失去控制。

3. 政府单位费用支出业务管理的措施

（1）建立健全费用支出业务的各项规章制度。政府单位必须重视相关财务规章制度的建立、健全和完善，包括差旅费管理、会议费管理、接待费管理等，为费用支出管理夯实制度基础。

（2）明确各费用支出事项的开支范围和标准。政府单位应该对费用支出事项及其明细情况进行界定，并在法律法规允许范围内明确相关费用支出的开支标准，做到有章可循，有据可依。

（3）建立健全费用支出的审批制度。政府单位费用支出事项发生前，必须经过授权人的授权批准才能进行。这种审批权限、分级审批的方式就是审批控制，审批人应当在授权的范围内进行审批，不能越权。

（4）做好资金支付和会计核算的内部控制。政府单位的财务部门应当按照规定统一管理资金，办理资金的支付手续，完善资金支付的会计核算管理制度，并对费用支出进行监督。

（5）完善费用支出业务的执行与分析控制。政府单位应当定期提供预算执行情况报告，为信息使用者提供决策支撑和依据，对非正常的费用支出情况，应当及时采取积极有效的措施，确保各项工作的顺利开展。

三、政府单位费用支出的分类和内容

（一）按资金管理要求分类

按资金管理要求分类，政府单位费用支出分为基本支出和专项支出。

基本支出，是指政府单位为维持正常运转和完成日常工作任务发生的支出，包括以支付工作人员工资薪金、个人福利以及社会保障待遇为基本内容的人员经费和以维持政府单位正常运行的基本消耗为标准的公用经费支出。

专项支出，是指政府单位为完成专项或者特定工作任务发生的支出。政府单位除了保证经常性支出外，在进行专项工作或者特定工作时，还需要有专门的资金作为保障，这类支出即为专项支出。

（二）按资金开支对象分类

按资金开支对象分类，政府单位费用支出分为人员经费支出和公用经费支出。

人员经费支出，是指政府单位为了开展公务活动而发生的用于个人的相关支出，主要包括基本工资、补助工资、其他工资、职工福利费、社会保障费等个人方面的费用。

公用经费支出，是指政府单位为了完成相关工作任务而用于公务活动方面的开支，包括公务费、业务费、修缮费、设备购置费和其他费用等。

（三）按政府支出经济分类科目进行分类

按政府支出经济分类科目进行分类，政府单位费用支出包括工资福利支出、商品和服务支出、对个人和家庭的补助、其他资本性支出等。

工资福利支出，是指政府单位工作人员的劳动报酬和相应的各项社会保险费等，包括基本工资、津贴补贴、奖金、社会保险缴费、其他工资福利支出等人员性支出。

商品和服务支出，是指政府单位购买商品和服务的支出，主要包括办公费、印刷费、咨询费、手续费、水费、电费、邮电费、取暖费、物业管理费、差旅费、因公出国（境）费、租赁费、维修费、会议费、培训费、公务接待费、劳务费、工会经费、公务用车运行维护费、其他交通费、税金及附加费用以及其他商品和服务支出等，不包括用于购置固定资产的支出、应急储备支出。

对个人和家庭的补助，是指政府用于个人和家庭的补助支出，包括离休费、退休费、退职（役）费、抚恤金、生活补助、救济费、医疗费、奖励金、生产补贴、住房公积金、提租补贴、购房补贴以及其他对个人和家庭的补助支出。

其他资本性支出，是指政府单位由非各级发展改革部门集中安排的用于购置固定资产、战略性和应急性储备、土地和无形资产，以及构建基础设施、大型修缮等发生的支出，包括房屋建筑物购建、办公设备购置、专用设备购置、基础设施建设、大型修缮、物资储备、土地补偿、安置补助、公务用车购置、其他交通工具购置以及其他资本性支出等。若为发展改革部门集中安排的支出，则为基本建设支出，而非其他非资本性支出。

（四）按不同经费的性质分类

按不同经费的性质分类，政府单位费用支出分为财政拨款支出和其他资金支出。

财政拨款支出，是指政府单位使用财政拨款收入发生的支出。政府单位的财政拨款有公共财政预算拨款和政府性基金预算拨款等，如果使用的是公共财政预算拨款，则相对应的支出为公共财政预算拨款支出；如果使用的是政府性基金预算拨款，则相对应的支出是政府性基金预算拨款支出。政府单位要对不同拨款形成的支出做一个区分。此外，财政拨款支出又分为基本支出和项目支出，同时按照支出功能和支出经济分类科目对照管理，从而对支出进行全面完整的管理和监督。

其他资金支出，是指政府单位使用除财政拨款收入以外的资金发生的支出。其他资金支出也要区分项目支出和非项目支出管理。

（五）按资金开支的用途分类

按资金开支的用途分类，政府单位费用支出在财务会计和预算会计中是不同的。

在财务会计中，按费用的用途政府单位费用支出可以分为业务活动费用、单位管理费用、经营费用、资产处置费用、上缴上级费用、对附属单位补助费用、所得税费用和其他费用。

在预算会计中，按用途政府单位费用支出可以分为行政支出、事业支出、经营支出、上缴上级支出、对附属单位补助支出、投资支出、债务还本支出和其他支出。

政府单位设置的费用类会计科目及分类分别见表8－1、表8－2、表8－3、表8－4、表8－5。

表8－1 行政事业单位费用类会计科目

序号	科目编号	科目名称	序号	科目编号	科目名称
70	5001	业务活动费用	74	5401	上缴上级费用
71	5101	单位管理费用	75	5501	对附属单位补助费用
72	5201	经营费用	76	5801	所得税费用
73	5301	资产处置费用	77	5901	其他费用

表 8-2　行政事业单位支出类会计科目

序号	科目编号	科目名称	序号	科目编号	科目名称
10	7101	行政支出	14	7501	对附属单位补助支出
11	7201	事业支出	15	7601	投资支出
12	7301	经营支出	16	7701	债务还本支出
13	7401	上缴上级支出	17	7901	其他支出

表 8-3　事业单位费用类专用会计科目

序号	科目编号	科目名称	序号	科目编号	科目名称
1	5001	单位管理费用	3	5401	上缴上级费用
2	5201	经营费用	4	5801	所得税费用

表 8-4　事业单位支出类专用会计科目

序号	科目编号	科目名称	序号	科目编号	科目名称
1	7201	事业支出	4	7601	投资支出
2	7301	经营支出	5	7701	债务还本支出
3	7401	上缴上级支出			

表 8-5　行政单位支出类专用会计科目

序号	科目编号	科目名称
1	7101	行政支出

第二节　业务活动费用、单位管理费用/行政支出、事业支出

一、业务活动费用

（一）业务活动费用的概念

政府单位履行职能职责、提供公共产品和服务，会发生依法履职或开展专业业务活动及其辅助活动的各项费用，即财务会计中的业务活动

费用。这是政府单位最主要的费用，行政单位依法履职要发生各种耗费，事业单位开展专业业务活动及其辅助活动也要发生各种耗费。无论是行政单位还是事业单位，其发生的从事业务性质活动的费用，都是既有人员性的，如工资薪酬、社保费用、公积金等，也有公用性的，如水费、电费、维修费等，还有业务性的，如设备费、差旅费、劳务费等，这些构成了政府单位的业务活动费用。

这里强调的是业务活动产生的各项费用，对于管理活动，或者说单位内部行政管理、后勤部门产生的各项费用不在此进行管理，而是在单位管理费用中进行管理。精细化管理的要求一方面是为了进行区分和比较，另一方面是为后期事业单位成本核算奠定基础。如公立高等学校的职能部门发生的费用，无论是人员经费支出还是公用经费支出，都只能列入单位管理费用进行核算和管理，而不能列入业务活动费用。

政府单位的业务活动费用是其从事业务活动发生的，也是其最主要的费用，其与单位管理费用是有区别的。政府单位应当加强对业务活动费用的管理、控制和监督，充分发挥经费使用的效益，提高资金绩效，为单位履职、开展业务活动夯实财务基础。

（二）业务活动费用的科目设置

政府单位应当设置“业务活动费用”会计科目，核算单位为实现职能目标依法履职或开展专业业务活动及其辅助活动发生的各项费用。应按项目、服务或者业务类别、支付对象等进行明细核算。为了满足成本核算需要，本科目下还可按照“工资福利费用”“商品和服务费用”“对个人和家庭的补助费用”“对企业补助费用”“固定资产折旧费”“无形资产摊销费”“公共基础设施折旧（摊销）费”“保障性住房折旧费”“计提专用基金”等成本项目设置明细科目，归集能够直接计入业务活动或采用一定方法计算后计入业务活动的各项费用。

业务活动费用是费用类会计科目，借方反映费用的增加金额，贷方反映费用的减少金额；期末需要将其进行结转，结转后本科目无余额，即将本期发生额转入本期盈余，借记“本期盈余”科目，贷记“业务活动费用”科目。

（三）业务活动费用的会计核算

业务活动费用核算的是单位业务活动发生的相关费用，超出业务活动范围的，如管理活动、后勤活动等发生的费用，无论其发生的是人员类费用，还是公用费用等，都不在此进行核算，而是在后面要介绍的单位管理费用中进行核算和管理。

1. 人员类费用

政府单位为履职或开展业务活动人员计提的薪酬，按计算确定的金额，借记“业务活动费用”科目，贷记“应付职工薪酬”科目。待实际发放时，借记“应付职工薪酬”科目，贷记“零余额账户用款额度”等科目。

随着政府财政预算管理一体化的推进，行政单位和部分事业单位人员工资是直接通过财政一体化平台进行支付后由银行统一发放的。单位在收到财政的回单时，直接确认费用和收入，即借记“业务活动费用”科目，贷记“财政拨款收入”科目。当然，各单位根据管理需要，在实务工作中可以通过“应付职工薪酬”做过渡性的处理和反映，以符合单位实际需求。

2. 购买商品和服务等其他各项费用

政府单位为履职或开展业务活动发生的购买商品、服务、对个人家庭补助等其他各项非资本性费用，按费用确认金额，借记“业务活动费用”科目，贷记“财政拨款收入”“零余额账户用款额度”“银行存款”“应付账款”“其他应付款”“其他应收款”等科目。

政府单位发生的购买设备、交通工具等固定资产和无形资产，在财务会计中，借记“固定资产”“无形资产”科目，贷记“财政拨款收入”“零余额账户用款额度”等科目，符合财务会计的特点和要求。

3. 各类折旧和摊销

政府单位为履职或开展业务活动使用的固定资产、无形资产以及为控制的公共基础设施、保障性住房计提的折旧、摊销，按要求计提金额，并按月计入当期业务活动费用，以全面反映资产使用的耗费情况，借记“业务活动费用”科目，贷记“固定资产累计折旧”“无形资产累计摊销”“公共基础设施累计折旧（摊销）”“保障性住房累计折旧”科目。

4. 耗用存货和政府储备物资

政府单位为履职或开展业务活动领用库存物品，以及动用发出相关政府储备物资的，按领用库存物品或发出相关政府储备物资的账面余额，借记“业务活动费用”科目，贷记“库存物品”“政府储备物资”科目。

5. 当年购货退回

政府单位发生当年购货退回等业务，对于已计入本年业务活动费用的，按收回或应收的金额，借记“财政拨款收入”“零余额账户用款额度”“银行存款”“其他应收款”等科目，贷记“业务活动费用”科目。

若退回业务是跨年度的，则通过“以前年度盈余调整”科目处理，这与原制度有很大的区别；与企业会计中的“以前年度损益调整”类似。年度终了时，“以前年度盈余调整”科目余额也要转入“累计盈余”科目。

6. 相关税金

政府单位为履职或开展业务活动发生的城市维护建设税、教育费附加、地方教育费附加、车船税、房产税、城镇土地使用税、个人所得税等，按计算确定应缴纳的金额，借记“业务活动费用”科目，贷记“其他应交税费”等科目。

7. 计提专用基金

按照规定从收入中提取专用基金并计入费用的，一般按预算会计下基于预算收入计算提取的金额，借记“业务活动费用”科目，贷记

"专用基金"科目。国家另有规定的，按照相关规定执行。

8. 年末结转

政府单位在会计年末，应将本科目进行结转，结转后无余额。即将本期发生额转入本期盈余，借记"本期盈余"科目，贷记"业务活动费用"科目。

【例 8-1】 某行政单位本月职工薪酬总额为 1 000 000 元，代扣代缴个人所得税 40 000 元，使用财政直接支付方式支付职工薪酬和个人所得税。

计提工资时：

财务会计账务处理：

借：业务活动费用——工资福利费用　　　　1 000 000

　　贷：应付职工薪酬——工资　　　　　　　　1 000 000

预算会计不做账务处理。

实际支付给职工并代扣个人所得税时：

财务会计账务处理：

借：应付职工薪酬——工资　　　　1 000 000

　　贷：财政拨款收入——基本支出拨款——人员经费　　960 000

　　　　其他应交税费——应交个人所得税　　　　40 000

预算会计账务处理：

借：行政支出　　　　960 000

　　贷：财政拨款预算收入——基本支出拨款——人员经费

　　　　　　　　960 000

实际缴纳税款时：

财务会计账务处理：

借：其他应交税费——应交个人所得税　　　　40 000

　　贷：财政拨款收入　　　　40 000

预算会计账务处理：

借：行政支出　　　　40 000

贷：财政拨款预算收入 40 000

【例8-2】某行政单位购入一批文件柜，价格为60 000元，全部价款使用财政直接支付方式进行支付。

财务会计账务处理：

借：固定资产 60 000

贷：财政拨款收入 60 000

预算会计账务处理：

借：行政支出 60 000

贷：财政拨款预算收入 60 000

【例8-3】某事业单位已领用的部分库存物品存在质量问题，价值3 000元，系当年用财政授权支付方式购入的存货，领用当时计入业务活动费用，已做退回处理，收到来自供应商的退款。

财务会计账务处理：

借：零余额账户用款额度 3 000

贷：业务活动费用——商品和服务费用 3 000

预算会计账务处理：

借：资金结存——零余额账户用款额度 3 000

贷：事业支出 3 000

【例8-4】2022年5月30日，某事业单位业务活动费用科目余额5 000元，单位管理费用科目余额3 000元，经营费用科目余额4 000元，资产处置费用科目余额1 000元，所得税费用科目余额4 000元，其他费用科目余额6 000元。

财务会计账务处理：

借：本期盈余 23 000

贷：业务活动费用 5 000

单位管理费用 3 000

经营费用 4 000

资产处置费用 1 000

所得税费用　　4 000

其他费用　　6 000

【例 8－5】2021 年 9 月，某单位收到 2020 年支付的款项退回，共计 20 000 元，经核对，系该单位退回无法使用的计算机耗材所致。

财务会计账务处理：

借：银行存款　　20 000

　　贷：以前年度盈余调整　　20 000

年末处理：

借：以前年度盈余调整　　20 000

　　贷：累计盈余　　20 000

预算会计账务处理：

借：资金结存——货币资金　　20 000

　　贷：其他预算收入　　20 000

二、单位管理费用

（一）单位管理费用的概念

政府单位的单位管理费用是相对于业务活动费用而言的。性质不同的单位，其管理费也不尽相同。我国行政单位履行行政职能，其内部机构是按照国家规定进行设置的，无论是党务、行政处室，还是业务处室，都是在履行行政职能，其发生的各项费用均作为业务活动费进行管理。但是我国的事业单位则不同，事业单位体系复杂，行业繁多，动辄一个单位上千人，如一所高校 3000 多名教职工、一家公立医院 4000 多名医护人员，其管理就更加复杂，要求也更高，其开展业务活动及其辅助活动与开展行政活动、后勤活动是有明显差别的。因此，事业单位需要将业务活动和行政后勤等管理活动分开管理，这是由事业单位自身管理的特点决定的。

由于政府单位业务活动发生的各项费用是在业务活动费用中进行核算和管理的，对于行政及后勤管理部门开展的管理活动，如高校的业务活动是教育教学和科研，高校负责组织、人事、学生、资产等工作的活动不属于业务活动，而属于单位的管理活动；医院的业务活动是医疗服务，医院负责党务、审计、财务等工作的活动不属于业务活动，而属于单位管理活动。以上不属于业务活动范畴的，无论是行政部门还是后勤部门的活动，都需要单独对这类费用进行管理，由此产生了单位管理费用。

单位管理费用是事业单位本级行政及后勤管理部门开展管理活动发生的各项费用，包括单位行政及后勤管理部门发生的人员经费、公用经费、资产折旧（摊销）等费用，以及由单位统一负担的离退休人员经费、工会经费、诉讼费、中介费等。

（二）单位管理费用的科目设置

事业单位应当设置“单位管理费用”会计科目，核算本单位本级行政及后勤管理部门开展管理活动发生的各项费用。按照项目、费用类别、支付对象等进行明细核算。为了满足成本核算需要，该科目下还可按“工资福利费用”“商品和服务费用”“对个人和家庭的补助费用”“固定资产折旧费”“无形资产摊销费”等设置明细科目，归集能够直接计入单位管理活动或采用一定方法计算后计入单位管理活动的费用。

单位管理费用是费用类会计科目，借方反映费用的增加金额，贷方反映费用的减少金额；期末进行结转，结转后无余额，即将本期发生额转入本期盈余，借记“本期盈余”科目，贷记“单位管理费用”科目。

（三）单位管理费用的会计核算

事业单位在进行单位管理费用的会计核算时，一定要注意核算的范围，就是单位行政及后勤管理部门发生的人员经费、公用经费、资产折旧（摊销）等费用，以及由单位统一负担的离退休人员经费、工会经费、诉讼费、中介费等。

在会计实务工作中，需要对这类费用进行明确的界定，可以按人员所在的部门性质进行界定，由此直接匹配到单位管理费用中。这里可能存在交叉，如高校的教师同时在行政部门做行政管理工作，医院的医生同时在医院行政部门做管理工作，其发生的各项费用究竟是计入业务活动费用，还是单位管理费用？各单位可以根据本单位管理的范畴进行界定。这个区分和界定为后续事业单位的成本核算奠定了基础，是事业单位科学化、精细化管理的需要。

单位管理费用的会计核算与业务活动费用相似，不再赘述。

【例8－6】 某事业单位管理用固定资产发生日常维修费用5 000元，该费用不计入固定资产成本，用财政授权支付方式进行支付。

财务会计账务处理：

借：单位管理费用——商品和服务费用　　5 000

　　贷：零余额账户用款额度　　5 000

预算会计账务处理：

借：事业支出　　5 000

　　贷：资金结存——零余额账户用款额度　　5 000

三、行政支出

（一）行政支出的概念

支出是在预算会计中进行界定和反映的，在财务会计中是列为费用类科目进行反映的。

行政单位在履行职责的过程中，会发生各种各样的耗费，如某卫生健康局发放单位职工工资薪酬，某教育局职工出差调研，某审计局对本级行政单位开展审计业务工作等，都是行政单位的行政支出。

在预算会计中，行政支出是履行其职责实际发生的各项货币资金流出。行政支出是针对行政单位而言，对于事业单位的行政部门发生的支出直接在事业支出中进行反映和管理。也就是说，预算会计中行政支出和事业支出是按照单位的性质进行区分的。

（二）行政支出的科目设置

行政单位应当设置“行政支出”会计科目，核算本单位履行其职责实际发生的各项现金流出。应分别按照“财政拨款支出”“非财政专项资金支出”“其他资金支出”“基本支出”和“项目支出”等进行明细核算，并按照《政府收支分类科目》中“支出功能分类科目”的项级科目进行明细核算；“基本支出”和“项目支出”明细科目下应当按照《政府收支分类科目》中“部门预算支出经济分类科目”的款级科目进行明细核算，同时在“项目支出”明细科目下按照具体项目进行明细核算。

行政单位有一般公共预算财政拨款、政府性基金预算财政拨款等两种或两种以上财政拨款的，还应当在“财政拨款支出”明细科目下按照财政拨款的种类进行明细核算。对于预付款项，可通过在本科目下设置“待处理”明细科目进行核算，待确认具体支出项目后再转入本科目下相关明细科目。年末结账前，应将本科目“待处理”明细科目余额全部转入本科目下相关明细科目。

行政支出是支出类会计科目，借方反映支出的增加金额，贷方反映支出的减少金额，期末进行结转，结转后无余额。期末结转要按照资金的类别进行，将财政拨款支出、非财政拨款支出、其他资金支出分别转入财政拨款结转、非财政拨款结转和其他结余，不能进行混转，这是精细化管理的需要。

（三）行政支出的会计核算

1. 人员类支出

行政单位向单位职工个人支付薪酬时，按实际支付的金额，借记“行政支出”科目，贷记“财政拨款预算收入”“资金结存”科目。按规定代扣代缴个人所得税以及代扣代缴或为职工缴纳职工社会保险费、住房公积金等时，按实际缴纳的金额，借记“行政支出”科目，贷记“财政拨款预算收入”“资金结存”科目。

随着财政预算管理一体化的推进，行政单位的人员工资都是直接通过财政一体化平台进行支付并由银行发放的。单位在收到财政的回单时，直接确认支出和收入，即借记“行政支出”科目，贷记“财政拨款收入”科目。

2. 购买商品和服务等其他各项费用

行政单位为履职或开展业务活动发生的购买商品、服务、对个人及家庭补助等各项非资本性支出，按支出的确认金额，借记“行政支出”科目，贷记“财政拨款收入”“资金结存”等科目。

3. 购买存货、固定资产等资产类支出

行政单位为购买存货、固定资产、无形资产等以及在建工程支付相关款项时，按实际支付的金额，借记“行政支出”科目，贷记“财政拨款预算收入”“资金结存”科目。

4. 发生预付账款

行政单位对于发生的预付账款，按实际支付的金额，借记“行政支出”科目，贷记“财政拨款预算收入”“资金结存”科目。如前所述，可以在行政支出下通过“待处理”明细科目对预付的款项进行核算和管理。

5. 当年购货退回

行政单位因购货退回等发生款项退回，或者发生差错更正的，属于当年支出收回的，按照收回或更正金额，借记“财政拨款预算收入”“资金结存”科目，贷记“行政支出”科目。若是跨年度的退回业务，则通过“财政拨款结转/结余”“非财政拨款结转/结余”科目进行会计处理。

6. 相关税金

政府单位为履职或开展业务活动发生的城市维护建设税、教育费附加、地方教育费附加、车船税、房产税、城镇土地使用税、个人所得税等，按计算确定应缴纳的金额，借记“行政支出”科目，贷记“资金结存”等科目。

7. 年末结转

行政单位在会计年末，应将本科目进行结转，结转后没有余额。即将本科目本年发生额中的财政拨款支出转入财政拨款结转，借记“财政拨款结转——本年收支结转”科目，贷记“行政支出”科目下的各财政拨款支出明细科目。

将本科目本年发生额中的非财政专项资金支出转入非财政拨款结转，借记“非财政拨款结转——本年收支结转”科目，贷记“行政支出”科目下的各非财政专项资金支出明细科目。

将本科目本年发生额中的其他资金支出（非财政非专项资金支出）转入其他结余，借记“其他结余”科目，贷记“行政支出”科目下的其他资金支出明细科目。

【例8－7】2022年，某单位行政支出共计200 000元，其中，财政拨款支出为100 000元，非同级财政专项资金支出为70 000元，非同级财政非专项资金支出为30 000元。年末结转分录如下。

预算会计账务处理：

借：财政拨款结转——本年收支结转	100 000	
非财政拨款结转——本年收支结转	70 000	
其他结余	30 000	
贷：行政支出		200 000

四、事业支出

（一）事业支出的概念

如前所述，行政支出是预算会计中核算行政单位的各项支出，那么核算事业单位的各项支出就是事业支出，这是相对于行政单位支出而言的。在预算会计中，事业支出是事业单位提供公共产品和服务、开展专业业务活动及其辅助活动实际发生的各项货币资金的流出。

（二）事业支出的科目设置

事业单位应当设置“事业支出”会计科目，核算事业单位开展专业业务活动及其辅助活动实际发生的各项货币资金的流出。发生教育、科研、医疗、行政管理、后勤保障等活动的，可在本科目下设置相应的明细科目进行核算，或单设“教育支出”“科研支出”“医疗支出”“行政管理支出”“后勤保障支出”等一级会计科目进行核算。例如，公立高校主要活动是教育和科研，设置“教育支出”反映其从事教育活动发生的各项开支，设置“科研支出”反映其从事科学研究活动发生的各项开支。此外，对高校行政部门与职能部门发生的各项开支设置“行政管理支出”进行反映和监督。

事业单位应分别按“财政拨款支出”“非财政专项资金支出”“其他资金支出”“基本支出”和“项目支出”等进行明细核算，并按《政府收支分类科目》中“支出功能分类科目”的项级科目进行明细核算；对于“基本支出”和“项目支出”明细科目，应按《政府收支分类科目》中“部门预算支出经济分类科目”的款级科目进行明细核算，同时在“项目支出”明细科目下按照具体项目进行明细核算。

对于有一般公共预算财政拨款、政府性基金预算财政拨款等两种或两种以上财政拨款的事业单位，还应在“财政拨款支出”明细科目下按照财政拨款的种类进行明细核算。

对于预付款项，可以通过在本科目下设置“待处理”明细科目进行明细核算，待确认具体支出项目后再转入本科目下的相关明细科目。年末结账前，应将本科目“待处理”明细科目余额全部转入本科目下的其他相关明细科目。

事业支出科目属于支出类会计科目，借方反映支出的增加金额，贷方反映支出的减少金额，期末进行结转，结转后无余额。期末结转要按照资金的类别区分，将财政拨款支出、非财政拨款支出、其他资金支出分别转入财政拨款结转、非财政拨款结转和其他结余，这些结转要一一对应。

（三）事业支出的会计核算

1. 人员类支出

事业单位向单位职工（经营部门职工除外）个人支付薪酬时，按实际支付的金额，借记“事业支出”科目，贷记“财政拨款预算收入”“资金结存”科目。按规定代扣代缴个人所得税以及代扣代缴或为职工缴纳职工社会保险费、住房公积金等时，按实际缴纳的金额，借记“事业支出”科目，贷记“财政拨款预算收入”“资金结存”科目。

随着政府财政预算管理一体化的推进，事业单位的人员工资都是直接通过财政一体化系统进行支付并由银行发放的。单位在收到财政的回单时，直接确认支出和收入，即借记“事业支出”科目，贷记“财政拨款收入”科目。

2. 购买商品和服务等其他各项费用

事业单位为开展业务活动及其辅助活动发生的购买商品、服务、对个人和家庭补助等其他各项非资本性支出时，按支出的确认金额，借记“事业支出”科目，贷记“财政拨款收入”“资金结存”等科目。

3. 购买存货、固定资产等资产类支出

事业单位为购买存货、固定资产、无形资产等以及在建工程支付相关款项时，按实际支付的金额，借记“事业支出”科目，贷记“财政拨款预算收入”“资金结存”科目。注意：这里的处理与财务会计中的区别，财务会计中借方直接计入“固定资产”等资产类科目。

4. 发生预付账款

事业单位对于发生的预付账款，按实际支付的金额，借记“事业支出”科目，贷记“财政拨款预算收入”“资金结存”科目。对于暂付款项，在支付款项时，可以不做预算会计处理；在结算或报销时，按照结算或报销的金额，借记“事业支出”科目，贷记“资金结存”科目。也可以在经营支出科目下设置“待处理”明细科目进行核算和反映，支付时借记“经营支出——待处理”科目，贷记“资金结存”科目。

5. 当年购货退回

事业单位因购货退回等发生款项退回，或者发生差错更正的，属于当年支出收回的，按照收回或更正金额，借记“财政拨款预算收入”

“资金结存”科目，贷记“事业支出”科目。若是跨年度的退回业务，则通过“财政拨款结转/结余”“非财政拨款结转/结余”科目进行处理。

6. 相关税金

事业单位为履职或开展业务活动发生的城市维护建设税、教育费附加、地方教育费附加、车船税、房产税、城镇土地使用税、个人所得税等，按计算确定应交纳的金额，借记“事业支出”科目，贷记“资金结存”等科目。

事业单位在业务活动及其辅助活动的开展中，较行政单位会更多地涉及税金的问题。按照税务管理的相关规定，税金缴纳和发生存在时间差，就是支出在先，交税在后。在年度中间，这个时间差没有太大关系，但在跨年度时，这个时间差导致的支出就会留在账面上。如何更好地处理这个问题，是会计实务工作中的难点。

7. 年末结转

事业单位在会计年末，应将“事业支出”科目进行结转，结转后没有余额。即将“事业支出”科目本年发生额中的财政拨款支出转入财政拨款结转，借记“财政拨款结转——本年收支结转”科目，贷记“事业支出”科目下的各财政拨款支出明细科目。

将“事业支出”科目本年发生额中的非财政专项资金支出转入非财政拨款结转，借记“非财政拨款结转——本年收支结转”科目，贷记“事业支出”科目下各非财政专项资金支出明细科目。

将“事业支出”科目本年发生额中的其他资金支出（非财政非专项资金支出）转入其他结余，借记“其他结余”科目，贷记“事业支出”科目下其他资金支出明细科目。

【例8－8】某事业单位管理用固定资产发生日常维修费用10 000元，该费用不计入固定资产成本，用财政授权支付方式进行支付。

财务会计账务处理：

借：单位管理费用——商品和服务费用　　10 000

　　贷：零余额账户用款额度　　10 000

预算会计账务处理：

借：事业支出　　10 000

　　贷：资金结存——零余额账户用款额度　　10 000

第三节　上缴上级费用/上缴上级支出

一、上缴上级费用

（一）上缴上级费用的概念

事业单位在从事专业业务活动及其辅助活动的过程中，会发生按规定需要缴纳给上级单位或部门的款项，这就是事业单位的上缴上级费用。这类上缴是按照财政部门和主管部门的规定进行的。上级单位会同同级财政部门，根据该事业单位的具体情况，确定对这些事业单位实行收入上缴的，事业单位应当进行上缴。收入上缴主要有两种形式：一是按定额上缴，即在核定预算时，确定一个上缴的绝对数额；二是按比例上缴，即根据收支情况，确定按收入的一定比例上缴。事业单位按已确定的定额或比例上缴的收入即为上缴上级费用。

需要注意的是，不是所有上缴上级部门的费用都是上缴上级费用。如某事业单位返还上级单位在其事业支出中垫支的工资、房租、住房公积金等各种费用，因为这些应当归属于本单位进行事业活动的耗费，所以应计入本单位的相应费用，不能作为上缴上级费用处理。

（二）上缴上级费用的科目设置

事业单位在财务会计中应该设置“上缴上级费用”会计科目，核算单位按照财政部门和主管部门的规定上缴上级单位款项发生的费用。

并按收缴款项单位、缴款项目等进行明细核算。该科目是费用类科目，借方反映增加金额，贷方反映减少金额，期末要进行结转，将本期发生额全部转入本期盈余，结转后该科目无余额。

（三）上缴上级费用的会计核算

1. 计算应上缴费用

事业单位按规定计算应该上缴上级部门的费用时，按计算出应上缴上级单位的金额，借记“上缴上级费用”科目，贷记“其他应付款”等科目。

2. 上缴上级

事业单位按规定上缴时，按实际上缴的金额，借记“上缴上级费用”科目，贷记“银行存款”等科目。

3. 期末结转

事业单位在会计期末，对本期发生的上缴上级费用进行结转，借记“本年盈余”科目，贷记“上缴上级费用”。

二、上缴上级支出

（一）上缴上级支出的概念

事业单位发生上缴上级单位的资金流出，在预算会计中作为上缴上级支出进行反映和管理，其实质与财务会计中的上缴上级费用类似。

（二）上缴上级支出的科目设置

事业单位在预算会计中应该设置“上缴上级支出”会计科目，核算单位按照财政部门和主管部门的规定上缴上级单位款项发生的资金流出，并按收缴款项单位、缴款项目、《政府收支分类科目》中“支出功能分类科目”的项级科目和“部门预算支出经济分类科目”的款级科目等进行明细会计核算。

该科目是预算支出类科目，借方反映增加金额，贷方反映减少金额，期末要进行结转，将本期发生额全部转入其他结余，结转后该科目无余额。

（三）上缴上级支出的会计核算

1. 上缴上级

事业单位在预算会计中，按规定上缴上级单位款项，借记“上缴上级支出”科目，贷记“资金结存”科目。

2. 期末结转

事业单位在会计期末，对本期发生的上缴上级支出进行结转，借记“其他结余”科目，贷记“上缴上级支出”科目。

【例 8－9】2022 年 12 月，某事业单位根据体制安排和本年事业收入的数额，经过计算，本年应上缴上级单位款项 800 000 元，事业单位通过银行转账上缴了款项。

财务会计账务处理：

借：上缴上级费用——上缴单位××　　800 000

　　贷：银行存款　　800 000

预算会计账务处理：

借：上缴上级支出——上缴单位××　　800 000

　　贷：资金结存——货币资金　　800 000

【例 8－10】接【例 8－9】，假如该事业单位在 2022 年没有发生其他的上缴上级支出，则期末和年末结转的账务处理如下。

财务会计账务处理：

借：本期盈余　　800 000

　　贷：上缴上级费用　　800 000

预算会计账务处理：

借：其他结余　　800 000

　　贷：上缴上级支出　　800 000

第四节 经营费用/经营支出

一、经营费用

（一）经营费用的概念

事业单位在从事专业业务活动及其辅助活动之外，还会开展经营性质的活动，且是非独立核算的经营活动。经营活动的开展是事业单位拓展业务活动的一种方法和途径，不仅有助于事业单位充分发挥其专业特长，而且能为事业单位发展提供更多的经济支撑。

经营费用是事业单位在专业业务活动及其辅助活动之外开展的非独立核算经营活动发生的各项费用。经营费用包括直接费用和间接费用，直接费用是可以直接计入该经营活动成本的费用，间接费用是先归集后计算计入的费用。可参照企业中的成本费用进行管理。

（二）经营费用的科目设置

事业单位应该在财务会计中设置“经营费用”会计科目，核算事业单位在专业业务活动及其辅助活动之外开展的、非独立核算经营活动发生的各项费用，应按经营活动类别、项目、支付对象等进行明细核算。

为了满足成本核算需要，经营费用科目下还可按“工资福利费用”“商品和服务费用”“对个人和家庭的补助费用”“固定资产折旧费”“无形资产摊销费”等成本项目设置明细科目，归集能够直接计入单位经营活动或采用一定方法计算后计入单位经营活动的费用。该科目是费用类科目，借方反映增加金额，贷方反映减少金额，期末要进行结转，将本期发生额全部转入本期盈余，结转后该科目无余额。

（三）经营费用的会计核算

1. 人员类费用

事业单位在为经营活动人员计提薪酬时，按计算确定的金额，借记“经营费用”科目，贷记“应付职工薪酬”科目。

2. 购买商品和服务等其他各项费用

事业单位发生与经营活动相关的其他各项费用时，按费用确认金额，借记“经营费用”科目，贷记“银行存款”“其他应付款”“其他应收款”等科目。

3. 占用的各类折旧和摊销

为全面反映事业单位经营活动的成本，其所使用固定资产、无形资产计提的折旧、摊销，按应提折旧、摊销额，按月或者年计入，借记“经营费用”科目，贷记“固定资产累计折旧”“无形资产累计摊销”科目。

4. 耗用存货

事业单位开展经营活动使用存货时，按领用或发出库存物品的实际成本，借记“经营费用”科目，贷记“库存物品”科目。

5. 当年购货退回

事业单位对于当年购货退回等业务，已计入本年经营费用的，按收回或应收的金额，借记“银行存款”“其他应收款”等科目，贷记“经营费用”科目。若是跨年度的退回业务，则通过“以前年度盈余调整”科目处理，年末再转入“累计盈余”科目进行会计处理。

6. 相关税金

事业单位开展经营活动发生的城市维护建设税、教育费附加、地方教育费附加、车船税、房产税、城镇土地使用税等，按计算确定的应交纳金额，借记“经营费用”科目，贷记“其他应交税费”等科目。

7. 年末结转

事业单位在会计年末，应将本科目进行结转，结转后无余额。即将本期发生额转入本期盈余，借记“本期盈余”科目，贷记“经营费用”科目。

二、经营支出

（一）经营支出的概念

事业单位发生的非独立核算经营活动的各项资金流出，在预算会计中作为经营支出进行核算和管理，与财务会计中的经营费用是相通的。这里不再赘述。

（二）经营支出的科目设置

事业单位在预算会计中应该设置“经营支出”会计科目，核算单位在专业业务活动及其辅助活动之外开展非独立核算经营活动实际发生的各项现金流出，并按经营活动类别、项目、《政府收支分类科目》中“支出功能分类科目”的项级科目和“部门预算支出经济分类科目”的款级科目等进行明细核算。对于预付款项，可以通过在本科目下设置“待处理”明细科目进行明细核算，待确认具体支出项目后再转入本科目下相关明细科目。年末结账前，应该进行清理，将本科目下的“待处理”明细科目余额全部转入本科目下相关明细科目。“待处理”的模式很好地解决了资金支付时不能确定支付具体项目的情况。该科目是预算支出类科目，借方反映增加金额，贷方反映减少金额，期末要进行结转，将本期发生额全部转入经营结余，结转后该科目无余额。

（三）经营支出的会计核算

1. 人员类支出

事业单位在向经营部门职工支付职工个人薪酬时，按实际的金额，借记“经营支出”科目，贷记“资金结存”科目。按规定代扣代缴个人所得税以及代扣代缴或为职工缴纳职工社会保险费、住房公积金时，按实际缴纳的金额，借记“经营支出”科目，贷记“资金结存”科目。

2. 购买商品和服务等其他各项支出

事业单位开展经营活动购买商品和服务、对个人和家庭的补助等其他各项非资本性支出时，按支出的确认金额，借记“经营支出”“应交增值税”等科目，贷记“资金结存”等科目。

3. 购买存货、固定资产等资产类支出

事业单位经营活动中为购买存货、固定资产、无形资产等以及在建工程支付相关款项时，按实际支付的金额，借记“经营支出”科目，贷记“资金结存”科目。

4. 发生预付账款

事业单位在开展经营活动过程中发生预付账款时，按实际支付的金额，借记“经营支出”科目，贷记“资金结存”科目。对于暂付款项，在支付款项时可以不做预算会计处理，待结算或报销时，按结算或报销的金额，借记“经营支出”科目，贷记“资金结存”科目；也可以在经营支出科目下设置“待处理”明细科目进行核算和反映。

5. 当年购货退回

事业单位开展经营活动过程中，因购货退回等发生款项退回，或者发生差错更正的，属于当年支出收回的，按收回或更正金额，借记“资金结存”科目，贷记“经营支出”科目。若是跨年度的退回业务，则通过“非财政拨款结转”“非财政拨款结余”科目进行调整处理。

6. 相关税金

事业单位为履职或开展业务活动发生的城市维护建设税、教育费附加、地方教育费附加、车船税、房产税、城镇土地使用税、个人所得税等，按实际支付金额，借记“经营支出”科目，贷记“资金结存”等科目。

在事业单位开展业务活动及其辅助活动的过程中，较行政单位会更多地涉及税金问题。按照税务管理的相关规定，税金缴纳和发生是有时间差的，就是发生税费在先，交税在后，在年度中间，即从1月到12月产生的，时间差没有太大关系，不影响整体的核算和管理。但是，在跨年度时，这个时间差导致的支出就会留在账面上，在实务工作中需要认真思考并妥善解决。

7. 年末结转

事业单位在会计年末，应将本科目进行结转，结转后无余额。即将本科目本年发生额，借记“经营结余”科目，贷记“经营支出”科目。

【例8-11】2022年5月，某事业单位购买一项专利权，价值360 000元，用于开展经营活动，全部价款使用银行存款支付。

财务会计账务处理：

借：无形资产　　360 000

　　贷：银行存款　　360 000

预算会计账务处理：

借：经营支出——资本性支出　　360 000

　　贷：资金结存——货币资金　　360 000

【例8-12】某事业单位开展经营活动，2022年1月，出售库存物品取得收入40 000元，增值税销项税额为6 400元，城市维护建设税以及教育费附加的税率分别为7%、3%。计提并缴纳城市维护建设税以及教育费附加的账务处理如下。

城市维护建设税 = 6 400 × 7% = 448（元）

教育费附加 = 6 400 × 3% = 192（元）

（1）计算应交税费时：

财务会计账务处理：

借：经营费用——商品和服务费用　　640

　　贷：其他应交税费——城市维护建设税　　448

　　　　　　　　　　——教育费附加　　192

预算会计不做账务处理。

（2）支付税费时：

财务会计账务处理：

借：其他应交税费——城市维护建设税　448

——教育费附加　192

贷：银行存款　640

预算会计账务处理：

借：经营支出——商品和服务费用　640

贷：资金结存——货币资金　640

【例 8－13】2022 年 12 月，某事业单位开展经营活动产生的经营费用为 80 000 元，其结转的账务处理如下。

财务会计账务处理：

借：本期盈余　80 000

贷：经营费用　80 000

第五节　对附属单位补助费用/对附属单位补助支出

一、对附属单位补助费用

（一）对附属单位补助费用的概念

如前所述，我国事业单位业务范围较为广泛，涉及人民群众物质和精神生活的各个方面，其管理架构也比行政单位复杂得多，事业单位可能会有下属单位；收入来源较行政单位更多样，除财政拨款收入外，还有事业性收入、经营收入和其他收入等。事业单位根据工作需要，用财政拨款收入之外的收入对其附属单位进行补助的，形成事业单位对附属单位补助。

对附属单位补助费用，是事业单位用财政拨款收入之外的收入，对附属单位进行补助发生的耗费。事业单位应当建立健全对附属单位补助的管理，加强必要性和可行性论证，重大事项按照“三重一大”的规定进行，杜绝违纪违规现象的发生。

（二）对附属单位补助费用的科目设置

事业单位在财务会计中应当设置“对附属单位补助费用”会计科目，核算单位用财政拨款收入之外的收入对附属单位补助发生的费用，并按接受补助单位、补助项目等进行明细核算。该科目属于费用类会计科目，借方反映增加金额，贷方反映减少金额，期末要进行结转，将本期发生额全部转入本年盈余，结转后该科目无余额。

（三）对附属单位补助费用的会计核算

1. 计算计提应对附属单位的补助

事业单位按规定计算对附属单位补助的费用时，计算出补助金额，借记“对附属单位补助费用”科目，贷记“其他应付款”等科目。

2. 支付补助

事业单位按流程对附属单位进行补助时，按实际补助的金额，借记“对附属单位补助费用”科目，贷记“银行存款”等科目。

3. 分配受赠货币资金

政府单位作为主管部门或者上级单位向其附属单位分配受赠的货币资金，借记“对附属单位补助费用”科目，贷记“银行存款”等科目。需要注意的是，若政府单位向其附属单位以外的其他单位分配受赠的货币资金，则通过“其他费用”科目进行处理。

4. 期末结转

事业单位在会计期末，对本期发生的对附属单位补助费用进行结转，借记“本年盈余”科目，贷记“对附属单位补助费用”科目。

二、对附属单位补助支出

（一）对附属单位补助支出的概念

事业单位对附属单位的补助经批准后发生资金流出，在预算会计中作为对附属单位补助支出进行反映和管理，其实质与财务会计中的上缴上级费用类似。

（二）对附属单位补助支出的科目设置

事业单位在预算会计中应该设置“对附属单位补助支出”会计科目，核算单位按照财政部门和主管部门的规定上缴上级单位款项发生的资金流出，并按接受补助单位、补助项目、《政府收支分类科目》中“支出功能分类科目”的项级科目和“部门预算支出经济分类科目”的款级科目等进行明细核算。该科目是预算支出类科目，借方反映增加金额，贷方反映减少金额，期末要进行结转，将本期发生额全部转入其他结余，结转后该科目无余额。

（三）对附属单位补助支出的会计核算

1. 划拨补助资金

事业单位在对附属单位进行补助时，在预算会计中，借记“对附属单位补助支出”科目，贷记“资金结存”科目。

2. 分配受赠货币资金

政府单位作为主管部门或者上级单位向其附属单位分配受赠的货币资金，借记“对附属单位补助支出”科目，贷记“银行存款”等科目。需要注意的是，若政府单位向其附属单位以外的其他单位分配受赠的货币资金，则通过“其他支出”科目进行处理。

3. 期末结转

事业单位在会计期末，对本期发生的对附属单位补助支出进行结转，借记“其他结余”科目，贷记“对附属单位补助支出”科目。

【例 8－14】 2022 年 12 月，某事业单位用自有经费对所属独立核算招待所补助 90 000 元，以银行存款支付。

财务会计账务处理：

借：对附属单位补助费用——招待所　　90 000

　贷：银行存款　　90 000

预算会计账务处理：

借：对附属单位补助支出——招待所　　90 000

　　贷：资金结存——货币资金　　90 000

【例 8－15】 接【例 8－14】，假如该事业单位在 2022 年没有发生其他对附属单位的补助支出，则期末和年末结转的账务处理如下。

财务会计账务处理：

借：本期盈余　　90 000

　　贷：对附属单位补助费用　　90 000

预算会计账务处理：

借：其他结余　　90 000

　　贷：对附属单位补助支出　　90 000

第六节　其他费用/其他支出

一、资产处置费用

（一）资产处置费用的概念

政府单位对于不需用、报废、毁损等资产，经批准进行处置时，会发生各种费用和支出，这类费用统称为“资产处置费用”。政府单位资产处置的形式较多，包括按规定无偿调拨、出售、出让、转让、置换、对外捐赠、报废、毁损以及货币性资产损失核销等。

政府单位经批准处置资产时发生的费用，包括转销的被处置资产价值，以及在处置过程中发生的相关费用或者处置收入小于相关费用形成的净支出。单位在资产清查中查明的资产盘亏、毁损以及资产报废等，先按资产的价值转入待处理财产损溢进行管理，将处理资产价值和处理净支出在资产处置费用中进行管理。

需要注意的是，对于事业单位来说，虽然短期投资、长期股权投资、长期债券投资也是事业单位的资产，但是其处置有专门的规定，即通过“投资收益”进行核算，而不在资产处置费用中进行核算。具体按照前面所述相应资产科目的规定进行账务处理。

（二）资产处置费用的科目设置

政府单位应当在财务会计中设置“资产处置费用”科目，核算单位经批准处置资产时发生的各项费用，并按处置资产的类别、资产处置的形式等进行明细会计核算。本科目属于费用类会计科目，借方反映增加的金额，贷方反映减少的金额，期末将此科目余额转入本期盈余后无余额。

（三）资产处置费用的会计核算

1. 通过“待处理财产损溢”科目核算的资产处置

（1）现金短缺。

政府单位在核对账款中发现的现金短缺，属于无法查明原因的，报经批准核销时，借记“资产处置费用”科目，贷记“待处理财产损溢”科目。

（2）盘亏或者毁损、报废的资产。

政府单位在清查资产过程中盘亏或者毁损、报废的存货、固定资产、无形资产、公共基础设施、政府储备物资、文物文化资产、保障性住房等，报经批准处理时，按处理资产价值，借记“资产处置费用”科目，贷记“待处理财产损溢——待处理财产价值”科目。

处理收支结清时，在处理过程中取得收入小于发生相关费用的，按相关费用减去处理收入后的净支出，借记“资产处置费用”科目，贷记“待处理财产损溢——处理净收入”科目。反之，即为处置净损失，做反向账务处理。

2. 不通过“待处理财产损溢”科目核算的资产处置

（1）经批准处置。

政府单位按规定报经批准处置资产时，按处置资产的账面价值借记

“资产处置费用”“固定资产累计折旧”“无形资产累计摊销”“公共基础设施累计折旧（摊销）”“保障性住房累计折旧”等科目，按处置资产的账面余额，贷记“库存物品”“固定资产”“无形资产”“公共基础设施”“政府储备物资”“文物文化资产”“保障性住房”“其他应收款”“在建工程”等科目。

对于被投资单位破产清算等原因，有确凿证据表明长期股权投资发生损失，按规定报经批准后给予核销时，借记“资产处置费用”科目，贷记“长期股权投资”科目。按照规定，在报经批准核销该笔投资之前，不需要将长期股权投资的账面余额转入“待处理财产损溢”科目，而是直接通过资产处置费用进行核算管理。

（2）处置支出。

政府单位在处置资产过程中，发生相关费用的，按实际发生金额，借记“资产处置费用”科目，贷记“银行存款”“库存现金”等科目。

（3）处置收入。

政府单位在处置资产过程中，取得收入的，按取得的价款，借记“库存现金”“银行存款”等科目，按处置资产过程中发生的相关费用，贷记“银行存款”“库存现金”等科目，其差额借记“资产处置费用”科目或贷记“应缴财政款”等科目。涉及增值税业务的，相关账务处理参见“应交增值税”科目。

（4）期末结转。

事业单位在期末，应将本科目本期发生额转入本期盈余，借记“本期盈余”科目，贷记“资产处置费用”科目。

【例8－16】某行政单位在资产清查过程中发现用于开展业务活动的设备A已老化，无法继续正常使用，应报废。该设备原价200 000元，已计提折旧160 000元。经批准后，设备A已做报废处理。

财务会计账务处理：

借：待处理财产损溢——待处理财产价值	40 000
固定资产累计折旧	160 000

贷：固定资产　　200 000

借：资产处置费用　　40 000

贷：待处理财产损溢——待处理财产价值　　40 000

预算会计不做账务处理。

二、所得税费用

（一）所得税费用的概念

事业单位从事专业业务活动及其辅助活动、经营活动等会产生应该缴纳所得税的义务，由此形成了所得税费用。事业单位应当依法从事事业活动和经营活动，按国家税法规定涉及应当缴纳企业所得税的，按照相关规定进行缴纳。

（二）所得税费用的科目设置

事业单位应当在财务会计中设置“所得税费用”科目，核算有企业所得税缴纳义务的事业单位按规定缴纳企业所得税形成的费用。本科目属于费用类会计科目，借方反映增加的金额，贷方反映减少的金额，期末将此科目余额转入本期盈余后无余额。

（三）所得税费用的会计核算

1. 发生企业所得税纳税义务

事业单位应当按税法规定，对涉及企业所得税的经济业务，应当计算应交所得税，按计算金额，借记“所得税费用”科目，贷记“其他应交税费——单位应交所得税”科目。

2. 上缴所得税

事业单位按规定缴纳企业所得税时，借记“其他应交税费——单位应交所得税”科目，贷记“银行存款”科目。

3. 期末结转

事业单位在期末，应将本科目本期发生额转入本期盈余，借记

“本期盈余”科目，贷记“所得税费用”科目。

【例8－17】2022年，某事业单位按照税法规定应交所得税为9 500元，已用银行存款支付。

（1）计算并支付所得税费用。

财务会计账务处理：

借：所得税费用　　9 500

　　贷：其他应交税费——单位应交所得税　　9 500

借：其他应交税费——单位应交所得税　　9 500

　　贷：银行存款　　9 500

预算会计账务处理：

借：非财政拨款结余——累计结余　　9 500

　　贷：资金结存——货币资金　　9 500

（2）年末结转。

财务会计账务处理：

借：本期盈余　　9 500

　　贷：所得税费用　　9 500

三、投资支出

（一）投资支出的概念

事业单位经批准可以进行对外投资，单位对于对外投资应当加强管理，建立健全管理制度，确保国有资产保值增值。以货币资金进行的对外投资，在预算会计中是作为投资支出进行管理和反映的。而其在财务会计中则直接列为对外投资，更好地体现了政府会计“双核算”的要求，从而清晰地反映事业单位对外投资的财务状况和预算执行情况。

（二）投资支出的科目设置

事业单位应当在预算会计中设置“投资支出”科目，核算本单位经批准以货币资金对外投资发生的现金流出，并按投资类型、投资对象、《政府收支分类科目》中“支出功能分类科目”的项级科目和“部门预算支出经济分类科目”的款级科目等进行明细核算。该科目是预算支出类科目，借方反映增加金额，贷方反映减少金额，期末要进行结转，将本期发生额全部转入其他结余，结转后该科目无余额。

（三）投资支出的会计核算

1. 经批准对外投资

事业单位经批准后，以货币资金进行对外投资时，按投资金额和支付的相关税费金额的合计数，借记“投资支出”科目，贷记“资金结存”科目。

2. 收回对外投资

（1）收回本年度投资。

事业单位收回的是本年度以货币资金取得的对外投资，若按规定将投资收益纳入单位预算，则按实际收到的金额，借记“资金结存”科目，按取得投资时“投资支出”科目的发生额，贷记“投资支出”科目，其差额贷记或借记“投资预算收益”科目；按规定将投资收益上缴财政的，按取得投资时“投资支出”科目的发生额，借记“资金结存”科目，贷记“投资支出”科目。

（2）收回以前年度投资。

事业单位收回的是以前年度以货币资金取得的对外投资的，若按规定将投资收益纳入单位预算，则按实际收到的金额，借记“资金结存”科目，按取得投资时“投资支出”科目的发生额，贷记“其他结余”科目，其差额贷记或借记“投资预算收益”科目；按规定将投资收益上缴财政的，按取得投资时“投资支出”科目的发生额，借记“资金结存”科目，贷记“其他结余”科目。

3. 期末结转

事业单位在期末，应将本科目本期发生额转入其他结余，借记“其他结余”科目，贷记“投资支出”科目。

【例8－18】2022年3月1日，某事业单位以银行存款购买100 000元的有价债券，准备9个月内出售。

财务会计账务处理：

借：短期投资　　100 000

　　贷：银行存款　　100 000

预算会计账务处理：

借：投资支出　　100 000

　　贷：资金结存——货币资金　　100 000

【例8－19】接【例8－18】，12月1日，该单位出售该有价债券，收到100 500元，并收到持有期间的其他利息2 500元。

财务会计账务处理：

借：银行存款　　103 000

　　贷：短期投资　　100 000

　　　　投资收益　　3 000

预算会计账务处理：

借：资金结存——货币资金　　103 000

　　贷：投资支出　　100 000

　　　　投资预算收益　　3 000

四、债务还本支出

（一）债务还本支出的概念

事业单位按规定偿还债务时，发生的货币资金流出，即为预算会计中的债务还本支出。债务还本支出是事业单位偿还自身承担的、纳入预算管理的、从金融机构举借的债务本金的资金流出，在财务会计中直接反映为借款债务的减少，这也是政府会计"双核算"的要求。

（二）债务还本支出的科目设置

事业单位应当在预算会计中设置"债务还本支出"科目，核算本单位偿还的，从银行等金融机构举借债务的资金流出，并按贷款单位、贷款种类、《政府收支分类科目》中“支出功能分类科目”的项级科目和“部门预算支出经济分类科目”的款级科目等进行明细核算。该科目是预算支出类科目，借方反映增加金额，贷方反映减少金额，期末要进行结转，将本期发生额全部转入其他结余，结转后该科目无余额。

（三）债务还本支出的会计核算

1. 偿还债务

事业单位按规定偿还各项短期或长期借款时，按偿还的借款本金，借记“债务还本支出”科目，贷记“资金结存”科目。

2. 期末结转

事业单位在期末，应将本科目本期发生额转入其他结余，借记“其他结余”科目，贷记“债务还本支出”科目。

【例8-20】某事业单位到期归还某银行长期借款600 000元。

财务会计账务处理：

借：长期借款　　600 000

　　贷：银行存款　　600 000

预算会计账务处理：

借：债务还本支出　　600 000

　　贷：资金结存——货币资金　　600 000

五、其他费用和其他支出

（一）其他费用

1. 其他费用的概念

政府单位发生的除业务活动费用、单位管理费用、经营费用、资产处置费用、上缴上级费用、对附属单位补助费用、所得税费用以外的各项费用，即为其他费用。如承担和支付的利息费用，产生的罚没支出，计提属于本期的应收账款和其他应收款的坏账损失，现金资产捐赠支出以及相关税费、运输费等，构成了政府单位财务会计中的其他费用。

2. 其他费用的科目设置

政府单位应当在财务会计中设置“其他费用”科目，核算单位发生的除业务活动费用、单位管理费用、经营费用、资产处置费用、上缴上级费用、对附属单位补助费用、所得税费用以外的各项费用，包括利息费用、坏账损失、罚没支出、现金资产捐赠支出以及相关税费、运输费等，应按其他费用的类别等进行明细会计核算，单位发生的利息费用较多的，可以单独设置“利息费用”科目。

“其他费用”科目属于费用类会计科目，借方反映增加的金额，贷方反映减少的金额，期末将此科目余额转入本期盈余后无余额。

3. 其他费用的会计核算

（1）利息费用。

事业单位在财务会计中，应该按期计算确认借款利息费用，按计算确定的金额，借记“在建工程”科目或“其他费用”科目，贷记“应付利息”“长期借款——应计利息”科目。待实际发生支付时，借记“应付利息”等科目，贷记“银行存款”等科目。

（2）罚没支出。

政府单位发生罚没支出的，如果是已经缴纳的，则借记“其他费用”科目，贷记“银行存款”“库存现金”等科目；如果是尚未支付的应当缴纳的罚没支出，则按应该缴纳的金额，借记“其他费用”科目，贷记“其他应付款”科目。

（3）坏账损失。

事业单位在年末按规定对收回后不需要上缴财政的应收账款以及其他应收款计提坏账准备时，按计算出来的计提金额，借记“其他费用”科目，贷记“坏账准备”科目。

在冲减多提的坏账准备时，按冲减金额，借记“坏账准备”科目，贷记“其他费用”科目。

(4) 现金资产捐赠。

政府单位经批准对外捐赠现金资产的，按实际捐赠的金额，借记“其他费用”科目，贷记“银行存款”“库存现金”等科目。

(5) 其他相关费用。

政府单位接受以名义金额计量的捐赠（或无偿调入），包括存货、固定资产、无形资产，以及成本无法可靠取得的公共基础设施、文物文化资产等发生的相关税费、运输费等，按实际支付的金额，借记“其他费用”科目，贷记“财政拨款收入”“零余额账户用款额度”“银行存款”“库存现金”等科目。

政府单位发生的与受托代理资产相关的税费、运输费、保管费等，如果是已经支付的应付金额，则借记“其他费用”科目，贷记“零余额账户用款额度”“银行存款”“库存现金”科目；如果是尚未支付的应付金额，则借记“其他费用”科目，贷记“其他应付款”等科目。

(6) 期末结转。

政府单位在期末，应将本科目本期发生额转入本期盈余，借记“本期盈余”科目，贷记“其他费用”科目。

（二）其他支出

1. 其他支出的概念

政府单位发生的除行政支出、事业支出、经营支出、上缴上级支出、对附属单位补助支出、投资支出、债务还本支出以外的各项现金流出，即为其他支出。其他支出是政府单位预算会计中的支出，如支付的利息，产生的罚没支出，现金盘亏损失，接受捐赠（调入）和对外捐赠（调出）非现金资产发生的税费支出，资产置换过程中发生的相关税费支出等，构成了政府单位预算会计中的其他支出。

2. 其他支出的科目设置

政府单位应当在预算会计中设置“其他支出”科目，核算单位除行政支出、事业支出、经营支出、上缴上级支出、对附属单位补助支出、投资支出、债务还本支出以外的各项资金流出，并按“财政拨款支出”“非财政专项资金支出”“其他资金支出”，《政府收支分类科目》中“支出功能分类科目”的项级科目和“部门预算支出经济分类科目”的款级科目等进行明细会计核算。其他支出中如有专项资金支出，还应按照具体项目进行明细核算。有一般公共预算财政拨款、政府性基金预算财政拨款等两种或两种以上财政拨款的事业单位，还应当在“财政拨款支出”明细科目下按照财政拨款的种类进行明细核算。

政府单位发生利息支出、捐赠支出等其他支出金额较大或业务较多的，可单独设置“利息支出”“捐赠支出”等会计科目进行核算和管理。

“其他支出”科目属于支出类会计科目，借方反映增加的金额，贷方反映减少的金额，期末将此科目余额转入其他结余后无余额。期末结转要按照资金的类别进行，将本科目下的财政拨款支出、非财政拨款支出、其他资金支出分别转入财政拨款结转、非财政拨款结转和其他结余，这种结转要做到一一对应。

3. 其他支出的会计核算

（1）利息支出。

事业单位在支付银行借款利息时，按实际支付金额，借记“其他支出”科目，贷记“资金结存”科目。

（2）罚没支出。

政府单位发生罚没支出的，按支付的金额，借记“其他支出”科目，贷记“资金结存”等科目。

（3）现金盘亏损失。

政府单位应当在每日终了，对现金账款进行核对，核对中若发现现金短缺，则按短缺的现金金额，借记“其他支出”科目，贷记“资金结存——货币资金”科目。经核实，属于应当由有关人员赔偿的，按收到的赔偿金额，借记“资金结存——货币资金”科目，贷记“其他支出”科目。

（4）对外捐赠现金资产。

政府单位经批准，对外捐赠现金资产时，按捐赠金额，借记“其他支出”科目，贷记“资金结存——货币资金”科目。

（5）捐赠和无偿调拨非现金资产的税费支出。

政府单位接受捐赠和无偿调入非现金资产发生的归属于本单位的相关税费、运输费等，以及对外捐赠、无偿调出非现金资产发生的归属于本单位的相关税费、运输费等，按实际支付金额，借记“其他支出”科目，贷记“资金结存”科目。

（6）资产置换的相关税费支出。

政府单位经批准进行资产置换的，资产置换过程中发生的相关税费，按实际支付金额，借记“其他支出”科目，贷记“资金结存”科目。

（7）期末结转。

事业单位在会计期末，应将本科目本期发生额进行相应的分类结转，结转后本科目无余额。将本科目本年发生额中的财政拨款支出转入财政拨款结转，借记“财政拨款结转——本年收支结转”科目，贷记“其他支出”科目下各财政拨款支出明细科目。

同时，在会计期末，应将本科目本年发生额中的非财政专项资金支出转入非财政拨款结转，借记“非财政拨款结转——本年收支结转”科目，贷记“其他支出”科目下各非财政专项资金支出明细科目。将本科目本年发生额中的其他资金支出（非财政非专项资金支出）转入其他结余，借记“其他结余”科目，贷记“其他支出”科目下其他资金支出明细科目。

【例8-21】某事业单位因未按规定按时缴纳税金，发生税收滞纳金3 000元，该滞纳金已用银行存款支付。

财务会计账务处理：

借：其他费用——罚没支出	3 000
贷：银行存款	3 000

预算会计账务处理：

借：其他支出——其他资金支出　　3 000

　　贷：资金结存——货币资金　　3 000

【例8-22】 2022年，某事业单位根据应收款项余额百分比法计算出本年应计提的坏账准备金额为30 000元，“坏账准备”科目期末贷方余额为23 000元，则计提坏账准备的账务处理如下。

当期应补提的坏账准备＝30 000－23 000＝7 000（元）

财务会计账务处理：

借：其他费用——坏账损失　　7 000

　　贷：坏账准备　　7 000

预算会计不做账务处理。

【例8-23】 某事业单位接受B企业一项固定资产的捐赠，发生相关税费以及运输费共计30 000元，已用银行存款支付。

财务会计账务处理：

借：其他费用　　30 000

　　贷：银行存款　　30 000

同时，财务会计中需要对接受捐赠的固定资产进行资产会计核算。

预算会计账务处理：

借：其他支出——其他资金支出　　30 000

　　贷：资金结存——货币资金　　30 000

思考题

1. 政府单位费用和支出分别有什么特点？两者的区别是什么？

2. 政府单位对费用类和支出类业务的控制措施有哪些？

3. 如何区分业务活动费用和单位管理费用？如何对两者进行精细化管理？

4. 政府单位资产处置费用有哪些特点？其管理应当注意哪些问题？

练习题

练习一

一、目的：练习行政单位支出的会计核算。

二、资料：某卫生和计划生育委员会的公共财政预算拨款，2022年发生如下经济业务。

（1）通过财政授权支付方式支付一笔款项7 600元，具体内容为支付办公电费，适用的政府支出功能分类科目为“医疗卫生与计划生育支出——行政运行”，适用的政府支出经济分类科目为“商品和服务支出——电费”。

（2）通过财政授权支付方式支付一笔款项32 600元，具体内容为支付差旅费，适用的政府支出功能分类科目为“医疗卫生与计划生育支出——一般行政管理事务”，适用的政府支出经济分类科目为“商品和服务支出——差旅费”。

（3）通过财政直接支付方式支付一笔款项66 000元，具体内容为购买一台专用设备，适用的政府支出功能分类科目为“医疗卫生与计划生育支出——食品和药品监督管理事务——药品事务”，适用的政府支出经济分类科目为“其他资本性支出——专用设备购置”。

（4）通过财政授权支付方式支付一笔款项4 900元，具体内容为支付宣传资料印刷费，适用的政府支出功能分类科目为“医疗卫生与计划生育支出——食品和药品监督管理事务——化妆品事务”，适用的政府支出经济分类科目为“商品和服务支出——印刷费”。

（5）计提本单位的职工薪酬958 000元，具体内容包括以下三项：一是职工基本工资220 000元，绩效工资460 000元，社会保险缴费126 000元，适用的政府支出功能分类科目为“医疗卫生与计划生育支出——行政运行”，适用的政府支出经济分类科目为“工资福利支出——基本工资”“工资福利支出——津贴补贴”“工资福利支出——社会保险缴费”；二是归口管理的行政单位退休费96 000元，适用的政府支出功能分类科目为“社会保障和就业支出——行政事业单位离退休——归口管理的行政单位离退休”，适用的政府支出经济分类科目为“对个人和家庭的补助——退休费”；三是职工住房公积金缴款56 000元，适用的政府支出功能分类科目为“住房保障支出——住房改革支出——住房公积金”，适用的政府支出经济分类科目为“对个人和家庭的补助——住房公积金”。

（6）年终“经费支出”总账科目的本年发生额为9 750 000元。其中，“经费支出——财政拨款支出”科目的本年发生额为8 250 000元，“经费支出——其他资金支出”科目的本年发生额为1 500 000元。事业单位将其分别转入“财政拨款结转”“其他资金结转结余”科目。

三、要求：根据以上经济业务，编制该卫生和计划生育委员会的有关会计分录。

练习二

一、目的：练习行政单位支出的核算。

二、资料：某税务单位只有公共财政预算拨款，2022年发生如下经济业务。

（1）通过财政授权支付方式支付一笔款项12 000元，具体内容为支付培训费，适用的政府支出功能分类科目为“一般公共服务支出——税收事务——税务办案”，适用的政府支出经济分类科目为“商品和服务支出——培训费”。

（2）通过财政授权支付方式支付一笔款项48 000元，具体内容为支付职工培训费，适用的政府支出功能分类科目为“一般公共服务支出——税收事务——行政运行”，适用的政府支出经济分类科目为“商品和服务支出——培训费”。

（3）通过财政直接支付方式支付一笔款项37 000元，具体内容为支付税务发票的印刷费用，适用的政府支出功能分类科目为“一般公共服务支出——税收事务——税务登记证及发票管理”，适用的政府支出经济分类科目为“商品和服务支出——印刷费”。

（4）年终“经费支出”总账科目的本年发生额为5 840 000元。其中，“经费支出——财政拨款支出”科目的本年发生额为4 600 000元，“经费支出——其他资金支出”科目的本年发生额为1 240 000元。事业单位将其分别转入“财政拨款结转”“其他资金结转结余”科目。

三、要求：根据以上经济业务，编制该税务部门的有关会计分录。

第九章　政府单位的结转结余

第一节　政府单位预算结转结余概述

一、预算结转结余概述

（一）预算结余的概念

我国政府会计实行“双核算”，体现的是“双功能”。在财务会计中，收入和费用相抵后的余额即为“盈余”；在预算会计中，当期预算收入和预算支出相抵后的资金余额，以及历年滚存的资金余额，即为预算结余。

预算结余包括结余资金和结转资金。结余资金，是指年度预算执行终了，预算收入实际完成数扣除预算支出和结转资金后剩余的资金。结转资金，是指预算安排项目的支出年终尚未执行完毕或者因故未执行，且下年需要按原用途继续使用的资金。

（二）结转和结余资金

1. 结转和结余资金的含义

政府单位的结转和结余资金，简称为“结转（余）”，是政府单位一定期间的收入与支出相抵减后余额的滚存资金。

政府单位履行行政职能，开展业务活动，会取得一定的收入，同时发生一定的支出，并根据每年编制的预算收入的数额控制预算支出，达到一定期间的收入与支出的平衡。当然这个平衡也是相对的，政府单位由于以前年度尚未执行完的活动，会有剩余的资金结转到下一年度继续使用；或者是以前年度已执行完毕但是仍有尚未完全使用的资金，留归后续使用，即形成政府单位结转（余）资金。政府单位的结转（余）资金是政府单位历年剩余资金的滚存，不但包括本年度形成的结转（余）资金，还包括以前年度积累的结转（余）资金。

2. 结转（余）资金的分类

按照资金后续使用的要求不同，结转（余）资金分为结转资金和结余资金。结转资金，是指当年预算已经执行但是尚未完成，或者因故未执行，还需要下一年度按照原用途继续使用的资金；结余资金，是指当年预算工作目标已经完成，或因故当年不再执行且已经终止，当年剩余的资金。

按照资金性质的不同，结转（余）资金分为财政拨款结转结余、非财政拨款结转结余、专用结余、经营结余、其他结余等。财政拨款结转结余，是指政府单位各项财政拨款收入与其相应的支出相抵后剩余的滚存资金，包括财政拨款结转和财政拨款结余，财政拨款结转是下年度仍然要使用的滚存资金，财政拨款结余是剩余的滚存资金。其他结转结余是按照资金的性质进行的区分。

3. 结转资金和结余资金的区别

新会计制度改革的一个重要部分，就是将收入和支出相抵后的余额分为两种情况，一种是结转资金，另一种是结余资金。结转是相对的剩余资金，这种收支差额形成的资金还需要在下一年度继续使用，因为其对应的工作并未完成。而结余则恰恰相反，是绝对剩余的资金，其对应的工作已经完成，或者不需要再行实施，所以不会再发生新的支出。而对这两种不同的资金，后续的管理和要求完全不同。结余资金一般都统筹用于编制以后年度的部门预算，而结转资金原则上在下一年度按原用途继续使用。对政府单位而言，区分清楚结转和结余资金有着极为重要的意义。

（三）结转资金、结余资金的管理

1. 财政拨款结转资金的财务管理

政府单位的财政拨款包括基本支出拨款和项目支出拨款。基本支出拨款是用于政府单位日常公用经费和人员经费的拨款，项目支出拨款是政府单位执行专项工作任务的拨款，若当年有未使用完的基本支出拨款或者未执行完成的项目支出拨款，则形成单位的财政拨款结转资金。政府单位的结转资金包括基本支出结转资金和项目支出结转资金。可见，基本支出拨款和项目支出拨款是需要分开进行结转的，其结转后的管理有不同的要求，政府单位应当认真研究，将单位的财政基本支出和财政项目支出进行明确的区分，为后续的相关管理奠定基础。

基本支出结转资金原则上要求结转至下年继续使用，用于增人增编等人员经费和日常公用经费支出，但是在人员经费和日常公用经费之间不得互相挪用，不得用于提高人员经费的开支标准。项目支出结转资金结转至下年按原用途继续使用，如果同级财政有专门规定的，则从其规定。原则上不能调整用途，确需调整结转资金用途的，须报财政部门审批。

2. 财政拨款结余资金的财务管理

政府单位财政拨款结余资金是指单位支出的结余资金，对于财政安排的项目支出，连续两年未使用，或者连续三年仍然未使用完，从而形成的剩余资金，视同结余资金管理。政府单位的结余资金统筹用于编制以后年度的单位预算，按预算管理的有关规定用于本单位的相关支出；可以在本级和下级预算单位之间、下级不同预算单位之间、不同预算科目之间统筹安排使用。2022 年 3 月 1 日执行的《事业单位财务规则》明确规定，如果同级财政有其他规定的，则从其规定。这里有管理从紧的要求，也是政府加强事业单位结余资金管理的政策依据。

3. 其他资金结转结余的财务管理

政府单位除财政拨款之外的资金来源统称为“其他资金”，当年收入和支出的差额即形成了其他资金结转结余，包括项目结转（余）和非项目结转（余）。其他资金结转结余要按照拨款单位的要求进行管理，非项目结余可以用于补充项目资金。已完成项目的结转资金或缴回原拨款单位，或留归本单位用于其他非项目支出，项目结转中尚未完成的结转资金结转至下一年度继续用于该项目的相关支出。政府单位其他资金结转结余按照拨款单位的要求进行管理是必须遵循的原则。

（四）预算结余的内容

按照政府会计准则和制度的规定，预算结余主要包括资金结存、财政拨款结转、财政拨款结余、非财政拨款结转、非财政拨款结余、专用结余、经营结余、非财政拨款结余分配等，将在下面各小节进行详细介绍。

政府单位设置的结转结余类会计科目及分类分别见表9－1、表9－2。

表9－1　事业单位预算结余类会计科目

序号	科目编号	科目名称	序号	科目编号	科目名称
18	8001	资金结存	23	8301	专用结余
19	8101	财政拨款结转	24	8401	经营结余
20	8102	财政拨款结余	25	8501	其他结余
21	8201	非财政拨款结转	26	8701	非财政拨款结余分配
22	8202	非财政拨款结余			

表9－2　事业单位预算结余类专用会计科目表

序号	科目编号	科目名称	序号	科目编号	科目名称
1	8301	专用结余	3	8701	非财政拨款结余分配
2	8401	经营结余			

第二节　财政拨款和非财政拨款结转结余

一、财政拨款结转

（一）财政拨款结转概述

政府单位的财政拨款结转是本单位取得的同级财政拨款结转资金的调整、结转和滚存情况，不仅反映当年的财政拨款预算收支的执行结果，还反映历年的累计结转情况，同时如果涉及财政拨款结转资金的内部调剂、调入和调出等，也一并需要在财政拨款结转中进行反映和管理。新政府会计准则制度对于财政拨款结转的定义较原有的范围扩大了，最明显的就是增加了财政拨款资金的调整，这与我国政府部门的改革息息相关。政府根据各单位财政拨款结转的情况，结合实际工作需要，可能会在单位之间调剂财政拨款结转资金，包括调入和调出；同样，单位内部根据自身管理的需要，经同级财政部门批准后，可以将财政拨款结余资金的用途进行改变，即内部调剂，这样就扩大了原有财政拨款结转的定义范围。当然，这些调整在进行调整处理时仅仅是过渡性的处理，最后要进行归并，从而统一政府单位财政拨款结转，为管理夯实基础。

财政拨款结转是政府单位当年预算已经执行但尚未完成，或者因故未执行，下一年度需要按照原用途继续使用的财政拨款滚存资金。

按照我国政府部门预算管理的要求，单位财政拨款收入分为基本支出拨款和项目支出拨款，财政拨款支出分为基本支出和项目支出，相应的收支相抵后形成的结转资金也需要进行划分，分为基本支出结转和项目支出结转。

在我国的政府部门预算中，比较固定的一个内容是基本支出预算以及相应的基本支出拨款，它是政府单位为了履行职能必需的经费保障，包括单位人员薪酬、社保等在内的人员经费和单位日常办公耗费等在内的公用经费。基本支出结转是政府单位的基本支出拨款和相应的基本支出相抵减后余额的累计滚存资金，政府单位的基本支出结转在下一年度需要继续用于维持政府单位支出运行和完成日常工作任务。基本支出结转资金原则上结转到下一年度继续使用，且只能用于人员经费支出和日常公用经费支出，若财政部门有规定，则按其规定处理。

相对于政府部门预算中的基本支出预算来说，部门预算中还有用于完成专项工作任务的项目支出预算拨款，是专门用于完成非日常的、特定工作任务的专项拨款。项目支出结转是政府单位项目支出拨款与其相应支出相抵减后余额的累计滚存资金，其在下一年度需要继续用于特定的工作任务。按照相关规定，项目支出结转原则上不得调整用途，即需要按原用途结转至下年继续使用，确需调整的，应当报同级财政部门审批，若是事业单位则需要先报主管部门批准后再报财政部门审批。

根据形成时间的不同，财政拨款结转可以分为当年结转资金和累计结转资金。当年结转资金是政府单位本年度财政拨款收入和支出相抵减后形成的结转资金；累计结转资金是政府单位历年累计财政拨款结转资金。按照相关规定，连续两年未使用，或者连续三年仍未使用完成的剩余财政项目资金，视同结余资金管理。在实际工作中，若有专门的管理规定，则按相关规定执行，其在 2022 年 3 月 1 日执行的《事业单位财务规则》中有明确的规定，这与近些年对结余资金清理有很大的关系，也是从严从紧管理和规范管理的需要。

（二）财政拨款结转的科目设置

政府单位应当在预算会计中设置“财政拨款结转”会计科目，核算单位取得的同级财政拨款结转资金的调整、结转和滚存情况。本科目属于预算结余类会计科目，贷方登记财政拨款结转数的增加金额，借方登记财政拨款结转数的减少金额，期末余额在贷方反映政府单位滚存的财政拨款结转资金数额。

根据单位财政拨款结转变动的原因，政府单位还应设置“年初余额调整”“归集调入”“归集调出”“归集上缴”“单位内部调剂”“本年收支结转”“累计结转”等明细科目，进行相关的明细会计核算。

“年初余额调整”是指差错更正、以前年度支出收回等原因调整财政拨款结转。

“归集调入”是指按规定从其他单位调入财政拨款结余资金。

“归集调出”是按规定向其他单位调出财政拨款结转资金时，实际调减的额度数额或调出的资金数额。

“归集上缴”是按规定上缴财政拨款结转资金时，实际核销的额度数额或上缴的资金数额。

“单位内部调剂”是指经财政部门批准对财政拨款结余资金改变用途，调整用于本单位其他未完成项目等的调整金额。

“本年收支结转”是指本年度政府单位拨款收入和支出相抵后的余额。

“累计结转”是指将所有原因的结转和调整全部转入剩余结余，从而整体反映单位的滚存财政拨款结转资金数。

如果同级财政部门规定全部结转至下一年度继续使用，没有归集上缴、归集调入等事项，则不需要设置相应的明细科目进行会计核算。

政府单位还应当设置“基本支出结转”“项目支出结转”两个明细科目进行二级核算。在“基本支出结转”明细科目下按照“人员经费”和“日常公用经费”进行明细核算，在“项目支出结转”科目下按照具体的项目进行明细账核算。同时，还应按照《政府收支分类科目》中“支出功能分类科目”的相关科目进行明细核算。

政府单位的财政拨款一般是公共财政预算拨款，但是有的政府单位还有政府性基金预算拨款、社会保险基金预算拨款等其他类别的财政拨款。对于有两种或者两种以上财政拨款的政府单位，还应当按财政拨款种类分别进行明细核算，从而确保清晰准确地反映政府财政拨款情况。

（三）财政拨款结转的会计核算

1. 结转本年财政拨款收入和支出

（1）每年年度终了，政府单位应当将本年财政拨款收入发生额转入财政拨款结转，借记“财政拨款收入——基本支出拨款、项目支出拨款”科目及其明细，贷记“财政拨款结转——基本支出结转、项目支出结转”科目及其明细。

（2）每年年度终了，政府单位应当将本年度财政拨款形成的支出发生额转入财政拨款结转，借记“财政拨款结转——基本支出结转、项目支出结转”科目及其明细，贷记“经费支出——财政拨款支出——基本支出、项目支出”科目及其明细。

在会计实务工作中，为了编制报表，政府单位可以对“财政拨款结转”“其他资金结转结余”等结转项目进行月结，而不需要年末才做结转。特别是，对于需要资产负债表的单位来说，月结后可以顺利编制相关报表。

【例9－1】某政府单位年终“财政拨款收入”科目和“行政支出——财政拨款支出”科目的本年发生额如下。

财政拨款收入——基本支出拨款——人员经费——行政运行1 800 000元；

财政拨款收入——项目支出拨款——某项目800 000元；

行政支出——财政拨款支出——基本支出——基本工资1 800 000元；

行政支出——财政拨款支出——项目支出——某项目——培训费760 000元。

按照规定对收入和支出进行年末结转。

预算会计账务处理：

借：财政拨款收入——基本支出拨款——人员经费 1 800 000
　　　　　　　　——项目支出拨款——某项目 800 000
　贷：财政拨款结转——本年收支结转——基本支出结转 1 800 000

——项目支出结转　800 000

借：财政拨款结转——本年收支结转——基本支出结转 1 800 000

——项目支出结转　760 000

贷：行政支出——基本支出拨款——人员经费　1 800 000

——项目支出拨款——某项目　760 000

通过上述结转可以看出，该政府单位的项目拨款结转为负数，说明当年收入小于当年支出，或者说是使用了年初财政拨款结转、单位内部调剂使用的资金等。待最后转入后面所讲述的“累计结转”明细科目后，累计余额反映了财政拨款结转历年的滚存余额。

2. 调整财政拨款结转

（1）调整以前年度财政拨款结转。政府单位因为发生差错更正、以前年度支出收回等，需要调整财政拨款结转的，按实际调增财政拨款结转的金额，借记“资金结存——财政应返还额度、零余额账户用款额度、货币资金”科目，贷记“财政拨款结转——年初余额调整”科目；按实际调减财政拨款结转的金额，借记“财政拨款结转——年初余额调整”科目，贷记“资金结存——财政应返还额度、零余额账户用款额度、货币资金”科目。

（2）单位内部调剂结余资金。政府单位报经同级财政部门批准对财政拨款结余资金改变用途，调整用于其他未完成的项目等，按经批准的调整金额，借记“财政拨款结余——单位内部调剂”科目及其明细，贷记“财政拨款结转——单位内部调剂”科目及其明细。

（3）上缴财政拨款结转。政府单位按照规定将财政拨款结转资金进行上缴时，按实际核销的额度数或上缴的资金数，借记“财政拨款结转——归集上缴”科目及其明细，贷记“资金结存——财政应返还额度、零余额账户用款额度、货币资金”等科目。

（4）从其他单位调入财政拨款结余资金。政府单位经批准后，按照相关规定从其他单位调入财政拨款结余资金时，按实际调增的额度数或调入的资金数，借记“资金结存——财政应返还额度、零余额账户用款额度、货币资金”科目，贷记“财政拨款结转——归集调入”科目及其明细。从本单位调出财政拨款结转资金到其他单位的，做反向会计处理。

【例9-2】某政府单位本年发现在上年末处置授权支付预算指标数大于下达数时，两者之间的差额少计算了5 000元，具体是基本支出中的日常公用经费数额少计。

分析：根据上述资料，可以判断上年末同时少记录了财政应返还额度和财政拨款收入各8 000元，在上年末结账时，财政拨款结转的数额也就少了5 000元。故而，在本年发现的时候要对上年发生的这一差错进行更正。

财务会计账务处理：

借：财政应返还额度　5 000

　贷：以前年度盈余调整　5 000

预算会计账务处理：

借：财政应返还额度　5 000

　贷：财政拨款结转——年初余额调整——基本支出结转　5 000

【例9-3】某事业单位本年度按照规定上缴财政拨款结转资金4 500 000元，上述款项通过银行缴纳。

财务会计账务处理：

借：累计盈余　4 500 000

　贷：银行存款　4 500 000

预算会计账务处理：

借：财政拨款结转——归集上缴　4 500 000

　贷：资金结存——货币资金　4 500 000

3. 年终结转

（1）累计结转。政府单位在会计期末对财政拨款结转进行上述处理后，需要对上述明细科目进行结转，全部结转至“财政拨款结转——累计结转”科目中，结转完成后，其他明细科目没有余额，只有“财政拨款结转——累计结转”科目有余额。所以，其他明细科目仅仅是过渡性会计科目，年度终了后是没有余额的。

（2）完成项目的结转资金转入财政拨款结余。政府单位在会计年度终了时，完成上述财政拨款收支结转后，对各项目的执行情况进行分析，按有关规定将符合财政拨款结余性质的项目余额转入财政拨款结余，借记“财政拨款结转——累计结转”科目及其明细，贷记“财政拨款结余——结余转账”科目及其明细。

【例9-4】 某政府单位年终完成了财政拨款收支的结转，并对各项目执行情况进行分析发现，某专项项目已经完成但是仍有尚未使用的资金余额10 600元。将各项目余额转入财政拨款结余。

预算会计账务处理：

借：财政拨款结转——累计结转——项目支出结转　　10 600

　　贷：财政拨款结余——结转转入　　10 600

二、财政拨款结余

（一）财政拨款结余概述

政府单位当年预算工作目标已经完成，或者因故终止，剩余的财政拨款滚存资金，即为财政拨款结余。基本支出结转的余额留在下一年度继续使用，用于维持正常运行和完成日常工作任务，基本支出拨款没有结余资金，只有结转资金。政府单位的财政拨款结余是财政拨款项目支出尚未使用的部分。

政府单位的财政拨款结余按照时间形成的不同，分为当年结余资金和累计结余资金。当年结余资金是政府单位本年度预算拨款收入与其相应的支出相抵减后形成的尚未使用的结余资金。累计结余资金是政府单位截止到期末形成的、历年的累计财政拨款结余资金。

政府单位的项目支出结余要按规定使用，或统筹用于编制以后年度部门预算，或按同级财政部门的规定在单位内部、部门之间调剂使用。

（二）财政拨款结余的科目设置

政府单位应当在预算会计中设置“财政拨款结余”科目，核算政府单位取得的、同级财政拨款结转资金的调整、结转和滚存情况。本科目属于预算结余类会计科目，贷方登记财政拨款结余的增加金额，借方登记财政拨款结余的减少金额，期末余额在贷方反映政府单位滚存的财政拨款结余资金金额。

政府单位的财政拨款一般是公共财政预算拨款，但是有的政府单位还有政府性基金预算拨款、社会保险基金预算拨款等其他种类的财政拨款，对于有两种或者两种以上财政拨款的政府单位，还应当按照财政拨款种类分别设置“一般公共预算”“政府性基金预算”等明细科目，进行明细核算。

根据财政拨款结余变动的原因，政府单位还可以设置“年初余额调整”“归集上缴”“单位内部调剂”“结转转入”“累计结余”等明细科目，进行相关的明细会计核算。

“年初余额调整”是指由于差错更正、以前年度支出收回等调整的财政拨款结余。

“归集上缴”是指将结余资金或者额度上缴财政。

“单位内部调剂”是指经财政部门批准对单位内部的项目结余资金进行调整用于其他未完成的项目。

“结转转入”是按规定转入财政拨款结余的财政拨款结转资金。

“累计结余”是指单位滚存的财政拨款结余资金，将所属的明细科目余额转入剩余结余明细科目后的结余，本明细科目年末贷方余额，反映单位财政拨款滚存的结余资金数额。

明细科目的设置可以根据单位的具体情况和管理需要进行。在变动原因上的明细科目中，与财政拨款结转相比，财政拨款结余少了“本年收支转账”“归集调入”“归集调出”三个明细内容。

在单位预算管理层面，由于财政拨款结余是项目支出的结余，需要按具体项目和功能分类进行明细核算。

（三）财政拨款结余的会计核算

1. 调整财政拨款结余

（1）调整以前年度财政拨款结余。政府单位因为发生差错更正、以前年度支出收回等，需要调整财政拨款结余的，按照实际调增财政拨款结余的金额，借记“资金结存——财政应返还额度、零余额账户用款额度、货币资金”科目，贷记“财政拨款结余——年初余额调整”科目；按照实际调减财政拨款结转的金额，借记“财政拨款结余——年初余额调整”科目，贷记“资金结存——财政应返还额度、零余额账户用款额度、货币资金”科目。

（2）上缴财政拨款结转。政府单位按规定上缴财政拨款结余资金时，按实际核销的额度数额或上缴的资金数额，借记“财政拨款结余——归集上缴”科目及其明细，贷记“资金结存——财政应返还额度、零余额账户用款额度、货币资金”等科目。

（3）单位内部调剂结余资金。政府单位报经同级财政部门批准，将本单位完成的项目结余资金调整用于基本支出或者用于其他未完成的项目等，按经批准调剂的金额，借记“财政拨款结余——单位内部调剂”科目及其明细，贷记“财政拨款结转——单位内部调剂”科目及其明细。

2. 年终结转

（1）完成项目的结转资金转入财政拨款结余。政府单位在会计年度终了时，对财政拨款各项目的执行情况进行分析，按有关规定将符合财政拨款结余性质的项目余额转入本科目，借记“财政拨款结转——结余结转——项目支出结转”科目及其明细，贷记“财政拨款结余——结余转账”科目及其明细。由于基本支出结转的余额不能转入财政拨款结余，财政拨款结余仅仅包括项目支出结余。

（2）年末，对财政拨款结转各明细项目执行情况进行分析，按有关规定将符合财政拨款结余性质的项目余额转入财政拨款结余，借记

“财政拨款结转——累计结转”科目，贷记“财政拨款结余——结转转入”科目。

（3）累计结余。政府单位在年末对财政拨款结余进行上述处理后，需要对上述明细科目进行结转，全部结转至“财政拨款结余——累计结余”科目中，结转完成后，其他明细科目没有余额，只有“财政拨款结余——累计结余”科目有余额，其他明细科目只是过渡性会计科目，年度终了后无余额。

【例9-5】 某单位年初发生了300 000元的购货退回，收回国库授权支付额度，该款项属于本年度结余资金。

财务会计账务处理：

借：零余额账户用款额度　　300 000

　　贷：以前年度盈余调整　　300 000

预算会计账务处理：

借：资金结存——零余额账户用款额度　　300 000

　　贷：财政拨款结余——年初余额调整　　300 000

【例9-6】 某单位本年度上缴财政授权内拨款结余资金8 000 000元，上述款项通过银行缴纳。

财务会计账务处理：

借：累计盈余　　8 000 000

　　贷：银行存款　　8 000 000

预算会计账务处理：

借：财政拨款结余——归集上缴　　8 000 000

　　贷：资金结存——货币资金　　8 000 000

三、非财政拨款结转

（一）非财政拨款结转概述

政府单位除财政拨款收支、经营收支以外的非同级财政拨款专项资金进行调整、结转和滚存情况，即为非财政拨款结转。这里需要特别强调的是范围，即除财政拨款收支和经营收支以外的、非同级财政拨款专项资金的滚存情况，两个条件必须同时满足，否则不能在非财政拨款结转中进行反映和管理。

（二）非财政拨款结转的科目设置

政府单位应当在预算会计中设置“非财政拨款结转”会计科目，核算除财政拨款收支、经营收支以外，各非同级财政拨款专项资金的调整、结转和滚存情况。本科目属于预算结余类会计科目，贷方登记非财政拨款结转数增加的金额，借方登记非财政拨款结转数减少的金额，期末余额在贷方，反映政府单位滚存的非财政拨款结转资金数额。

根据财政拨款结转变动的原因，政府单位还应设置“年初余额调整”“缴回资金”“项目间接费用或管理费”“本年收支结转”“累计结转”等明细科目，进行相关的明细核算。

“年初余额调整”是指差错更正、以前年度支出收回等原因调整非财政拨款结转的资金。

“缴回资金”是指按规定缴回非财政拨款结转资金时，实际缴回的资金数额。

“项目间接费用或管理费”是指单位取得的科研项目预算收入中，按规定计提项目间接费用或管理费的数额。

“本年收支结转”是本年度非同级财政拨款专项收支相抵后的余额。

“累计结转”是指累计滚存的非同级财政拨款专项结转资金，本明细科目年末贷方余额，反映单位非同级财政拨款滚存的专项结转资金数额；同时，本科目应当按照具体项目、《政府收支分类科目》中“支出功能分类科目”相关科目等进行明细会计核算。

（三）非财政拨款结转的会计核算

1. 结转本年非财政拨款收入和支出

（1）每年年度终了，政府单位应当将非财政拨款收入本年发生额转入非财政拨款结转，借记“事业预算收入”“上级补助预算收入”“附属单位上缴预算收入”“非同级财政拨款预算收入”“债务预算收入”“其他预算收入”科目及其明细，贷记“非财政拨款结转——本年收支结转”科目。

（2）每年年度终了，政府单位应当将行政支出、事业支出、其他支出本年发生额中的非财政拨款专项资金支出转入非财政拨款结转，借记“非财政拨款结转——本年收支结转”科目，贷记“行政支出”“事业支出”“其他支出”科目下各非财政拨款专项资金支出明细科目。

2. 调整财政拨款结转

（1）调整以前年度财政拨款结转。

政府单位因为发生差错更正、以前年度支出收回等，需要调整财政拨款结转的，按实际调增的非财政拨款结转金额，借记“资金结存——货币资金”科目，贷记“非财政拨款结转——年初余额调整”科目；按实际调减的非财政拨款结转的金额，借记“非财政拨款结转——年初余额调整”科目，贷记“资金结存——货币资金”科目。

（2）上缴非财政拨款结转。

政府单位按规定上缴非财政拨款结转资金时，按实际上缴的资金数额，借记“非财政拨款结转——归集上缴”科目及其明细，贷记“资金结存——货币资金”科目。

3. 计提科研管理费或间接费

政府单位按规定从非财政拨款科研项目预算收入中提取项目管理费或间接费用时，按提取金额，借记“非财政拨款结转——项目间接费用或管理费”科目，贷记“非财政拨款结余——项目间接费用或管理费”科目。这里反映的计提科研管理费或间接费，在实务工作中会遇到矛盾，即科研项目中没有支出科目的体现，结题决算时若没有把“非财政拨款结转——项目间接费用或管理费”科目的发生额计入，则会出现对计提管理费或间接费的漏记，造成科研项目支出虚减，从而影响科研项目的决算数，这是特别需要注意的。

4. 年终结转

（1）累计结转。

在会计期末，政府单位对非财政拨款结转进行上述处理后，需要对上述明细科目进行结转，全部结转至“非财政拨款结转——累计结转”科目中。结转完成后，其他明细科目没有余额，只有“非财政拨款结转——累计结转”科目有余额。所以，其他明细科目在某种意义上只是过渡性的会计科目。

（2）完成项目的结转资金转入非财政拨款结余。

政府单位在会计年度终了时，完成上述结转后，应当对非财政拨款专项结转资金各项目情况进行分析，将留归本单位使用的非财政拨款专项（项目已完成）剩余资金转入非财政拨款结余，借记“非财政拨款结转——累计结转”科目，贷记“非财政拨款结余——结转转入”科目。同时，应当对这类资金加强管理，建立健全留归单位使用的非财政拨款资金管理制度，管好用好留归使用资金，并充分发挥资金的使用效益。

【例9－7】某单位从科研项目预算收入中提取项目管理费60 000元。

财务会计账务处理：

借：单位管理费用　　60 000

　　贷：预提费用——管理费　　60 000

预算会计账务处理：

借：非财政拨款结转——管理费　　60 000

　　贷：非财政拨款结余——管理费　　60 000

【例9－8】某单位年末非财政拨款结转下明细科目情况为：年初余额调整贷方200 000元，管理费借方60 000元，本年收支结转贷方300 000元。

预算会计账务处理：

借：非财政拨款结转——年初余额调整　　200 000

——本年收支结转　　300 000

贷：非财政拨款结转——累计结转　　500 000

借：非财政拨款结转——累计结转　　60 000

贷：非财政拨款结转——管理费　　60 000

四、非财政拨款结余

（一）非财政拨款结余概述

政府单位非财政拨款收支相抵后的余额，再按规定进行分配后的剩余部分，即为非财政拨款结余。政府单位尤其是事业单位，因其事业活动的特点决定了其收入来源较为广泛，需要的支出也非常多，没有指定用途的、非同级的财政拨款是其重要的资金来源，所以管好用好非财政拨款结余对于政府单位来说是非常重要的。各政府单位应当加强对非财政拨款结余的管理，建立健全使用的规章制度，按规定使用结余资金，确保资金使用效益能够充分体现，从而不断促进单位事业的发展和进步。

（二）非财政拨款结余的科目设置

政府单位应当在预算会计中设置“非财政拨款结余”科目，核算历年滚存的、非限定用途的非同级财政拨款结余资金，主要是非财政拨款结余扣除结余分配后滚存的金额。本科目属于预算结余类会计科目，贷方登记非财政拨款结余的增加金额，借方登记非财政拨款结余的减少金额，期末余额在贷方，反映政府单位滚存的非财政拨款结余资金金额。

根据非财政拨款结余变动的原因，政府单位还可以设置“年初余额调整”“项目间接费用或管理费”“结转转入”“累计结余”明细科目，进行相关的明细会计核算。

“年初余额调整”是指差错更正、以前年度支出收回等原因调整非财政拨款结余。

“项目间接费用或管理费”是指单位取得的科研项目预算收入中，按规定计提的项目间接费用或管理费数额。

“结转转入”是按照规定留归单位使用，由单位统筹调配，纳入单位非财政拨款结余的非同级财政拨款专项剩余资金。

“累计结余”是指单位非同级财政拨款、非专项结余的滚存资金，还应当按照《政府收支分类科目》中“支出功能分类科目”的相关科目进行明细核算。

（三）非财政拨款结余的会计核算

1. 调整非财政拨款结余

（1）调整以前年度非财政拨款结余。政府单位因为发生差错更正、以前年度支出收回等，需要调整财政拨款结余的，按照实际调增非财政拨款结余的金额，借记“资金结存——货币资金”科目，贷记“非财政拨款结余——年初余额调整”科目；按实际调减财政拨款结余的金额，借记“非财政拨款结余——年初余额调整”科目，贷记“资金结存——货币资金”科目。

（2）退回非财政拨款结转。政府单位按规定上缴财政拨款结余资金时，按实际核销的额度数额或上缴的资金数额，借记“非财政拨款结余——归集上缴”科目及其明细，贷记“资金结存——货币资金”等科目。

2. 计提科研项目间接费用或管理费

政府单位取得的科研项目，按规定从科研项目预算收入中提取项目管理费或间接费时，借记“非财政拨款结转——项目间接费用或管理费”科目，贷记“非财政拨款结余——项目间接费用或管理费”科目。

3. 缴纳企业所得税

事业单位按规定需要缴纳企业所得税的，按缴纳金额，借记“非财政拨款结余——累计结余”科目，贷记“资金结存——货币资金”科目。

4. 年终结转

（1）年末，对留归本单位使用的、项目已经完成的非财政拨款专项剩余资金转入“结转转入”，即借记“非财政拨款结转——累计结余”科目，贷记“非财政拨款结转——结转转入”科目。

（2）累计结余。政府单位在会计期末，对非财政拨款结余进行上述处理后，需要对上述明细科目进行结转，即将“年初余额调整、项目间接费用或管理费、结转转入”明细科目余额全部转入“非财政拨款结余——累计结余”科目中，结转完成后，其他明细科目没有余额。

5. 其他科目转入

（1）年末，事业单位要将“非财政拨款结余分配”科目余额转入非财政拨款结余。若非财政拨款结余分配为借方余额，则借记“非财政拨款结转——累计结余”科目，贷记“非财政拨款结余分配”科目；若是贷方余额，则借记“非财政拨款结余分配”科目，贷记“非财政拨款结转——累计结余”科目。

（2）年末，行政单位将“其他结余”科目余额转入非财政拨款结余。借记或者贷记“其他结余”科目，贷记或者借记“非财政拨款结转——累计结转”科目。

【例9-9】某单位按照规定从科研项目预算收入中提取项目管理费120 000元。

财务会计账务处理：

借：单位管理费用　　120 000

　　贷：预提费用——项目管理费　　120 000

预算会计账务处理：

借：非财政拨款结转——项目管理费　　120 000

　　贷：非财政拨款结余——项目管理费　　120 000

【例9-10】某单位本年实际缴纳企业所得税为230 000元。

财务会计账务处理：

借：其他应交税费——单位应交所得税　　230 000

　　贷：银行存款　　230 000

预算会计账务处理：

借：非财政拨款结余——累计结余　　230 000

　　贷：资金结存——货币资金　　230 000

第三节　其他预算结余

一、资金结存

（一）资金结存概述

在预算会计中，为反映政府单位年度预算执行情况，设置了预算收入、预算支出、预算结余三类会计要素进行反映和监督。因为预算会计反映的是单位预算执行情况，单位预算收入的资金流入和预算支出的资金流出，成为预算会计最核心的反映；同时，流入和流出相抵后没有使用完的资金，会形成沉淀，留存在单位，是资金的结存。因此，在预算会计中设立了资金结存，反映单位纳入部门预算管理的资金流入、流出和滚存等情况。资金结存与财务会计中的货币资金相类似和相对应，但其内涵远远超出货币资金。

（二）资金结存的科目设置

政府单位应在预算会计中设置“资金结存”会计科目，核算本单位纳入部门预算管理的资金流入、流出、调整和滚存等情况。本科目属于预算结余类会计科目，借方反映资金增加的金额，贷方反映资金减少的金额，期末借方余额反映单位预算资金的累计滚存。预算会计中资金结存应当设置以下明细科目，进行分类明细核算。

“货币资金”，是指核算单位以库存现金、银行存款、其他货币资金形态存在的资金。本明细科目年末借方余额，反映单位尚未使用的货币资金。单位可以根据管理需要，在货币资金下面设置“库存现金”“银行存款”“其他货币资金”等三级明细科目，这个设置恰好与财务会计中的形成对应，在会计实务工作中有利于账务的核对和管理。

“零余额账户用款额度”，是指核算实行国库集中支付的单位根据财政部门批复的用款计划收到和支用的零余额账户用款额度。年末结账后，本明细科目应无余额。

“财政应返还额度”，是指核算实行国库集中支付的单位可以使用的以前年度财政直接支付资金额度和财政应返还的财政授权支付资金额度。本明细科目下可设置“财政直接支付”“财政授权支付”两个明细科目进行明细核算。本明细科目年末借方余额，反映单位应收而尚未收到的财政返还的资金额度。

（三）资金结存的会计核算

1. 货币资金

政府单位收到货币资金的，借记“资金结存——货币资金”科目，贷记“事业预算收入”“其他预算收入”“经营预算收入”等收入类科目。使用货币资金支付的，借记“事业预算支出”“经营预算支出”“其他预算支出”等支出类科目，贷记“资金结存——货币资金”科目。

政府单位按规定使用专用基金时，按实际支付金额，借记“专用结余”“事业预算支出”等科目，贷记“资金结存——货币资金”科目。

有缴纳企业所得税义务的事业单位，其缴纳所得税时，按实际缴纳金额，借记“非财政拨款结余——累计结余”科目，贷记“资金结存——货币资金”科目。

2. 零余额账户用款额度

（1）在财政授权支付方式下，单位根据代理银行转来的“财政授权支付额度到账通知书”，按通知书中的授权支付额度，借记“资金结存——零余额账户用款额度”科目，贷记“财政拨款预算收入”科目。在财政直接支付方式下，若收到代理银行转来的直接支付通知书，则直接做收入和支出的增加，与货币资金无关。此外，在近年来的财政预算一体化改革中，通过预算一体化系统进行的直接支付，其会计处理方式与财政直接支付方式下的处理是类似的。

（2）发生相关支出时，按实际支付的金额，借记“行政支出”“事业支出”等科目，贷记“资金结存——零余额账户用款额度”科目。

（3）从零余额账户提取现金时，借记“资金结存——货币资金”科目，贷记“资金结存——零余额账户用款额度”科目。退回现金时，做相反的账务处理。

（4）年末财政收回，单位依据代理银行提供的对账单做注销额度的相关账务处理，借记“财政应返还额度”科目，贷记“资金结存——零余额账户用款额度”科目。

3. 财政应返还额度

年末，政府单位根据本年度财政直接支付预算指标数与当年财政直接支付实际支出数的差额，通过“资金结存——财政应返还额度”科目进行核算。本年度财政授权支付预算指标数大于零余额账户用款额度下达数的，根据未下达的用款额度，借记“资金结存——财政应返还额度”科目，贷记“财政拨款预算收入”科目。

年度终了时，财政部门收回政府单位按规定上缴财政拨款结转结余资金或注销财政拨款结转结余资金额度的，按实际上缴资金数额或注销的资金额度，借记“财政拨款结转——年归集上缴”或“财政拨款结余——年归集上缴”科目，贷记“资金结存——财政应返还额度”科目。

使用以前年度财政直接支付额度发生支出时，按实际支付金额，借记“行政支出”“事业支出”等科目，贷记“资金结存——财政应返还额度”科目。

下年初，单位依据代理银行提供的“额度恢复到账通知书”，做恢复额度的相关账务处理，借记“资金结存——零余额账户用款额度”科目，贷记“资金结存——财政应返还额度”科目。单位收到财政部门批复的上年末未下达零余额账户用款额度的，借记“资金结存——零余额账户用款额度”科目，贷记“财政拨款预算收入”科目。

【例9-11】 某行政单位本年度取得财政授权支付方式下的预算收入为8 000 000元。

财务会计账务处理：

借：零余额账户用款额度　　8 000 000

　　贷：财政拨款收入　　8 000 000

预算会计账务处理：

借：资金结存——零余额账户用款额度　　8 000 000

　　贷：财政拨款预算收入　　8 000 000

【例9-12】 某单位本年度财政直接支付方式下预算指标数与当年财政直接支付实际支出数的差额为180 000元。

财务会计账务处理：

借：财政应返还额度——财政直接支付　　180 000

　　贷：财政拨款收入　　180 000

预算会计账务处理：

借：资金结存——财政应返还额度　　180 000

　　贷：财政拨款预算收入　　180 000

二、专用结余

（一）专用结余的概念

事业单位在从事业务活动过程中，非财政拨款项目完成后还有结余，且没有设置使用限制的，可以按规定从该结余中提取专项经费，专门用于以后年度单位事业发展，于是产生了“专用结余”。专用结余是在事业单位中才有的，行政单位没有专用结余，这与单位的性质有关。

专用结余的计提和使用不是随意的，应当根据相关规定进行提取和使用。如2022年执行的《体育事业单位财务制度》中明确了“专用基金管理应当遵循先提后用、专款专用的原则，支出不得超出基金规模”，同时明确“各项基金的提取比例和管理办法，国家有统一规定的，按照统一规定执行；没有统一规定的，由主管部门会同本级财政部门确定”。这里所说的“专用基金”，是财务会计中的会计科目，与预算会计中的“专用结余”相对应，其管理和使用都有相应的规定，事业单位应当按规定进行管理。

（二）专用结余的科目设置

事业单位应在预算会计中设置“专用结余”会计科目，核算本单位规定从非财政拨款结余中提取的、具有专门用途的资金变动和滚存情况，并按专用结余的类别进行明细核算。本科目属于预算结余类会计科目，借方反映减少数额，贷方反映增加数额，期末贷方余额反映单位从非同级财政拨款结余中提取的专用基金的累计滚存情况。

（三）专用结余的会计核算

1. 计提专用基金

事业单位根据有关规定从本年度非财政拨款结余或经营结余中提取基金的，按提取金额，借记“非财政拨款结余分配”科目，贷记“专用结余”科目。

2. 使用专用结余

事业单位根据规定使用从非财政拨款结余或经营结余中提取的专用基金时，按使用金额，借记“专用结余”科目，贷记“资金结存——货币资金”科目。

【例9－13】 某单位从本年度经营结余中提取基金350 000元。

财务会计账务处理：

借：本年盈余分配	350 000	
贷：专用基金		350 000

预算会计账务处理：

借：非财政拨款结余分配　　350 000

　　贷：专用结余　　350 000

【例 9-14】某单位利用从经营结余中提取的专用基金购买一台价值 500 000 元的机器设备。

财务会计账务处理：

借：固定资产　　500 000

　　贷：银行存款　　500 000

借：专用基金　　500 000

　　贷：累计盈余　　500 000

预算会计账务处理：

借：专用结余　　500 000

　　贷：资金结存——货币资金　　500 000

三、经营结余

（一）经营结余的概念

根据工作需要事业单位可以从事经营活动，其经营活动年度收支相抵后的余额即为当期经营结余，如果是经营亏损则也反映在经营结余中。事业单位的经营结余是滚存的累计结余，是弥补了经营亏损后的结余。

（二）经营结余的科目设置

政府单位应在预算会计中设置“经营结余”会计科目，核算本单位本年度经营活动收支相抵后余额，弥补以前年度经营亏损后的余额，并按经营活动的类别进行明细核算。本科目属于预算结余类会计科目，借方反映当期结转的经营支出的金额，贷方反映当期结转的经营收入的金额。若为贷方余额，则转入非财政拨款结余分配；若为借方余额，则是单位的经营亏损，不需要进行年度结转，留待以后年度的经营结余进行冲抵。

（三）经营结余的会计核算

1. 经营收支结转

事业单位在会计年末，应当将经营预算收入本年发生额转入本科目，借记“经营预算收入”科目，贷记“经营结余”科目；将经营支出本年发生额转入本科目，借记“经营结余”科目，贷记“经营支出”科目。

2. 经营结余结转

（1）上述收支结转后，若为贷方余额，则借记“经营结余”科目，贷记“非财政拨款结余分配”科目。

（2）上述收支结转后，若为借方余额，则是经营亏损，不做会计处理。

【例 9－15】 某单位本年度发生经营预算收入 3 000 000 元，发生经营支出 2 600 000 元。

预算会计账务处理：

借：经营预算收入	3 000 000	
贷：经营结余		3 000 000
借：经营结余	2 600 000	
贷：经营支出		2 600 000

四、其他结余

（一）其他结余的概念

事业单位由于提供公共产品或者服务的性质，收入来源不像行政单位那样单一。财政拨款、非同级财政拨款收入、经营收入等都是其从事事业活动、履行职能的资金来源，相应的资金使用也有对应性，要做到资金来源和项目核算的同步进行。前面介绍的财政拨款结转结余、非财政拨款结转结余、专用结余、经营结余等都可以清晰地做到各类收入和支出一一相抵的对应。

除财政拨款收支、经营收支等以外各项收支相抵后的余额，不在上述所列的结转结余中，而是单独设立了其他结余进行管理。其他结余是除财政拨款收支、非同级财政专项资金收支和经营收支以外各项收支相抵后的余额。

（二）其他结余的科目设置

事业单位应设置“其他结余”科目，核算除财政拨款收支、非同级财政拨款收支和经营收支以外各项收支相抵后的余额。本科目属于预算结余类会计科目，借方反映相关支出的转入金额，贷方反映相关收入的转入金额，借贷相抵后的余额则要再进行结转，结转后无余额，行政单位转入非财政拨款结余，事业单位转入非财政拨款结余分配。

（三）其他结余的会计核算

1. 年末收支结转

事业单位在会计年末，应当将事业预算收入、上级补助预算收入、附属单位上缴预算收入、非同级财政拨款预算收入、债务预算收入、其他预算收入本年发生额中的非专项资金收入转入本科目；同时，应当将投资预算收益本年发生额转入本科目，借记“事业预算收入”“上级补助预算收入”“附属单位上缴预算收入”“非同级财政拨款预算收入”“债务预算收入”“其他预算收入”科目下各非专项资金收入明细科目和“投资预算收益”科目，贷记“其他结余”科目；若“投资预算收益”科目本年发生额为借方净额，则借记“其他结余”科目，贷记“投资预算收益”科目。

年末，将行政支出、事业支出、其他支出中本年发生额的非同级财政、非专项资金支出转入本科目，同时将上缴上级支出、对附属单位补助支出、投资支出、债务还本支出本年发生额转入本科目，借记“其他结余”科目，贷记“行政支出”“事业支出”“其他支出”科目下各非同级财政、非专项资金支出明细科目和“上缴上级支出”“对附属单位补助支出”“投资支出”“债务还本支出”科目。

2. 余额结转

事业单位完成上述结转后，需要将其他结余科目余额进行再结转，结转后其他结余科目没有余额。事业单位将本科目余额转入“非财政拨款结余分配”科目。若为贷方余额，则借记“其他结余”科目，贷记“非财政拨款结余分配”科目；若为借方余额，则借记“非财政拨款结余分配”科目，贷记“其他结余”科目。

但是按照行政单位的相关规定，此处结转需要做不同的会计处理。行政单位将本科目余额转入“非财政拨款结余——累计结余”科目。若为贷方余额，则借记“其他结余”科目，贷记“非财政拨款结余——累计结余”科目；若为借方余额，则借记“非财政拨款结余——累计结余”科目，贷记“其他结余”科目。

【例9－16】某行政单位本年度发生事业预算收入800 000元，债务预算收入150 000元，其他预算收入150 000元，发生相应的行政支出650 000元，事业支出220 000元，投资支出180 000元。

预算会计账务处理：

借：事业预算收入	800 000	
债务预算收入	150 000	
其他预算收入	150 000	
贷：其他结余		1 100 000
借：其他结余	1 050 000	
贷：行政支出		650 000
事业支出		220 000
投资支出		180 000

【例9－17】接【例9－16】，该行政单位年末需要进行相应结转。

预算会计账务处理：

借：其他结余	150 000	
贷：非财政拨款结余——累计结余		150 000

五、非财政拨款结余分配

（一）非财政拨款结余分配的概念

事业单位在年末进行决算时，按照政府会计准则制度规定，需要对各项收支进行结转，对非财政拨款进行收支结转后，若有进一步的分配，如计提专用基金等，则在非财政拨款结余分配中进行管理。事业单位要对非财政拨款结余加强管理，按规定使用，充分发挥结余资金的使用效益，更好地为本单位事业活动健康、高质量发展服务。

（二）非财政拨款结余分配的科目设置

事业单位应设置“非财政拨款结余分配”科目，核算本年度非财政拨款结余分配的情况和结果。本科目属于预算结余类会计科目，借方反映其他结余的减少金额，贷方反映其他结余的增加金额；年末时，经营结余如为盈利，则转入本科目进行核算。年终结账前，需要将本科目余额转入非财政拨款结余，实质上本科目是过渡性科目。

（三）非财政拨款结余分配的会计核算

1. 其他结余转入

事业单位在会计年末，应当将“其他结余”科目的余额转入“非财政拨款结余分配”科目。若其他结余为借方余额，则借记“非财政拨款结余分配”科目，贷记“其他结余”科目。若其他结余为贷方余额，则借记“其他结余”科目，贷记“非财政拨款结余分配”科目。

2. 经营结余转入

事业单位在会计年末，应当将“经营结余”科目贷方余额转入“非财政拨款结余分配”科目，借记“经营结余”科目，贷记“非财政拨款结余分配”科目。若经营结余为借方余额，则为亏损，不做结转。

3. 计提专用基金

事业单位有规定提取专用基金的，按提取的金额，借记“非财政拨款结余分配”科目，贷记“专用结余”科目。

4. 年终结转

事业单位在进行完其他结余转入、经营结余转入、计提专用基金会计处理后，将本科目余额转入非财政拨款结余，结转后本科目无余额。若为借方余额，则借记“非财政拨款结余”科目，贷记“非财政拨款结余分配”科目；若为贷方余额，则借记“非财政拨款结余分配”科目，贷记“非财政拨款结余——累计结余”科目。

【例9-18】 某单位从本年度经营结余中提取基金1 500 000元。

财务会计账务处理：

借：本年盈余分配　　1 500 000

　　贷：专用基金　　1 500 000

预算会计账务处理：

借：非财政拨款结余分配　　1 500 000

　　贷：专用结余　　1 500 000

思考题

1. 政府单位的其他资金结转结余是什么？其核算的内容与“财政拨款结转”有何区别与联系？

2. 政府单位预算会计中的资金结存是什么？如何管理好资金结存？

3. 非财政资金结转与财政资金结转、其他资金结转有何不同？财务人员应当如何正确使用和管理这三类“结转”？

练习题

练习一

一、目的：练习行政单位财政拨款结转的核算。

二、资料：某审计行政单位2022年初“财政拨款结转——剩余结转”科目的余额为86 000元，相关明细科目的余额为：基本支出结转20 000元，项目支出结转（审计业务）18 000元，项目支出结转（审计管理）48 000 元。该事业单位2022 年发生如下经济业务。

（1）年初发现，上年多记录财政应返还额度和财政拨款收入各7 300元，属于基本支出中的日常公用经费，适用的政府支出功能分类科目为“一般公共服务支出——审计事务——行政运行”。该事业单位对上年发生的这一差错进行了更正。

（2）经财政部门批准，将审计管理专项结余资金40 000 元调整用于审计业务，适用的政府支出功能分类科目分别为“一般公共服务支出——审计事务——审计管理”和“一般公共服务支出——审计事务——审计业务”。

（3）年终，“财政拨款收入”科目和“经费支出——财政拨款支出”科目的本年发生额情况如表 9－5 所示，结转本年财政拨款收入和财政拨款支出。

表 9－5　财政拨款收入支出情况表

编制单位：某审计行政单位　　2022 年度　　单位：元

支出功能分类科目		财政拨款收入		经费支出——财政拨款支出	
科目编码	科目名称	基本拨款支出	项目支出拨款	基本支出	项目支出
201	一般公共服务支出				
20108	审计事务				
2010801	行政运行	2 560 000		2 580 000	
2010804	审计业务		3 200 000		3 250 000
2010805	审计管理		1 500 000		1 508 000
2010850	事业运行		870 000		870 000
	合计	2 560 000	5 570 000	2 580 000	5 628 000

三、要求：根据以上经济业务，编制该审计行政单位有关的会计分录。同时，为该单位计算“财政拨款结转——剩余结转”科目及其相关明细科目2022 年度的余额。

练习二

一、目的：练习其他资金结转结余的核算。

二、资料：某人力资源事业单位2022年发生如下经济业务。

（1）年末其他收入和其他资金支出的本年发生额情况如表9-6所示。

表9-6 其他收入和其他资金支出的本年发生额情况表

编制单位：某人力资源事业单位　　2022年度　　单位：元

其他收入和其他资金支出	项目	非项目
其他收入——项目收入	3 800 000	
其他收入——非项目收入		880 000
经费支出——其他资金支出——项目支出	3 782 000	
经费支出——其他资金支出——基本支出——非项目支出		870 000
当年收支结转结余	8 000	10 000

将其他收入和其他资金支出的本年发生额转入其他资金结转结余。

（2）年末，对各项目的执行情况进行分析，对于已完成项目的剩余资金8 000元，留归本单位使用；非项目的剩余资金则结转至下年度继续使用。

（3）年末，将“其他资金结转结余”科目所属“收支转账”“结余调剂”等明细科目余额转入“剩余结转结余”明细科目。

三、要求：根据以上经济业务，编制该人力资源事业单位有关的会计分录。

第三篇

财务报告和决算报告

第十章　政府单位财务报表和财务报告

第一节　政府单位财务报告概述

一、政府单位财务报告的内容

政府单位的财务报告是以权责发生制为基础编制的，综合反映本单位特定日期财务状况和一定时期运行情况等信息，是政府单位一定时期财务状况的总结性书面文件，包括财务报表和财务分析。政府单位履行职能、提供公共产品或者服务，需要对一定时期财务活动的过程和结果进行系统、概括的反映，这个载体就是以表格、数字和文字等书面形式表现的财务报告。

政府单位应当按照财政部门和主管预算单位的要求编制财务报告，向财务报告需求者和使用者提供与政府单位财务状况、运行情况等相关的财务信息，反映政府单位受托责任的履行情况。行政单位的财务报告按预算管理级次上报同级财政部门进行汇总。事业单位的财务报告经主管预算单位审核汇总后，报送同级财政部门。财政部门对政府单位的财务报告要进行审核，对不符合规定的财务报告，要求填报单位进行修改；对于符合规定的财务报告，在规定的期限内给予批复。

二、财务报告的意义和作用

政府单位财务报告作为其一定时期财务活动及其结果的集中反映，对政府单位反映、分析财务状况具有重要作用，主要体现在以下三个方面。

（一）有利于政府单位加强内部财务管理

政府单位可以通过报告的内容和数据，了解单位的财务状况、运行情况等，发现单位财务管理中存在的问题，针对这些问题采取措施有效解决问题，促使单位的管理水平不断提升。

（二）有利于财政部门加强对政府单位的管理

政府财政部门作为财务报告的使用者，通过政府单位的财务报告可以了解其资产情况、负债情况以及净资产的状况，从而为考核和监督政府单位的财务状况与运行情况等提供参考。

（三）有利于反映政府单位相关受托责任的履行情况

政府单位作为政府履行职能的受托单位，按照政府信息公开的要求，要向社会公开相关财务信息状况，从而反映其受托责任履行的相关情况。社会公众可以通过财务报告了解政府单位使用公共财政资金的情况，对政府单位实施监督。同时，政府审计部门等也应当对政府单位的财务收支情况及其效益进行审查，监督其受托责任的履行情况。

三、政府单位财务报告的构成

政府单位的财务报告由财务报表和财务分析两部分组成。财务报表主要包括资产负债表、收入费用表等会计报表和报表附注。财务分析的内容主要包括财务状况分析、运行情况分析和财务管理情况等。两者共同组成了政府单位的财务报告，反映政府单位财务状况和运行情况。

（一）政府单位的财务报表

政府单位的财务报表以表格形式反映政府单位的财务状况、收入费用情况和其他会计信息，是财务报告的重要组成部分，包括资产负债表、收入费用表等会计报表及有关附表。

（1）资产负债表。政府单位的资产负债表是反映其在某一特定日期财务状况的报表，包括政府单位的资产、负债和净资产的状况，按照这三个会计要素进行分类、分项列示。其采取的是报告式结构，而非账户式结构，从上到下分别列示资产、负债和净资产，即会计等式：资产=负债+净资产。

（2）收入费用表。政府单位的收入费用表是反映政府单位在某一会计期间收入和费用情况的报表，按照政府单位收入和费用的构成进行分类、分项列示。本表由两个报表组成，主要区分是费用，分别是以财务会计中费用要素列示和以经济分类中支出费用列示的，从不同的维度对政府单位的费用进行全面反映。

（3）净资产变动表。净资产变动表是反映政府单位在某一会计年度内净资产项目变动情况的报表，是政府单位对以前年度盈余调整、本年盈余、无偿调拨净资产、提取或设置专用基金等的全面反映。

（4）现金流量表。现金流量表是反映政府单位在某一会计年度内现金流入和流出情况的报表，包括日常活动产生的现金流量、投资活动产生的现金流量和筹资活动产生的现金流量三个大类。

除上述主要的财务报表外，还有报表重要项目的分析和说明，以全面反映各项资产、负债、净资产的构成情况，以及收入和费用明细情况等，是政府财务报告的重要组成部分。

（二）政府单位的财务报表附注

政府单位的财务报表附注，是指对在会计报表中列示的文字描述和明细资料，以及对未能在报表中列示项目所做的说明等。附注至少应当披露下列内容。

（1）会计期间和会计报表编制基础。

（2）遵循相关制度规定的声明。

（3）记账本位币，外币折算汇率，坏账准备的计提方法。

（4）存货类别、发出存货的计价方法、存货的盘存制度，以及低值易耗品和包装物的摊销方法。

（5）长期股权投资的核算方法。

（6）固定资产分类、折旧方法、折旧年限和年折旧率，融资租入固定资产的计价和折旧方法。

（7）无形资产的计价方法；使用寿命有限的无形资产，其使用寿命估计情况；使用寿命不确定的无形资产，其使用寿命不确定的判断依据；单位内部研究开发项目划分研究阶段和开发阶段的具体标准。

（8）公共基础设施的分类、折旧（摊销）方法、折旧（摊销）年限，及其确定依据。

（9）政府储备物资分类，以及确定其发出成本采用的方法。

（10）保障性住房的分类、折旧方法、折旧年限。

（11）其他重要的会计政策和会计估计。

（12）需要说明的其他事项。

（三）政府单位的财务分析

政府单位要对财务状况进行分析，针对本单位的工作目标完成情况进行说明。对单位的财务状况进行分析，包括资产和负债的组成情况、资产负债率等；对单位的运行情况进行分析，包括收入和费用的组成情况、收入费用率等。除此之外，还要对政府单位的财务管理情况进行分析。

《高等学校财务制度》（财教〔2022〕128 号）明确规定，“财务分析的内容主要包括财务状况分析、运行情况分析和财务管理情况等”。《科学事业单位财务制度》（财教〔2022〕166 号）明确规定，“财务分析的内容主要包括财务状况分析、运行情况分析和财务管理情况等”。可见，财务分析是政府单位财务报告的内容之一，也是加强政府单位财务管理和治理的需要。

（四）政府单位年度财务报告

政府单位年度财务报告是各单位年度财务情况、运行情况等财务信息的综合反映，各单位在年度终了后，都需要按要求编制财务报告，并上报同级财政部门，事业单位需要上报主管部门，由主管部门汇总编报后上报财政部门，财政部门汇总生成本级政府的年度财务报告。当前，实务工作中编制的财务报告封面和目录如下：

2021年度××××××（单位）财务报告

部门（单位）名称：　　　　（公章）

单位负责人：　　　　（签名并盖章）

财务负责人：　　　　（签名并盖章）

编制人：　　　　　　　（签章）

报送日期：　　　年　　　月

目录

四、政府单位财务报表的编报要求

（一）政府单位财务报表编报的总体要求

政府单位应当提供真实、完整的财务报表。政府单位的财务报表应当根据登记完整、核对无误的账簿记录和其他有关资料编制，做到数据信息真实、可靠。

政府单位提供的财务报表应当形式规范。政府单位的财务报表应该符合相关报表格式的要求，不得违反规定随意改变会计制度规定的报表格式、编制方法等，也不得随意变更有关数据的填报口径。

政府单位应当及时报送财务报表。政府单位应当按照要求填报并及时报送财务报表，行政单位财务报表应当及时上报同级财政部门；事业单位财务报表应当及时上报主管部门，由主管部门汇总后，及时上报同级财政部门。

（二）政府单位财务报表编报的具体要求

政府单位财务报表的编制期。政府单位财务报表按照编报时间，可划分为年度财务报表和中期财务报表。政府单位的资产负债表、财政拨款收入费用表和附注，应当至少按照年度编制，也可以按季度、月度编制；而收入费用表应当按照月度和年度进行编制。

政府单位财务报表的汇总。政府单位财务报表应当按照编报层次进行编制，一般预算单位要编制本单位会计报表，而主管预算单位除编制本单位财务报表外，还应该根据本单位财务报表和经审核的所属单位财务报表，对该抵销的业务进行抵销，对该合并的业务进行合并，最后编制汇总财务报表，全面反映政府单位的整体财务状况和运行情况。

政府单位的内部业务抵销。政府单位若有内部独立核算的部门或者单位，应当根据其内部业务工作的性质，对单位内部的收支和往来业务进行全面梳理，并按要求进行相关收支和往来业务的抵销，以免重复记录各项收入、支出业务，从而确保单位财务信息的准确。同时，对于政府单位之间的各项收支、往来业务，也需要按要求进行抵销。

第二节　年终清理和结账

一、政府单位的年终清理

政府单位在年度终了时，应当根据财政部门或上级主管部门对年终决算编制工作的要求，认真做好年终清理结算的相关工作，为政府单位财务报告的编制提供依据。进行年终清理结算的事项主要包括以下五个方面。

（一）清理核对政府单位的各项收入、费用

政府单位应当在年末认真清理核对各项年度收入、费用数据，确保应收尽收、应付尽付的同时，对摊销、计提事项进行全面梳理并按规定完成。

（二）清查核对政府单位的各项货币资金

年度终了时，政府单位应当及时同财政部门、银行等进行对账工作。经过核对，政府单位的银行存款账面余额应当与银行对账单的余额一致。政府单位应当核对年度收入和零余额账户用款额度会计科目，按规定进行年终账务处理。政府单位还应当将现金的账面余额与库存现金数进行核对，两者应当一致。

（三）清查核对政府单位的各项财产物资

政府单位各项财产物资应当全部入账管理。年末，政府单位应当将各项财产物资进行全面的实地盘点清理。发生盘盈或盘亏的，应当及时查明原因，并按相关规定做出相应的会计处理，做到账实相符、账账相符。

（四）清理结算政府单位的各项往来款项

政府单位各项往来款项，在年终前要尽量清理完毕，做到应付尽付、应收尽收。按照相关规定应当转作各项收入或各项费用的往来款项，政府单位应当及时报批转入。

（五）清理结算政府单位的各项应缴款项

政府单位在年末应当认真清理结算各项应缴款项，包括应缴财政款和应交税金等。单位涉及的应缴财政款在年终前均要全部上缴国库；涉及的应交税金按照税务局的要求，一般应当在年终前交清，做到应交尽交。

二、政府单位的年终结账

政府单位在年终清理的基础上，要进行年终结账。年终结账包括年终转账、结清旧账和记入新账。

（一）年终结账环节

1. 年终转账

政府单位在对相关账目核对无误后，首先应计算出各科目借方或贷方的 12 个月合计数和全年累计数，结清余额；其次对结转的各个收支账户的余额按年终冲转的办法，填制记账凭单，办理结账冲转。

2. 结清旧账

政府单位将转账后无余额的账户结出全年总累计数；对于有余额的账户，将年终余额转入新账。

3. 记入新账

政府单位根据本年度各账户余额，按照同级财政部门和上级主管部门的相关要求，编制年终财务报表。

（二）年终转账的内容

1. 收入类结转

年末，需要将各收入类会计科目的余额转入“本期盈余”科目的贷方，其账务处理为：

借：财政拨款收入

　　事业收入

　　上级补助收入

　　附属单位缴款

　　经营收入

　　非同级财政拨款收入

　　投资收益

　　捐赠收入

　　利息收入

　　租金收入

　　其他收入

　　贷：本期盈余

2. 费用类结转

年末，需要将单位各费用类会计科目，结转至“本期盈余”科目借方，其账务处理为：

借：本期盈余

　　贷：业务活动费用

　　　　单位管理费用

　　　　资产处置费用

　　　　上缴上级费用

　　　　对附属单位补助费用

　　　　所得税费用

　　　　其他费用

按上述程序转账后，年终政府单位的“财政拨款收入”“其他收入”“业务活动费用”“单位管理费用”等科目无余额，政府单位应按照结清旧账的方法结束账簿记录。

【例 10－1】 年末，某政府单位进行财务决算，相关收入和支出科目见表 10－1，请按照年终结转的要求，对其进行财务会计的结转处理。

表 10－1　科目余额表

单位：元

科目编号	科目名称	余额	科目编号	科目名称	余额
4001	财政补助收入	196 000 000	5001	业务活动费用	289 000 000
4101	事业收入	80 000 000	5002	单位管理费用	26 800 000
4201	上级补助收入		5301	资产处置费用	
4301	附属单位缴款	7 800 000	5401	上缴上级费用	
4401	经营收入		5501	对附属单位补助费用	
4601	非同级财政拨款收入		5801	所得税费用	
4602	投资收益		5901	其他费用	3 500 000
4603	捐赠收入	36 000 000			
4604	利息收入	321 000			
4605	租金收入				
4609	其他收入	6 700 000			
总计		326 821 000	总计		319 300 000

按照上述科目余额表，进行年终结转处理：

1. 收入类结转

借：财政拨款收入	196 000 000	
事业收入	80 000 000	
附属单位缴款	7 800 000	
捐赠收入	36 000 000	
利息收入	321 000	
其他收入	6 700 000	
贷：本期盈余		326 821 000

2. 费用类结转

借：本期盈余	319 300 000	
贷：业务活动费用		289 000 000
单位管理费用		26 800 000
其他费用		3 500 000

第三节　资产负债表

一、资产负债表的内容

政府单位的资产负债表反映政府单位在某一特定日期的全部资产、负债和净资产的情况，或者说资产负债表反映政府单位在某一特定日期拥有或控制的经济资源，所承担的现时义务和净资产的构成情况，是政府单位最基本、最重要的报表。

二、资产负债表的作用

（一）提供某一特定日期资产总额及其构成情况的信息

政府单位的资产负债表可以提供某一特定日期的流动资产总额、固定资产原值、固定资产净值、无形资产原值、无形资产净值、资产总额等信息情况，反映政府单位掌握的经济资源规模，以及经济资源的分布和结构。

（二）提供某一特定日期负债总额及其构成情况的信息

政府单位的资产负债表可以提供某一特定日期的流动负债总额、长期应付款总额、负债总额等现时义务的信息情况，反映政府单位债务的构成和种类。

（三）提供某一特定日期净资产总额及其构成情况的信息

政府单位的资产负债表可以提供某一特定日期的累计盈余、专用基金、权益法调整等净资产情况，反映政府单位资产和负债相抵后形成的资产净额。

（四）全面反映单位的财务状况和运行情况

政府单位的资产负债表可以全面反映一定时点单位的财务状况，可以通过分析政府单位资产的总量及分布情况、负债构成情况、净资产情况，清晰反映单位的运行情况，是财政部门、上级部门了解政府单位财务收支、加强财务管理的重要工具。

三、资产负债表的结构

资产负债表分为账户式资产负债表和报告式资产负债表。账户式资产负债表又称为“平衡式资产负债表”，它是根据“资产 = 负债 + 净资产”的会计恒等式来设计的，资产项目列在表的左侧，负债和净资产项目列在表的右侧。报告式资产负债表也称为“垂直式资产负债表”，它是根据“资产 - 负债 = 净资产”的会计恒等式，将资产负债表的项目自上而下地进行排列。

企业的资产负债表采用的是账户式结构，左侧的资产按照各项目的流动性由强到弱顺序排列，包括流动资产和非流动资产；右侧的负债按各项目的到期日远近或偿付的紧迫程度顺序排列，包括流动负债和非流动负债；所有者权益则按照实收资本、资本公积、盈余公积、未分配利润等进行列示。

政府单位的资产负债表采用报告式结构，即资产、负债和净资产自上而下进行排列，这种结构便于编制比较式的资产负债表。从横向来看，政府单位资产负债表包括项目、附注、本年数和上年数，对于本年数和上年数的列示，也体现了报告式资产负债表的特点。其中，资产和负债是按照流动性进行分类的，净资产则是按照项目内容排列的，包括累计盈余、专用基金、权益法调整和 PPP 项目净资产。政府单位的资产负债表中每个项目都要同时填报本期期末和年初余额两列数据，同时还增加了附注一列，与“会计报表重要项目的明细信息及说明”中的附表相衔接，突出了附表的作用，这也是与企业会计资产负债表有较大差异的地方，是我国政府会计学术自信的体现。

政府单位的资产负债表与 1998 年的会计制度相比，收入和支出类的项目不再在资产负债表中加以列示。这种变化与企业的资产负债表更加接近，也突出了政府单位资产、负债与净资产三大会计要素的关系和变化。

资产负债表的格式如表 10－2 所示。

表 10－2　资产负债表

编制单位：　　　　　　　　20××年 12 月 31 日　　　　　　　　单位：万元

会计科目	附注	年末数	年初数
货币资金	附表 1		
短期投资			
财政应返还额度			
应收票据	附表 2		
应收账款净额	附表 3		
预付账款	附表 4		
应收股利			
应收利息			
其他应收款净额	附表 5		
存货			
待摊费用			
一年内到期的非流动资产			
其他流动资产			
流动资产合计			
长期股权投资	附表 6		
长期债券投资	附表 6		
固定资产原值			
减：固定资产累计折旧			

续表

会计科目	附注	年末数	年初数
固定资产净值	附表 7		
工程物资			
在建工程	附表 8		
无形资产原值			
减：无形资产累计摊销			
无形资产净值	附表 9		
研发支出			
公共基础设施原值			
减：公共基础设施累计折旧（摊销）			
公共基础设施净值	附表 10		
政府储备物资	附表 11		
文物文化资产			
保障性住房原值			
减：保障性住房累计折旧			
保障性住房净值	附表 12		
PPP 项目资产			
减：PPP 项目资产累计折旧（摊销）			
PPP 项目资产净值	附表 13		
长期待摊费用			
待处理财产损溢			
其他非流动资产			
非流动资产合计			
受托代理资产			
资产总计			
短期借款			
应交增值税			
其他应交税费			
应缴财政款			
应付职工薪酬			
应付票据	附表 14		
应付账款	附表 15		

续表

会计科目	附注	年末数	年初数
应付政府补贴款			
应付利息			
预收账款	附表 16		
其他应付款	附表 17		
预提费用			
一年内到期的非流动负债			
其他流动负债			
流动负债合计			
长期借款	附表 18		
长期应付款	附表 19		
预计负债			
其他非流动负债			
非流动负债合计			
受托代理负债			
负债合计			
累计盈余			
专用基金			
权益法调整			
PPP 项目净资产			
净资产合计			
负债及净资产总计			

四、政府单位资产负债表的编制说明

政府单位的资产负债表应于每月末、每季末、每年末编报。其中，月报和季报反映政府单位月末或季末的资产、负债、净资产的实有数以及至本月末或本季末止收入和支出的累计数；年报反映政府单位年末资产、负债和净资产的实有数。

政府单位的资产负债表采用“资产 = 负债 + 净资产”的平衡等式，对资产、负债和净资产三个会计要素进行编报，包括栏次填报和项目填报。

（一）栏次填报

政府单位的资产负债表“年初余额”栏里的各项数字，应当根据上年末资产负债表的“期末余额”栏内的数字填列。若本年度资产负债表的各个项目名称和内容与上年度不一致，则应对上年末资产负债表的各项目名称和数字进行调整，与本年一致再填入“年初余额”栏。

政府单位的资产负债表“期末余额”则是某一会计期末的数据信息，是月末、季末或者年末的数据，按照相关账务数据填列。

政府单位的资产负债表“附注”是“会计报表重要项目的明细信息及说明”中附表的对应填入，表间是有钩稽关系的。

（二）项目填报

1. 资产类项目

（1）“货币资金”反映单位期末库存现金、银行存款、零余额账户用款额度、其他货币资金的合计数，根据“库存现金”“银行存款”“零余额账户用款额度”“其他货币资金”科目的期末余额的合计数填列；若单位有通过“库存现金”“银行存款”科目核算的受托代理资产，则应当按照前述合计数扣减“库存现金”“银行存款”科目下“受托代理资产”明细科目的期末余额后的金额填列。

（2）“短期投资”反映事业单位期末持有的短期投资账面余额。根据“短期投资”科目的期末余额填列。

（3）“财政应返还额度”反映单位期末财政应返还额度的金额。根据“财政应返还额度”科目的期末余额填列。

（4）“应收票据”反映事业单位期末持有的应收票据的票面金额。根据“应收票据”科目的期末余额填列。

（5）“应收账款净额”反映单位期末尚未收回的应收账款减去已计提的坏账准备后的净额。根据“应收账款”科目的期末余额，减去“坏账准备”科目中对应收账款计提的坏账准备的期末余额后的金额填列。

（6）“预付账款”反映单位期末预付给商品或者劳务供应单位的款项。根据“预付账款”科目的期末余额填列。

（7）“应收股利”反映事业单位期末因股权投资应收取的现金股利或应当分得的利润。根据“应收股利”科目的期末余额填列。

（8）“应收利息”反映事业单位期末因债券投资等应收取的利息。事业单位购入的到期一次还本付息的长期债券投资持有期间应收的利息，不包括在本项目内。根据“应收利息”科目的期末余额填列。

（9）“其他应收款净额”反映单位期末尚未收回的其他应收款减去已计提的坏账准备后的净额。根据“其他应收款”科目的期末余额减去“坏账准备”科目中对其他应收款计提的坏账准备的期末余额后的金额填列。

（10）“存货”反映单位期末存储的存货的实际成本。根据“在途物品”“库存物品”“加工物品”科目的期末余额的合计数填列。

（11）“待摊费用”反映单位期末已经支出，但应当由本期和以后各期负担的分摊期在1年以内（含1年）的各项费用。根据“待摊费用”科目的期末余额填列。

（12）“一年内到期的非流动资产”反映单位期末非流动资产项目中将在1年内（含1年）到期的金额，如事业单位将在1年内（含1年）到期的长期债券投资金额。根据“长期债券投资”等科目的明细科目的期末余额分析填列。

（13）“其他流动资产”反映单位期末除本表中上述各项之外的其他流动资产的合计金额。根据有关科目期末余额的合计数填列。

（14）“流动资产合计”反映单位期末流动资产的合计数。根据本表中“货币资金”“短期投资”“财政应返还额度”“应收票据”“应收账款净额”“预付账款”“应收股利”“应收利息”“其他应收款净额”“存货”“待摊费用”“一年内到期的非流动资产”“其他流动资产”项目金额的合计数填列。

（15）“长期股权投资”反映事业单位期末持有的长期股权投资的

账面余额。根据“长期股权投资”科目的期末余额填列。

(16)“长期债券投资”反映事业单位期末持有的长期债券投资的账面余额。根据“长期债券投资”科目的期末余额减去其中将于1年内（含1年）到期的长期债券投资余额后的金额填列。

(17)“固定资产原值”反映单位期末固定资产的原值。根据“固定资产”科目的期末余额填列。

“固定资产累计折旧”反映单位期末固定资产已计提的累计折旧金额。根据“固定资产累计折旧”科目的期末余额填列。

“固定资产净值”反映单位期末固定资产的账面价值。根据“固定资产”科目期末余额减去“固定资产累计折旧”科目期末余额后的金额填列。

(18)“工程物资”反映单位期末为在建工程准备的各种物资的实际成本。根据“工程物资”科目的期末余额填列。

(19)“在建工程”反映单位期末所有建设项目工程的实际成本。根据“在建工程”科目的期末余额填列。

(20)“无形资产原值”反映单位期末无形资产的原值。根据“无形资产”科目的期末余额填列。

“无形资产累计摊销”反映单位期末无形资产已计提的累计摊销金额。根据“无形资产累计摊销”科目的期末余额填列。

“无形资产净值”反映单位期末无形资产的账面价值。根据“无形资产”科目期末余额减去“无形资产累计摊销”科目期末余额后的金额填列。

(21)“研发支出”反映单位期末正在进行的无形资产开发项目开发阶段发生的累计支出数。根据“研发支出”科目的期末余额填列。

(22)“公共基础设施原值”反映单位期末控制的公共基础设施的原值。根据“公共基础设施”科目的期末余额填列。

“公共基础设施累计折旧（摊销）”反映单位期末控制的公共基础设施已计提的累计折旧和累计摊销金额。根据“公共基础设施累计折旧（摊销）”科目的期末余额填列。

“公共基础设施净值”反映单位期末控制的公共基础设施的账面价值。根据“公共基础设施”科目期末余额减去“公共基础设施累计折旧（摊销）”科目期末余额后的金额填列。

（23）“政府储备物资”反映单位期末控制的政府储备物资的实际成本。根据“政府储备物资”科目的期末余额填列。

（24）“文物文化资产”反映单位期末控制的文物文化资产的成本。根据“文物文化资产”科目的期末余额填列。

（25）“保障性住房原值”反映单位期末控制的保障性住房的原值。根据“保障性住房”科目的期末余额填列。

“保障性住房累计折旧”反映单位期末控制的保障性住房已计提的累计折旧金额。根据“保障性住房累计折旧”科目的期末余额填列。

“保障性住房净值”反映单位期末控制的保障性住房的账面价值。根据“保障性住房”科目期末余额减去“保障性住房累计折旧”科目期末余额后的金额填列。

（26）“长期待摊费用”反映单位期末已经支出，但应由本期和以后各期负担的分摊期限在 1 年以上（不含 1 年）的各项费用。根据“长期待摊费用”科目的期末余额填列。

（27）“待处理财产损溢”反映单位期末尚未处理完毕的各种资产的净损失或净溢余。根据“待处理财产损溢”科目的期末借方余额填列；如“待处理财产损溢”科目期末为贷方余额，则以“－”填列。

（28）“其他非流动资产”反映单位期末除本表中上述各项之外的其他非流动资产的合计数。根据有关科目的期末余额合计数填列。

（29）“非流动资产合计”反映单位期末非流动资产的合计数。根据本表中“长期股权投资”“长期债券投资”“固定资产净值”“工程物资”“在建工程”“无形资产净值”“研发支出”“公共基础设施净值”“政府储备物资”“文物文化资产”“保障性住房净值”“长期待摊费用”“待处理财产损溢”“其他非流动资产”项目金额的合计数填列。

（30）“受托代理资产”反映单位期末受托代理资产的价值。根据“受托代理资产”科目的期末余额与“库存现金”“银行存款”科目下“受托代理资产”明细科目的期末余额的合计数填列。

（31）“资产总计”反映单位期末资产的合计数。根据本表中“流动资产合计”“非流动资产合计”“受托代理资产”项目金额的合计数填列。

2. 负债类项目

（1）“短期借款”反映事业单位期末短期借款的余额。根据“短期借款”科目的期末余额填列。

（2）“应交增值税”反映单位期末应交未交的增值税额。根据“应交增值税”科目的期末余额填列；如“应交增值税”科目期末为借方余额，则以“－”填列。

（3）“其他应交税费”反映单位期末应交未交的除增值税以外的税费金额。根据“其他应交税费”科目的期末余额填列；如“其他应交税费”科目期末为借方余额，则以“－”填列。

（4）“应缴财政款”反映单位期末应当上缴财政但尚未缴纳的款项。根据“应缴财政款”科目的期末余额填列。

（5）“应付职工薪酬”反映单位期末按有关规定应付给职工及为职工支付的各种薪酬。根据“应付职工薪酬”科目的期末余额填列。

（6）“应付票据”反映事业单位期末应付票据的金额。根据“应付票据”科目的期末余额填列。

（7）“应付账款”反映单位期末应当支付但尚未支付的偿还期限在1年以内（含1年）的应付账款的金额。根据“应付账款”科目的期末余额填列。

（8）“应付政府补贴款”反映负责发放政府补贴的行政单位期末按照规定应当支付给政府补贴接受者的各种政府补贴款余额。根据“应付政府补贴款”科目的期末余额填列。

（9）“应付利息”反映事业单位期末按照合同约定应支付的借款利息。事业单位到期一次还本付息的长期借款利息不包括在本项目内。根据“应付利息”科目的期末余额填列。

（10）“预收账款”反映事业单位期末预先收取但尚未确认收入和实际结算的款项余额。根据“预收账款”科目的期末余额填列。

（11）“其他应付款”反映单位期末其他各项偿还期限在1年内（含1年）的应付及暂收款项余额。根据“其他应付款”科目的期末余额填列。

（12）“预提费用”反映单位期末已预先提取的、已经发生但尚未支付的各项费用。根据“预提费用”科目的期末余额填列。

（13）“一年内到期的非流动负债”反映单位期末将于1年内（含1年）偿还的非流动负债的余额。根据“长期应付款”“长期借款”等科目的明细科目的期末余额分析填列。

（14）“其他流动负债”反映单位期末除本表中上述各项之外的其他流动负债的合计数。根据有关科目期末余额的合计数填列。

（15）“流动负债合计”反映单位期末流动负债合计数。根据本表“短期借款”“应交增值税”“其他应交税费”“应缴财政款”“应付职工薪酬”“应付票据”“应付账款”“应付政府补贴款”“应付利息”“预收账款”“其他应付款”“预提费用”“一年内到期的非流动负债”“其他流动负债”项目金额的合计数填列。

（16）“长期借款”反映事业单位期末长期借款的余额。根据“长期借款”科目的期末余额减去其中将于1年内（含1年）到期的长期借款余额后的金额填列。

（17）“长期应付款”反映单位期末长期应付款的余额。根据“长期应付款”科目的期末余额减去其中将于1年内（含1年）到期的长期应付款余额后的金额填列。

（18）“预计负债”反映单位期末已确认但尚未偿付的预计负债的余额。根据“预计负债”科目的期末余额填列。

（19）“其他非流动负债”反映单位期末除本表中上述各项之外的其他非流动负债的合计数。根据有关科目的期末余额合计数填列。

（20）“非流动负债合计”反映单位期末非流动负债合计数。根据本表中“长期借款”“长期应付款”“预计负债”“其他非流动负债”项目金额的合计数填列。

（21）“受托代理负债”反映单位期末受托代理负债的金额。根据“受托代理负债”科目的期末余额填列。

（22）“负债合计”反映单位期末负债的合计数。根据本表中“流动负债合计”“非流动负债合计”“受托代理负债”项目金额的合计数填列。

3. 净资产类项目

（1）“累计盈余”反映单位期末未分配盈余（或未弥补亏损）以及无偿调拨净资产变动的累计数。根据“累计盈余”科目的期末余额填列。

（2）“专用基金”反映事业单位期末累计提取或设置但尚未使用的专用基金余额。根据“专用基金”科目的期末余额填列。

（3）“权益法调整”反映事业单位期末在被投资单位除净损益和利润分配以外的所有者权益变动中累积享有的份额。根据“权益法调整”科目的期末余额填列；如“权益法调整”科目期末为借方余额，则以“－”填列。

（4）“无偿调拨净资产”反映单位本年度截至报告期期末无偿调入的非现金资产价值扣减无偿调出的非现金资产价值后的净值。本项目仅在月度报表中列示，在年度报表中不列示。月度报表中根据“无偿调拨净资产”科目的期末余额填列；“无偿调拨净资产”科目期末为借方余额时，以“－”填列。

（5）“本期盈余”反映单位本年度截至报告期期末实现的累计盈余或亏损。本项目仅在月度报表中列示，在年度报表中不列示。月度报表中根据“本期盈余”科目的期末余额填列；“本期盈余”科目期末为借方余额时，以“-”填列。

（6）“净资产合计”反映单位期末净资产合计数。根据本表中“累计盈余”、“专用基金”、“权益法调整”、“无偿调拨净资产”（月度报表）、“本期盈余”（月度报表）项目金额的合计数填列。

（7）“负债和净资产总计”应当按照本表中“负债合计”“净资产合计”项目金额的合计数填列。

【例 10-2】 某事业单位的年度资产负债表如表 10-3 所示。

表 10-3 资产负债表

编制单位： 20××年 12 月 31 日 单位：万元

项目	附注	年末数	年初数
货币资金	附表 1	16 196.94	22 578.02
短期投资		0	0
财政应返还额度		0	5 605.60
应收票据	附表 2	0	0
应收账款净额	附表 3	2 098.41	2 328.77
预付账款	附表 4	13 418.36	12 205.84
应收股利		0	0
应收利息		0	0
其他应收款净额	附表 5	5 796.09	6 209.64
存货		258.04	241.06
待摊费用		38.38	33.71
一年内到期的非流动资产		0	0
其他流动资产		0	0
流动资产合计		37 806.23	49 202.64
长期股权投资	附表 6	9 079.55	8 482.24
长期债券投资	附表 6	0	0
固定资产原值		276 983.60	255 416.03
减：固定资产累计折旧		103 557.14	87 750.68
固定资产净值	附表 7	173 426.46	167 665.34
工程物资		0	0
在建工程	附表 8	119 188.16	118 213.89
无形资产原值		27 295.44	27 397.20

续表

项目	附注	年末数	年初数
减:无形资产累计摊销		9 877.27	9 539.85
无形资产净值	附表9	17 418.16	17 857.35
研发支出		0	0
公共基础设施原值		0	0
减:公共基础设施累计折旧(摊销)		0	0
公共基础设施净值	附表10	0	0
政府储备物资	附表11	0	0
文物文化资产		0	0
保障性住房原值		0	0
减:保障性住房累计折旧		0	0
保障性住房净值	附表12	0	0
PPP 项目资产		0	0
减:PPP 项目资产累计折旧(摊销)		0	0
PPP 项目资产净值	附表13	0	0
长期待摊费用		3 177.58	3 463.41
待处理财产损溢		0	0
其他非流动资产		108.00	193.45
非流动资产合计		322 397.92	315 875.69
受托代理资产		198.28	139.79
资产总计		360 402.43	365 218.13
短期借款		0	0
应交增值税		6.76	24.09
其他应交税费		2 316.85	1 541.83
应缴财政款		0	0
应付职工薪酬		319.49	395.75
应付票据	附表14	0	0
应付账款	附表15	327.38	1 288.69
应付政府补贴款		0	0
应付利息		0	0
预收账款	附表16	288.91	278.26
其他应付款	附表17	9 127.16	12 635.20
预提费用		556.47	536.84

续表

项目	附注	年末数	年初数
一年内到期的非流动负债		10 017.71	4 445.70
其他流动负债		0	0
流动负债合计		22 960.74	21 146.36
长期借款	附表 18	21 940.25	28 801.22
长期应付款	附表 19	50.65	50.65
预计负债		0	0
其他非流动负债		0	0
非流动负债合计		21 990.90	28 851.87
受托代理负债		198.28	139.79
负债合计		45 149.92	50 138.02
累计盈余		311 899.95	311 456.19
专用基金		1 838.63	2 109.99
权益法调整		1 513.93	1 513.93
PPP 项目净资产		0	0
净资产合计		315 252.51	315 080.11
负债及净资产总计		360 402.43	365 218.13

第四节　收入费用表

一、收入费用表的内容

政府单位的收入费用表是反映政府单位在某一会计期间收入和费用情况的报表，是政府单位某一时期各项收入、费用情况的全面反映。

收入费用表的主要内容包括年度各项收入和各项费用情况。其中，费用的统计归集分为两种类型，一是按照费用的类型进行划分，包括业务活动费用、单位管理费用、经营费用等；二是按照费用的经济分类进行划分，包括工资福利费用、商品和劳务费用、对个人和家庭的补助费用、资本性费用等。

二、收入费用表的作用

1. 提供政府单位某一会计期间收入总额及其构成情况的信息

政府单位的收入费用表提供了某一会计期间收入合计、财政拨款收入、基本支出拨款、项目支出以及其他资金收入等信息，全面反映了政府单位的收入构成情况。

2. 提供政府单位某一会计期间费用总额及其构成情况的信息

政府单位的收入费用表提供了某一会计期间各种耗费的情况，这种耗费是基于权责发生制进行记录、计量和报告的。

3. 提供政府单位某一会计期间收入和费用差额的信息

政府单位的收入费用表提供了某一会计期间的各类收入和相关耗费差额的信息，反映当期收支相抵后的状况是盈余，还是非盈余。

三、收入费用表的结构

政府单位的收入费用表反映的是收入、费用和盈余。采用的基本计算公式是：收入－费用＝本年盈余。收入费用表采用多栏式，“项目”反映本表中的组成内容，“附注”反映会计报表重要项目明细信息及说明当中的附表，“本年数”和“上年数”分别反映当年与上一年度的收入、费用及盈余情况。

收入费用表的基本格式如表10－4、表10－5所示。

表10－4　收入费用表（一）

编制单位：　　　　20××年　　　　单位：万元

项目	附注	本年数	上年数
财政拨款收入			
事业收入	附表20		
上级补助收入			
附属单位上缴收入			
经营收入	附表21		

续表

项目	附注	本年数	上年数
非同级财政拨款收入	附表 22		
投资收益	附表 6		
捐赠收入			
利息收入			
租金收入	附表 23		
其他收入	附表 24		
收入合计			
业务活动费用	附表 25		
单位管理费用	附表 26		
经营费用	附表 27		
资产处置费用			
上缴上级费用			
对附属单位补助费用			
所得税费用			
其他费用			
费用合计			
本年盈余			

表 10－5　收入费用表（二）

编制单位：　　　　20××年　　　　单位：万元

项目	附注	本年数	上年数
财政拨款收入			
事业收入	附表 20		
上级补助收入			
附属单位上缴收入			
经营收入	附表 21		
非同级财政拨款收入	附表 22		
投资收益	附表 6		
捐赠收入			
利息收入			
租金收入	附表 23		
其他收入	附表 24		

续表

项目	附注	本年数	上年数
收入合计			
工资福利费用			
商品和服务费用	附表28		
对个人和家庭的补助费用			
对企业补助费用			
固定资产折旧费用			
无形资产摊销费用			
公共基础设施折旧（摊销）费用			
保障性住房折旧费用			
计提专用基金			
资产处置费用			
上缴上级费用			
对附属单位补助费用			
所得税费用			
其他费用	附表29		
费用合计			
本年盈余			

注：表中“其他费用”包括“业务活动费用”“单位管理费用”“经营费用”等会计科目中的其他部分。

四、收入费用表的编制说明

政府单位的收入费用表是按照收入、费用的构成和盈余进行分类、分项列示的，反映了政府单位整体的收入、费用和结转结余的情况，并按月、按年编制，其填报包括两类，即栏次填报和项目填报。

（一）栏次填报

政府单位收入费用表表头填写编报单位的名称、编制日期和货币单位。本表“本年数”栏目反映各项目的本年实际发生数，根据收入和费用账户的发生额填列。若是编制年度收入费用表，则将本栏目改为“上年数”栏目，反映上年度各项目的实际发生数；如果本年度收入费用表规定的各个项目名称和内容同上年度不一致，则需要对上年度收入费用表的各项目名称和数据信息按照本年度的规定进行调整，填入本年度收入费用表中的“上年数”栏目。

（二）项目填报

1. 收入

（1）收入类项目反映政府单位年度取得的各类收入，是按权责发生制进行核算和反映的收入。

（2）“财政拨款收入”反映单位本期从同级政府财政部门取得的各类财政拨款。根据“财政拨款收入”科目的本期发生额填列。

“政府性基金收入”反映单位本期取得的财政拨款收入中属于政府性基金预算拨款的金额。根据“财政拨款收入”相关明细科目的本期发生额填列。

（3）“事业收入”反映事业单位本期开展专业业务活动及其辅助活动实现的收入。根据“事业收入”科目的本期发生额填列。

（4）“上级补助收入”反映事业单位本期从主管部门和上级单位收到或应收的非财政拨款收入。根据“上级补助收入”科目的本期发生额填列。

（5）“附属单位上缴收入”反映事业单位本期收到或应收的独立核算的附属单位按照有关规定上缴的收入。根据“附属单位上缴收入”科目的本期发生额填列。

（6）“经营收入”反映事业单位本期在专业业务活动及其辅助活动之外，开展非独立核算经营活动实现的收入。根据“经营收入”科目的本期发生额填列。

（7）“非同级财政拨款收入”反映单位本期从非同级政府财政部门取得的财政拨款，不包括事业单位因开展科研及其辅助活动从非同级财政部门取得的经费拨款。根据“非同级财政拨款收入”科目的本期发生额填列。

（8）“投资收益”反映事业单位本期股权投资和债券投资实现的收益或发生的损失。根据“投资收益”科目的本期发生额填列；如为投资净损失，则以“－”填列。

（9）“捐赠收入”反映单位本期接受捐赠取得的收入。根据“捐赠收入”科目的本期发生额填列。

（10）“利息收入”反映单位本期取得的银行存款利息收入。根据“利息收入”科目的本期发生额填列。

（11）“租金收入”反映单位本期经批准利用国有资产出租取得并按规定纳入本单位预算管理的租金收入。根据“租金收入”科目的本期发生额填列。

（12）“其他收入”反映单位本期取得的除以上收入项目外的其他收入的总额。根据“其他收入”科目的本期发生额填列。

2. 费用

（1）费用类项目反映政府单位当期各类费用总额，是按权责发生制进行核算和反映的收入。下面费用类项目包含了行政单位和事业单位的项目，但有的项目只是事业单位才使用，包括“单位管理费用”“经营费用”“上缴上级费用”“对附属单位补助费用”“所得税费用”等。

（2）“业务活动费用”反映单位本期为实现其职能目标，依法履职或开展专业业务活动及其辅助活动发生的各项费用。根据“业务活动费用”科目本期发生额填列。

（3）“单位管理费用”反映事业单位本期本级行政及后勤管理部门开展管理活动发生的各项费用，以及由单位统一负担的离退休人员经费、工会经费、诉讼费、中介费等。根据“单位管理费用”科目的本期发生额填列。

（4）“经营费用”反映事业单位本期在专业业务活动及其辅助活动之外开展非独立核算经营活动发生的各项费用。根据“经营费用”科目的本期发生额填列。

（5）“资产处置费用”反映单位本期经批准处置资产时转销的资产

价值以及在处置过程中发生的相关费用或者处置收入小于处置费用形成的净支出。根据“资产处置费用”科目的本期发生额填列。

（6）“上缴上级费用”反映事业单位按照规定上缴上级单位款项发生的费用。根据“上缴上级费用”科目的本期发生额填列。

（7）“对附属单位补助费用”反映事业单位用财政拨款收入之外的收入对附属单位补助发生的费用。根据“对附属单位补助费用”科目的本期发生额填列。

（8）“所得税费用”反映有企业所得税缴纳义务的事业单位本期计算应缴纳的企业所得税。根据“所得税费用”科目的本期发生额填列。

（9）“其他费用”反映单位本期发生的除以上费用项目外的其他费用的总额。根据“其他费用”科目的本期发生额填列。

（10）“工资福利费用”反映单位本期发生的人员类费用，根据预算会计中“工资福利支出”科目的本期发生额填列。若有需要按照权责发生制计入的工资福利费用，则应当一并填列。

（11）“商品和服务费用”反映单位本期发生的计入商品和服务的费用，根据预算会计中“商品和服务支出”科目的本期发生额填列，同时若有需要按照权责发生制计入的商品和服务费用，也应当一并填列。

（12）“对个人和家庭的补助费用”反映单位本期发生的对个人和家庭补助的费用，根据预算会计中“对个人和家庭补助支出”科目的本期发生额填列。若有需要按照权责发生制计入的对个人和家庭的补助费用，则应当一并填列。

（13）“对企业补助费用”反映单位本期发生的对附属企业的补助费用，根据“对企业补助费用”科目的本期发生额填列。

（14）“固定资产折旧费用”反映单位本期计提的固定资产折旧，根据“固定资产折旧费用”科目的本期发生额填列。若事业单位区分业务活动固定资产折旧和管理活动固定资产折旧，则要按照两者的合计数进行填列。

（15）“无形资产摊销费用”反映单位本期计提的无形资产摊销，根据“无形资产摊销费用”科目的本期发生额填列。若事业单位区分业务活动无形资产摊销和管理活动无形资产摊销，则要按照两者的合计数进行填列。

（16）“公共基础设施折旧（摊销）费用”反映单位本期计提的公共基础设施折旧（摊销），根据“公共基础设施折旧（摊销）费用”科目的本期额填列。

（17）“保障性住房折旧费用”反映单位本期计提的保障性住房折旧，根据“保障性住房折旧费用”科目的本期发生额填列。

（18）“计提专用基金”反映单位本期计提的有专门用途的基金，根据“专用基金”科目的本期发生额填列。

3. 本期盈余

“本期盈余”反映单位本期收入扣除本期费用后的净额。根据本表中“收入合计”项目金额减去“费用合计”项目金额后的余额填列；如为负数，则以“－”填列。

【例 10－3】 某事业单位的收入费用表如表 10－6、表 10－7 所示。

表 10－6 收入费用表（一）

编制单位：某事业单位　　20××年　　单位：万元

项目	附注	本年数	上年数
财政拨款收入		90 514.41	122 154.45
事业收入	附表 20	61 870.85	56 058.66
上级补助收入		0	0
附属单位上缴收入		0	0
经营收入	附表 21	5 796.46	4 278.27
非同级财政拨款收入	附表 22	0	0
投资收益	附表 6	624.17	273.92
捐赠收入		8 258.82	1 687.95
利息收入		126.71	91.42
租金收入	附表 23	1 486.04	507.08

续表

项目	附注	本年数	上年数
其他收入	附表24	13 411.38	3 267.04
收入合计		182 088.84	188 318.79
业务活动费用	附表25	155 456.20	147 104.22
单位管理费用	附表26	11 550.29	11 223.10
经营费用	附表27	4 624.77	5 919.30
资产处置费用		0	0
上缴上级费用		0	0
对附属单位补助费用		0	0
所得税费用		0	0
其他费用		566.20	747.12
费用合计		172 197.46	164 993.74
本年盈余		9 891.38	23 325.05

表10－7　收入费用表(二)

编制单位:某事业单位　　20××年　　单位:万元

项目	附注	本年数	上年数
财政拨款收入		90 514.41	122 154.45
事业收入	附表20	61 870.85	56 058.66
上级补助收入		0	0
附属单位上缴收入		0	0
经营收入	附表21	5 796.46	4 278.27
非同级财政拨款收入	附表22	0	0
投资收益	附表6	624.17	273.92
捐赠收入		8 258.82	1 687.95
利息收入		126.71	91.42
租金收入	附表23	1 486.04	507.08
其他收入	附表24	13 411.38	3 267.04
收入合计		182 088.84	188 318.79
工资福利费用		85 904.32	78 239.29
商品和服务费用	附表28	51 831.72	51 528.03
对个人和家庭的补助费用		17 740.09	15 009.46
对企业补助费用		0	0

续表

项目	附注	本年数	上年数
固定资产折旧费用		15 806.45	14 051.72
无形资产摊销费用		337.43	2 754.43
公共基础设施折旧(摊销)费用		0	0
保障性住房折旧费用		0	0
计提专用基金		0	0
资产处置费用		0	0
上缴上级费用		0	0
对附属单位补助费用		0	0
所得税费用		0	0
其他费用	附表29	577.45	3 410.81
费用合计		172 197.46	164 993.74
本年盈余		9 891.38	23 325.05

第五节　净资产变动表

一、净资产变动表的内容

政府单位的净资产变动表是反映政府单位在某一会计年度，净资产项目变动情况的报表，是政府单位以前年度盈余调整、本年盈余、无偿调拨净资产、归集调整预算结转结余、提取或设置专用基金、使用专用基金、权益法调整等的全面反映。

二、净资产变动表的作用

政府单位的净资产变动表详细反映了单位净资产的构成和各项目内容的变化，能够为单位提供详细的变动情况，从而有利于政府单位、上级主管部门、财政部门等报表使用者进行有效使用和监督。目前，在政府单位的财务报告中，尚未要求编制净资产变动表，但是随着提升财务管理的要求不断加强，净资产变动表应该出现在单位财务报告中，为政府单位财务治理水平的提升提供更详细的数据和信息支持，为科学决策提供依据。

三、净资产变动表的结构

政府单位的净资产变动表是多栏式结构，由项目、本年数和上年数构成。其中，本年数和上年数均由累计盈余、专用基金、权益法调整、净资产合计四个内容构成，而这四个内容就是资产负债表中净资产的构成项目。可见，净资产变动表是对政府单位净资产更详细和全面的反映。

净资产变动表的基本格式如表 10－8 所示。

表 10－8　净资产变动表

单位：元

项 目	本年数				上年数			
	累计盈余	专用基金	权益法调整	净资产合计	累计盈余	专用基金	权益法调整	净资产合计
一、上年末余额								
二、以前年度盈余调整（减少以“－”号填列）			—	—		—	—	
三、本年初余额								
四、本年变动金额（减少以“－”号填列）								
（一）本年盈余			—	—		—	—	
（二）无偿调拨净资产			—	—		—	—	
（三）归集调整预算结转结余			—	—		—	—	
（四）提取或设置专用基金				—			—	
其中：从预算收入中提取		—		—			—	
从预算结余中提取				—			—	
设置的专用基金		—		—			—	
（五）使用专用基金				—			—	
（六）权益法调整		—	—			—		
五、本年末余额								

注：“—”标识单元格不需要填列。

四、净资产变动表的编制说明

(一) 总体情况

净资产变动表反映的是政府单位在某一会计年度内净资产项目的变动情况。如前所述，政府单位的净资产是资产减去负债后的余额，反映的是单位一定时期的财务状况。

(二) 填报说明

1. 该表“本年数”栏目反映本年度各项目的实际变动数

该表“上年数”栏目反映上年度各项目的实际变动数，应当根据上年度净资产变动表中“本年数”栏目内所列数字填列。若上年度净资产变动表规定的项目名称和内容与本年度不一致，则应对上年度净资产变动表项目的名称和数字按照本年度的规定进行调整，将调整后金额填入本年度净资产变动表“上年数”栏目。

2. 该表“本年数”栏目各项目的内容和填列方法

（1）“上年末余额”反映单位净资产各项目上年末的余额。根据“累计盈余”“专用基金”“权益法调整”科目上年末余额填列。

（2）“以前年度盈余调整”反映单位本年度调整以前年度盈余的事项对累计盈余进行调整的金额。本行“累计盈余”项目应当根据本年度“以前年度盈余调整”科目转入“累计盈余”科目的金额填列；如调整减少累计盈余，则以“－”填列。

（3）“本年初余额”反映经过以前年度盈余调整后，单位净资产各项目的本年初余额。本行“累计盈余”“专用基金”“权益法调整”项目应当根据其各自在“上年末余额”和“以前年度盈余调整”行对应项目金额的合计数填列。

（4）“本年变动金额”反映单位净资产各项目本年变动总金额。本行“累计盈余”“专用基金”“权益法调整”项目应当根据其各自在“本年盈余”“无偿调拨净资产”“归集调整预算结转结余”“提取或设置专用基金”“使用专用基金”“权益法调整”行对应项目金额的合计数填列。

(5)“本年盈余”反映单位本年发生的收入、费用对净资产的影响。本行“累计盈余”项目应当根据年末由“本期盈余”科目转入“本年盈余分配”科目的金额填列；如转入时借记“本年盈余分配”科目，则以“-”填列。

(6)“无偿调拨净资产”反映单位本年无偿调入、调出非现金资产事项对净资产的影响。本行“累计盈余”项目应当根据年末由“无偿调拨净资产”科目转入“累计盈余”科目的金额填列；如转入时借记“累计盈余”科目，则以“-”填列。

(7)“归集调整预算结转结余”反映单位本年财政拨款结转结余资金归集调入、归集上缴或调出，以及非财政拨款结转资金缴回对净资产的影响。本行“累计盈余”项目应当根据“累计盈余”科目明细账记录分析填列；如归集调整减少预算结转结余，则以“-”填列。

(8)“提取或设置专用基金”反映单位本年提取或设置专用基金对净资产的影响。本行“累计盈余”项目应当根据“从预算结余中提取”行“累计盈余”项目的金额填列。本行“专用基金”项目应当根据“从预算收入中提取”“从预算结余中提取”“设置的专用基金”行“专用基金”项目金额的合计数填列。

“从预算收入中提取”反映单位本年从预算收入中提取专用基金对净资产的影响。本行“专用基金”项目应当通过对“专用基金”科目明细账记录的分析，根据本年按有关规定从预算收入中提取基金的金额填列。

“从预算结余中提取”反映单位本年根据有关规定从本年度非财政拨款结余或经营结余中提取专用基金对净资产的影响。本行“累计盈余”“专用基金”项目应当通过对“专用基金”科目明细账记录的分析，根据本年按有关规定从本年度非财政拨款结余或经营结余中提取专用基金的金额填列；本行“累计盈余”项目以“-”填列。

“设置的专用基金”反映单位本年根据有关规定设置的其他专用基

金对净资产的影响。本行“专用基金”项目应当通过对“专用基金”科目明细账记录的分析，根据本年按有关规定设置的其他专用基金的金额填列。

（9）“使用专用基金”反映单位本年按规定使用专用基金对净资产的影响。本行“累计盈余”“专用基金”项目应当通过对“专用基金”科目明细账记录的分析，根据本年按规定使用专用基金的金额填列；本行“专用基金”项目以“-”填列。

（10）“权益法调整”反映单位本年按照被投资单位除净损益和利润分配以外的所有者权益变动份额而调整长期股权投资账面余额对净资产的影响。本行“权益法调整”项目应当根据“权益法调整”科目本年发生额填列；若本年净发生额为借方，则以“-”填列。

（11）“本年末余额”反映单位本年各净资产项目的年末余额。本行“累计盈余”“专用基金”“权益法调整”项目应当根据其各自在“本年初余额”“本年变动金额”行对应项目金额的合计数填列。

（12）本表各行“净资产合计”项目，应当根据所在行“累计盈余”“专用基金”“权益法调整”项目金额的合计数填列。

3. 该表“上年数”栏目各项目的内容和填列方法

净资产变动表中的“上年数”，按照上一年度末的信息进行填报，与“本年数”的填报类似，不再赘述。

第六节 现金流量表

一、现金流量表的内容

政府单位的现金流量表是反映政府单位在某一会计年度现金流入和流出情况的报表，包括日常活动产生的现金流量、投资活动产生的现金流量和筹资活动产生的现金流量三个大类。其中，政府单位的现金流量表中所说的现金是指单位的库存现金以及其他可以随时用于支付的款项，包括库存现金、可以随时用于支付的银行存款、其他货币资金、零余额账户用款额度、财政应返还额度，以及通过财政直接支付方式支付的款项。此表所说的现金流量是指现金的流入、流出及其净额。

政府单位的现金流量表按照日常活动、投资活动、筹资活动的现金流量分别反映，这三类活动的现金流量再按其明细内容进行反映，与企业会计中的现金流量表有类似之处。

在相当长的时间内，对于政府单位是否编制现金流量表有很大的争议，在一定程度上与我国行政、事业单位的资金由财政保障、以收定支的客观情况有关。政府会计准则制度确定了现金流量表在政府单位的编制，在我国政府会计的发展中留下了浓墨重彩的一笔。现金流量表的编制对于政府单位具有重要的意义和作用。尽管目前在政府单位的财务报告中，尚未要求编制现金流量表，但各单位尤其是事业单位应当重视现金流量表，提高对该表重要作用和意义的认识，只有这样才能更好地为单位财务提供服务，为单位事业发展服务。

二、现金流量表的作用

政府单位的现金流量表详细地反映了单位日常活动、投资活动、筹资活动的现金流入和流出情况，通过其相关活动分别进行反映，能较为清晰地对行政单位和事业单位的日常运营活动、投资活动与筹资活动进行分析，对不同活动进行有效的管理和监督，从而有利于单位提升现金管理的水平和能力，有利于报表使用者更好地对相关信息进行了解和掌握，有利于从不同的角度不断督促政府单位提升财务治理能力和水平，从而为政府单位的发展夯实基础。

三、现金流量表的结构

政府单位的现金流量表是三栏式结构，由项目、本年金额和上年金额构成。在项目列则分别对日常活动的现金流入和流出、投资活动的现金流入和流出、筹资活动的现金流入和流出进行详细反映，同时将汇率变动对现金的影响列入，最后计算出来的就是现金净增加额。

现金流量表的基本格式如表10－9所示。

表10－9　现金流量表

编制单位：　　　　20××年度　　　　单位：元

项目	本年金额	上年金额
一、日常活动产生的现金流量		
财政基本支出拨款收到的现金		
财政非资本性项目拨款收到的现金		
事业活动收到的除财政拨款以外的现金		
收到的其他与日常活动有关的现金		
日常活动的现金流入小计		
购买商品、接受劳务支付的现金		
支付给职工以及为职工支付的现金		
支付的各项税费		
支付的其他与日常活动有关的现金		
日常活动的现金流出小计		
日常活动产生的现金流量净额		
二、投资活动产生的现金流量		
收回投资收到的现金		
取得投资收益收到的现金		
处置固定资产、无形资产、公共基础设施等收回的现金净额		
收到的其他与投资活动有关的现金		
投资活动的现金流入小计		
购建固定资产、无形资产、公共基础设施等支付的现金		
对外投资支付的现金		
上缴处置固定资产、无形资产、公共基础设施等净收入支付的现金		
支付的其他与投资活动有关的现金		
投资活动的现金流出小计		
投资活动产生的现金流量净额		
三、筹资活动产生的现金流量		
财政资本性项目拨款收到的现金		
取得借款收到的现金		

续表

项目	本年金额	上年金额
收到的其他与筹资活动有关的现金		
筹资活动的现金流入小计		
偿还借款支付的现金		
偿还利息支付的现金		
支付的其他与筹资活动有关的现金		
筹资活动的现金流出小计		
筹资活动产生的现金流量净额		
四、汇率变动对现金的影响额		
五、现金净增加额		

四、现金流量表的编制要求

现金流量表反映在某一会计年度内，政府单位日常活动、投资活动、筹资活动现金流入和流出的信息。政府单位应当采用直接法编制现金流量表。这与企业会计是有区别的，企业会计中的现金流量表既可以采用直接法编制，也可以采用间接法编制。政府单位的经济活动业务，由于实行的是“双核算”，在预算会计中对发生的经济活动是按照收付实现制进行记录、计量和确认的，由此可以采用直接法进行现金流量表的编制。同时，由于现金流量表的编制是基于收付实现制，而政府会计中的预算会计是以收付实现制为基础进行核算、反映和监督的，将现金流量表放在决算报表中也未尝不可。

五、现金流量表的编制说明

（一）政府单位三类活动的现金流量表编制

1. 日常活动产生的现金流量

（1）“财政基本支出拨款收到的现金”反映政府单位本年接受财政基本支出拨款取得的现金。根据“零余额账户用款额度”“财政拨款收入”“银行存款”等科目及其所属明细科目的记录，进行分析填列。

（2）“财政非资本性项目拨款收到的现金”反映政府单位本年接受除用于购建固定资产、无形资产、公共基础设施等资本性项目以外的财政项目拨款取得的现金。根据“银行存款”“零余额账户用款额度”“财政拨款收入”等科目及其所属明细科目的记录，进行分析填列。

（3）“事业活动收到的除财政拨款以外的现金”反映事业单位本年开展专业业务活动及其辅助活动取得的除财政拨款以外的现金。根据“库存现金”“银行存款”“其他货币资金”“应收账款”“应收票据”“预收账款”“事业收入”等科目及其所属明细科目的记录，进行分析填列。

（4）“收到的其他与日常活动有关的现金”反映政府单位本年收到的除以上项目之外的与日常活动有关的现金。根据“库存现金”“银行存款”“其他货币资金”“上级补助收入”“附属单位上缴收入”“经营收入”“非同级财政拨款收入”“捐赠收入”“利息收入”“租金收入”“其他收入”等科目及其所属明细科目的记录，进行分析填列。

（5）“日常活动的现金流入小计”反映政府单位本年日常活动产生的现金流入的合计数。根据本表中“财政基本支出拨款收到的现金”“财政非资本性项目拨款收到的现金”“事业活动收到的除财政拨款以外的现金”“收到的其他与日常活动有关的现金”项目金额的合计数填列。

（6）“购买商品、接受劳务支付的现金”反映政府单位本年在日常活动中用于购买商品、接受劳务支付的现金。根据“库存现金”“银行存款”“财政拨款收入”“零余额账户用款额度”“预付账款”“在途物品”“库存物品”“应付账款”“应付票据”“业务活动费用”“单位管理费用”“经营费用”等科目及其所属明细科目的记录，进行分析填列。

（7）“支付给职工以及为职工支付的现金”反映政府单位本年支付给职工以及为职工支付的现金。根据“库存现金”“银行存款”“零余额账户用款额度”“财政拨款收入”“应付职工薪酬”“业务活动费用”

“单位管理费用”“经营费用”等科目及其所属明细科目的记录，进行分析填列。

（8）“支付的各项税费”反映政府单位本年用于缴纳日常活动相关税费而支付的现金。根据“库存现金”“银行存款”“零余额账户用款额度”“应交增值税”“其他应交税费”“业务活动费用”“单位管理费用”“经营费用”“所得税费用”等科目及其所属明细科目的记录，进行分析填列。

（9）“支付的其他与日常活动有关的现金”反映政府单位本年支付的除上述项目之外与日常活动有关的现金。根据“库存现金”“银行存款”“零余额账户用款额度”“财政拨款收入”“其他应付款”“业务活动费用”“单位管理费用”“经营费用”“其他费用”等科目及其所属明细科目的记录，进行分析填列。

（10）“日常活动的现金流出小计”反映政府单位本年日常活动产生的现金流出的合计数。根据本表中“购买商品、接受劳务支付的现金”“支付给职工以及为职工支付的现金”“支付的各项税费”“支付的其他与日常活动有关的现金”项目金额的合计数填列。

（11）“日常活动产生的现金流量净额”项目，应当按照本表中“日常活动的现金流入小计”项目金额减去“日常活动的现金流出小计”项目金额后的金额填列；如为负数，则以“－”填列。

2. 投资活动产生的现金流量

（1）“收回投资收到的现金”反映政府单位本年出售、转让或者收回投资收到的现金。本项目应该根据“库存现金”“银行存款”“短期投资”“长期股权投资”“长期债券投资”等科目的记录，进行分析填列。

（2）“取得投资收益收到的现金”反映政府单位本年因对外投资收到被投资单位分配的股利或利润，以及收到投资利息而取得的现金。根据“库存现金”“银行存款”“应收股利”“应收利息”“投资收益”等科目的记录，进行分析填列。

（3）“处置固定资产、无形资产、公共基础设施等收回的现金净额”反映政府单位本年处置固定资产、无形资产、公共基础设施等非流动资产取得的现金，减去为处置这些资产支付的有关费用之后的净额。因自然灾害造成的固定资产等长期资产损失而收到的保险赔款收入，也在本项目反映。根据“库存现金”“银行存款”“待处理财产损溢”等科目的记录，进行分析填列。

（4）“收到的其他与投资活动有关的现金”反映政府单位本年收到的除上述项目之外与投资活动有关的现金。对于金额较大的现金流入，应当单列项目反映。根据“库存现金”“银行存款”等有关科目的记录，进行分析填列。

（5）“投资活动的现金流入小计”反映政府单位本年投资活动产生的现金流入的合计数。根据本表中“收回投资收到的现金”“取得投资收益收到的现金”“处置固定资产、无形资产、公共基础设施等收回的现金净额”“收到的其他与投资活动有关的现金”项目金额的合计数填列。

（6）“购建固定资产、无形资产、公共基础设施等支付的现金”反映政府单位本年购买和建造固定资产、无形资产、公共基础设施等非流动资产支付的现金；融资租入固定资产支付的租赁费不在本项目反映，而是在筹资活动的现金流量中反映。根据“库存现金”“银行存款”“固定资产”“工程物资”“在建工程”“无形资产”“研发支出”“公共基础设施”“保障性住房”等科目的记录，进行分析填列。

（7）“对外投资支付的现金”反映政府单位本年为取得短期投资、长期股权投资、长期债券投资支付的现金。根据“库存现金”“银行存款”“短期投资”“长期股权投资”“长期债券投资”等科目的记录，进行分析填列。

（8）“上缴处置固定资产、无形资产、公共基础设施等净收入支付的现金”反映政府单位本年将处置固定资产、无形资产、公共基础设施等非流动资产收回的现金净额予以上缴财政支付的现金。根据“库存现金”“银行存款”“应缴财政款”等科目的记录，进行分析填列。

（9）“支付的其他与投资活动有关的现金”反映政府单位本年支付的除上述项目之外与投资活动有关的现金。对于金额较大的现金流出，应当单列项目反映。根据“库存现金”“银行存款”等有关科目的记录，进行分析填列。

（10）“投资活动的现金流出小计”反映政府单位本年投资活动产生的现金流出的合计数。根据本表中“购建固定资产、无形资产、公共基础设施等支付的现金”“对外投资支付的现金”“上缴处置固定资产、无形资产、公共基础设施等净收入支付的现金”“支付的其他与投资活动有关的现金”项目金额的合计数填列。

（11）“投资活动产生的现金流量净额”项目，应当按照本表中“投资活动的现金流入小计”项目金额减去“投资活动的现金流出小计”项目金额后的金额填列；如为负数，则以“-”填列。

3. 筹资活动产生的现金流量

（1）“财政资本性项目拨款收到的现金”反映政府单位本年接受用于购建固定资产、无形资产、公共基础设施等资本性项目的财政项目拨款取得的现金。根据“银行存款”“零余额账户用款额度”“财政拨款收入”等科目及其所属明细科目的记录，进行分析填列。

（2）“取得借款收到的现金”反映事业单位本年举借短期、长期借款收到的现金。根据“库存现金”“银行存款”“短期借款”“长期借款”等科目记录，进行分析填列。

（3）“收到的其他与筹资活动有关的现金”反映政府单位本年收到的除上述项目之外与筹资活动有关的现金。对于金额较大的现金流入，应当单列项目反映。根据“库存现金”“银行存款”等有关科目的记录，进行分析填列。

（4）“筹资活动的现金流入小计”反映政府单位本年筹资活动产生的现金流入的合计数。根据本表中“财政资本性项目拨款收到的现金”“取得借款收到的现金”“收到的其他与筹资活动有关的现金”项目金额的合计数填列。

（5）“偿还借款支付的现金”反映事业单位本年偿还借款本金支付的现金。根据“库存现金”“银行存款”“短期借款”“长期借款”等科目的记录，进行分析填列。

（6）“偿付利息支付的现金”反映事业单位本年支付的借款利息等。根据“库存现金”“银行存款”“应付利息”“长期借款”等科目的记录，进行分析填列。

（7）“支付的其他与筹资活动有关的现金”反映政府单位本年支付的除上述项目之外与筹资活动有关的现金，如融资租入固定资产支付的租赁费。根据“库存现金”“银行存款”“长期应付款”等科目的记录，进行分析填列。

（8）“筹资活动的现金流出小计”反映政府单位本年筹资活动产生的现金流出的合计数。根据本表中“偿还借款支付的现金”“偿付利息支付的现金”“支付的其他与筹资活动有关的现金”项目金额的合计数填列。

（9）“筹资活动产生的现金流量净额”项目，应当按照本表中“筹资活动的现金流入小计”项目金额减去“筹资活动的现金流出小计”金额后的金额填列；如为负数，以“－”填列。

（二）汇率变动对现金的影响额的编制

“汇率变动对现金的影响额”反映政府单位本年外币现金流量折算为人民币时，采用的现金流量发生日的汇率折算的人民币金额与外币现金流量净额按期末汇率折算的人民币金额之间的差额。

（三）现金净增加额的编制

“现金净增加额的编制”反映政府单位本年现金变动的净额。根据本表中“日常活动产生的现金流量净额”“投资活动产生的现金流量净额”“筹资活动产生的现金流量净额”“汇率变动对现金的影响额”项目金额的合计数填列；如为负数，则以“－”填列。

【例10－4】某公立高校的现金流量表如表10－10所示。

表10－10 现金流量表

编制单位：某公立高校　　20××年　　单位：元

项目	上年数	本年数
一、业务活动产生的现金流量		
非基建拨款政府补助收到的现金	569 979 664.99	525 203 352.08
开展教育活动收到的现金	268 410 613.56	250 951 510.00
开展科研活动收到的现金	104 711 482.17	118 810 227.22
接受捐赠收到的现金	19 829 857.23	12 720 072.30
收到的其他与业务活动有关的现金	230 288 968.04	250 762 211.81
现金流入小计	1 193 220 585.99	1 158 447 373.41
职工工资福利支付的现金	345 266 340.59	370 284 280.04
对个人和家庭补助支付的现金	83 018 976.06	90 773 356.78
购买商品、接受服务支付的现金	286 895 764.41	319 149 341.71
支付的各项税费	11 453 507.96	35 989 283.50
支付的其他与业务活动有关的现金	95 672 083.87	100 490 173.98
现金流出小计	822 306 672.89	916 686 436.01
业务活动产生现金流量净额	370 913 913.10	241 760 937.40
二、投资活动产生的现金流量		
收回投资所收到的现金	0	
取得投资收益所收到的现金	12 591 819.58	36 309 212.51
处置固定资产和无形资产所收回的现金净额	69 500.00	3 800.00
收到的其他与投资活动有关的现金	12 713.07	
现金流入小计	12 674 032.65	36 313 012.51
购建固定资产和无形资产所支付的现金	130 043 186.22	142 038 616.27
对外投资所支付的现金	0	
支付的其他与投资活动有关的现金	0	
现金流出小计	130 043 186.22	142 038 616.27
投资活动产生的现金流量净额	－117 369 153.57	－105 725 603.76
三、筹资活动产生的现金流量	0	
收到基建拨款的现金	26 070 000.00	
借款所收到的现金	0	
收到的其他与筹资活动有关的现金	5 046 422.31	7 902 731.05

续表

项目	上年数	本年数
现金流入小计	31 116 422.31	7 902 731.05
偿还借款所支付的现金	77 183 611.82	29 840 033.13
偿付利息所支付的现金	42 000 187.52	27 585 841.15
支付的其他与筹资活动有关的现金	1 242.67	9 008 506.66
现金流出小计	119 185 042.01	66 434 380.94
筹资活动产生的现金流量净额	-88 068 619.70	-58 531 649.89
四、汇率变动对现金的影响额		
五、现金净增加额	165 476 139.83	77 503 683.75

由表10-10可以看出，其与政府会计准则制度中的通用现金流量表有一定的差别，这是因为不同行业的事业单位具有各自不同的特点，而根据各行业事业单位的不同特征进行调整，是为了更加符合也更好地反映单位履行职责、提供公共产品或者服务的情况。

第七节　政府单位财务分析

一、政府单位财务分析概述

政府单位的财务分析是依据财务报表等财务信息，对政府单位的资产、负债、净资产等财务状况和运行情况进行系统的研究、分析与评价。政府单位在编制年度财务报表后，应该对其财务情况进行详细分析，从而进行客观评价，为财务工作夯实基础，为不断促进政府部门和单位提升财务治理水平与治理能力筑牢基础。

长期以来，财务分析更多的是在企业进行，这与企业财务管理要求是一致的，也是企业实现利润最大化、股东权益最大化的必然要求。但是，我国政府单位由于主要依靠政府财政拨款，尤其是行政单位，每年根据单位履行职责需要，进行经费的预算，预算审批通过后，政府财政部门将预算资金拨付或者下达到单位，由单位执行预算，确保单位年度任务和职责的履行，到年末进行财务决算，循环往复，周而复始。在财政资金的保障下，对政府单位进行财务分析的要求较企业而言是非常弱的，而且对财务进行分析的主动性不强。然而，随着国家治理体系和治理能力现代化的提出，对财政也提出了更高的要求，对财政资金使用部门和单位的财务管理要求也相应提高了。因此，政府单位作为政府财政资金的直接受益者，加强财务分析，总结经验，对于不断促进单位加强财务管理、提高资金使用效率、提升国有资产使用效益、为单位决策提供参考等，都具有重要的意义和作用。

二、政府单位财务分析的内容

与企业不同，政府单位有自身的特点和职责，其财务分析与企业是有区别的。但不是说企业的财务分析不能用于政府单位，而是应当根据政府单位的特点，科学、合理地设计适合政府单位的财务分析指标和体系，而不能照抄照搬企业的财务分析。

政府单位财务分析主要是围绕单位年度财务报表进行的，主要包括资产、负债、净资产的构成分析和增减变动分析，收入和费用的变动分析，净资产的变动情况分析，现金流量的分析，财务运行和发展能力分析，以及单位内部财务管理、内控管理、资产管理等方面的分析。

从目前的政府单位财务报告来看，对财务分析的指标暂时没有较为统一的要求，这也符合我国政府单位自身的特点，尤其是公立事业单位，其涉及教育、医疗、科技、体育等诸多行业，统一为固定的财务指标并不是最好的选择，而根据不同行业进行财务分析指标体系的设置则更为合理、科学。目前，在已经颁布实施的《事业单位财务规则》中，对事业单位的财务分析有导向性的建议；在《科学事业单位财务制度》（财教〔2022〕166 号）、《高等学校财务制度》（财教〔2022〕128 号）等制度中，对各行业的事业单位的财务分析提出了明确的要求。如在《高等学校财务制度》（财教〔2022〕128 号）中明确规定“财务分析应当按照主管部门的规定设置财务分析指标，主要包括但不限于反映财务分析管理、财务运行能力、财务发展能力等方面的指标”。所以，政府单位的财务分析不是千篇一律的，各政府单位应当根据制度要求，结合本单位的实际情况，进行科学合理的指标体系设置，从而为财务分析夯实基础，为单位的财务管理和财务治理提供科学的对策与建议。

三、政府单位财务分析的方法

（一）百分比式财务报表分析法

在企业财务管理中，财务分析是以财务报表为基础进行的，将特定财务报表中的所有金额均表示为某一报表项目的百分比，即为百分比式财务报表分析法，包括垂直百分比式财务报表分析和水平百分比式财务报表分析。前者是共同比较财务报表分析（纵向比较），后者是基期比较财务报表分析（横向比较），因为分析的方向、对比的重心不一，所以不同的分析方法用于满足不同的需要。

政府单位的财务分析可以借鉴企业的上述分析方法，根据单位自身的特点进行财务报表分析。垂直百分比式财务报表分析是用百分比代替所有价值形态数值的规范化，政府单位在资产负债表中，用资产的百分比来表示；在收入费用表中，用收入的百分比来表示，这样有利于不同规模的单位之间进行比较，增强比较的可行性。水平百分比式财务报表分析是在选择基准年份的基础上，目标年度的各项指标与基准年份的对应同一指标的比值，可以对任何财务指标计算其趋势性，有利于在单位的不同时期进行比较。

（二）财务比率分析法

在企业中，财务分析可以在财务信息中各个数据之间进行比较和考察，即为财务比率分析法。财务比率能够在原始财务报表数据的基础上，就单位的财务状况提供额外的信息，如单位流动性、偿付能力、发展能力、营运能力等。

政府单位的财务比率分析可以借鉴企业，如流动性分析，用流动比率、现金比率等；营运能力分析，用周转率等；偿付能力分析，用资产负债率、长期负债比率等。不同的单位可以根据本单位的特点和管理需要进行财务比率设置，从而充分发挥财务分析的作用，为单位发展、上级部门管理等提供有效的财务信息。

思考题

1. 什么是政府单位财务报表？政府单位的财务报表主要包括哪些种类？

2. 什么是政府单位资产负债表？其采用什么平衡等式？

3. 什么是政府单位收入费用表？政府单位收入费用表采用什么计算公式？举例说明政府单位收入费用表中有关栏目在金额上的相互联系。

4. 什么是政府单位净资产变动表？如何理解净资产变动表和资产负债表、收入费用表之间的钩稽关系？

5. 你对政府单位的现金流量表是如何看的？请结合你的认识提出某类单位现金流量表的具体构成内容。

6. 什么是财务分析？政府单位的财务分析指标主要包括哪些？

练习题

练习一

一、目的：练习政府单位资产负债表的编制。

二、资料：某新闻出版管理单位20××年12月31日收支结账后有关资产、负债与净资产会计科目的余额如表10－11所示。

表 10－11　会计科目余额表

编制单位：某新闻出版管理单位　　20××年12月31日　　单位：元

资产科目	余额		负债与净资产科目	余额	
	借方	贷方		借方	贷方
库存现金	91 000		应缴财政款		2 800 000
银行存款	6 720 000		应缴税费		259 000
财政应返还额度	770 000		应付职工薪酬		0
预付账款			应付政府补贴款		175 000
其他应收款净额	560 000		其他应付款		1 043 000
存货	287 000		长期应付款		2 933 000
固定资产	59 920 000		本年盈余		5 061 000
累计折旧——固定资产累计折旧	0	6 580 000	累计基金		63 000 700
在建工程	8 820 000	0	专用基金		0
无形资产	504 000	0			
累计摊销	0	62 300			
公共基础设施	4 760 000	0			
累计折旧——公共基础设施累计折旧	0	518 000			
合　计	82 432 000	7 160 300	合　计		75 271 700

在库存现金和银行存款余额中，没有属于受托代理的现金和银行存款余额。

三、要求：根据以上资料，编制该新闻出版管理单位20××年12月31日的年末资产负债表。

练习二

一、目的：练习政府单位收入费用表的编制。

二、资料：某公立事业单位20××年12月31日财政拨款收入和费用类会计科目的余额情况如表10－12所示。

表 10－12　科目余额表

单位：元

科目名称	科目余额	科目名称	科目余额
财政拨款收入	317 601.57	工资福利费用	203 422.15
事业收入	145 752.52	商品和服务费用	133 972.88
上级补助收入	0	对个人和家庭的补助费用	39 024.60
附属单位上缴收入	0	对企业补助费用	0
经营收入	11 123.50	固定资产折旧费用	36 534.47
非同级财政拨款收入	0	无形资产摊销费用	7 161.52
投资收益	712.20	其他费用	8 868.11
捐赠收入	4 388.67	业务活动费用	382 470.97
利息收入	37.69	单位管理费用	29 180.06
租金收入	1 318.41	经营费用	15 390.18
其他收入	8 494.30	其他费用	1 816.01
合　计	489 428.86	利息费用	126.50

三、要求：根据以上资料，编制该公立事业单位20××年的年度收入费用表。

第十一章　政府单位决算报告和决算报表

第一节　政府单位决算报告概述

一、政府单位决算报告的内容

政府单位的决算报告是以收付实现制为基础编制的，是单位在报表期间内的预算收支执行情况和结果的总结性书面文件，包括决算报表和决算报告。

政府会计实行的是“双基础”“双功能”“双报告”，其中，财务会计按照权责发生制原则进行反映，预算会计按照收付实现制原则进行反映。而对政府单位预算会计反映和监督的内容，按一定的格式，以表格、数字和文字等书面形式进行编报，就成为政府单位的决算报表和决算报告。可见，决算报告反映的是政府单位预算会计“功能”，而财务报告反映的则是政府单位财务会计“功能”。

决算报告的目标主要是提供预算会计反映的预算执行情况的相关会计信息。在会计核算中，会计主体通过设置、登记会计账簿，能够全面、连续、系统地反映经济业务及其结果。但由于会计账簿资料分散于各个会计账户，不能直观地反映各个经济指标间的内在联系，不能满足单位对经济活动管理的要求，也不能满足投资者、债权人等会计信息使用者了解该单位年度预算收支执行情况。因此，政府单位应当编制决算报告，提供反映会计主体预算执行情况的、总结性的会计资料。

政府单位应当按照财政部门和主管预算单位的要求编制决算报告，向决算报告需求者与使用者提供单位预算收入和预算支出等财务信息，真实、全面、可靠地反映政府单位在一定期间内的预算执行情况。行政单位的决算报告按预算管理级次上报同级财政部门进行汇总。事业单位的决算报告经主管预算部门审核汇总后，报送同级财政部门。财政部门对政府单位的决算报告进行审核，对于不符合规定的决算报告，要求填报单位进行修改；对于符合规定的决算报告，在规定的期限内给予批复。

二、决算报告的意义和作用

政府单位决算报告作为报告期内单位预算收支执行情况和结果的反映，对政府单位反映、分析预算收支情况具有重要的作用，主要体现在以下三个方面。

（一）有利于政府单位加强内部财务管理

政府单位可以通过报告提供的相关信息，了解单位年度预算收入、预算支出等情况，分析产生问题的具体原因，并采取措施有效解决问题，促使单位财务治理水平和能力不断提升，为政府单位的发展夯实财务基础。

（二）有利于财政和上级部门加强对政府单位的监督与管理

同级政府财政部门、事业单位的主管部门等作为决算报告的使用者，通过政府单位的决算报告可以了解其预算收入和支出的相关情况，从而为考核和监督政府单位的预算收支执行等提供参考。

（三）为进一步深化财政改革提供财务信息支撑

为进一步提高国家财政服务经济社会发展的能力，提升财政治理能力和水平的现代化，财政部门不断实施各种改革，加大改革力度，增强改革效果，如全面实施预算绩效管理、行政事业性资产管理、预算管理一体化改革等。在这些改革要求中，政府单位决算报告可以提供相关的信息支撑，通过对信息进行分析，为单位决策提供支撑和依据，为改革提供有力支持。

三、政府单位决算报告的构成

政府单位的决算报告由决算报表和决算分析两部分组成。决算报表主要包括预算收入支出表、财政拨款收入支出表、预算结转结余变动表等。决算分析的内容主要包括收支预算执行分析、资金使用效益分析和机构人员情况等。

（一）政府单位的决算报表

政府单位的决算报表以表格形式反映政府单位年度预算收支情况和其他会计信息，是决算报告的重要组成部分，包括预算收入支出表、财政拨款预算收入支出表、预算结转结余变动表等会计报表及有关附表。

（1）预算收入支出表。政府单位的收入费用表是反映政府单位在某一会计期间预算收入和预算支出情况的报表，应当按照政府单位预算收入和支出的构成进行分类、分项列示，差额即为预算收支差额。

（2）财政拨款预算收入支出表。政府单位的财政拨款预算收入支出表是反映某一会计期间财政拨款预算收入和财政拨款预算支出情况的报表，包括一般公共预算财政拨款、政府性基金预算财政拨款等，每类拨款下面要按照基本支出和项目支出两类进行分类、分项列示。

（3）预算结转结余变动表。政府单位的预算结转结余变动表是反映某一会计期间预算结转结余情况的报表，包括年初预算结转结余、年初余额调整、本年变动金额和年末预算结转结余。

（二）政府单位决算报表附注

政府单位的决算报表附注，是指对在会计报表中列示的文字描述和明细资料，以及对未能在报表中列示项目所做的说明等。一方面，附注是对在会计报表中列示项目所做的进一步说明；另一方面，附注是对未能在会计报表中列示项目进行的说明。附注是财务报表的重要组成部分。凡对报表使用者的决策有重要影响的会计信息，无论本制度是否有明确规定，单位都应当充分披露。政府单位的决算报表附注至少应当披露下列内容。

（1）单位的基本情况。单位应当简要披露其基本情况，包括单位主要职能、主要业务活动、所在地、预算管理关系等。

（2）机构人员情况。

（3）会计报表编制基础。

（4）遵循政府会计准则、制度的声明。

（5）重要会计政策和会计估计。单位本期发生重要会计政策和会计估计变更的，变更的内容和原因、受其重要影响的报表项目名称和金额、相关审批程序，以及会计估计变更开始适用的时点。

（6）要说明的其他事项。

（三）政府单位的决算分析

政府单位的决算分析需要按照相关规定设置分析指标，包括预算管理、资金使用效益、收支结构、结转结余情况等方面的指标，从而对单位的预算执行情况进行详细分析和说明，为政府单位的财务治理夯实基础。

《高等学校财务制度》（财教〔2022〕128 号）明确规定，“决算分析的主要内容包括收支预算执行分析、资金使用效益分析和机构人员情况等”。《科学事业单位财务制度》（财教〔2022〕166 号）明确规定，“决算分析的内容主要包括收支预算执行分析、资金使用效益分析和机构人员情况等”。可见，决算分析是政府单位决算报告的内容之一，是加强单位财务治理的需要，无论是行政单位还是事业单位，都应当高度重视。

四、政府单位决算报告的编报要求

（一）政府单位决算报告编报的总体要求

政府单位应当提供真实、完整的决算报告。政府单位的决算报告应当根据登记完整、核对无误的账簿记录和其他有关资料编制，做到填报信息真实可靠。《中华人民共和国会计法》第4条明确规定，“单位负责人对本单位的会计工作和会计资料的真实性、完整性负责”。政府单位应当重视决算报告的编制工作，切实采取有效措施确保会计信息的真实和完整。

政府单位提供的决算报告应当形式规范。政府单位的决算报告应该符合相关报表格式的要求，不得违反规定随意改变会计制度规定的报表格式、编制方法等，也不得随意变更有关数据的填报口径。

（二）政府单位决算报告编报的具体要求

政府单位决算报告的编制期。政府单位决算报告按照编报时间划分，包括年度决算报告和中期决算报告。政府单位决算报告至少要按年进行编报，单位可结合自身需要，进行月度、季度的编报。

政府单位决算报告的汇总。政府单位决算报告应当按照编报层级进行汇总或者上报，一般预算单位要编制本单位会计报表，而主管部门除了编制本单位会计报表外，还应该根据本单位决算报表和经审核的所属单位决算报表，编制汇总决算报表，准确、全面、客观、真实地反映政府部门的年度预算执行情况。

政府单位的内部业务抵销。政府单位若有内部独立核算的部门或者单位，应当根据其内部业务工作的性质，对单位内部的收支和往来业务进行全面梳理，并按要求进行相关收支往来业务的抵销，以免重复记录各项收入支出和往来业务，从而确保单位决算信息的准确。

第二节　年终清理和结账

一、政府单位的年终清理

政府单位在年度终了时，应当根据财政部门或上级主管部门对年终决算编制工作的要求，认真做好年终清理结算的相关工作，为决算报告的编制提供坚实基础。进行年终清理结算的事项主要包括以下三个。

（一）清查核对政府单位的各项货币资金

年度终了时，政府单位应当及时与银行进行对账工作。政府单位的银行存款账面余额应当与银行对账单的余额一致，若有编制的银行存款余额调节表，则需要核对无误。政府单位还应当将现金的账面余额与库存现金数进行核对，两者应当一致。

（二）清理核对政府单位的各项预算收入

政府单位应当在年末认真清理核对年度各项预算收入的信息，确保核对无误，尤其是涉及财政拨款预算收入的，需要与财政部门核对一致，才能为决算报表的编制夯实基础。

（三）清理核对政府单位的各项预算支出

政府单位应当在年末认真清理核对年度各项预算支出的信息，应付尽付，全面清查相关账务处理，确保会计核算无误，为决算报表的编制夯实基础。

二、政府单位的年终结账

政府单位在年终清理的基础上，要进行年终结账。年终结账包括年终转账、结清旧账和记入新账。

（一）年终结账环节

1. 年终转账

政府单位在对预算会计的相关账目核对无误后，首先应计算出各科目借方或贷方的 12 个月合计数和全年累计数，结清余额；其次将应对冲结转的各预算收支账户的余额按年终冲转的办法，填制记账凭单，办理结账冲转。

2. 结清旧账

政府单位将转账后无余额的账户结出全年总累计数；对于有余额的

账户，将年终余额转入新账。

3. 记入新账

政府单位根据本年度各账户余额，按照同级财政部门和上级主管部门的相关要求，编制年终决算报表。

（二）年终转账的内容

（1）将“财政拨款预算收入——基本支出拨款”科目的年末余额全部转入“财政拨款结转——基本支出结转——本年收支结转”科目，其账务处理为：

借：财政拨款预算收入——基本支出拨款

　　贷：财政拨款结转——基本支出结转——本年收支结转

（2）将“财政拨款预算收入——项目支出拨款”科目的年末余额全部转入“财政拨款结转——项目支出结转——本年收支结转”科目，其账务处理为：

借：财政拨款预算收入——项目支出拨款

　　贷：财政拨款结转——项目支出结转——本年收支结转

（3）将“其他预算收入——项目资金”科目的年末余额全部转入“非财政拨款结转结余——项目结转——本年收支结转”科目，其账务处理为：

借：其他预算收入——项目资金

　　贷：非财政拨款结转结余——项目结转——本年收支结转

（4）将“其他预算收入——非项目资金”科目的年末余额全部转入“非财政拨款结转结余——非项目结转——本年收支结转”科目，其账务处理为：

借：其他预算收入——非项目资金

　　贷：非财政拨款结转结余——非项目结转——本年收支结转

（5）将“行政/事业支出——财政拨款支出——基本支出”科目的年末余额全部转入“财政拨款结转——基本支出结转”科目，其账务处理为：

借：财政拨款结转——基本支出结转

贷：行政/事业支出——财政拨款支出——基本支出

（6）将“行政/事业支出——财政拨款支出——项目支出”科目的年末余额全部转入“财政拨款结转——项目支出结转”科目，其账务处理为：

借：财政拨款结转——项目支出结转

贷：行政/事业支出——财政拨款支出——项目支出

（7）将“行政/事业支出——非财政拨款支出——项目支出”科目的年末余额全部转入“非财政拨款结转——项目结转——本年收支结转”科目，其账务处理为：

借：非财政拨款结转——项目结转——本年收支结转

贷：行政/事业支出——非财政拨款支出——项目支出

（8）将“行政/事业支出——非财政拨款支出——基本支出”科目的年末余额全部转入“非财政拨款结转——非项目结转——本年收支结转”科目，其账务处理为：

借：非财政拨款结转——非项目结转——本年收支结转

贷：行政/事业支出——非财政拨款支出——基本支出

（9）将“拨出经费”科目的年末余额按照拨出资金的性质，分别转入“财政拨款结转”“非财政拨款结转”及其明细科目。

（10）以上结转完成后，还需要进行累计结转，即将上述明细科目分别对应转入“财政拨款结转——累计结转”“非财政拨款结转——累计结转”科目。

（11）上述结账完成后，若确定为结余性质的资金，则转入“财政拨款结余”“非财政拨款结余”进行会计核算。

按上述程序转账后，年终政府单位的“财政拨款收入”“其他收入”“行政/事业支出”等科目无余额，政府单位应按照结清旧账的方法结束账簿记录。

【例 11－1】某事业单位的预算收入和预算支出相关科目余额表如表 11－1 所示。

表 11－1　科目余额表

单位：元

科目编号	科目名称	贷方	借方
60010101	财政拨款预算收入——财政教育拨款——基本拨款	329 741 393. 10	0
70210101	教育事业支出——财政拨款支出——基本支出	0	330 427 026. 60
60010102	财政拨款预算收入——财政教育拨款——项目拨款	503 860 972. 57	0
600102	财政拨款预算收入——财政科研拨款	65 109 100. 00	0
70210102	教育事业支出——财政拨款支出——项目支出	0	612 386 763. 76
610101	事业预算收入——教育事业预算收入	189 000 000. 00	0
610102	事业预算收入——科研事业预算收入	143 844 841. 89	0
6201	上级补助预算收入	4 777 805. 65	0
6301	附属单位上缴预算收入	124 664 115. 24	0
6501	债务预算收入	104 377 000. 00	0
6601	非同级财政拨款预算收入	58 665 125. 48	0
6602	投资预算收益	268 752. 70	0
6609	其他预算收入	93 505 535. 65	0
70210202	教育事业支出——非财政拨款支出——项目支出	0	367 623 106. 39
70310202	科研事业支出——非财政拨款支出——项目支出	0	118 789 378. 65
77010202	债务还本支出——非财政拨款支出——项目支出	0	119 481 465. 63
78010201	基建教育事业支出——非财政拨款支出——项目支出	0	66 671 394. 28

根据表 11－1，对该事业单位进行年终预算结转。

根据表 11－1，按照相应会计科目对应的结转科目，进行分类结转，具体账务处理如下：

借：财政拨款预算收入——财政教育拨款——基本拨款

329 741 393. 10

贷：财政拨款结转——基本支出结转——本年收支结转

329 741 393.10

借：财政拨款结转——基本支出结转——本年收支结转

330 427 026.60

贷：教育事业支出——财政拨款支出——基本支出

330 427 026.60

借：财政拨款预算收入——财政教育拨款——项目拨款

503 860 972.57

财政拨款预算收入——财政科研拨款 65 109 100.00

贷：财政拨款结转——项目支出结转——本年收支结转

568 970 072.57

借：财政拨款结转——项目支出结转——本年收支结转

612 386 763.76

贷：教育事业支出——财政拨款支出——项目支出

612 386 763.76

借：事业预算收入——教育事业预算收入 189 000 000.00

事业预算收入——科研事业预算收入 143 844 841.89

上级补助预算收入 4 777 805.65

附属单位上缴预算收入 124 664 115.24

债务预算收入 104 377 000.00

非同级财政拨款预算收入 58 665 125.48

投资预算收益 268 752.70

其他预算收入 93 505 535.65

贷：非财政拨款结转——项目支出结转——本年收支结转

719 103 176.61

借：非财政拨款结转——项目支出结转——本年收支结转

672 565 344.95

贷：教育事业支出——非财政拨款支出——项目支出

367 623 106. 39

科研事业支出——非财政拨款支出——项目支出

118 789 378. 65

债务还本支出——非财政拨款支出——项目支出

119 481 465. 63

基建教育事业支出——非财政拨款支出——项目支出

66 671 394. 28

第三节　财政拨款预算收入支出表

一、财政拨款预算收入支出表的内容

政府单位的财政拨款预算收入支出表是反映政府单位本年财政拨款预算资金收入、支出及相关变动情况的报表。

政府单位的年度财政拨款预算收入支出表是按资金来源，即一般公共预算、政府性基金预算等进行填列的，每类下面分为基本支出和项目支出，这与政府单位的拨款模式息息相关。同时，项目支出按照拨款的项目进行明细填列，更加清晰地反映本单位的政府财政项目拨款，即财政拨款的专项资金通过项目的形式下达到单位，单位用于从事专项业务工作和活动。可以看出，这对政府单位的项目管理提出了较高的要求，各政府单位应当按照相关规定管理项目资金，做到专款专用，提高资金使用效率，更好地为单位发展服务。

二、财政拨款预算收入支出表的作用

政府单位的财政拨款收入支出表作为政府单位决算报表的重要组成部分，在政府单位的报表体系中发挥着重要作用，主要表现在以下几个

方面。

财政拨款预算收入支出表可以详细提供某一会计期间的预算收入、预算支出、预算结转和结余情况的相关信息，包括某一会计期间的公共财政预算资金收支及结转结余信息、政府性基金预算收支及结转结余信息，基本支出中的人员经费收支和公用经费收支及其结转结余信息，项目支出中的具体项目收支及其结转结余等。财政拨款预算收入支出解决了其他报表信息不全的问题，政府单位管理者及其上级部门、财政部门等均可以利用这些信息提高管理水平。

财政拨款预算收入支出表可以提供某一会计期间各项资金增减变动原因的相关信息。财政拨款预算收入支出表提供的调整年初财政拨款结转结余、归集调入或上缴、单位内部调剂等信息，较为明晰地反映了各项资金增减变动的明细情况。

财政拨款预算收入支出表可以全面反映政府单位的财政预算执行情况，包括公共财政预算、政府性基金预算和社保基金预算等年度预算收支执行情况。相关信息使用者可以据此了解单位的预算执行情况。

三、财政拨款预算收入支出表的结构

政府单位的财政拨款预算收入支出表采用报告式，结构分为项目栏和报告栏两部分，纵表列即项目栏，是政府单位的支出；横表列即报告栏，反映政府单位的收入来源和结转结余的明细情况。

财政拨款预算收入支出表的基本格式如表 11－2 所示。

表 11－2　财政拨款预算收入支出表

编制单位：　　　　　　　　20××年度　　　　　　　　单位：元

项目	年初财政拨款结转结余		调整年初财政拨款结转结余	归集调入或上缴	单位内部调剂		本年财政拨款收入	本年财政拨款支出	年末财政拨款结转结余	
	结转	结余			结转	结余			结转	结余
一、公共财政预算资金										
（一）基本支出										
1. 人员经费										
2. 日常公用经费										
（二）项目支出										
1. ××项目										
2. ××项目										
……										
二、政府基金预算资金										
（一）基本支出										
1. 人员经费										
2. 日常公用经费										
（二）项目支出										
1. ××项目										
2. ××项目										
……										
总计										

四、财政拨款预算收入支出表的编制

（一）编制的总体情况

财政拨款预算收入支出表“项目”栏内各项目，应当根据单位取得的财政拨款种类分项设置。其中，“项目支出”项目下，根据每个项目设置；单位取得除一般公共财政预算拨款和政府性基金预算拨款以外的其他财政拨款的，应当按照财政拨款种类增加相应的资金项目及其明细项目。

（二）各栏及其对应项目的内容和填列方法

“年初财政拨款结转结余”反映单位年初各项财政拨款结转结余的

金额。根据“财政拨款结转”“财政拨款结余”及其明细科目的年初余额填列。本栏中各项目的数额应当与上年度财政拨款预算收入支出表中“年末财政拨款结转结余”栏中各项目的数额相等。

“调整年初财政拨款结转结余”反映单位对年初财政拨款结转结余的调整金额。根据“财政拨款结转”“财政拨款结余”科目下“年初余额调整”明细科目及其所属明细科目的本年发生额填列；如调整减少年初财政拨款结转结余，则以“－”填列。

“本年归集调入”反映单位本年按规定从其他单位调入的财政拨款结转资金金额。根据“财政拨款结转”科目下“归集调入”明细科目及其所属明细科目的本年发生额填列。

“本年归集上缴或调出”反映单位本年按规定实际上缴的财政拨款结转结余资金，及按照规定向其他单位调出的财政拨款结转资金金额。根据“财政拨款结转”“财政拨款结余”科目下“归集上缴”科目和“财政拨款结转”科目下“归集调出”明细科目，及其所属明细科目的本年发生额填列，以“－”填列。

“单位内部调剂”反映单位本年财政拨款结转结余资金在单位内部不同项目等之间的调剂金额。根据“财政拨款结转”和“财政拨款结余”科目下的“单位内部调剂”明细科目及其所属明细科目的本年发生额填列；对单位内部调剂减少的财政拨款结余金额，以“－”填列。

“本年财政拨款收入”反映单位本年从同级财政部门取得的各类财政预算拨款金额。根据“财政拨款预算收入”科目及其所属明细科目的本年发生额填列。

“本年财政拨款支出”反映单位本年发生的财政拨款支出金额。根据“行政支出”“事业支出”等科目及其所属明细科目本年发生额中的财政拨款支出数的合计数填列。

“年末财政拨款结转结余”反映单位年末财政拨款结转结余的金额。根据“财政拨款结转”“财政拨款结余”科目及其所属明细科目的年末余额填列。

【例11－2】某事业单位年度财政拨款预算收入支出表如表11－3所示。

表 11－3　财政拨款预算收入支出表

20××年 12 月 31 日

单位：元

项目	一、年初财政拨款结转结余		二、调整年初财政拨款结转结余	三、本年归集调入或上缴	四、单位内部调剂		五、本年财政拨款收入	六、本年财政拨款支出	七、年末财政拨款	
	结转	结余			结转	结余			结转	结余
一、公共财政预算资金	0						116 191 000	110 191 000	6 000 000	0
(一)基本支出	0						86 392 000	86 392 000	0	0
1. 人员经费	0						64 291 100	64 291 100	0	0
2. 日常公用经费	0						22 100 900	22 100 900	0	0
(二)项目支出	0						29 799 000	23 799 000	6 000 000	0
1. 基本建设类项目									0	0
2. 行政事业项目	0						29 799 000	23 799 000	6 000 000	0
(三)项目支出										
二、政府性基金预算资金	0									0
(一)基本支出										
1. 人员经费										
2. 日常公用经费										
(二)项目支出	0									0
1. ××项目										
2. ××项目										
……										
总计	0						116 191 000	110 191 000	6 000 000	0

第四节　预算收入支出表

一、预算收入支出表的内容

政府单位的预算收入支出表是反映某一会计年度内各项预算收入、预算支出和预算收支差额情况的报表。它综合反映了单位在一个会计年度的预算收入和支出情况，与财务会计报表中的收入费用表有类似之处。

二、预算收入支出表的作用

提供政府单位某一会计期间预算收入总额及其构成情况的信息。政府单位的预算收入支出表提供了某一会计期间财政预算拨款收入、事业预算收入拨款、经营预算收入以及投资预算收益等信息，全面反映了政府单位的预算收入构成情况。

提供政府单位某一会计期间预算支出总额及其构成情况的信息。政府单位的预算收入支出表提供了某一会计期间各类预算支出的情况，这类支出是基于收付实现制进行记录、计量和报告的，包括行政支出、事业支出、经营支出及投资支出等。

提供政府单位某一会计期间预算收入和预算支出差额的信息。政府单位的预算收入支出表提供了某一会计期间的各类预算收入和预算支出差额，包括本年数和上年数，有利于对其进行对比分析。

三、预算收入支出表的结构

预算收入支出表是报告式结构，是根据“本年预算收入 - 本年预算支出 = 本年预算收支差额”的等式关系进行编制的，并将预算收入和预算支出的明细组成进行逐一列示，从而全面反映政府单位的预算收支情况。

预算收入支出表的格式如表 11－4 所示。

表 11－4　预算收入支出表

编制单位：　　　　　　　　　　　　　　　　　　　　单位：元

项目	本年数	上年数
一、本年预算收入		
（一）财政拨款预算收入		
其中：政府性基金收入		
（二）事业预算收入		
（三）上级补助预算收入		
（四）附属单位上缴预算收入		
（五）经营预算收入		
（六）债务预算收入		
（七）非同级财政拨款预算收入		
（八）投资预算收益		
（九）其他预算收入		
其中：利息预算收入		
捐赠预算收入		
租金预算收入		
二、本年预算支出		
（一）行政支出		
（二）事业支出		
（三）经营支出		
（四）上缴上级支出		
（五）对附属单位补助支出		
（六）投资支出		
（七）债务还本支出		
（八）其他支出		
其中：利息支出		
捐赠支出		
三、本年预算收支差额		

四、政府单位预算收入支出表的编制说明

（一）预算收入支出表“本年数”栏目反映各项目的本年实际发生数

本表“上年数”栏目反映各项目上年度的实际发生数，应当根据上年度预算收入支出表中“本年数”栏目所列数字填列。

如果本年度预算收入支出表规定的项目名称和内容同上年度不一致，则应当对上年度预算收入支出表中的项目名称和数据，按照本年度的规定进行调整，将调整后金额填入本年度预算收入支出表的“上年数”栏目。

（二）预算收入支出表中“本年预算收入”列各项目的内容和填列方法

（1）“本年预算收入”反映单位本年预算收入总额。根据预算收入支出表中“财政拨款预算收入”“事业预算收入”“上级补助预算收入”“附属单位上缴预算收入”“经营预算收入”“债务预算收入”“非同级财政拨款预算收入”“投资预算收益”“其他预算收入”项目金额的合计数填列。

（2）“财政拨款预算收入”反映单位本年从同级政府财政部门取得的各类财政拨款。根据“财政拨款预算收入”科目的本年发生额填列。其中，“政府性基金收入”反映单位本年取得的财政拨款收入中属于政府性基金预算拨款的金额。根据“财政拨款预算收入”相关明细科目的本年发生额填列。

（3）“事业预算收入”反映事业单位本年开展专业业务活动及其辅助活动取得的预算收入。根据“事业预算收入”科目的本年发生额填列。

（4）“上级补助预算收入”反映事业单位本年从主管部门和上级单位取得的非财政补助预算收入。根据“上级补助预算收入”科目的本年发生额填列。

（5）“附属单位上缴预算收入”反映事业单位本年收到的独立核算

的附属单位按照有关规定上缴的预算收入。根据“附属单位上缴预算收入”科目的本年发生额填列。

(6)“经营预算收入”反映事业单位本年在专业业务活动及其辅助活动之外开展非独立核算经营活动取得的预算收入。根据“经营预算收入”科目的本年发生额填列。

(7)“债务预算收入”反映事业单位本年按照规定从金融机构等借入的、纳入部门预算管理的债务预算收入。根据“债务预算收入”的本年发生额填列。

(8)“非同级财政拨款预算收入”反映单位本年从非同级政府财政部门取得的财政拨款。根据“非同级财政拨款预算收入”科目的本年发生额填列。

(9)“投资预算收益”反映事业单位本年取得的按规定纳入单位预算管理的投资收益。根据“投资预算收益”科目的本年发生额填列。

(10)“其他预算收入”反映单位本年取得的除上述收入以外的纳入单位预算管理的各项预算收入。根据“其他预算收入”科目的本年发生额填列。

“利息预算收入”反映单位本年取得的利息预算收入。根据“其他预算收入”科目的明细记录分析填列。单位单设“利息预算收入”科目的，根据“利息预算收入”科目的本年发生额填列。

“捐赠预算收入”反映单位本年取得的捐赠预算收入。根据“其他预算收入”科目明细账记录分析填列。单位单设“捐赠预算收入”科目的，根据“捐赠预算收入”科目的本年发生额填列。

“租金预算收入”反映单位本年取得的租金预算收入。根据“其他预算收入”科目明细账记录分析填列。单位单设“租金预算收入”科目的，根据“租金预算收入”科目的本年发生额填列。

(三)预算收入支出表中“本年预算支出”列各项目的内容和填列方法

“本年预算支出”反映单位本年预算支出总额。根据预算收入支出表中“行政支出”“事业支出”“经营支出”“上缴上级支出”“对附属单位补助支出”“投资支出”“债务还本支出”“其他支出”项目金额的合计数填列。

（1）“行政支出”反映行政单位本年履行职责实际发生的支出。根据“行政支出”科目的本年发生额填列。

（2）“事业支出”反映事业单位本年开展专业业务活动及其辅助活动发生的支出。根据“事业支出”科目的本年发生额填列。

（3）“经营支出”反映事业单位本年在专业业务活动及其辅助活动之外开展非独立核算经营活动发生的支出。根据“经营支出”科目的本年发生额填列。

（4）“上缴上级支出”反映事业单位本年按照财政部门和主管部门的规定上缴上级单位的支出。根据“上缴上级支出”科目的本年发生额填列。

（5）“对附属单位补助支出”反映事业单位本年用财政拨款收入之外的收入对附属单位补助发生的支出。根据“对附属单位补助支出”科目的本年发生额填列。

（6）“投资支出”反映事业单位本年以货币资金对外投资发生的支出。根据“投资支出”科目的本年发生额填列。

（7）“债务还本支出”反映事业单位本年偿还自身承担的、纳入预算管理的、从金融机构举借的债务本金支出。根据“债务还本支出”科目的本年发生额填列。

（8）“其他支出”反映单位本年除以上支出外的各项支出。根据“其他支出”科目的本年发生额填列。

“利息支出”反映单位本年发生的利息支出。根据“其他支出”科目明细账记录分析填列。单位单设“利息支出”科目的，应当根据“利息支出”科目的本年发生额填列。

“捐赠支出”反映单位本年发生的捐赠支出。根据“其他支出”科目明细账记录分析填列。单位单设“捐赠支出”科目的，应当根据

"捐赠支出"科目的本年发生额填列。

（四）预算收入支出表中"本年预算收支差额"填报

"本年预算收支差额"反映单位本年各项预算收支相抵后的差额。根据本表中"本期预算收入"项目金额减去"本期预算支出"项目金额后的金额填列；如相减后金额为负数，则以"－"填列。

【例11－3】 某事业单位的年度预算收入支出表如表11－5所示。

表11－5　预算收入支出表

编制单位：某事业单位　　　　20××年度　　　　单位：元

项目	本期数	上期数
一、本期预算收入	330 533 700	310 800 000
(一)财政拨款预算收入	81 333 700	73 570 000
其中:政府性基金	0	0
(二)事业预算收入	161 000 000	150 500 000
(三)上级补助预算收入	0	0
(四)附属单位上缴预算收入	0	0
(五)经营预算收入	63 000 000	61 600 000
(六)债务预算收入	0	0
(七)其他类预算收入	25 200 000	25 130 000
1. 非同级财政拨款预算收入	0	0
2. 捐赠预算收入	3 500 000	3 500 000
3. 投资预算收益	0	0
4. 利息预算收入	700 000	630 000
5. 租金预算收入	21 000 000	21 000 000
6. 其他预算收入	0	0
二、本期预算支出	278 383 700	267 750 000
(一)行政支出	0	0
(二)事业支出	216 083 700	206 150 000
(三)经营支出	62 300 000	61 600 000
(四)上缴上级支出	0	0
(五)对附属单位补助支出	0	0
(六)投资支出	0	0
(七)其他支出	0	0

续表

项目	本期数	上期数
三、本期预算结转结余	52 150 000	43 050 000
(一)财政拨款结转结余	4 200 000	2 000 000
(二)非财政拨款结转	47 250 000	40 490 000
(三)经营结余	700 000	560 000
(四)其他资金结余	0	0
四、弥补以前年度经营亏损后的经营结余	0	0
五、非财政拨款结余分配	700 000	0
减:企业所得税	0	0
减:提取专用基金	0	0
六、转入非财政拨款结余	700 000	0

从表 11 －3 可以看出，实务工作中的预算收入支出表同政府会计准则制度中的略有不同，主要是根据工作需要进行的调整，这也更加切合与时俱进的要求。

第五节　预算结转结余变动表

一、预算结转结余变动表的内容

政府单位的预算结转结余变动表是反映政府单位在某一会计年度预算结转结余的变动情况，包括年初结转结余、年初余额调整、本年变动金额、年末预算结转结余。

二、预算结转结余变动表的作用

（一）提供反映年初预算结转结余和年初余额调整的情况

预算结转结余变动表对财政拨款结转结余和其他资金结转结余的情况进行反映，并将本年度涉及上一年度的结转结余调整在“年初余额调整”中单独进行反映，能够较好地区分年初数和年初调整数，便于政府单位进行分类管理，也便于较为清晰地做好财务信息的基础工作。

（二）提供本年财政拨款结转结余和其他资金结转结余的情况

预算结转结余变动表将本年结转结余的变动情况划分为财政拨款和其他资金进行反映，能够较好地区分不同类别的资金结转结余，便于政府单位进一步加强管理，提高对各类资金的把控能力和水平，更好地为单位发展出谋划策。

三、预算结转结余变动表的结构

预算结转结余变动表采用报告式，其编报的基本等式是“年初结转结余 ± 年初余额调整 ± 本年变动金额 = 年末预算结转结余”。

预算结转结余变动表如表 11 -6 所示。

表 11 -6 预算结转结余变动表

编制单位： 20××年 单位：元

项目	本年数	上年数
一、年初预算结转结余		
（一）财政拨款结转结余		
（二）其他资金结转结余		
二、年初余额调整（减少以“ - ”填列）		
（一）财政拨款结转结余		
（二）其他资金结转结余		
三、本年变动金额（减少以“ - ”填列）		
（一）财政拨款结转结余		
1. 本年收支差额		
2. 归集调入		
3. 归集上缴或调出		
（二）其他资金结转结余		
1. 本年收支差额		
2. 缴回资金		

续表

项目	本年数	上年数
3. 使用专用结余		
4. 支付所得税		
四、年末预算结转结余		
（一）财政拨款结转结余		
1. 财政拨款结转		
2. 财政拨款结余		
（二）其他资金结转结余		
1. 非财政拨款结转		
2. 非财政拨款结余		
3. 专用结余		
4. 经营结余（如有余额，以“－”填列）		

四、政府单位预算结转结余变动表的编制

（一）“本年数”中反映各项目的本年实际发生数

政府单位预算结转结余变动表“上年数”栏反映各项目的上年实际发生数，根据上年度预算结转结余变动表中“本年数”栏所列数字填列。若本年度预算结转结余变动表规定的项目名称和内容同上年度不一致，则应当对上年度预算结转结余变动表项目名称和数字按照本年度的规定进行调整，将调整后的金额填入本年度预算结转结余变动表的“上年数”栏。

（二）年末预算结转结余

“年末预算结转结余”项目金额等于“年初预算结转结余”“年初余额调整”“本年变动金额”三个项目的合计数。

（三）“本年数”各项目的内容和填列方法

（1）“年初预算结转结余”反映单位本年预算结转结余的年初余额。根据本项目下“财政拨款结转结余”“其他资金结转结余”项目金额的合计数填列。

“财政拨款结转结余”反映单位本年财政拨款结转结余资金的年初余额。根据“财政拨款结转”“财政拨款结余”科目本年初余额合计数填列。

“其他资金结转结余”反映单位本年其他资金结转结余的年初余额。根据“非财政拨款结转”“非财政拨款结余”“专用结余”“经营结余”科目本年初余额的合计数填列。

（2）“年初余额调整”反映单位本年预算结转结余年初余额调整的金额。根据本项目下“财政拨款结转结余”“其他资金结转结余”项目金额的合计数填列。

“财政拨款结转结余”反映单位本年财政拨款结转结余资金的年初余额调整金额。根据“财政拨款结转”“财政拨款结余”科目下“年初余额调整”明细科目的本年发生额的合计数填列；如调整减少年初财政拨款结转结余，则以“－”填列。

“其他资金结转结余”反映单位本年其他资金结转结余的年初余额调整金额。根据“非财政拨款结转”“非财政拨款结余”科目下“年初余额调整”明细科目的本年发生额的合计数填列；如调整减少年初其他资金结转结余，则以“－”填列。

（3）“本年变动金额”反映单位本年预算结转结余变动的金额。根据本项目下“财政拨款结转结余”“其他资金结转结余”项目金额的合计数填列。

①“财政拨款结转结余”反映单位本年财政拨款结转结余资金的变动。根据本项目下“本年收支差额”“归集调入”“归集上缴或调出”项目金额的合计数填列。

“本年收支差额”反映单位本年财政拨款资金收支相抵后的差额。根据“财政拨款结转”科目下“本年收支结转”明细科目本年转入的预算收入与预算支出的差额填列；若差额为负数，则以“－”填列。

“归集调入”反映单位本年按照规定从其他单位归集调入的财政拨款结转资金。根据“财政拨款结转”科目下“归集调入”明细科目的本年发生额填列。

“归集上缴或调出”反映单位本年按照规定上缴的财政拨款结转结余资金及按照规定向其他单位调出的财政拨款结转资金。根据“财政拨款结转”“财政拨款结余”科目下“归集上缴”明细科目，以及“财政拨款结转”科目下“归集调出”明细科目本年发生额的合计数填列，以“－”填列。

②“其他资金结转结余”反映单位本年其他资金结转结余的变动。根据本项目下“本年收支差额”“缴回资金”“使用专用结余”“支付所得税”项目金额的合计数填列。

“本年收支差额”反映单位本年除财政拨款外的其他资金收支相抵后的差额。根据“非财政拨款结转”科目下“本年收支结转”明细科目、“其他结余”科目、“经营结余”科目本年转入的预算收入与预算支出的差额的合计数填列；如为负数，则以“－”填列。

“缴回资金”反映单位本年按照规定缴回的非财政拨款结转资金。根据“非财政拨款结转”科目下“缴回资金”明细科目本年发生额的合计数填列；如为负数，则以“－”填列。

“使用专用结余”反映本年事业单位根据规定使用从非财政拨款结余或经营结余中提取的专用基金的金额。根据“专用结余”科目明细账中本年使用专用结余业务的发生额填列；如为负数，则以“－”填列。

“支付所得税”反映有企业所得税缴纳义务的事业单位本年实际缴纳的企业所得税金额。根据“非财政拨款结余”明细账中本年实际缴纳企业所得税业务的发生额填列；如为负数，则以“－”填列。

（4）“年末预算结转结余”反映单位本年预算结转结余的年末余额。根据本项目下“财政拨款结转结余”“其他资金结转结余”项目金额的合计数填列。

①“财政拨款结转结余”反映单位本年财政拨款结转结余的年末余额。根据本项目下“财政拨款结转”“财政拨款结余”项目金额的合计数填列。

本项目下"财政拨款结转""财政拨款结余"项目，应当分别根据"财政拨款结转""财政拨款结余"科目的本年末余额填列。

②"其他资金结转结余"反映单位本年其他资金结转结余的年末余额。根据本项目下"非财政拨款结转""非财政拨款结余""专用结余""经营结余"项目金额的合计数填列。

本项目下"非财政拨款结转""非财政拨款结余""专用结余""经营结余"项目，应当分别根据"非财政拨款结转""非财政拨款结余""专用结余""经营结余"科目的本年末余额填列。

【例 11 -4】 某事业单位年度预算结转结余变动表如表 11 -7 所示。

表 11 -7　预算结转结余变动表

编制单位：某事业单位　　20××年 12 月 31 日　　单位：元

项目	本期数	上期数
一、预算结转结余年初数	95 625 425. 11	52 575 425. 11
1. 财政拨款结转	0	0
2. 财政拨款结余	0	0
3. 非财政拨款结转	95 625 425. 11	52 575 425. 11
4. 非财政拨款结余	0	0
5. 专用基金	0	0
二、本年变化数	52 150 000. 00	43 050 000. 00
1. 财政拨款结转	4 200 000. 00	0
2. 财政拨款结余	0	0
3. 非财政拨款结转	47 250 000. 00	43 050 000. 00
4. 非财政拨款结余	700 000. 00	0
5. 专用基金	0	0
三、累计预算结转结余	147 775 425. 11	95 625 425. 11
1. 财政拨款结转	4 200 000. 00	0
2. 财政拨款结余	0	0
3. 非财政拨款结转	142 875 425. 11	95 625 425. 11
4. 非财政拨款结余	700 000. 00	0
5. 专用基金	0	0
四、资金结存(与"三、累计预算结转结余"相等)	147 775 425. 11	95 625 425. 11

第六节　部门决算报表

目前，在政府会计的实务工作中，政府单位年度决算报告由决算报表、决算报表附注和预算执行情况报告组成，包括主表、附表、填报说明附表三个板块。本节将简单介绍部门决算报告的相关内容，以供读者参考。

一、报表封面

报表封面按单位基本信息进行填列，包括单位名称、组织机构代码、统一社会信用代码、财政预算代码、单位基本性质、单位执行会计制度等，见图 11－1。

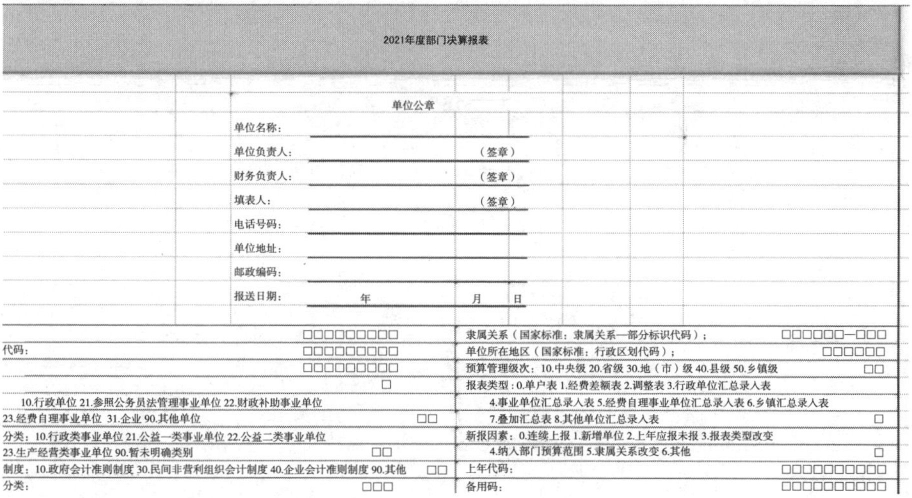
2021年度部门决算报表

单位公章

单位名称：

单位负责人：（签章）

财务负责人：（签章）

填表人：（签章）

电话号码：

单位地址：

邮政编码：

报送日期：　年　月　日

□□□□□□□□□	隶属关系（国家标准：隶属关系—部分标识代码）；□□□□□□—□□□
代码：□□□□□□□□□	单位所在地区（国家标准：行政区划代码）；□□□□□□
□□□□□□□□□	预算管理级次：10.中央级 20.省级 30.地（市）级 40.县级 50.乡镇级 □□
□	报表类型：0.单户表 1.经费差额表 2.调整表 3.行政单位汇总录入表
10.行政单位 21.参照公务员法管理事业单位 22.财政补助事业单位	4.事业单位汇总录入表 5.经费自理事业单位汇总录入表 6.乡镇汇总录入表
23.经费自理事业单位 31.企业 90.其他单位 □□	7.叠加汇总表 8.其他单位汇总录入表 □
分类：10.行政类事业单位 21.公益一类事业单位 22.公益二类事业单位	新报因素：0.连续上报 1.新增单位 2.上年应报未报 3.报表类型改变
23.生产经营类事业单位 90.暂未明确类别 □□	4.纳入部门预算范围 5.隶属关系改变 6.其他 □
制度：10.政府会计准则制度 30.民间非营利组织会计制度 40.企业会计准则制度 90.其他 □□	上年代码：□□□□□□□□□□
分类：□□□	备用码：□□□□□□□□□□

图 11－1　部门决算报表

二、相关报表

（一）收入支出决算总表

收入支出决算总表反映单位本年度的预算、决算收支和年末结转结余情况。年初预算数填列经同级财政部门批复的年初预算数。各部门、各单位应当按照预算法和行政事业单位财务规则有关规定，以预算调整情况是否已完成预算调整程序为依据填报调整预算数，见表 11－8。

表11-8　收入支出决算总表

编制单位：　　　财决01表
单位：元

收入					支出									
项目	行次	年初预算数	调整预算数	决算数	项目（按功能分类）	行次	年初预算数	调整预算数	决算数	项目（按支出性质和经济分类）	行次	年初预算数	调整预算数	决算数
栏次		1	2	3	栏次		4	5	6	栏次		7	8	9
一、一般公共预算财政拨款收入	1				一、一般公共服务支出	32				一、基本支出	58			
二、政府性基金预算财政拨款收入	2				二、外交支出	33				人员经费	59			
三、国有资金经营预算财政拨款收入	3				三、国防支出	34				公用经费	60			
四、上级补助收入	4				四、公共安全支出	35				二、项目支出	61			
五、事业收入	5				五、教育支出	36				其中：基本建设类项目	62			
六、经营收入	6				六、科学技术支出	37				三、上缴上级支出	63			
七、附属单位上缴收入	7				七、文化旅游体育与传媒支出	38				四、经营支出	64			
八、其他收入	8				八、社会保障和就业支出	39				五、对附属单位补助支出	65			
	9				九、卫生健康支出	40					66			
	10				十、节能环保支出	41					67			
	11				十一、城乡社区支出	42				经济分类支出合计	68	—	—	
	12				十二、农林水支出	43				一、工资福利支出	69	—	—	
	13				十三、交通运输支出	44				二、商品和服务支出	70	—	—	
	14				十四、资源勘探工业信息等支出	45				三、对个人和家庭的补助	71	—	—	
	15				十五、商业服务业等支出	46				四、债务利息及费用支出	72	—	—	
	16				十六、金融支出	47				五、资本性支出（基本建设）	73	—	—	
	17				十七、援助其他地区支出	48				六、资本性支出	74	—	—	
	18				十八、自然资源海洋气象等支出	49				七、对企业补助（基本建设）	75	—	—	
	19				十九、住房保障支出	50				八、对企业补助	76	—	—	
	20				二十、粮油物资储备支出	51				九、对社会保障基金补助	77	—	—	
	21				二十一、国有资本经营预算支出	52				十、其他支出	78	—	—	
	22				二十二、灾害防治及应急管理支出	53					79			
	23				二十三、其他支出	54					80			
	24				二十四、债务还本支出	55					81			
	25				二十五、债务付息支出	56					82			
	26				二十六、抗疫特别国债安排的支出	57					83			
本年收入合计	27										84			
使用非财政拨款结余	28				本年支出合计						85	—	—	
年初结转和结余	29				结余分配						86			
	30				年末结转和结余						87			
总计	31				总计						88			

注：本套报表金额单位转换时可能存在尾数误差。

（二）收入支出决算表

收入支出决算表反映单位本年度收入、支出、结转和结余及结余分配等情况。根据单位收入支出总账、明细账的发生数，按支出功能分类科目分“类”“款”“项”分类填列，见表11－9。

表11-9　收入支出决算表

财决02表

编制单位：　　　　　　　　　　　　　　　　　　　　　金额单位：元

项目				年初结转和结余				本年收入	本年支出	收支结余				使用非财政拨款结余	结余分配					年末结转和结余			
支出功能分类科目编码			科目名称	合计	基本支出结转	项目支出结转和结余	经营结余			合计	基本支出结余	项目支出结转和结余	经营结余		合计	缴纳企业所得税	提取专用结余	事业单位转入非财政拨款结余	其他	合计	基本支出结转	项目支出结转和结余	经营结余
类	款	项	栏次	1	2	3	4	5	6	7	8	9	10	11	12	13	14	15	16	17	18	19	20
			合计																				

（三）收入决算表

收入决算表反映单位本年度依法取得的、纳入部门预算管理的各项资金，包括财政拨款收入、事业收入、上级补助收入、附属单位上缴收入、经营收入和其他收入等各项收入。根据单位收入总账、明细账的发生数，按支出功能分类科目分“类”“款”“项”填列，见表 11－10。

表11-10　收入决算表

财决03表

编制单位：　　　　　　　　　　　　　　　　　　　　　　　　　　　　　　金额单位：元

项目				本年收入合计	财政拨款收入	上级补助收入	事业收入		经营收入	附属单位上缴收入	其他收入
支出功能分类科目编码			科目名称				小计	其中：教育收费			
类	款	项	栏次	1	2	3	4	5	6	7	8
			合计								

（四）支出决算表

支出决算表反映单位本年度为保障单位正常运转、开展业务及其他活动发生的各项支出情况。根据单位支出总账、明细账的发生数，按支出功能分类科目分“类”“款”“项”分类填列，见表11－11。

表11-11 支出决算表

财决04表

编制单位： 金额单位：元

项目				本年收入合计	基本支出	项目支出	上缴上级支出	经营支出	对附属单位补助支出
支出功能分类科目编码			科目名称						
类	款	项	栏次	1	2	3	4	5	6
			合计						

（五）支出决算明细表

支出决算明细表反映单位本年度基本支出、项目支出和经营支出的明细情况，不包括应在“上缴上级支出”“对附属单位补助支出”中核算的各项支出，见表11－12。表11－12在体现支出功能分类科目的类、款、项分类填列的同时，也体现了支出的经济分类，即“工资福利支出”“商品和服务支出”“对个人和家庭的补助”“债务利息及费用支出”“资本性支出（基本建设）”“资本性支出”“对企业补助（基本建设）”“对企业补助”“对社会保障基金补助”“其他支出”项目。

表11-12　支出决算明细表

财决05表

编制单位：　　　　　　　　　　　　　　　　　　　　　　　　金额单位：元

项目				合计	工资福利支出														商品和服务支出																				
支出功能分类科目编码			科目名称		小计	基本工资	津贴补贴	奖金	伙食补助费	绩效工资	机关事业单位基本养老保险缴费	职工年金缴费	职工基本医疗保障缴费	公务员医疗补助缴费	其他社会保障缴费	住房公积金	医疗费	其他工资福利支出	小计	办公费	印刷费	咨询费	手续费	水费	电费	邮电费	取暖费	物业管理费	差旅费	因公出国（境）费用	维修（护）费	租赁费	会议费	培训费	公务接待费	专用材料费	被装购置费	专用燃料费	劳务费
类	款	项	栏次	1	2	3	4	5	6	7	8	9	10	11	12	13	14	15	16	17	18	19	20	21	22	23	24	25	26	27	28	29	30	31	32	33	34	35	36
			合计																																				

续表

项目				商品和服务支出							对个人和家庭的补助													债务利息及费用支出					资本性支出（基本建设）												
支出功能分类科目编码			科目名称	委托业务费	工会经费	福利费	公务用车运行维护费	其他交通费用	税金及附加费用	其他商品和服务支出	小计	离休费	退休费	退职（役）费	抚恤金	生活补助	救济费	医疗费补助	助学金	奖励金	个人农业生产补贴	代缴社会保险费	其他对个人和家庭的补助	小计	国内债务付息	国外债务付息	国内债务发行费用	国外债务发行费用	小计	房屋建筑物购建	办公设备购置	专用设备购置	基础设施建设	大型修缮	信息网络及软件购置更新	物资储备	公务用车购置	其他交通工具购置	文物和陈列品购置	无形资产购置	其他基本建设支出
类	款	项	栏次	37	38	39	40	41	42	43	44	45	46	47	48	49	50	51	52	53	54	55	56	57	58	59	60	61	62	63	64	65	66	67	68	69	70	71	72	73	74
			合计																																						

续表

项目				资本性支出																	对企业补助（基本建设）			对企业补助						对社会保障基金补助				其他支出				
支出功能分类科目编码			科目名称	小计	房屋建筑物购建	办公设备购置	专用设备购置	基础设施建设	大型修缮	信息网络及软件购置更新	物资储备	土地补偿	安置补助	地上附着物和青苗补偿	拆迁补偿	公务用车购置	其他交通工具购置	文物和陈列品购置	无形和陈列品购置	其他资本性支出	小计	资本金注入	其他对企业补助	小计	资本金注入	政府投资基金股权投资	费用补贴	利息补贴	其他对企业补助	小计	对社会保险基金补助	补充全国社会保障基金	对机关事业单位职业年金的补助	小计	赠予	国家赔偿费用支出	对民间非营利组织和群众性自治组织补助	其他支出
类	款	项	栏次	75	76	77	78	79	80	81	82	83	84	85	86	87	88	89	90	91	92	93	94	95	96	97	98	99	100	101	102	103	104	105	106	107	108	109
			合计																																			

（六）基本支出决算明细表

基本支出决算明细表反映单位本年度基本支出的明细情况，根据单位基本支出明细账的发生数，按支出功能分类科目分“类”“款”“项”分类填列，见表11－13。同时，按支出经济分类进行横向填列。表11－13的格式同表11－12。

表11-3　基本支出决算明细表

编制单位：

财决05-1表
金额单位：元

项目				合计	工资福利支出														商品和服务支出																				
支出功能分类科目编码			科目名称		小计	基本工资	津贴补贴	奖金	伙食补助费	绩效工资	机关事业单位基本养老保险缴费	职业年金缴费	职工基本医疗保险缴费	公务员医疗补助缴费	其他社会保障缴费	住房公积金	医疗费	其他工资福利支出	小计	办公费	印刷费	咨询费	手续费	水费	电费	邮电费	取暖费	物业管理费	差旅费	因公出国（境）费用	维修（护）费	租赁费	会议费	培训费	公务接待费	专用材料费	被装购置费	专用燃料费	劳务费
类	款	项	栏次	1	2	3	4	5	6	7	8	9	10	11	12	13	14	15	16	17	18	19	20	21	22	23	24	25	26	27	28	29	30	31	32	33	34	35	36
			合计																																				

续表

项目				商品和服务支出							对个人和家庭的补助													债务利息及费用支出					资本性支出（基本建设）												
支出功能分类科目编码			科目名称	委托业务费	工会经费	福利费	公务用车运行维护费	其他交通费用	税金及附加费用	其他商品和服务支出	小计	离休费	退休费	退职（役）费	抚恤金	生活补助	救济费	医疗费补助	助学金	奖励金	个人农业生产补贴	代缴社会保险费	其他对个人和家庭的补助	小计	国内债务付息	国外债务付息	国内债务发行费用	国外债务发行费用	小计	房屋建筑物购建	办公设备购置	专用设备购置	基础设施建设	大型修缮	信息网络及软件购置更新	物资储备	公务用车购置	其他交通工具购置	文物和陈列品购置	无形资产购置	其他基本建设支出
类	款	项	栏次	37	38	39	40	41	42	43	44	45	46	47	48	49	50	51	52	53	54	55	56	57	58	59	60	61	62	63	64	65	66	67	68	69	70	71	72	73	74
			合计																										—	—	—	—	—	—	—	—	—	—	—	—	—
																													—	—	—	—	—	—	—	—	—	—	—	—	—
																													—	—	—	—	—	—	—	—	—	—	—	—	—
																													—	—	—	—	—	—	—	—	—	—	—	—	—
																													—	—	—	—	—	—	—	—	—	—	—	—	—
																													—	—	—	—	—	—	—	—	—	—	—	—	—
																													—	—	—	—	—	—	—	—	—	—	—	—	—

续表

项目				资本性支出																	对企业补助（基本建设）			对企业补助						对社会保障基金补助				其他支出				
支出功能分类科目编码			科目名称	小计	房屋建筑物购建	办公设备购置	专用设备购置	基础设施建设	大型修缮	信息网络及软件购置更新	物资储备	土地补偿	安置补助	地上附着物和青苗补偿	拆迁补偿	公务用车购置	其他交通工具购置	文物和陈列品购置	无形和陈列品购置	其他资本性支出	小计	资本金注入	其他对企业补助	小计	资本金注入	政府投资基金股权投资	费用补贴	利息补贴	其他对企业补助	小计	对社会保险基金补助	补充全国社会保障基金	对机关事业单位职业年金的补助	小计	赠予	国家赔偿费用支出	对民间非营利组织和群众性自治组织补助	其他支出
类	款	项	栏次	75	76	77	78	79	80	81	82	83	84	85	86	87	88	89	90	91	92	93	94	95	96	97	98	99	100	101	102	103	104	105	106	107	108	109
			合计																		—	—	—							—	—		—					
																					—	—	—							—	—		—					
																					—	—	—							—	—		—					

（七）项目支出决算明细表

项目支出决算明细表反映单位本年度项目支出的明细情况，根据单位项目支出明细账发生数，按支出功能分类科目分“类”“款”“项”并分项目逐一填列，见表 11－14。同时，按支出经济分类进行横向填列。表 11－14 的格式同表 11－12。

表11-14　项目支出决算明细表

基建项目属性枚举：中央财政安排的基建项目修改为同级财政安排的基建项目

财决05-2表

编制单位：　　　　　　　　　　金额单位：元

项目											工资福利支出														商品和服务支出																				
支出功能分类科目编码			科目名称（二级项目名称）	二级项目代码	二级项目类别	一级项目名称	一级项目代码	基建项目属性	是否横向标识	合计	小计	基本工资	津贴补贴	奖金	伙食补助费	绩效工资	机关事业单位基本养老保险缴费	职工年金缴费	职工基本医疗保障缴费	公务员医疗补助缴费	其他社会保障缴费	住房公积金	医疗费	其他工资福利支出	小计	办公费	印刷费	咨询费	手续费	水费	电费	邮电费	取暖费	物业管理费	差旅费	因公出国（境）费用	维修（护）费	租赁费	会议费	培训费	公务接待费	专用材料费	被装购置费	专用燃料费	劳务费
类	款	项	栏次	—	—	—	—	—	—	1	2	3	4	5	6	7	8	9	10	11	12	13	14	15	16	17	18	19	20	21	22	23	24	25	26	27	28	29	30	31	32	33	34	35	36
			合计	—	—	—	—	—	—																																				

续表

支出功能分类科目编码			项目							商品和服务支出							对个人和家庭的补助													债务利息及费用支出					资本性支出（基本建设）												
			科目名称（二级项目名称）	二级项目代码	二级项目类别	一级项目名称	一级项目代码	基建项目属性	是否横向标识	委托业务费	工会经费	福利费	公务用车运行维护费	其他交通费用	税金及附加费用	其他商品和服务支出	小计	离休费	退休费	退职（役）费	抚恤金	生活补助	救济费	医疗费补助	助学金	奖励金	个人农业生产补贴	代缴社会保险费	其他对个人和家庭的补助	小计	国内债务付息	国外债务付息	国内债务发行费用	国外债务发行费用	小计	房屋建筑物购建	办公设备购置	专用设备购置	基础设施建设	大型修缮	信息网络及软件购置更新	物资储备	公务用车购置	其他交通工具购置	文物和陈列品购置	无形资产购置	其他基本建设支出
类	款	项	栏次	—	—	—	—	—	—	37	38	39	40	41	42	43	44	45	46	47	48	49	50	51	52	53	54	55	56	57	58	59	60	61	62	63	64	65	66	67	68	69	70	71	72	73	74
			合计	—	—	—	—	—	—																																						

续表

项目										资本性支出																	对企业补助（基本建设）			对企业补助						对社会保障基金补助				其他支出				
支出功能分类科目编码			科目名称（二级项目名称）	二级项目代码	二级项目类别	一级项目名称	一级项目代码	基建项目属性	是否横向标识	小计	房屋建筑物购建	办公设备购置	专用设备购置	基础设施建设	大型修缮	信息网络及软件购置更新	物资储备	土地补偿	安置补助	地上附着物和青苗补偿	拆迁补偿	公务用车购置	其他交通工具购置	文物和陈列品购置	无形和陈列品购置	其他资本性支出	小计	资本金注入	其他对企业补助	小计	资本金注入	政府投资基金股权投资	费用补贴	利息补贴	其他对企业补助	小计	对社会保险基金补助	补充全国社会保障基金	对机关事业单位职业年金的补助	小计	赠予	国家赔偿费用支出	对民间非营利组织和群众性自治组织补助	其他支出
类	款	项	栏次	—	—	—	—	—	—	75	76	77	78	79	80	81	82	83	84	85	86	87	88	89	90	91	92	93	94	95	96	97	98	99	100	101	102	103	104	105	106	107	108	109
			合计	—	—	—	—	—	—																																			

（八）经营支出决算明细表

经营支出决算明细表反映单位本年度经营支出的明细情况，根据单位经营支出明细账的发生数，按支出功能分类科目分“类”“款”“项”填列，见表11－15。同时，按支出经济分类进行横向填列。

表11-15　经营支出决算明细表

编制单位：

财决05-3表
金额单位：元

项目				合计	工资福利支出														商品和服务支出																				
支出功能分类科目编码			科目名称		小计	基本工资	津贴补贴	奖金	伙食补助费	绩效工资	机关事业单位基本养老保险缴费	职工年金缴费	职工基本医疗保障缴费	公务员医疗补助缴费	其他社会保障缴费	住房公积金	医疗费	其他工资福利支出	小计	办公费	印刷费	咨询费	手续费	水费	电费	邮电费	取暖费	物业管理费	差旅费	因公出国（境）费用	维修（护）费	租赁费	会议费	培训费	公务接待费	专用材料费	被装购置费	专用燃料费	劳务费
类	款	项	栏次	1	2	3	4	5	6	7	8	9	10	11	12	13	14	15	16	17	18	19	20	21	22	23	24	25	26	27	28	29	30	31	32	33	34	35	36
			合计																																				

续表

支出功能分类科目编码			项目	商品和服务支出						对个人和家庭的补助												
			科目名称	工会经费	福利费	公务用车运行维护费	其他交通费用	税金及附加费用	其他商品和服务支出	小计	离休费	退休费	退职（役）费	抚恤金	生活补助	救济费	医疗费补助	助学金	奖励金	个人农业生产补贴	代缴社会保险费	其他对个人和家庭的补助
类	款	项	栏次	38	39	40	41	42	43	44	45	46	47	48	49	50	51	52	53	54	55	56
			合计																			

支出功能分类科目编码			项目	债务利息及费用支出					资本性支出（基本建设）												
			科目名称	小计	国内债务付息	国外债务付息	国内债务发行费用	国外债务发行费用	小计	房屋建筑物购建	办公设备购置	专用设备购置	基础设施建设	大型修缮	信息网络及软件购置更新	物资储备	公务用车购置	其他交通工具购置	文物和陈列品购置	无形资产购置	其他基本建设支出
类	款	项	栏次	57	58	59	60	61	62	63	64	65	66	67	68	69	70	71	72	73	74
			合计						—	—	—	—	—	—	—	—	—	—	—	—	—
									—	—	—	—	—	—	—	—	—	—	—	—	—
									—	—	—	—	—	—	—	—	—	—	—	—	—
									—	—	—	—	—	—	—	—	—	—	—	—	—
									—	—	—	—	—	—	—	—	—	—	—	—	—
									—	—	—	—	—	—	—	—	—	—	—	—	—
									—	—	—	—	—	—	—	—	—	—	—	—	—

续表

项目				资本性支出																	对企业补助（基本建设）			对企业补助						对社会保障基金补助				其他支出				
支出功能分类科目编码			科目名称	小计	房屋建筑物购置	办公设备购置	专用设备购置	基础设施建设	大型修缮	信息网络及软件购置更新	物资储备	土地补偿	安置补助	地上附着物和青苗补偿	拆迁补偿	公务用车购置	其他交通工具购置	文物和陈列品购置	无形资产购置	其他资本性支出	小计	资本金注入	其他对企业补助	小计	资本金注入	政府投资基金股权投资	费用补贴	利息补贴	其他对企业补助	小计	对社会保险基金补助	补充全国社会保障基金	对机关事业单位职业年金的补助	小计	赠予	国家赔偿费用支出	对民间非营利组织和群众性自治组织补助	其他支出
类	款	项	栏次	75	76	77	78	79	80	81	82	83	84	85	86	87	88	89	90	91	92	93	94	95	96	97	98	99	100	101	102	103	104	105	106	107	108	109
			合计																		—	—	—							—	—		—					
																					—	—	—							—	—		—					
																					—	—	—							—	—		—					

（九）项目收入支出决算表

项目收入支出决算表反映单位本年度项目资金收入、支出、结转和结余情况，根据单位项目资金收支明细账的发生数，按支出功能分类科目分“类”“款”“项”并分项目逐一填列，见表11－16。

表11-16　项目收入支出决算表

财决06表

编制单位：　　　　　　　　金额单位：元

项目										资金来源						支出数						年末结转和结余		
支出功能分类科目编码			科目名称（二级项目名称）	二级项目代码	二级项目类别	一级项目名称	一级项目代码	基建项目属性	是否横向标识	合计	年初结转和结余		财政拨款		其他资金	合计	财政拨款	其他资金	使用非财政拨款结余	结余分配	合计	其中：财政拨款结转和结余		
											小计	其中：财政拨款结转和结余	小计	其中：基本建设支出拨款								小计	财政拨款结转	财政拨款结余
类	款	项	栏次	—	—	—	—	—	—	1	2	3	4	5	6	7	8	9	10	11	12	13	14	15
			合计	—	—	—	—	—	—															

（十）一般公共预算财政拨款收入支出决算表

一般公共预算财政拨款收入支出决算表反映单位本年度从本级财政部门取得一般公共预算财政拨款的收入、支出、结转和结余等情况，按支出功能分类科目分“类”“款”“项”分类填列，见表11－17。

表11-17 一般公共预算财政拨款收入支出决算表

财决07表

编制单位：　　　　　　　　　　　　　　　　　　　　　　　　　　金额单位：元

项目				年初结转和结余			本年收入			本年支出					年末结转和结余				
支出功能分类科目编码			科目名称	合计	基本支出结转	项目支出结转和结余	合计	基本支出	项目支出	合计	基本支出			项目支出	合计	基本支出结转	项目支出结转和结余		
											小计	人员经费	公用经费				小计	项目支出结转	项目支出结余
类	款	项	栏次	1	2	3	4	5	6	7	8	9	10	11	12	13	14	15	16
			合计																

（十一）一般公共预算财政拨款支出决算明细表

一般公共预算财政拨款支出决算明细表反映单位从本级财政部门取得的一般公共预算财政拨款中，本年度列支的基本支出和项目支出的明细情况，见表 11 - 18。表 11 - 18 纵向按支出功能分类科目的类、款、项分类填列，横向按支出经济分类进行填列。

表11-18 一般公共预算财政拨款支出决算明细表

编制单位：

财决08表
金额单位：元

项目				合计	工资福利支出														商品和服务支出																				
支出功能分类科目编码			科目名称		小计	基本工资	津贴补贴	奖金	伙食补助费	绩效工资	机关事业单位基本养老保险缴费	职业年金缴费	职工基本医疗保障缴费	公务员医疗补助缴费	其他社会保障缴费	住房公积金	医疗费	其他工资福利支出	小计	办公费	印刷费	咨询费	手续费	水费	电费	邮电费	取暖费	物业管理费	差旅费	因公出国（境）费用	维修（护）费	租赁费	会议费	培训费	公务接待费	专用材料费	被装购置费	专用燃料费	劳务费
类	款	项	栏次	1	2	3	4	5	6	7	8	9	10	11	12	13	14	15	16	17	18	19	20	21	22	23	24	25	26	27	28	29	30	31	32	33	34	35	36
			合计																																				

续表

项目				商品和服务支出							对个人和家庭的补助													债务利息及费用支出					资本性支出（基本建设）												
支出功能分类科目编码			科目名称	委托业务费	工会经费	福利费	公务用车运行维护费	其他交通费用	税金及附加费用	其他商品和服务支出	小计	离休费	退休费	退职（役）费	抚恤金	生活补助	救济费	医疗费补助	助学金	奖励金	个人农业生产补贴	代缴社会保险费	其他对个人和家庭的补助	小计	国内债务付息	国外债务付息	国内债务发行费用	国外债务发行费用	小计	房屋建筑物购建	办公设备购置	专用设备购置	基础设施建设	大型修缮	信息网络及软件购置更新	物资储备	公务用车购置	其他交通工具购置	文物和陈列品购置	无形资产购置	其他基本建设支出
类	款	项	栏次	37	38	39	40	41	42	43	44	45	46	47	48	49	50	51	52	53	54	55	56	57	58	59	60	61	62	63	64	65	66	67	68	69	70	71	72	73	74
			合计																																						

续表

支出功能分类科目编码			项目	资本性支出																	对企业补助（基本建设）			对企业补助						对社会保障基金补助				其他支出				
			科目名称	小计	房屋建筑物购建	办公设备购置	专用设备购置	基础设施建设	大型修缮	信息网络及软件购置更新	物资储备	土地补偿	安置补助	地上附着物和青苗补偿	拆迁补偿	公务用车购置	其他交通工具购置	文物和陈列品购置	无形和陈列品购置	其他资本性支出	小计	资本金注入	其他对企业补助	小计	资本金注入	政府投资基金股权投资	费用补贴	利息补贴	其他对企业补助	小计	对社会保险基金补助	补充全国社会保障基金	对机关事业单位职业年金的补助	小计	赠予	国家赔偿费用支出	对民间非营利组织和群众性自治组织补助	其他支出
类	款	项	栏次	75	76	77	78	79	80	81	82	83	84	85	86	87	88	89	90	91	92	93	94	95	96	97	98	99	100	101	102	103	104	105	106	107	108	109
			合计																																			

（十二）一般公共预算财政拨款基本支出决算明细表

一般公共预算财政拨款基本支出决算明细表反映单位从本级财政部门取得的一般公共预算财政拨款中，本年度列支的基本支出明细情况。根据单位基本支出明细账中一般公共预算财政拨款支出的发生数，按支出功能分类科目分“类”“款”“项”填列，见表11－19。

一般公共预算财政拨款基本支出决算明细表中工资福利支出、商品和服务支出、对个人和家庭的补助、债务利息及费用支出、资本性支出、对企业补助和其他支出等支出，按照部门预算支出经济分类科目规定的核算内容填列。

表11-19　一般公共预算财政拨款基本支出决算明细表

编制单位：　　　　　　　　　　　　　　　　财决08-1表
金额单位：元

项目				合计	工资福利支出														商品和服务支出																				
支出功能分类科目编码			科目名称		小计	基本工资	津贴补贴	奖金	伙食补助费	绩效工资	机关事业单位基本养老保险缴费	职工年金缴费	职工基本医疗保障缴费	公务员医疗补助缴费	其他社会保障缴费	住房公积金	医疗费	其他工资福利支出	小计	办公费	印刷费	咨询费	手续费	水费	电费	邮电费	取暖费	物业管理费	差旅费	因公出国（境）费用	维修（护）费	租赁费	会议费	培训费	公务接待费	专用材料费	被装购置费	专用燃料费	劳务费
类	款	项	栏次	1	2	3	4	5	6	7	8	9	10	11	12	13	14	15	16	17	18	19	20	21	22	23	24	25	26	27	28	29	30	31	32	33	34	35	36
			合计																																				

续表

项目				商品和服务支出							对个人和家庭的补助													债务利息及费用支出					资本性支出（基本建设）												
支出功能分类科目编码			科目名称	委托业务费	工会经费	福利费	公务用车运行维护费	其他交通费用	税金及附加费用	其他商品和服务支出	小计	离休费	退休费	退职（役）费	抚恤金	生活补助	救济费	医疗费补助	助学金	奖励金	个人农业生产补贴	代缴社会保险费	其他对个人和家庭的补助	小计	国内债务付息	国外债务付息	国内债务发行费用	国外债务发行费用	小计	房屋建筑物购建	办公设备购置	专用设备购置	基础设施建设	大型修缮	信息网络及软件购置更新	物资储备	公务用车购置	其他交通工具购置	文物和陈列品购置	无形资产购置	其他基本建设支出
类	款	项	栏次	37	38	39	40	41	42	43	44	45	46	47	48	49	50	51	52	53	54	55	56	57	58	59	60	61	62	63	64	65	66	67	68	69	70	71	72	73	74
			合计																										—	—	—	—	—	—	—	—	—	—	—	—	—
																													—	—	—	—	—	—	—	—	—	—	—	—	—
																													—	—	—	—	—	—	—	—	—	—	—	—	—
																													—	—	—	—	—	—	—	—	—	—	—	—	—
																													—	—	—	—	—	—	—	—	—	—	—	—	—
																													—	—	—	—	—	—	—	—	—	—	—	—	—
																													—	—	—	—	—	—	—	—	—	—	—	—	—

续表

项目				资本性支出																	对企业补助（基本建设）			对企业补助						对社会保障基金补助				其他支出				
支出功能分类科目编码			科目名称	小计	房屋建筑物购建	办公设备购置	专用设备购置	基础设施建设	大型修缮	信息网络及软件购置更新	物资储备	土地补偿	安置补助	地上附着物和青苗补偿	拆迁补偿	公务用车购置	其他交通工具购置	文物和陈列品购置	无形和陈列品购置	其他资本性支出	小计	资本金注入	其他对企业补助	小计	资本金注入	政府投资基金股权投资	费用补贴	利息补贴	其他对企业补助	小计	对社会保险基金补助	补充全国社会保障基金	对机关事业单位职业年金的补助	小计	赠予	国家赔偿费用支出	对民间非营利组织和群众性自治组织补助	其他支出
类	款	项	栏次	75	76	77	78	79	80	81	82	83	84	85	86	87	88	89	90	91	92	93	94	95	96	97	98	99	100	101	102	103	104	105	106	107	108	109
			合计																		—	—	—							—	—		—					
																					—	—	—							—	—		—					
																					—	—	—							—	—		—					

（十三）一般公共预算财政拨款项目支出决算明细表

一般公共预算财政拨款项目支出决算明细表反映单位从本级财政部门取得的一般公共预算财政拨款中，本年度列支的项目支出明细情况，按支出功能分类科目分“类”“款”“项”并分项目填列，见表11－20。

表11-20　一般公共预算财政拨款项目支出决算明细表

编制单位：　　　　　　　　　　　　　　　　　　　　　　　　　　　　　　财决08表

金额单位：元

项目										合计	工资福利支出														商品和服务支出																				
支出功能分类科目编码			科目名称（二级项目名称）	二级项目代码	二级项目类别	一级项目名称	一级项目代码	基建项目属性	是否横向标识		小计	基本工资	津贴补贴	奖金	伙食补助费	绩效工资	机关事业单位基本养老保险缴费	职工年金缴费	职工基本医疗保险缴费	公务员医疗补助缴费	其他社会保障缴费	住房公积金	医疗费	其他工资福利支出	小计	办公费	印刷费	咨询费	手续费	水费	电费	邮电费	取暖费	物业管理费	差旅费	因公出国（境）费用	维修（护）费	租赁费	会议费	培训费	公务接待费	专用材料费	被装购置费	专用燃料费	劳务费
类	款	项	栏次	—	—	—	—	—	—	1	2	3	4	5	6	7	8	9	10	11	12	13	14	15	16	17	18	19	20	21	22	23	24	25	26	27	28	29	30	31	32	33	34	35	36
			合计	—	—	—	—	—	—																																				

续表

项目										商品和服务支出							对个人和家庭的补助													债务利息及费用支出					资本性支出（基本建设）												
支出功能分类科目编码			科目名称（二级项目名称）	二级项目代码	二级项目类别	一级项目名称	一级项目代码	基建项目属性	是否横向标识	委托业务费	工会经费	福利费	公务用车运行维护费	其他交通费用	税金及附加费用	其他商品和服务支出	小计	离休费	退休费	退职（役）费	抚恤金	生活补助	救济费	医疗费补助	助学金	奖励金	个人农业生产补贴	代缴社会保险费	其他对个人和家庭的补助	小计	国内债务付息	国外债务付息	国内债务发行费用	国外债务发行费用	小计	房屋建筑物购建	办公设备购置	专用设备购置	基础设施建设	大型修缮	信息网络及软件购置更新	物资储备	公务用车购置	其他交通工具购置	文物和陈列品购置	无形资产购置	其他基本建设支出
类	款	项	栏次	—	—	—	—	—	—	37	38	39	40	41	42	43	44	45	46	47	48	49	50	51	52	53	54	55	56	57	58	59	60	61	62	63	64	65	66	67	68	69	70	71	72	73	74
			合计	—	—	—	—	—	—																																						

续表

支出功能分类科目编码			项目							资本性支出																	对企业补助（基本建设）			对企业补助						对社会保障基金补助				其他支出				
			科目名称（二级项目名称）	二级项目代码	二级项目类别	一级项目名称	一级项目代码	基建项目属性	是否横向标识	小计	房屋建筑物购建	办公设备购置	专用设备购置	基础设施建设	大型修缮	信息网络及软件购置更新	物资储备	土地补偿	安置补助	地上附着物和青苗补偿	拆迁补偿	公务用车购置	其他交通工具购置	文物和陈列品购置	无形和陈列品购置	其他资本性支出	小计	资本金注入	其他对企业补助	小计	资本金注入	政府投资基金股权投资	费用补贴	利息补贴	其他对企业补助	小计	对社会保险基金补助	补充全国社会保障基金	对机关事业单位职业年金的补助	小计	赠予	国家赔偿费用支出	对民间非营利组织和群众性自治组织补助	其他支出
类	款	项	栏次	—	—	—	—	—	—	75	76	77	78	79	80	81	82	83	84	85	86	87	88	89	90	91	92	93	94	95	96	97	98	99	100	101	102	103	104	105	106	107	108	109
			合计	—	—	—	—	—	—																																			

（十四）政府性基金相关报表

若政府单位有从财政部门取得的、纳入预算管理的政府性基金预算拨款，也需要填报相应的决算报表。政府性基金相关报表包括政府性基金预算财政拨款收入支出决算表、政府性基金预算财政拨款支出决算明细表、政府性基金预算财政拨款基本支出决算明细表、政府性基金预算财政拨款项目支出决算明细表等，其格式与一般公共预算财政拨款相似，不再赘述。

三、相关附表

（一）预算支出相关信息表

预算支出相关信息表反映与单位预算支出相关财务会计补充信息、预算会计补充信息等，见表 11－21。

表11-21 预算支出相关信息表

财决附01表

编制单位： 金额单位：元

项目	行次	年初数		年末数		项目	行次	年初数	年末数
		数量	金额	数量	金额				
栏次		1	2	3	4	栏次		5	6
财务会计补充信息	1	—	—	—	—	预算会计补充信息	24	—	—
一、资产信息	2	—	—	—	—	一、预算结转结余信息	25	—	—
（一）货币资金	3	—		—		（一）财政拨款结转和结余	26		
其中：银行存款	4	—		—		1. 财政拨款结转	27		
（二）财政应返还额度	5	—		—		一般公共预算政拨款结转	28		
（三）固定资产（原值）	6	—		—		政府性基金预算财政拨款结转	29		
其中：房屋（平方米）	7					国有资本经营预算财政拨款结转	30		
1. 办公用房	8					2. 财政拨款结余	31		
2. 业务用房	9					一般公共预算财政拨款结余	32		
3. 其他（不含构筑物）	10					政府性基金预算财政拨款结余	33		
车辆（台、辆）	11					国有资本经营预算财政拨款结余	34		
1. 轿车	12					（二）其他资金结转结余	35		
2. 越野车	13					1. 非财政拨款结转	36		
3. 小型载客汽车	14					2. 非财政拨款结余	37		
4. 大中型载客汽车	15					3. 专用结余	38		
5. 其他车型	16					4. 经营结余	39		
减：固定资产累计折旧	17	—		—			40		
固定资产净值	18	—		—			41		
（四）在建工程	19	—		—			42		
二、负债信息	20	—	—	—	—		43		
（一）借款	21	—		—			44		
（二）应缴财政款	22	—		—			45		
（三）应付职工薪酬	23	—		—			46		

注：本表房屋、车辆按原值反映。

（二）基本数字表

基本数字表反映单位年末机构、人员相关明细情况，按照单位的真实信息进行填列，见表 11-22。

表11-22　基本数字表

编制单位：　　　　　　　　　　　　　　　　　　　　　　　　　　　　　　　　　　　　财决附02表

项目				年末机构数/家		年末职工人数/人																						年末其他人员/人			年末职工人数	年末遗属人员
						人员总计				一般公共预算财政拨款开支人员							政府性基金预算财政拨款开支人员							经费自理人员								
支出功能分类科目编码			科目名称	独立编制机构数	独立核算机构数	合计	在职人员	离休人员	退休人员	合计	在职人员				离休人员	退休人员	合计	在职人员				离休人员	退休人员	合计	在职人员	离休人员	退休人员	合计	一般公共预算财政拨款开支人员	政府性基金预算财政拨款开支人员		
											小计	行政人员	参照公务员法管理事业人员	非参公事业人员				小计	行政人员	参照公务员法管理事业人员	非参公事业人员											
类	款	项	栏次	1	2	3	4	5	6	7	8	9	10	11	12	13	14	15	16	17	18	19	20	21	22	23	24	25	26	27	28	29
			合计																													

（三）机构运行信息表

机构运行信息表反映单位“三公”经费、机关运行经费、公务用车以及政府采购支出等情况，见表11-23。

表11-23　机构运行信息表

财决附03表

编制单位：　　　　　　　　　　　　　　　　　　　　　　　　　　金额单位：元

项目	行次	预算数	统计数	项目	行次	统计数
栏次		1	2	栏次		3
一、“三公”经费支出	1	—	—	四、机关运行经费	27	
（一）支出合计	2			（一）行政单位	28	
1. 因公出国（境）费	3			（二）参照公务员法管理事业单位	29	
2. 公务用车购置及运行维护费	4			五、资产信息	30	—
（1）公务用车购置费	5			（一）公务用车（辆）	31	
（2）公务用车运行维护费	6			1. 副部（省）级以上领导用车	32	
3. 公务接待费	7			2. 主要领导干部用车	33	
（1）国内接待费	8	—		3. 机要通信用车	34	
其中：外事接待费	9	—		4. 应急保障用车	35	
（2）国（境）外接待费	10	—		5. 执法执勤用车	36	
（二）相关统计数	11	—	—	6. 特种专业技术用车	37	
1. 因公出国（境）团组数（个）	12	—		7. 离退休干部用车	38	
2. 因公出国（境）人次数（人）	13	—		8. 其他用车	39	
3. 公务用车购置数（辆）	14	—		（二）单价50万元（含）以内的通用设备（台、套……）	40	
4. 公务用车保有量（辆）	15	—		（三）单价100万元（含）以上的专用设备（台、套……）	41	
5. 国内公务接待批次（批）	16	—		六、政府采购支出信息	42	
其中：外事接待批次（批）	17	—		（一）政府采购支出合计	43	
6. 国内公务接待人次（人）	18	—		1. 政府采购货物支出	44	
其中：外事接待人次（人）	19	—		2. 政府采购工程支出	45	
7. 国（境）外公务接待批次（批）	20	—		3. 政府采购服务支出	46	
8. 国（境）外公务接待人次（人）	21	—		（二）政府采购授予中小企业合同金额	47	
二、会议费	22	—		其中：授予小微企业合同金额	48	
三、培训费	23	—		七、由养老保险基金发放养老金的离退休人员（人）	49	
	24			（一）离休人员	50	
	25			（二）财政拨款退休人员	51	
	26			（三）经费自理退休人员	52	

注：49行填列已经实施养老保险制度改革且有社会保险经办机构从养老保险基金中发放养老金的离退休人数。50行填列属于财政拨款退休人员，同时已参加养老保险由养老保险基金发放养老金的退休人数；52行填列属于经费自理退休人员，同时已参加养老保险基金发放养老金的退休人数。(50~51) 行合计数等于49行。

（四）非税收入征缴情况表

非税收入征缴情况表反映单位非税收入的征缴情况，包括纳入预算管理的非税收入和纳入财政专户管理的非税收入，按照收入分类科目中“非税收入”类下的“款”“项”“目”级科目逐一填列，见表11-24。

表11-24　非税收入征缴情况表

编制单位：

财决附04表
金额单位：元

项目					总计	纳入预算管理					纳入财政专户管理				
收入分类科目编码				科目名称		合计	已缴国库			应缴未缴国库	合计	已缴财政专户			未缴财政专户
							小计	缴入本级国库	缴入非本级国库			小计	缴入本级财政专户	缴入非本级财政专户	
类	款	项	目	栏次	1	2	3	4	5	6	7	8	9	10	11
				合计											
				一、政府性基金收入											
				二、专项收入											
				三、行政事业性收费收入											
				四、罚没收入											
				五、国有资本收营收入											
				六、国有资源（资产）有偿使用收入											
				七、捐赠收入											
				八、政府住房基金收入											
				九、其他收入											

（五）填报说明附表

填报说明附表是对报表其他信息的一个补充，对于一般的基层单位而言，主要包括年初结转和结余调整情况表、主要指标变动情况表、其他收入明细情况表，见表11－25、表11－26、表11－27。

附表1

表11-25 年初结转和结余调整情况表

编制单位：

金额单位：元

项目				调整前年初结转和结余				变动项目																																调整后年初结转和结余				备注
支出功能分类科目编码			科目名称	合计	其中：			合计	其中：			会计差错更正				收回以前年度支出				归集调入				归集调出				归集上缴和缴回资金				单位内部调剂				其他				合计	其他：			
					一般公共预算财政拨款	政府性基金预算财政拨款	国有资本经营预算财政拨款		一般公共预算财政拨款	政府性基金预算财政拨款	国有资本经营预算财政拨款	小计	其中：一般公共预算财政拨款	政府性基金预算财政拨款	国有资本经营预算财政拨款	小计	其中：一般公共预算财政拨款	政府性基金预算财政拨款	国有资本经营预算财政拨款	小计	其中：一般公共预算财政拨款	政府性基金预算财政拨款	国有资本经营预算财政拨款	小计	其中：一般公共预算财政拨款	政府性基金预算财政拨款	国有资本经营预算财政拨款	小计	其中：一般公共预算财政拨款	政府性基金预算财政拨款	国有资本经营预算财政拨款	小计	其中：一般公共预算财政拨款	政府性基金预算财政拨款	国有资本经营预算财政拨款	小计	其中：一般公共预算财政拨款	政府性基金预算财政拨款	国有资本经营预算财政拨款		一般公共预算财政拨款	政府性基金预算财政拨款	国有资本经营预算财政拨款	
类	款	项	栏次	1	2	3	4	5	6	7	8	9	10	11	12	13	14	15	16	17	18	19	20	21	22	23	24	25	26	27	28	29	30	31	32	33	34	35	36	37	38	39	40	41
			合计																																									

表11-26　主要指标变动情况表

编制单位：　　　　　　　　　　　　　　　　　　　　　　　　金额单位：元

指标	行次	本年度	上年度	比上年增减	增减百分比（%）
栏次		1	2	3	4
一、年度收支情况	1	—	—	—	—
1. 本年收入	2				
其中：一般公共预算财政拨款	3				
政府性基金预算财政拨款	4				
国有资本经营预算财政拨款	5				
*事业收入	6				
事业单位经营收入	7				
*其他收入	8				
2. 本年支出	9				
其中：基本支出	10				
（1）人员经费	11				
（2）日常公用经费	12				
项目支出	13				
其中：基本建设类项目	14				
事业单位经营支出	15				
3. 年末结转和结余	16				
其中：一般公共预算财政拨款	17				
政府性基金预算财政拨款	18				
国有资本经营预算财政拨款	19				
二、年末资产负债信息	20	—	—	—	—
1. 货币资金	21				
2. 财政应返还额度	22				
3. 房屋	23				
4. 车辆	24				
5. 在建工程	25				
6. 借款	26				
7. 应缴财政款	27				
8. 应付职工薪酬	28				

附表3

表11-27　其他收入明细情况表

编制单位：　　　　　　　　　　　　　　　　金额单位：元

项目	行次	统计数	备注	项目	行次	统计数
栏次		1	2	栏次		3
一、其他收入	1			二、由养老保险基金发放养老金的离退休人员（人）	11	
（一）非同级财政拨款收入	2		—	其中：离休人员	12	
其中：本级横向转拨财政款	3		请在此处列明每本级横向转拨财政款的具体来源、用途等情况	财政拨款退休人员	13	
非本级财政拨款	4		请在此处列明每笔非本级财政拨款的具体来源、以何种名义从地方申请、用途等情况	经费自理退休人员	14	
（二）收资收益	5		—		15	
（三）收息收入	6		—		16	
（四）捐赠收入	7		—		17	
（五）事业单位固定资产出租收入	8		—		18	
（六）盘盈收入	9		—		19	
（七）其他	10		如有，请在此处说明具体内容		20	

第七节　政府单位决算分析

一、政府单位决算分析概述

政府单位的决算分析是指依据会计核算资料和其他相关资料信息，对政府单位预算收支执行结果进行的研究、分析和评价。政府单位在编制决算报表后，应当对单位的预算收入和预算支出情况进行分析，发现存在的问题，通过预算执行状况和业绩成果进行比较、评价与分析，促进单位加强预算收支管理，促进单位执行国家财经法律法规和财经纪律，不断提高财务管理水平，为政府单位更好地履行职能、提供高质量的公共产品或服务夯实基础。

二、政府单位决算分析的内容

政府单位决算分析的内容包括预算执行编制与执行情况、收入支出情况、人员增减变动情况等。预算编制与执行情况主要分析预算编制是否符合有关法律法规的相关规定，各项收支预算的执行情况是否合理合法等。收入支出状况主要分析收入的来源、数量和结果，支出的数量、结构、标准和结果等。人员增减变动情况主要分析单位的人员有无超编情况、内部人员结构是否合理等。

财政部在《事业单位财务规则》中明确了事业单位要进行决算分析；同时，在不同行业的事业单位财务制度中，根据不同行业的特点，明确了进行决算分析的内容。在《科学事业单位财务制度》《高等学校财务制度》等制度中，对相应行业事业单位的决算分析提出了明确要求。各单位在年度决算工作中可以对照相关要求，结合本单位的实际情况，科学、合理地设计分析指标，对单位的决算进行深入分析，为单位的发展提供科学管理的依据。

三、政府单位财务分析方法

（一）对比分析法

对比分析法是政府单位财务分析的基本方法。对比分析法也称为“比较分析法”，是指将两个或两个以上可比数字或指标进行对比，从而达到分析目的的一种方法。在实际工作中，政府单位主要从以下三个方面进行对比分析。

（1）本期实际完成情况与计划、预算情况进行对比。

（2）本期实际数与往期的实际数进行对比。

（3）本单位实际数与同类型单位的实际数进行对比。

在运用比较分析法进行分析时，对比指标的可比性非常重要。如果所用指标本身就是不可比的，那么根据这种对比结果进行分析，得出的结论就是无用的。为了保证对比指标之间的可比性，必须使双方对比的指标在内容、计算方法、时间单位、口径等方面保持一致，这样对比才会有效。

（二）比率分析法

比率分析法是指在各项相关的财务指标之间，两两有机地建立起相关的、科学的比率指标体系，通过比率确定是否合理、有效，从而达到分析目的的一种方法。政府单位的比率分析主要包含两个具体方法。

1. 静态指标比率分析

静态指标比率是指以某一会计期间两个相互关联的财务指标的绝对数字相除得到的比值，如人员经费支出除以经费支出总额，得到人员支出在总支出中的比重等。对这些比值加以对比分析，进行研究评判的活动就是静态指标比率分析。

静态指标比率分析是一种重要的财务分析方法，如果采用相对值对比则能深入揭示事物的内在矛盾，而仅仅采用有关数值的绝对值进行对比则不能做到这一点。

2. 动态比率分析

动态比率是指某项财务指标在不同时期的数据相除后求得的比值。动态比率分析就是计算出一系列表示逐期变化情况的动态比率，以便揭示和分析某项财务指标的发展趋势，如支出增长率等。通过几个时期的同一指标的数据相除，可计算出一系列表示远期变化情况的动态比率，这对于揭示较长时期的发展变化及增长速度是很有帮助的。

（三）结构分析法

结构分析法也称为“比重分析法”，就是以某项财务指标的某个组成部分的数据除以该项财务指标的总和，从而计算出该项指标某个部分的结构比率。通过分析各政府单位经济活动中相互联系的各个因素的结构或比重，可以找出各因素的变化规律，评价其结构或成分的合理性，以确保经济活动健康发展。例如，对政府单位经费支出中各“项”“目”支出占总支出的比重变化；分析计算财产物资中各种物资所占比重的变化情况等。通过对各种结构或比重情况的分析，研究其是否符合相关规定和要求，是否符合社会发展与经济发展规律，以便促进政府单位更好地完成任务、履行职责。

四、政府单位决算分析指标

政府单位进行决算分析时，可以结合本单位的特点对指标体系进行分析设计。下面的指标设计可以为相关单位提供借鉴和参考。

（一）财政拨款预算执行情况分析

1. 预算完成率

预算完成率是政府单位本期预算执行数与预算数的比例关系，反映政府单位的预算执行情况。其计算公式为

$$预算完成率 = 预算完成数 \div 预算数 \times 100\%$$

2. 预算调整率

预算调整率是政府单位本期在预算执行过程中，由于各种原因进行

预算调整，其预算调整数与期初预算数的比例关系，反映政府单位对年度预算的调整情况，在一定程度上说明单位的预算准确与否。其计算公式为

$$预算调整率 = 预算调整数 \div 预算数 \times 100\%$$

3. 结转结余率

结转结余率是政府单位本期结束时，预算资金的结转结余与单位收入决算金额的比例，反映单位年度结转结余占支出的百分比情况。其计算公式为

$$结转结余率 = 结转结余总额 \div 收入决算总数 \times 100\%$$

（二）发展能力分析

1. 预算收入能力分析

（1）收入增长率。

收入增长率是政府单位本年度较上年度的收入差额与上年度收入总额的比例，反映单位收入较上年度的增减变动情况。其计算公式为

$$收入增长率 = 本年收入增长额 \div 上年收入总额 \times 100\%$$

（2）收入三年平均增长率。

收入三年平均增长率是政府单位近三年的收入年均增加百分比，反映单位近三年收入的平均增长情况。其计算公式为

$$收入三年平均增长率 = \sqrt{\frac{本年度数额}{三年前的数额}} - 1 \times 100\%$$

2. 预算支出能力分析

（1）支出增长率。

支出增长率是政府单位本年度支出较上年度支出的差额与上年度支出总额的比例，反映单位支出较上年度的增减变动情况。其计算公式为

$$支出增长率 = 本年度支出增长额 \div 上年度支出总额 \times 100\%$$

（2）支出三年平均增长率。

支出三年平均增长率是政府单位近三年的支出年平均增加百分比，

反映近三年支出的年平均增长情况。其计算公式为

$$支出三年平均增长率 = \sqrt{\frac{本年数额}{三年前的数额}} - 1 \times 100\%$$

3. 经费自给能力分析

由于事业单位收入来源比行政单位较为多样，除了财政拨款外，还有其他收入来源，这与事业单位的特点密切相关。对于事业单位来说，其收入中的经费自给能力对其发展具有重要影响。因此，事业单位可以考虑设计经费自给能力的指标对其进行分析，从而为事业单位财务管理提供多方面的数据支持。

（1）经费自给率。

经费自给率 =（事业收入 + 经营收入 + 附属单位缴款 + 其他收入）÷（事业支出 + 经营支出）×100%

（2）自筹经费占总收入的比率。

自筹经费占总收入的比率 = 自筹经费收入总和 ÷ 总收入 ×100%

在政府会计准则制度中，没有明确的决算财务指标分析，政府单位可以依据自身的业务特点进行决算分析，目的在于提高单位的财务治理水平和能力，为单位发展夯实财务基础。

思考题

1. 什么是政府单位决算报表？政府单位的决算报表主要包括哪些种类？

2. 什么是政府单位预算结转结余变动表？政府单位预算结转结余变动表采用什么平衡等式？举例说明政府单位预算结转结余变动表中有关栏目在金额上的相互联系。

3. 什么是会计报表附注？政府单位会计报表附注至少应当披露哪些内容？

4. 什么是财务分析？政府单位的财务分析指标主要包括哪些？

练习题

练习一

一、目的：练习政府单位财政拨款预算收入支出表的编制。

二、资料：某政府单位20××年度有关预算收入和预算支出会计科目的年初余额与本年发生额情况如表11-28所示。

表11-28 会计科目年初余额与本年发生额 单位：元

科目名称	借方余额	贷方余额
财政拨款预算收入		53 680 242
事业预算收入		106 260 000
上级补助预算收入		0
附属单位上缴预算收入		0
经营预算收入		41 580 000
债务预算收入		0
其他预算收入		16 632 000
行政支出	142 615 242	
事业支出		
经营支出		
上缴上级支出	0	
对附属单位补助支出	0	
投资支出	0	
其他支出	41 118 000	

三、要求：根据以上资料，计算该政府单位20××年度的预算收支结转结余，并编制20××年度的财政预算收入支出表。上年数从略。

练习二

一、目的：练习政府单位年终结账。

二、资料：某政府行政单位20××年度有关财政拨款预算收入和支出的会计科目本年发生额情况统计如表11-29所示。

表 11－29　会计科目本年发生额统计

单位：元

科目名称	借方	贷方
财政拨款预算收入——科技拨款——基本拨款	85 732 760. 00	0
行政支出——财政拨款支出——基本支出	0	85 506 819. 97
财政拨款预算收入——科技拨款——项目拨款(A项目)	78 601 800. 00	0
财政拨款预算收入——科技拨款——项目拨款(C项目)	52 401 200. 00	0
行政支出——财政拨款支出——项目支出(A项目)	0	77 532 335. 15
行政支出——财政拨款支出——项目支出(C项目)	0	51 688 223. 43

20××年度末，A项目已经完成，剩余资金形成财政拨款结余；C项目尚未完成，剩余资金形成财政拨款结转。

三、要求：根据以上资料，请对该政府行政单位20××年度进行年终结转，编制结转账务处理，并说明A项目和C项目如何进一步进行账务处理。

参考文献

[1]崔运武．公共事业管理概论[M]．北京:高等教育出版社,2015.

[2] 景跃进,陈明明,肖滨．当代中国政府与政治[M]．北京:中国人民大学出版社,2016.

[3]王浦劬．政治学基础:第4版[M]．北京:北京大学出版社,2018.

[4]文硕．西方会计史[M]．北京:经济科学出版社,2012.

[5]刘扬,魏利平,高君．政府会计改革研究问题与展望:基于会计职能视角[J]．会计之友,2021(14):82－87.

[6]章贵桥,杨媛媛,颜恩点．数智化时代、政府会计功能跃迁与财政预算绩效治理[J]．会计研究,2021(10):17－27.

[7]张言．推进政府会计改革　加快建立现代财政制度的研究与思考[J]．财务与会计,2022(2):66－69.

[8]李建发,包璐璐,陈文川,等．职工变革认知、内部控制与政府会计准则制度执行效果[J]．会计研究,2022(2):17－31.

[9]刘用铨．《事业单位财务规则》修订重点难点解析:聚焦三大改革背景与二十项重要创新[J]．会计之友,2022(5):8－12.

[10]唐建纲,粟卫红．政府会计文化:发展基础、特征与路径[J]．会计之友,2022(6):143－150.

[11]陈素云．政府会计对地方政府债务绩效评价影响研究[J]．会计之友,2022(7):2－11.

[12]易雪辉,张凯,刘毅．高校教育成本核算项目的设置研究[J]．会计之友,2022(11):138－144.

[13]刘用铨,黄京菁. 对《行政单位财务规则(征求意见稿)》的十条建议[J]. 会计之友,2022(11):158-161.

[14]赵红卫. 新时代中国特色"综合会计报告"整合研究:兼谈财务与会计的语境纷争[J]. 会计之友,2022(13):10-17.

[15]曹春乾,陈文婧,张烈侠. 国有自然资源资产政府会计确认、计量与披露:以矿产资源资产为例[J]. 财务与会计,2022(13):46-51.

[16]陈佳俊."十四五"时期我国会计研究应重点关注的几个方面[J]. 财务与会计,2022(16):76-77.

[17]韦小泉. 地方政府专项债券项目资产核算管理问题探究[J]. 财务与会计,2022(20):63-67.

[18]应益华. 我国政府会计改革的路径依赖及困境突破:基于历史制度主义的分析[J]. 会计之友,2022(21):82-87.

[19]赵西卜,邵贞棋,张强. 中国政府成本会计框架体系研究[J]. 会计研究,2021(6):3-18.

附参考文件

[1]《关于修改〈中华人民共和国预算法〉的决定》(主席令第十二号)。

[2]《国务院关于深化预算管理制度改革的决定》(国发〔2014〕45号)。

[3]《权责发生制政府综合财务报告制度改革方案》(国发〔2014〕63号)。

[4]《政府会计准则——基本准则》(财政部令〔2015〕78号)。

[5]《政府会计准则第1号——存货》(财会〔2016〕12号)。

[6]《政府会计准则第2号——投资》(财会〔2016〕12号)。

[7]《政府会计准则第3号——固定资产》(财会〔2016〕12号)。

[8]《政府会计准则第4号——无形资产》(财会〔2016〕12号)。

[9]《政府会计准则第5号——公共基础设施》(财会〔2017〕11号)。

[10]《政府会计准则第6号——政府储备物资》(财会〔2017〕23

号）。

［11］《政府会计准则第 7 号——会计调整》（财会〔2018〕28 号）。

［12］《政府会计准则第 8 号——负债》（财会〔2018〕31 号）。

［13］《政府会计准则第 9 号——财务报表编制和列报》（财会〔2018〕37 号）。

［14］《政府会计准则第 10 号——政府和社会资本合作项目合同》（财会〔2019〕23 号）。

［15］《管理会计基本指引》（财会〔2016〕10 号）。

［16］《政府部门财务报告编制操作指南（试行）》（财库〔2018〕29 号）。

［17］《政府综合财务报告编制操作指南（试行）》（财库〔2018〕30 号）。

［18］《政府会计制度——行政事业单位会计科目和会计报表》（财会〔2017〕25 号）。

［19］《〈政府会计制度——行政事业单位会计科目和会计报表〉与〈事业单位会计制度〉有关衔接问题的处理规定》（财会〔2018〕3 号）。

［20］《财政部关于进一步做好政府会计准则制度新旧衔接和加强行政事业单位资产核算的通知》（财会〔2018〕34 号）。

［21］《财政总预算会计制度》（财库〔2015〕192 号）。

［22］《财政部会计司发布 2022 年第一批政府会计准则制度实施问答》。

［23］《高等学校财务制度》（财会〔2022〕128 号）。

［24］《政府会计准则制度解释第 1 号》（财会〔2019〕13 号）。

［25］《政府会计准则制度解释第 2 号》（财会〔2019〕24 号）。

［26］《政府会计准则制度解释第 3 号》（财会〔2020〕15 号）。

［27］《政府会计准则制度解释第 4 号》（财会〔2021〕33 号）。

［28］《政府会计准则制度解释第 5 号》（财会〔2022〕25 号）。

后　记

人生真是何其幸运，不惑之年的我赶上了我国政府会计改革的新时代浪潮。更幸运的是，二十载春秋，我作为一直都在事业单位工作的“政府会计人”，亲历和见证了这二十年多年来我国政府会计的发展和改革。2019 年开始，政府会计改革给“政府会计人”带来了机遇和挑战：切实贯彻国家财经纪律、财务规章制度，如实准确核算和反映政府经济活动，准确完整提供政府财务信息，从而夯实财政治理基础等。子曰：“知之者不如好之者，好之者不如乐之者。”“乐”从何来？“乐”源自我们心中的责任感和使命感。

因为长期从事政府会计工作，我积累了一些对政府会计的粗浅思考；后来本人又有幸先后参加了“云南省会计领军人才培养项目”、“教育部高端会计人才培养项目（第三期）”和“财政部高层次财会人才素质提升工程（行政事业类第一期）”三个项目，学有所思，学有所得，于是尝试将所思所得融入当下如火如荼的改革实践，便有了编写《政府会计理论与实务》的想法。从理论联系实践，到实践完善理论，追根溯源，拨云见日，把最真实的政府会计展现出来。

此为初衷。

本书写作以政府会计准则制度为核心，偏重实务操作，在我国全面推进中国式现代化建设、建立现代财政制度之时，对政府会计记录、核算和报告政府财政收支活动，对内部控制建设、预算绩效管理、成本管控等研究，亟须深入，且需持之以恒地推进，以更好地发挥政府会计功能，为国家财政治理体系和治理能力现代化贡献力量。本书虽有一定理论思考，奈何由于自己才疏学浅，尚不够深入，不够透彻。

此为遗憾。

在学习、工作和生活中，我得到了各位领导和亲朋好友的热情帮助和温暖关爱。感谢昆华医院、省卫生监督所和云南大学的领导和同事们，感谢杨先明教授、黄宁教授、孔莉教授、何明教授、李志农教授、郭台辉教授、王新教授、秦荣生教授、张琦教授、聂兴凯教授、查道林书记、郑涌副院长、张静主任等；感谢我挚爱的父亲母亲、弟弟弟媳、侄儿侄女、先生和女儿……涓滴铭记，没齿难忘。

此为感谢。

时不我待，只争朝夕。我们“政府会计人”应当用“千磨万击还坚劲，任尔东西南北风”的精神，勤于学习，善于思考，以敢于担当之勇气，肩负起改革的重担；我们“政府会计人”应当以“弄潮儿向涛头立，手把红旗旗不湿”的豪情，劈波斩浪，迎难而上，扬帆起航，创造属于新时代的新奇迹，成为无愧于时代的、名副其实的“政府会计人”。

此为共勉。

2024 年 10 月于东陆园图书馆